藤森照信・大嶋信道 編

藤森先生茶室指南

藤森照信
中村昌生
大嶋信道
小川後楽
原　広司
速水清孝
隈　研吾
著

彰国社

隠れ家から茶室へ。薪のヴォールト天井

薪軒（ニラハウス）

休憩室から茶室へ。炭のヴォールト天井

炭軒（ザ・フォーラム）

地面から立ち上がった最初の茶室

矩庵

半身立ち上がって斜面地に立つ茶室

一夜亭

空に伸びた高床式の茶室

高過庵

桜を見下ろす茶室

茶室 徹

台湾の空へさらに高く

入川亭

天井から吊り下げられた茶室

老懂軒

空へ！

空飛ぶ泥舟

前口上　藤森流茶室とは何か

藤森照信

400年前に千利休がつくり出した茶室とは閉じた空間である。空間と社会からなる外界に対し自閉を旨として生まれている。自閉が言い過ぎなら内向と言ってもいい。

千利休は畳2枚の極小茶室を三度つくった。臨戦時の仮設の〝囲い〟として天下を目指す秀吉用に急造した「待庵」が最初で、次は大坂城の山里丸の一画に、最後は京の聚楽第の利休屋敷の中に。

「待庵」の外界は戦場である。山里丸のすぐ上には豪壮な大坂城が聳え立ち、隣りには天下人となった秀吉の御殿が広がる。利休屋敷は、秀吉が築いた金色に輝く聚楽第の隅に静かに佇む。利休が茶会を開くとき、にじり口から入ったが最後、決して外を眺めることなく、4時間を外界を忘れて過ごした。場合によっては鬱陶しい時間と空間だったにちがいない。

明治以後、近代になり、日本に建築家と建築界が出現してから、〝内向の季節〟は二度訪れている。

まず、1920（大正9）年結成の分離派建築会が最初の内向を敢行する。

当時の建築界をリードしていたのは社会政策派で、佐野利器、内田祥三をリーダーとして、内務省と組み、建築の耐震化、木造都市の防火化、貧しい人々の住宅改良を掲げ、着々と成果をあげていた。やがてこの流れの先で、関東大震災復興の一大都市計画が実行され、また同潤会アパートメントがつくられるようになる。

社会政策派は、建築デザインについては『建築非芸術論』を打ち出し、明治のコンドル、辰野金吾により確立されていた〝芸術としての建築〟の流路を大きく曲げようとしていた。

芸術表現の行き先に危機を感じた堀口捨己ほかの分離派メンバーは、都市と社会からなる外界に背を向け、自己の内面に閉じ籠り、そこから芸術表現の自立と再生を目指した。

堀口の初期の代表作が東京近郊の田園地帯に立つ小住宅「紫烟荘」(1926年)で、その解説文の表題は「建築における非都市的なるもの」。

都市と社会の実際的要求に正面から応えようとする社会政策派の建築家も、たくさんの建築を、表現としては歴史主義もしくは無味乾燥なコンクリート建築をつくり続けるが、そうした建築の中に分離派は芸術表現のエッセンスを感じることはできず、ひとまず、社会と都市を逃れて田園の小住宅に立て籠もったのである。

大正期末から昭和初期にかけて、青年建築家たちは内向の季節の中にあった。しかし、その後、彼らは再び社会の中に出てゆくことになる。この辺の事情は、思想的には社会主義思想の建築界への浸透、デザイン上では表現派からバウハウスへの移行、といった問題がからみ、ややこしいので省くが、以後の歴史を辿ると、1935(昭和10)年を境に、分離派系が社会政策派に代わって建築表現のリーダーシップを握り始める。内向と自閉の季節を経験した者が次の新しい季節を切り拓いた、と歴史的にはいうことができる。

なお堀口捨己について触れるなら、分離派のその後の流れに属する前川國男、坂倉準三、丹下健三などが昭和10年代にリーダーシップを握り始めると、彼らが結成した日本工作文化連盟の名誉会長的地位に納まるものの、時代からは一歩身を引き、茶と茶室の世界に深く入り込んでゆく。

仲間や後輩が積極的に社会や時代に働きかけてゆくのを尻目に、内向状態を一人堅持している。その自閉ぶりは徹底し、晩年の姿を見た者はなく、死が確認されたのは、没後11年してからであった。

二度目の内向の季節が訪れたのは、戦後で、70年代のことだった。

戦後の建築界は前川、坂倉、丹下によって推進され、建築のデザインは、戦後民主主義にふさわしく社会に開くことが求められ、それに巧みに応えたのが広場とピロティだった。

この広場とピロティの2つにより、戦後という民主主義の時代の社会的要求に前川、坂倉、丹下は応え続けるが、1960年、引き続く世代が変化を起こす。メタボリズムである。

黒川紀章、菊竹清訓に象徴されるようにメタボリズムのグループは、建築によって社会と時代の要求に応える段階を越え、建築によって社会を変え、時代を動かそうと志す。

戦後の高度成長期を経て、豊かになった日本の社会が消費の時代を迎えようとしたその矢先、メタボリズムは建築という誰の目にも明らかな人工物によって時代と社会の行く先を示そうとした。建築のような本来、固定的で不動な人工物すら、新陳代謝を繰り返しながら、成長し増殖し続ける。

明治に日本の建築界が始まって以来、メタボリズムくらい広く社会に語りかけることに成功した建築運動はないだろう。

拡大する経済と大量消費が日本の社会で始まり、メタボリズムが生まれたすぐ後、奇妙な現象が建築界の一部に観察されるようになる。

1964年、磯崎新の「中山邸」が、1967年、原広司の「伊藤邸」がつくられる。磯崎は、メタボリズムへの参加を求められながら「なんとなく馴染めぬものを覚えて断り」、原はメタボグループより少し若く誘われることもなかった。

「中山邸」の中から外は一切見ることはできず、「伊藤邸」は窓はむろん明り取りすら屋根に小さく開いているだけだった。

磯崎と原が先駆的に試みた完全自閉小住宅の動きはおよそ10年間を置いて引き継がれ、安藤忠雄は窓もなく出入口すらわからぬ「住吉の長屋」(1976年)を、伊東豊雄は出入口はドアが付いているからわかるが窓は中庭に向かって小さく開く「中野本町の家」(1976年)を、毛綱モン太は三重の殻の内側に身を隠す「反住器」(1972年)を、世に問う。自閉性住宅について初めて言語化したのは坂本一成で、1969年、「閉じた箱」と明言している。いずれも「野武士の世代」に属する。

拡大する経済と大量消費を謳歌する社会に背を向け、閉じた箱の中に閉じ籠ったのである。この時期のことは私も同世代の建築史家として知っているが、時代の流れに馴染めぬものを感じていたし、抵抗したい気持ちもあった。安藤や伊東や毛綱や坂本が自閉したのは、建築をつくるということのエッセンスを守ろうと思ったからだろう。外界を忘れて小住宅の内側に閉じ籠るしか手はなかった。同じころ、伊東は「菊竹清訓氏に問う、われらの狂気を生き延びる道を教えよ」(『建築文化』1975年10月号)と悲痛な叫びをあげているが、小住宅に自閉したからといって建築の本質が生き延びる保証などない、そう自覚すればこその叫びであった。

一度目は分離派、二度目は野武士。そして、一度目と同じように、二度目も内向と自閉の季節を通り抜けた後、社会と時代の中へ再び打って出て行き、やがて一度目と同じように建築界をリードするようになる。

今の建築界はどんな状況にあるんだろう。日欧米の建築先進国と中国、東欧などの建築新興国とでは様相が違う。前者は20世紀建築が成熟し安定状態に達し、鉄(金属)とガラスの箱型建築が主流をなしている。一方、後者では、建築先進国からの建築家が彫刻に近いような個性的で派手な姿を実現している。

20世紀の延長上の大きな箱が都市を埋め、それらに囲まれた広場で建築という名の巨大記念碑が踊りを踊る—そんな光景を21世紀初頭の建築界は呈している。地球を覆い尽くす資本主義がもたらした必然的光景にちがいない。

そんな光景を遠く近く眺めていると、小さな建築が愛おしくなる。小さい建築の中にこそ建築の本質がある、と思ったりもする。

大きな鉄とガラスの箱と、踊りを踊るような巨大記念碑に馴染めないものを覚える建築家には、茶室に取り組むことをすすめたい。現在、世界に数あるビルディングタイプの中で内向と自閉をテーマとするのは茶室のほかにないからだ。

でもここに一つ難題が生ずる。住宅の依頼はあっても茶室が付属するなんてまず考えられない。注文があってこそ設計は始まる。

注文なしでどう動く。簡単なこと、自分でつくればいい。

元々、茶室はそういう体質をはらんで始まっている。秀吉が天下分け目の天王山の戦いに臨むに当たり、本陣を置いた宝積寺に茶頭の利休が急造したのがかの「待庵」であった。当時、こうした臨時の茶室を〝囲い〟と呼び、利休はその名人にほかならない。あり合わせの材を集めてきて、既存の建物の軒の下を囲い、茶を楽しむ。

それくらいのレベルの工作は、400年前の堺の商人に出来たのだから今の建築家にはもっとうまく出来る。プロの職人の手を借りずともつくれるし、建築家なんだから自分のレベルに合うディテールを考えればいい。

もともと建築の中で茶室は一番小さく、大きくても4畳半、小さければ2畳、持ち運べる程度の小建築に過ぎない。

加えてもう一つ、守らなければならない定形はない。今の茶道界にはあるが、利休のころはなかった。1897(明治30)年、武田五一が近代の建築家として初めて茶室を発見したとき、その魅力は造形の自由にある、と述べている。

でも、実際に3畳相当の茶室を手掛けてみると、ありあわせの材料を集めたり、自分たちで工夫したりはそう難しくはないが、デザインは迷う。定形ナシの自由に迷う。難しいのは造形の中に忍び込む恣意性をどう抑えるか。定形ナシの自由に任せて線を走らせれば、現代の踊る記念碑と同じになってしまうし、安全を求めて定形に近づくと現代の大きな箱のように表現の鮮度は落ちてしまう。ふつうの設計の勘所が、周辺条件の少ない分だけより強く求められる。茶室は建築の結晶、というか基本単位というか、手掛ける人の建築的特性がそのまま露わになる。

近代の茶室のうち私が訪れた中で一番クサミを禁じ得なかったのは、白井晟一が戦後秋田で手掛けた作で、北山杉の床柱が畳にズブリと刺さっていた。畏友の鈴木博之が伊豆松崎で石山修武にそそのかされて手掛けた数寄屋も、ミースのクロムメッキの十字柱が畳の中から立ち上がっていた。

極小空間、建築の結晶、空間の基本単位、としての茶室に定形は無用だが、自分の法《のり》は何作かつくるうちに自ずと明らかになってくる。私の場合を述べよう。

1 まず、入口は狭く小さくする。小さな入口から潜りこむことで、外界とは別世界のように感じられる。
2 次に、別世界を確保したうえで、窓を広く取り、外が見えるようにする。利休は厳禁したことだが、狭い空間で外も見えずに自閉するのは鬱陶しいからだ。
3 さらにどんなに狭くとも炉を切り、火か炭火を点ずる。火の有無は人の住まい（住宅）と神の住まい（神殿）を分かつポイントだからだ。
4 最後にやらないことを挙げるなら、床の間、畳、障子、真壁といった、いかにも日本の伝統を感じさせるつくりは避ける。

このようにしてこれまでつくってきた茶室は、日本の一部の人は理解してくれるだろうくらいの気持ちで続けてきたが、このごろ海外でも理解する人がいるらしく、私の田舎の村の畑につくった「高過庵」をどこで知ったのか欧米やアジアの建築関係者が見に来るらしい。人戸70ほどの私の生まれ育った信州の寒村に欧米人が入るのは、70年前の敗戦のとき、武装解除確認のためアメリカ兵がジープで乗り付け、蔵の中をチェックして以来、と95歳の父親が言っていた。■

藤森先生 茶室指南

目次

装丁＝南伸坊
本文デザイン＝柳オフィス

茶室対談　その1

茶の湯の中の茶室空間

中村昌生×藤森照信

変わる生活、変わらない茶室

藤森　原広司先生に「茶室は、軽い気持ちでやったらいかん」と言われたことがありますが、茶室に関しては意外な建築家が興味を持っています。とはいえ、茶室に興味を持つ人と持たない人の差が激しいんですよね。

　戦後モダニズムの第一世代の丹下健三さん、前川國男さん、坂倉準三さんは興味を持たなかった。彼らは、伊勢神宮とか桂離宮には関心を持っていましたけど、茶室に対しては持たなかった。これは面白い現象です。第一世代はみんな堀口捨己さんの筋なんですよ。戦前に、日本工作文化連盟（１９３６年）が設立されて、堀口さんが親玉で、みんなその下にいた。にもかかわらず、茶室については設計も言及もしてこなかった。面白い現象です。そうした戦後の建築界と茶室について、ご存じなのは先生しかいらっしゃらない。

中村　いや、それはどうかはわかりませんけど。

藤森　それともうひとつ、茶室の初歩的なこと、部屋が小さくなるとか、にじり口とか、茶室の要素についてはいろいろな説があるわけですけど、そうしたことも今さら言うことではないかもしれませんが、先生の口からでないと、私では示しがつかないので。

中村　そんなとんでもない。私でお話しできるかどうか。

藤森　先生は、『茶道雑誌』にずっと茶室の話を書いておられますけど、先生が茶室に関心を持たれたのはいつごろだったんですか？　そのあたりからお話しいただけませんか。

中村　いろいろ思い起こしていたんですが、戦後の昭和20年代、特に25（１９５０）年くらいまでのあいだというのは、その当時の薄っぺらな建築雑誌をご覧になってもわかりますけど、日本住宅の封建制を排除しようとか、床の間排斥とかいう話があって……。

藤森　和風をやめろみたいな話ですよね。極端な場合、木造をやめろという主張もまかり通

堀口捨己（ほりぐち・すてみ、１８９５－１９８４）
東京大学の同期生らと様式建築を否定する分離派建築会を結成。のちに明治大学などで教鞭をとる。数寄屋建築、茶室、庭園の研究者として知られ、新しい和風の創造にも積極的にかかわる。論文の「利休の茶」で北村透谷賞を受賞。小出邸（１９２４年）、紫烟荘（１９２６年）、旧若狭邸（１９３９年）、岩波茂雄邸（１９５７年）などを設計した。

日本工作文化連盟
１９３６年に結成された組織で、創設会員は25名。黒田清（会長）、堀口捨己（理事長）、岸田日出刀、佐藤武夫、今井兼次、坂倉準三らが名を連ねた。その後、会員は約６００名を数える。建築を含めた造形行為全般を工作ととらえ、工芸から都市に至るまでを造形文化として見直す意味で、ドイツ工作連盟を規範としていた。１９４１年に活動を停止。

った。

中村　そういうことにつながりますかね。そうした諸説ある中で、そんなものでもなかろうと。生活様式なども含めて、もっと物事が変わっていくのではないかと。日本になじむ椅子生活という記事も雑誌に載るようになっていましたから。たとえば、お茶にしても、昭和26（1951）年に上野の松坂屋で、新日本茶道展というのがありました。あのときは、谷口吉郎先生と堀口捨己先生の椅子式の茶室が展示されていた。谷口先生は木石舎、堀口先生は美《び》似居《じきょ》を出品されて。ああいうのを見ていると、私はこれからお茶も椅子式、いわゆる立礼式《りゅうれいしき》になっていくんだろうと。今までの畳の生活（座礼）というものが、だんだん捨象されていくのではないかという展望を描きました。そうなったときに、これはやはり、日本の建築の伝統というものをしっかりとらまえて、不易流行の原理を見定めていかなきゃいかんと思った。私は、そのために建築史の道へ進むことを考えた。そこで、藤原義一先生が桂離宮を調査される際に同行させていただいて……。

藤森　藤原先生の下におられたんですか？

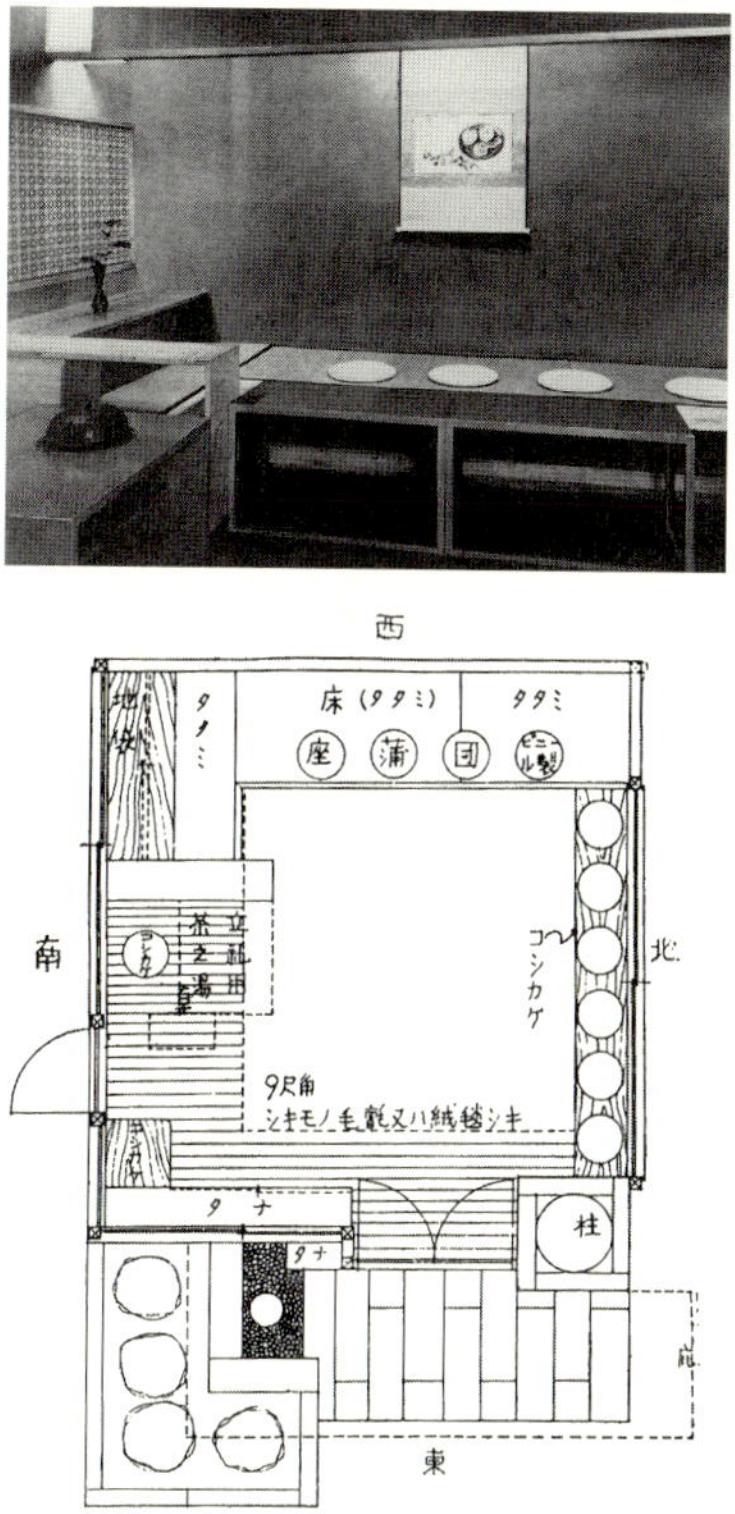

美似居（びじきょ）
1951（昭和26）年に朝日新聞社主催で上野・松坂屋で開かれた、新日本茶道展覧会のためにつくられた臨時の茶室。名前の「美似居」は「びにいる」に漢字を当てたもので、ビニールを多用したことにちなむ。

谷口吉郎（たにぐち・よしろう、1904—1979）生家は金沢市の九谷焼の窯元。東京大学卒業後、東京工業大学で教鞭をとり、博物館明治村の初代館長としても知られる。建築家であり、庭園の研究者。藤村記念館（1958年）、東京国立近代美術館（1968年）、東京国立博物館東洋館（1968年）などを設計した。著作に『雪あかり日記』『修学院離宮』などがある。

藤原義一（ふじわら・ぎいち、1895—1965）京都大学で天沼俊一に師事し全国の古建築、石建築を調査、『日本古建築図録』、『京都古建築』の名著がある。遺構による書院造の研究は学位論文となった。武田五一の設計活動にも協力、姫路城をはじめ各地の文化財建造物の修理や社寺建築の設計も手がけ、四天王寺五重塔再建の設計にも携わった。京都大学講師、彦根工業専門学校、京都工芸繊維大学、近畿大学教授を歴任。師風を継承し、美術の土居次義、庭園の重森三玲とともに市民に建築の魅力の啓発にも努めた。

中村　そうです。初めて桂離宮を見たとき、その印象が非常に強烈でしたね。むしろ、社寺建築よりも、こういう建築と向き合っていくことのほうが、日本建築の伝統を未来に伝えていけるのではないかと思った。しかも、桂離宮のようなものは、どうしても茶の湯の思想を無視しては肉薄できないように思えて。で、創元社の『茶道全集』(1936～37年刊行)を読んで、茶の湯の世界を勉強しながら茶室の遺構を見て回ったりしていました。

藤森　藤原先生は、京都大学にもいらっしゃいましたよね。

中村　そうです。藤原先生は京都大学を昭和16(1941)年ごろに辞められて、二条城や姫路城の修理事務所におられました。彦根にある今の滋賀大学はもともと経済の学校ですが、戦争中、学校そのものが再編されて、建築科ができたときに、藤原先生が学科長で来られた。その当時、僕はたまたま中学4年で、八高の受験に失敗して、なんとかしないとえらい目に遭うぞということで、たまたまここに受かったものだから、名古屋から悠々と疎開していたようなものです。それで、藤原先生にずっと師事することになったわけです。当時、京都大学の構造の棚橋諒先生も講師としてお出でになっていて、卒業後、棚橋先生の研究室に入り、助手になりました。やがて藤原先生が京都工芸繊維大学教授に着任されて、来てくれということで、そちらに移ったわけです。

藤森　桂離宮を通して、茶室に目覚めるようになったわけですね。

中村　そういうことです。

藤森　その後、松坂屋での展覧会があって、中村先生も椅子式になるだろうと。その予想は外れてよかったですね。

中村　当時はホントにそう思いました。今のように大衆化されて、畳の座礼である茶の湯が伝統的な芸能として続いていくとは思わなかった。生活様式が変わるとともに、伝統的なものも変わるだろうと思っていました。ところが、あにはからんや変わりませんでした。むしろ、昭和30年代になると流行化とともに定着化に向かっていきましたよね。

藤森　お茶の世界は空前の繁栄期を迎える。

中村　茶の湯の人口が増えて、家元制度も強化され発展しました。

藤森　予想とは相当違うことになってしまった。

中村　そうです。だから、新しいことをやろうという意欲が削がれてしまって、むしろ、古典の研究に向かっていったんですね。そして、ちょうど１９５０年代ごろに、宇治市が茶室をつくるということで、請われて提出したのが椅子式の茶室でした。

藤森　先生の茶室第一号。

中村　今は図面も何も残ってませんけど。結局うやむやになってしまって、ふつうの茶室が建てられました。やがて、それを壊して、新しく建て直すということで、20年ほど前に、また私のところに話がきました。そのくらい、物事は変わります。しかし、今度は伝統をふまえて小間と広間と椅子席からなる公共の茶室を工夫しました。

藤森　先生の前に、堀口捨己が戦前からやっておられたわけですけど。

中村　ご存じのように堀口先生の『利休の茶室』が出たのが、昭和24（１９４９）年なんですけど、あれを見て、私にはとうていこんな研究はできないと思いました。

藤森　それまで堀口先生とおつき合いは？

中村　堀口先生のことは雑誌などで拝見していましたけど、こういう研究をなさる方はどういう方だろうと。茶碗のことも書いておられるし、茶の湯についても言及なさるし、どうしてこんなに造詣が深いのだろうかと。で、初めて先生とお仕事したのは、主婦の友社が『茶の湯全書』（１９５９年）を出版したとき。「茶室」について私に書いてもらえと先生から言われたということで、編集の方が訪ねてこられました。まだお目にかかっていない先生から指名されたのは、光栄なことですから、必死で書きました。それがきっかけです。その本ができて、初めて先生にお目にかかることができました。

藤森　どんな印象でした？

中村　そうですね。まあ、それは偉い先生ですから。しかし、初対面ということを忘れてしまうような親しい口調で接して下さいました。眼鏡をかけた素朴な好々爺という感じですかね。それで、尋ねたことに対しては、何でも答えて下さいました。その後、ちょいちょい大森のお宅へおじゃまして、御教示を仰ぐようになりました。そして、ちょうど私が論文を書いてからですけど、起こし絵図（『茶室起こし絵図集』墨水書房、1963年刊行開始）の仕事をお手伝いしたときは、稲垣栄三さんと一緒に非常に多くのことを教えていただきました。茶室のことだけでなく、お酒を飲むこと、料理を食べること、先生は大変な食通でしたからね。またそのころは、よく京都にお出でになって「京都ホテルに来ませんか」という電話がかかってきて、ごちそうになったりしました。また、大徳寺大仙院の庭の修理があったときですが、修理を担当しておられた（京都府の）造園家の中根金作さんに会いたいから、ということで呼ばれて、議論されたりもしていました。京都では、大原山荘（1968年）をやっておられましたし、それを担当していた清水建設の担当者が京都工芸繊維大学の古い卒業生であったということもあって、呼んで下さったようです。堀口先生は著名な数寄者たちと交わってこられましたから、いろいろな茶会の思い出を承り、とても勉強になりました。また、如庵《じょあん》の犬山市への移築（1972年）を指導されていたときは、「あなたのほうが近いのだから、現場へ来て下さい」と言われ、よく足を運びました。有楽の天満屋敷の茶室（元庵）の復元のお手伝いもできて幸せでした。稲垣先生と一緒の機会が一番多く、私たちの原稿の批判を伺うこともありました。

藤森　そうですか。私たちは大学院のとき、稲垣先生から茶室の講義を受けて、『南方録』とか、茶室に関する文献を読まされました。ですから、一応茶室に関しては頭の中に入っています。今の東大は、茶室とは縁が切れてしまって……。

稲垣栄三（いながき・えいぞう、1926—2001）
1926年東京都に生まれる。1948年東京大学建築学科卒業。大学院を経て1952年から1960年春まで東京都立大学助手。1960年東京大学助教授。1961年工学博士。1973年東京大学教授。1987年明治大学教授。主な著書に、『日本の近代建築―その成立過程』1959年、丸善。『神社と霊廟』〈原色日本の美術十六〉1968年、小学館。『日本建築史基礎資料集成二・社殿II』1972年、中央公論美術出版。『日本建築の特質』共著、1976年、中央公論美術出版。

中根金作（1917—1995）
国内外で300近い庭園を作庭し、「昭和の小堀遠州」と称えられた作庭家・造園家。

如庵（じょあん）
如庵は、1618（元和4）年、織田信長の実弟・有楽斎（1547—1622）によって、建仁寺の塔頭である正伝院が再興した際に客殿・庫裡・書院とともに建てられた、2畳半台目の向切りの茶室。現在は愛知県犬山市の有楽苑内に移築されている。有楽斎は千利休に茶を学んだ、利休七哲の一人。なお有楽斎は以前にも、如庵と同名の茶室を大坂天満屋敷に建てており、元庵の名で古図をもとに有楽苑内に復元された。

茶室研究と創作は別のベクトル

藤森　建築界での茶室研究の動きを調べてみると、明治32（1899）年に武田五一が、『建築雑誌』に茶室について延々と書いてるんですよ。伊東忠太の『法隆寺建築論』（1893年）の6年あとに。じつに面白いことで、最古の木造建築としての法隆寺の発見と茶室の発見はそう違わない時期で、日本建築史の頭と尻はほとんど同時に発見された。『法隆寺建築論』のほうはその後、日本建築史研究の基礎になりますよね。歴史の出発点になっている。ところが、武田五一の茶室論のほうはそれっきりで……。

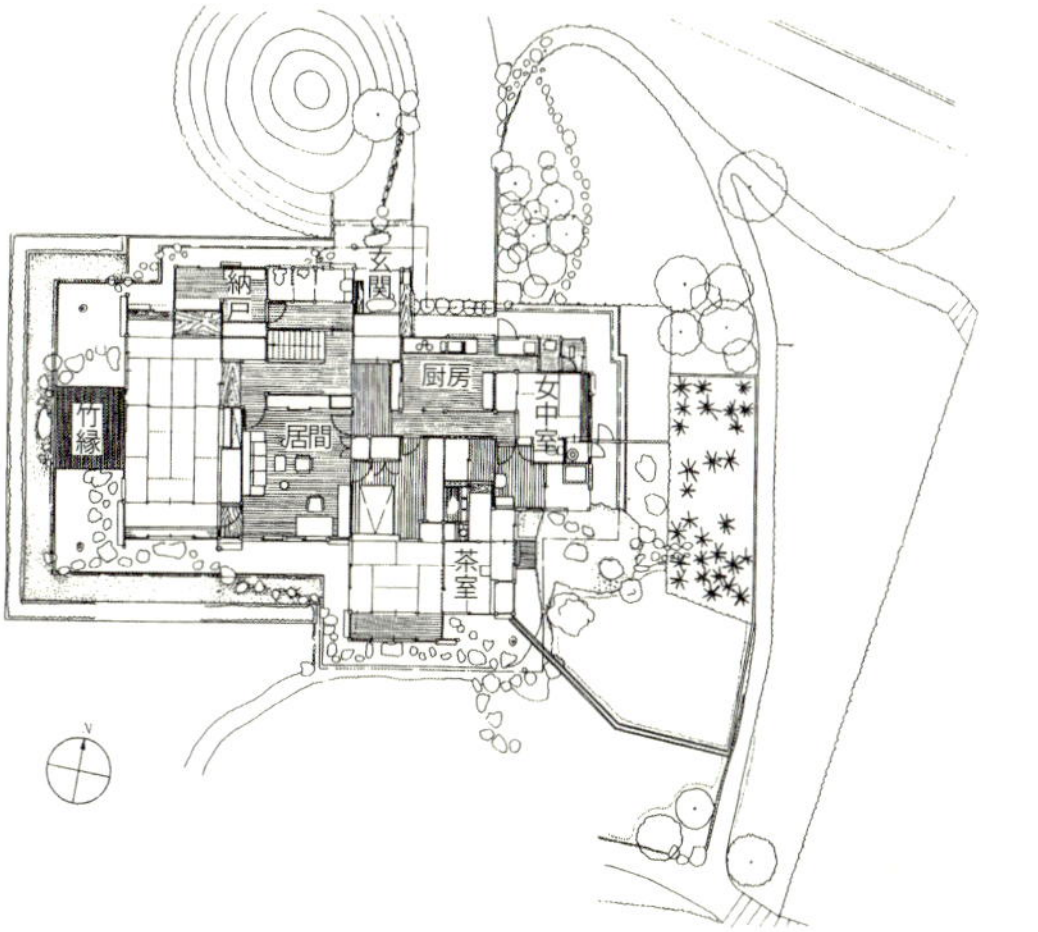

大原山荘

南方録（なんぼうろく）
1593（文禄2）年ごろの成立とされる茶道書で、覚書、会、棚、書院、台子、墨引、滅後の7巻からなる。千利休の高弟、堺の南宗寺の僧・南坊宗啓が利休から授かった口伝秘事（教え）を書き留めたものと伝えられる。利休没後の100年にあたる1690（元禄3）年に、福岡・黒田家の茶人である立花実山によって書写された。

武田五一（たけだ・ごいち、1872—1938）
東京大学卒業後、同大で教壇に立つが、図案研究のため、ヨーロッパに留学。そこで得た、アール・ヌーヴォーやセセッションなどの様式を日本で紹介。その後、京都高等工芸学校（現・京都工芸繊維大学）図案科、京都帝国大学（現・京都大学）建築学科の創設にかかわり、京都大学で教鞭をとる。

伊東忠太（いとう・ちゅうた、1867—1954）
日本最初の建築史家で建築評論の開拓者。東京大学卒業後、大学院に進み、のち同大学で教壇に立つ。1893年に『法隆寺建築論』を発表し、法隆寺が日本最古の寺院であることを研究し、日本建築史の道を拓いた。また、建築の変遷は木材を経て石造へ向かうという「建築進化論」を唱え、独自の様式を展開。大倉集古館（1927年）、震災祈念堂（1930年）、築地本願寺（1934年）などを設計した。

武田さんの茶室論を読んでびっくりしたのは、内容は相当しっかりしていて、図面が出てくるし、利休がすばらしいとか書いてある。武田さんは学部学生の卒業論文として書いているわけだから、オリジナルにあたることは少ないと思うんです。ということは、ああいう知識は京都のお茶の世界では、みんなが持っていたんですかね。

中村　いや、そうではないでしょう。武田先生は一応、茶室のことが書いてある茶書を、あの段階までのものを一通り読みこなしておられます。だから、京都の茶道界とは、接触しておられないと思う。茶書の知識だけで諸流にわたって茶室の諸般のことが書かれています。利休の「休」の字が「久」しいになっていますけれど、そのことからも、おそらく茶家とはあまり接触しておられないと思います。

藤原義一先生は、非常に武田先生に私淑しておられました。ずいぶんアルバイト（設計の下請け）をされたらしいんですよ。武田先生がデザインされると、構造計算を棚橋先生がよく手がけられたそうです。山中温泉の総湯の建物も藤原先生が図面を引かれたそうです。藤原先生は、武田先生の仲人でフランス人形のような美しい奥様を迎えられた。そういうこともあって、武田先生が亡くなられてからも、武田家には尽くしておられました。高桐書院から武田先生の論文集が2冊出版されましたが、藤原、棚橋両先生の編集によるものです。その1冊が、卒業論文の『茶室の建築に就いて』です。そのときに、利休の「休」の字が「久」という字になっているから、当時、茶道史の第一人者であった西堀一三先生に聞きに行かれたそうです。西堀先生はそれでもいいと言われたようです。で、「休」は「久」のままになった。そういうお話を棚橋先生から聞きました。

藤森　ということは武田さんは、東京の学生でいたわけですから、江戸時代の茶書なんかも含めて、いろいろ本で学んでいた、ということですね。

中村　そう思います。お茶には岡倉天心くらいの素養を持っておられたかもしれませんけど、茶室についての知識は文献だと思いますね。

岡倉天心（おかくら・てんしん）
↓87頁参照

藤森　武田さんの茶室論を見ると、基本的なことを押さえたうえで、茶の本質は精神性と風流だと書いているんですよ。そう言われてみると、たしかに茶の一番大事なところは、精神性と風流で、まあ、そのとおりとしか言いようがない（笑）。

　で、その後のことを調べると、武田さんはヨーロッパに留学するんです。留学して、アール・ヌーヴォーにすっかり傾倒して帰国した。私は、武田さんが茶室に見ていたものは、アール・ヌーヴォーに見たものと同じじゃないかとにらんでいる。茶室の自由なデザインとか、表層のデザインですよね。ああいう構造的でないデザインはアール・ヌーヴォーに通じるものがある。だから、武田さんは茶室で感性をトレーニングしていて、留学後、茶室への関心がそのままアール・ヌーヴォーに通じていったんじゃないかと。

中村　それは言えるでしょうね。そうでないと、卒業論文で茶室について書こうと思われた動機が理解できませんものね。しかしまあ、京都でつくられた邸宅の中には茶室めいたものはたくさんありますけど、武田先生には、これといった茶室の作品は特にないですね。

藤森　ないんですよ。ふつう、あれだけ論文を書いて、京都の帝国大学の先生だから、やろうと思えば茶室はいくらでも設計できたでしょうに。

中村　そりゃあ、武田先生だったら自由にできた。茶室もつくられたことはあったんですよ。神戸の大邸宅には茶室がありました。

藤森　それは洋館ですか？

中村　洋館ではなくて和風の、勝田銀次郎の邸宅で、それを調べに行ったときには、茶室だけは誰かがもらっていったらしく、すでになかった。だからどういう茶室だったのかはわかりませんが。

藤森　運んでいけるような状態のものがあった。

中村　そうですね。京都に、これだけ茶室があるのに武田先生のは残っておりませんなあ。京都の岡崎の白河院（旧下村邸、1919年）には和館と洋館と両方残ってはいますが、廊下の

勝田銀次郎（かつた・ぎんじろう、1873–1952）実業家にして政治家。貿易会社・勝田商会を発展させて勝田汽船を設立。山下亀三郎、内田信也と並ぶ三大船成金の一人。

一角に立水屋をつくって、広間を茶室に使うように工夫されたものがあります。

藤森　私が調べたところでは、大正4（1915）年に藤井厚二が、第一回実験住宅（神戸市）で茶室をつくっています。その平面図が、彼の本に出てくるんですけど、内容は全然わからない。平面図には「茶席兼応接間」と書いてあるだけで、玄関入って右手に6畳が張り出すようなかたちになっている。これに関しては、藤井さんはなぜか写真を載せていないんですよ。一応水屋もある。平面図だけではなかなかわからない。第一回実験住宅はすでにないですしね。それから第五回実験住宅が今、残っている「聴竹居」（1928年）。「聴竹居」の斜面に茶室がある。

ですから、武田さんは茶室を論じながらもつくらなくて、実際つくったのは藤井さん。藤井さんを京都大学に呼んだのは武田さんなんです。結局、武田さんは洋風に行ってしまうん

藤井厚二（ふじい・こうじ、1888—1938）
建築環境工学のパイオニアの一人。東京大学卒業後、竹中工務店に入社。その後、武田五一に招かれ、京都大学に赴任。京都の大山崎に広大な土地を確保し、自邸の建て替えを行い、環境工学的なアプローチで生活実験を繰り返した。その中の最後の1棟が聴竹居。

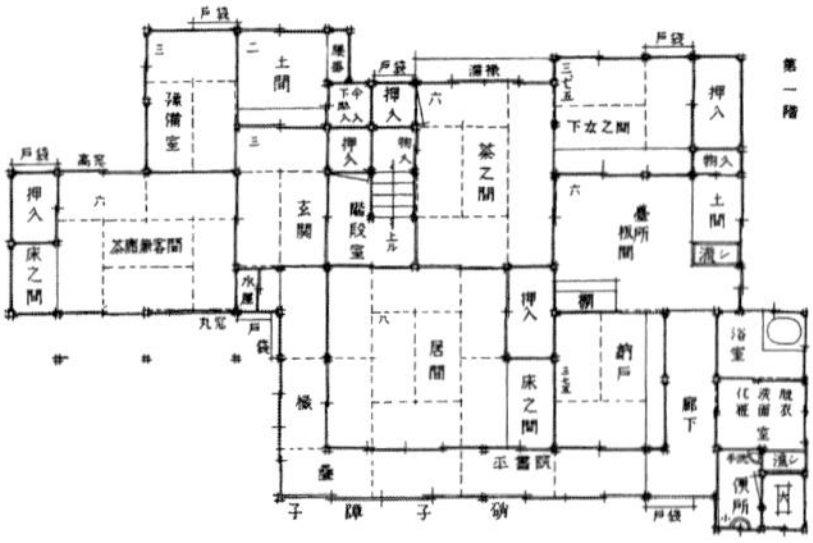

第一回実験住宅（1915）

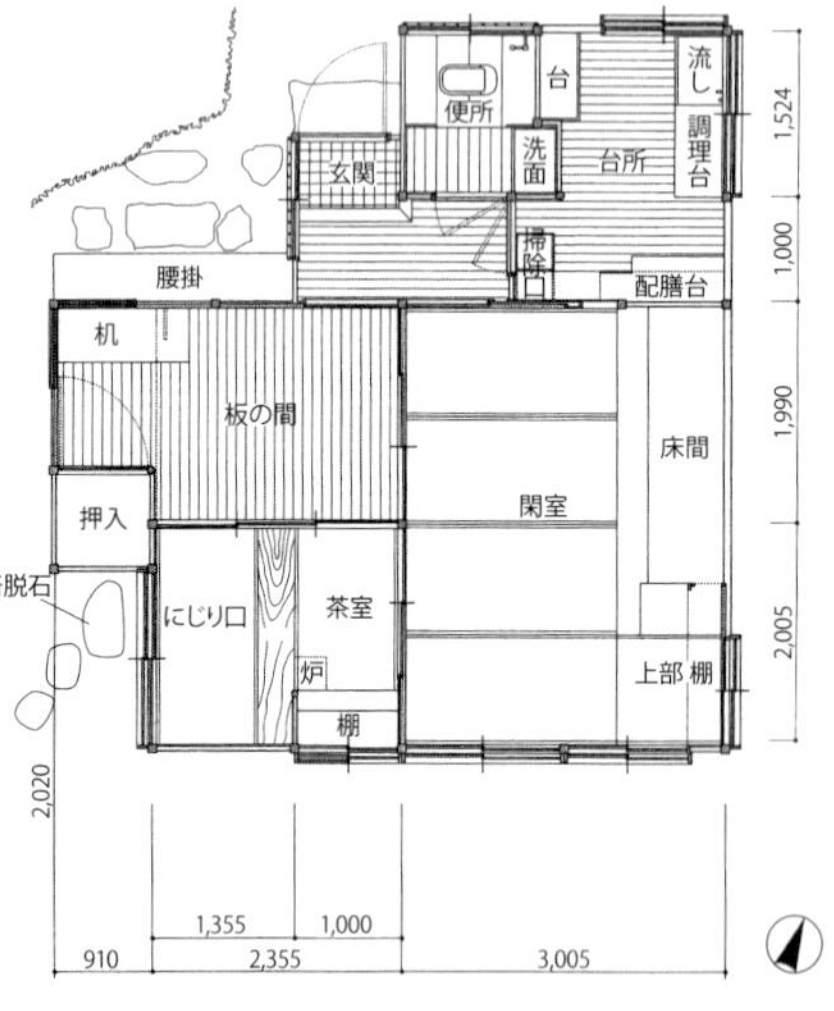

聴竹居（下閑室）（1930ごろ）

聴竹居の茶室を左手に見る

ですが、茶室論をやったときに、日本の伝統はヨーロッパのモダンなものに通じるという気持ちがあった。それで、藤井さんを呼んだのかどうかはわかりませんけど、とにかく武田さんに呼ばれた藤井さんが日本で初めて茶室を建築家としてつくる。

　意外なのが、堀口さんは戦前の段階で茶室をつくってるんですけど、なんだか、ただの部屋みたいなんです。僕らが知っているような茶室の大家としての堀口さんのイメージではない。「岡田邸」(1933年)が解体される前に見せてもらったんですけど、最後まで茶室があることに気がつかなかった。あとでちゃんと図面を見たら、竹スノコが出ているところがある。あそこが茶室。横山正さんと一緒に見たんですが、横山さんも茶室と気がつかなかった。よほど、ふつうの部屋だったんでしょうね。おそらく、竹スノコは桂へのオマージュでしょう。図面を見ると、炉が切ってあるんです。でも、壁とか天井はふつうの和室でした。堀口さんは、戦前、戦後と茶室をいくつかつくられてますけど、少なくとも図面を見る限り、戦前は紫烟荘の独立した茶室をのぞくとふつうの和室なんです。

中村　「磵居《かんきょ》」(1965年)はご覧になられましたか?　あれもそういう座敷の佇まいですね。栗の木を使って、6畳だったか4畳半だったか、それに台目がついて、中柱もなかったでしょうか、そこに吊り棚がつくられていました。その吊り棚は、いわゆる型にはまった吊り棚ではなくて、まったく独創的な吊り棚です。それで、評判の堀口先生がつくられた作品ということで見に行かれた、あるお茶の先生が「なんですか、堀口先生たるものが」とすごく憤っておられました。おそらく、型破りの棚を指しての批判でしょう。そのようなところが堀口先生にはあるんですよね。「磵居」はさっきの「岡田邸」に比べると、茶室めいたほうですけど。古典に精通しながら、伝統的な小間はつくられなかったところに、堀口先生の何か深慮遠謀があったんだろうと思いますね。

　佐賀の城内公園にも茶室(清恵庵、1973年)がありますよね。堀口式のルーバー式の照明のある、広間と4畳半の茶室ですが、4畳半のほうは伝統的な構成です。どうして堀口先生

磵居の茶室

岡田邸の茶室

はあれだけ古典をはじめ茶室を知り尽くしていながら、伝統的な茶室をつくられなかったんだろうと。たしかに、私もそう思わないではないんですけど。昔の茶匠の作品は古典として見る、そして深く研究も加えておられるけれど、御自身がつくるとなると、近代の建築家の立場に立って空間をつくるという創作の姿勢を崩されなかったのではないでしょうか。だから、創作においては古来の茶匠と、一線を引いておられたのかなあと、最近思ったりするんですけどね。たしかに、古典の茶室や庭を解説するにしても、作品の中に入り込んだような解説をされるでしょう。そうしたら、昔の茶匠と競うようにおつくりになればと思うんですけど、一線を引いておられるところに、何か先生の確たる深い考えがおありになったのかなあという気がします。

藤森　堀口先生は、茶室の研究について、たくさん書いておられますけど、設計については何かおっしゃられましたか？

中村　「磵居」のときは、「最近、栗林を持っている人が栗で建ててくれって言うんだけど、栗の茶室は可能だろうか」と問われたことがありました。床柱などに使うこともよくあるし、先生のお考えで栗を茶室に生かすことをお考えになられたらいいんじゃないですか、ということを申し上げました。

藤森　あれは全部栗ですよね？

中村　栗です。だから、御自身として茶室をつくられたのは、「磵居」と金の茶室の復元くらいだったかもしれませんね。

藤森　茶室の未来については、あまり話されなかった？

中村　そういうことは、お話しにならなかったですね。どちらかと言えば、数寄者の茶の懐古。あの人のところへ呼ばれたとき、こんなことがあったとか、そのような話は伺いました。

藤森　茶室がこれからどのような方向に進むとか、どうなるべきかとか、そういったことはお話しになりませんでしたか？

清恵庵の４畳半の茶室

中村　なりませんでしたね。例の「サンパウロ日本館」（１９５５年）のことで論争がありましたよね。『建築文化』など、建築の雑誌にも記事が掲載されました。よくお会いするようになったのは、それ以降ですけど、そういうことについても、ほとんどおふれにはならない。鹿島（出版会）からの出版の最初に、自らの作品集『家と庭の空間構成』（１９７５年）を出したいとおっしゃって、そのころ、雄大な古墳の計画とか、方々の庭に対する先生の独自の見方などについて伺いました。庭と建物を一体のものとして創作されている先生の姿勢に感動しましたね。しかし、茶室の今後については何もおっしゃらなかった。

藤森　名古屋にある「八勝館の御幸の間」（１９５０年）は、茶室としてちゃんと使えるように隅に炉が切ってありますけど、あれについて何かおっしゃったりは？

中村　特にお話しにはなりませんでしたが、御幸の間に限らず広間はつねにお茶に使えるような構え方を念頭においておられたように思います。それがはっきりしたのは「大原山荘」のときでしょうか。

犬山市への「如庵《じょあん》」の移築が完成したとき、私も仲間に入れていただいたんですが、堀口捨己著書刊行会のメンバーで慰労会が催されたことがあるんですよ、竣工間もない八勝館の中店（１９６７年）で。そのときに、太田博太郎先生と大江宏先生が見えました。私は、あのときの大江先生の言葉が印象的で、なるほどなあと思ったんですけど。「堀口さんは、建築の足下、裾のところがうまいねえ」と。私もそれから、現代建築の裾に注意するようになりました。その会のときは、中店の２階の大広間でした。先生は新作の中店をみんなに見てほしいというお気持ちがおありになったようです。しかし、設計上の苦労話などはいっさいなさらなかったですね。

戦後、大寄せの茶が流行する時代を迎え、大きな広間で茶会をすることが多くなりました。そういう茶会に使われる広間には意欲的に取り組んでおられたと思います。「御幸の間」もそうですけど。ですから、先生の設計される広間は、そこに炉を切れば、お茶に使えるという

サンパウロ日本館をめぐる論争
堀口捨己＝設計、大江宏＝監理によるサンパウロ日本館（１９５４年）をめぐって、池辺陽と神代雄一郎（評論家）、木村徳国（建築史家）のあいだで展開された日本建築の「伝統」についての『新建築』誌上での論争。

八勝館の御幸の間

気持ちがおありになったんじゃないですかね。

藤森　堀口先生は、あまり小さくやるという方向には……。

中村　小間の世界よりも、むしろ広間の世界に目を向けておられた。広間に「茶の空間」としての堀口好みを確立されたと言えるんじゃないでしょうか。

藤森　極小空間は利休がやったし、その先どうするかというのはありますね。

草庵風茶室に至る道のり

藤森　利休の時代に小間の茶室、草庵風の茶室は、建築として何と呼ばれていたんでしょうか？

中村　ふつう、座敷とか小座敷、4畳半とか3畳とか、そういう言い方でしょうか。茶室という言い方は、ほとんど明治以後ですからね。「囲い」という言葉も使われていますね。

藤森　囲いという場合、小座敷とは違う意味ではなくて？

中村　まったく同じ意味ですね。区別はないと思います。それから、数寄屋という言葉を、利休が、果たして使ったかどうか確かではありませんけど、侘び数寄という言葉は使っています。

藤森　利休が……。

中村　侘び数寄という言葉は、たしかに利休が手紙の中にも書いています。それから、数寄屋という呼称をはっきり使うようになるのは、（古田）織部からですね。織部は、小座敷のことを数寄屋と呼びました。

藤森　草庵風の茶室のことを数寄屋と。吉田五十八さんなんかがやる、いわゆる数寄屋じゃなくて、茶室のことをそう言った。

中村　そうです。だから、まず数寄屋で濃茶を、それから鎖の間へ、さらに書院へというよ

千利休（せんのりきゅう、1522—1591）
安土桃山時代の侘び茶の完成者。堺の商家に生まれ、幼名は与四郎。名は宗易（そうえき）。家業は納屋衆（倉庫業）、一説には魚問屋とも。北向道陳、武野紹鷗に茶の湯を学び、のちに大徳寺で参禅、宗易の号で茶会を開く。織田信長が堺を直轄地としたとき、茶頭となり、次いで豊臣秀吉に重用された。秀吉の関白就任にあたって禁中茶会が開かれた折、正親町天皇に茶を献じて利休居士の号を与えられた。1587（天正15）年、北野大茶会を開くなどして、秀吉の信任を得る。黄金の茶室を建てる一方で、待庵などの草庵風の茶室を創出するなど、楽茶碗の制作にも取り組み、侘び茶を完成に導く。しかし1591（天正19）年、突然、秀吉の勘気にふれ、堺に蟄居を命じられ、京都に呼び戻された後、聚楽屋敷内で切腹を命じられる。

うな言い方ですね。

藤森　鎖の間というのは、どういう意味ですか？

中村　鎖の間というのは、数寄屋と書院とのあいだのものと言われておりますけど、要するに、数寄屋というところは、たとえば草庵風の3畳台目で、お茶をやるところ。茶会は御承知のように、濃茶を点て、薄茶を勧め、会席（懐石）を振る舞うでしょう。このフルコースを全部、小座敷でやるのが本来ですね。それを、織部はそれでは客が窮屈だから、一番、お茶としてフォーマルな濃茶は数寄屋でやりましょう。次に、客に勝手口から鎖の間へ通ってもらって、ここで薄茶を差し上げましょう。さらに書院へ通して、ここでくつろいで食事をしてもらいましょう、というふうに座を変えるというお茶の形式を推進したんですね。（小堀）遠州もこれを継承しました。

藤森　利休のあと。

中村　それを利休は戒めていました。

藤森　そういう、いかにも儀礼的なものを。

中村　儀礼というよりもそういう茶会の形式は、世俗の宴会に堕してしまうと考えたのです。

藤森　ふつうは書院で宴会をするわけですね。

中村　利休の言葉を借りますと、「とかく一日に座を変えての飾り所作」はよくないと。つまり、フルコースのお茶を、座を変えてやってはいけない。そうすると、世俗の宴会のようになると言うんですね。で、小間なら小間、書院なら書院、それぞれの場所でフルコースをやりなさい。そういうことを言っているわけです。そもそも小間だけなら、飾りの数が少なくてすむでしょう。ところが、鎖の間、書院と、座敷を連ねますと、それぞれの部屋で飾りを見せることができます。道具をたくさん所持している人には都合がいいでしょうが、純粋に小間なら小間でお茶をやるのが利休の茶室です。わずかな茶会記を通じても利休は、それを実践していたことがわかります。

古田織部（ふるた・おりべ、1544―1615）
安土桃山時代に活躍した武将、茶人。織部流の開祖。名は重然（しげなり）。織田信長や豊臣秀吉に仕え、千利休に茶を学ぶ。利休没後は、天下の茶匠として徳川2代将軍・秀忠の茶道師範となる。武家の茶を展開させた。利休の茶道を継承しつつ大胆かつ自由な気風を好み、茶器や建築、造園などにおいて「織部好み」と呼ばれる作風を流行させた。織部の茶碗は大胆にデフォルメされた点が特徴。大坂夏の陣の後、豊臣方への内通の嫌疑がかけられ、秀忠によって切腹を命じられる。織部の弟子には小堀遠州らがいる。

小堀遠州（こぼり・えんしゅう、1579―1647）
安土桃山時代から江戸前期にかけての大名、茶人。備中松山藩2代藩主で、のちに近江小室藩初代藩主。名は政一。庵号は孤篷庵。遠州の名は従五位下遠江守に叙任されたことに由来する。織部に茶を学び、遠州流を立てる。豊臣秀吉の家臣であったが、秀吉が没すると、徳川家康に仕えた。作事奉行として、多くの建築・茶室・庭園などの作事にかかわっている。

藤森　2畳で全部終えるというのは、えらいことですよね。あの狭い空間でやらされたらお客さんはたまったもんじゃない。

中村　客も狭苦しいところで二刻《ふたとき》（4時間）付き合うとしたら大変ですよね。ですから、数寄屋から鎖の間へという茶会の形式がおのずと広まっていったんだと思います。千家の茶人のあいだでも次第に小間と広間を併せ用いるようになりました。そうした茶会の傾向は、茶室的、草庵的なデザインが書院のほうにも浸透していくように影響を及ぼしていきました。

藤森　今日の、いわゆる数寄屋造りが生まれる。

中村　数寄屋的な要素が書院のほうに浸透していった。

藤森　そういう感じで広がっていくわけですか。面白いですね。

中村　私は数寄屋が他に及ぼした影響を重視しています。草庵、鎖の間、そして書院と、これらが木に竹を接いだようにならないよう、調和が工夫されていくとき、たとえば鎖の間や書院は、角柱ではなく、面皮を使おうとか、そういうことになっていくのは自然なりゆきです。

藤森　「忘筌《ぼうせん》」は、書院風でありながら天井が低く、草庵的な要素が入り込んでいて混合的ですよね。

　ところで、利休グループ以前の、草庵風になる前の殿中のお茶は、ふつうのお茶と解釈していいんでしょうか。今で言うと、広い座敷のようなところで、お茶を飲むことだと思えばいいんですか？

中村　足利将軍家の会所なんかで行われた殿中のお茶は、押し板飾りなどをした座敷があって、それとは別に茶の湯の間がある。茶の湯の間というのは純粋な茶立所で、「茶の湯棚」が置かれているだけの部屋です。そこへ同朋衆が座って、お茶を点てて、それを座敷にいる客の前に運ぶわけです。

藤森　亭主は座敷ではお茶を点てないわけですね。茶の湯の間は、要するに裏方というか。

孤篷庵忘筌（こほうあんぼうせん）
孤篷庵は、小堀遠州が大徳寺塔頭の龍光院内に造営したもので、忘筌は庵内に設けた、一間幅の床を設けた9畳（点前座1畳を含む）と3畳の相伴席からなる12畳の書院風茶室。

村田珠光（むらた・じゅこう、1423－1502）
室町時代中期の茶人。侘び茶の創始者。通称を茂吉、号は香楽庵南星、独廬軒。奈良称名寺の僧で、諸国放浪ののち、大徳寺の一休和尚に参禅。茶事にも精進し、

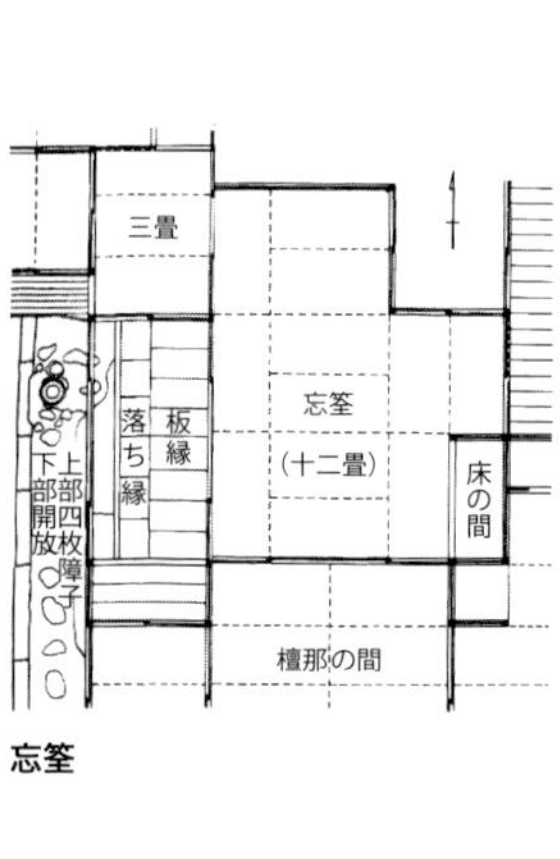

忘筌

中村　そうそう、茶を点てる人は裏方みたいな立場です。

藤森　茶の湯の間は今の水屋のようなものですか？

中村　どちらかと言えばそうです。そういう扱いだったのを、新しい茶の湯の世界では、亭主と客の座を結合する。客の前へ道具を運び出して、客の前でお茶を点てて、勧めるという、そういう異質な空間になった。

藤森　それは、珠光《じゅこう》がはじめるんですか？

中村　珠光あたりが創始者ということになってますね。

藤森　で、紹鷗《じょうおう》が継いで利休が完成させる。

中村　だけど、珠光から紹鷗、利休という系譜は、利休によってつくられたような気がします。

藤森　利休が自分を歴史的に正当化するために。

中村　藪内家の書の中にそう考えさせる伝えがあります。

藤森　系譜で変だなあと思ったのは、珠光と紹鷗は年齢的に離れてるんですよね。直接会ってないはずですよね。紹鷗は、利休の先生でしょうけど。

中村　利休以前には、紹鷗以外にもずいぶんいろいろな茶人がいました。

藤森　じゃあ、つないで、利休がそういう歴史をつくった。

中村　私はそう思いますね。むしろ、そういう系譜を立てることによって、茶の湯の進展の過程を説明しようとしたのでないでしょうか。現在の茶道史もその線にそって述べられています。最近では、紹鷗は利休の本当のお師匠さんではない、という新説を言い出している人があります。しかし利休も紹鷗に学ぶところが少なくなかったことは否めません。

藤森　時代は重なってるし、お師匠さんではある。

中村　であると思います。紹鷗は少なくとも単なる先輩ではなくて、相当教えを受けた人だと思います。

「茶禅一味」の境地を体得する。能阿弥に師事し、立花や唐物目利の法を乞い、能阿弥の推薦で室町幕府8代将軍・足利義政の茶道師範となる。貴族向きの書院茶ではない庶民向けの数寄茶を創案した。

武野紹鷗（たけの・じょうおう、1502―1555）
室町時代末期の茶人。堺の豪商で、武具商とも皮革商ともいわれる。若狭国守護の武田氏の子孫。父・信久の代に堺に移住して姓を武野に改めた。名は仲村、通称は新五郎。三条西実隆に師事し、和歌を習い、茶の精神を学び、連歌にも長じた。十四屋宗陳（もずやそうちん）・宗悟から学んだ茶を茶道として確立したという。1532（享禄5）年、仏門に入って紹鷗を名乗る。村田珠光による侘び茶を理想とし、4畳半の座敷から3畳、2畳半の小座敷に至る小間を考案し、多くの名物を所持した。

藪内家
藪内家の遠祖は藪宗把といい、足利義政の同胞衆であったという。藪内流の家元で、初代の藪内剣仲（1536―1627）は武野紹鷗の門下で、千利休とも親交が深く、利休より相伝を受けたと伝えられる。義兄である古田織部とは親しく、燕庵は織部から譲り受けた茶室である。『源流茶話』は、藪内家第5代、藪内家中興と称せられる竹心（1678―1745）の著した茶書。藪内流の「正直清浄　礼和質朴」は竹心の言葉に由来する。

唐物追放の美学と狭小空間の実験

藤森　それから、4畳半の草庵風の茶室ができたあと、利休は非常識なまでに縮めていきますね。利休以前にも、4畳半より小さくすることは、紹鷗も試みてますけど、紹鷗自身、4畳半をオーソドックスなものとしてとらえていたんでしょうか。

中村　私の考えでは、そのところは曖昧ですけど、『二水記』の筆者、鷲尾隆康が「市中の隠」と言っていたころの茶屋は、どういう茶屋だったかはわかりませんけど、座敷茶の湯であったとしたら、おそらく6畳くらいの部屋ではなかったかと思います。だいたい初期(室町後期)のころの茶書には、まず6畳敷きが出てくるんですよ。

藤森　4畳半ではなくて。

中村　6畳敷きで、1畳が手前座で、押し入れの棚が設けられた座敷の間が出てくる。そして6畳だと、亭主と客との間合いがありすぎ、道具もたくさん要ると書いてあります。そういう無駄をもっと省いて、さらに客と亭主の親密な関係をつくるには4畳半がいいということになり、茶室は4畳半に定着していきました。そして、4畳半を茶室として完成させたのは紹鷗でした。紹鷗4畳半は一世を風靡しました。そこには張付壁の一間床が設けられました。そして紹鷗は、床は名物(唐物)を飾る場所で、名物を持たない人は床なしでよいとさえ言っています。

藤森　略式でいいと。

中村　だから当時は、4畳半は「唐物持ち」の使う茶室となっていました。

藤森　唐物は特別なもので、ふつうの人には手に入らない。

中村　そういう茶室が流行したんですね。利休もそういう茶室を持っていた。ところが、それでは唐物持ち以外の人は使えない茶室が主流になってしまって、とても「侘び数寄」は栄

鷲尾隆康(わしのお・たかやす、1485−1533)
室町時代後期の権中納言。『二水記』は隆康による日記で、途中欠落している記述もあるが、1504(永正元)年にはじまり、1533(天文2)年2月に絶筆。朝廷における行事や公家の日常などが書き連ねてあり、家業の神楽や雅楽、連歌や蹴鞠など興行に関する記述が多い。

張付壁(はりつけかべ)
壁面に紙を張り四方を縁で押さえた形式。書院造りの壁に用いられ、表面に絵画(障壁画)を描いて室内装飾とした。初期の茶室では室内に白いままの張付壁を用いていた。

えない。で、利休は珠光のお茶を掲げるわけですよ。「月も雲間のなきは嫌にて候」といった、侘びの境地を。せっかく珠光が言い出した侘びの世界が埋没してしまう。これではお茶がだめになる。そこで、利休は侘び数寄しかできない茶室を試みた。紹鷗は4畳半では名物、唐物を飾る茶室としたけど、唐物をひとつも持っていない人はもっと小さい座敷か、床なしの座敷でお茶をやれと言いました。そこで、利休は思いきって、小さい座敷、2畳敷きで侘び数寄の茶室を試みました。しかしながら、そこにも床は設けました。床は名物を飾るところじゃないという主張をしたんです。

藤森　紹鷗のドグマを利休がひっくり返した。

中村　そうです。利休の2畳、待庵は紹鷗4畳半をひっくり返した所産だといえると思います。

藤森　いわば唐物を追い出すというか(笑)。

中村　そうそう。唐物追放、唐物拒否。それがもっとも具体的に示されているのが、床天井です。低いでしょう。猛烈に低い。だから、いろんな人が利休の設計に文句を言ったという

待庵（たいあん）
京都府乙訓郡大山崎村大山崎、妙喜庵内にある、千利休が1582年に建てたことがほぼ確実な茶室。利休作茶室の唯一の遺構であり、現在最古の茶室でもある。床付き2畳隅炉の茶室、板畳付き次の間、勝手の間よりなる。屋根は一重、切妻造り、柿葺きで土庇が付く。これにさらに2間×3間の書院が付く。

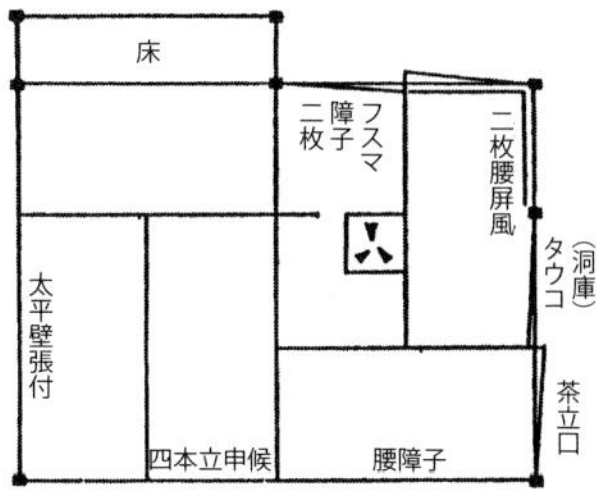

六畳敷（右勝手）（『茶湯秘抄』所載）

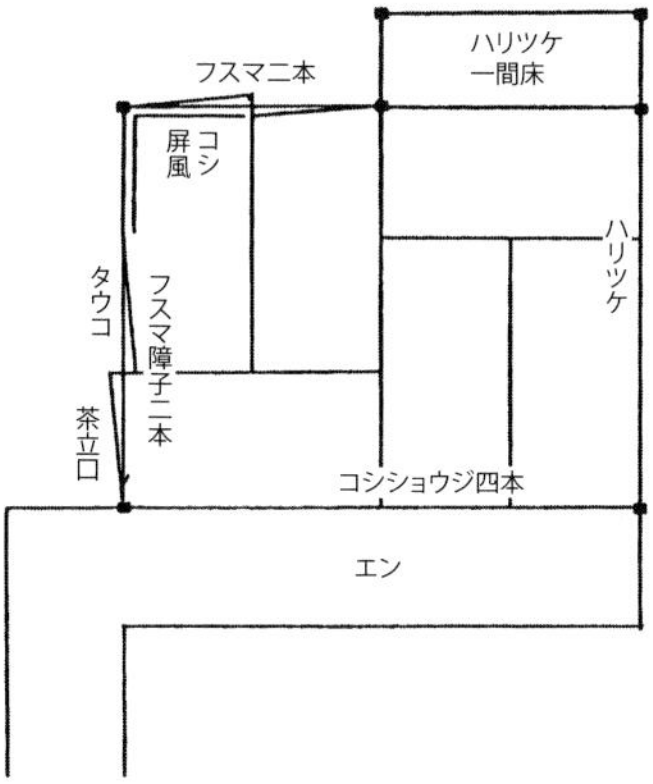

尊教院の六畳敷（左勝手）（『茶湯秘抄』所載）

6畳の茶室

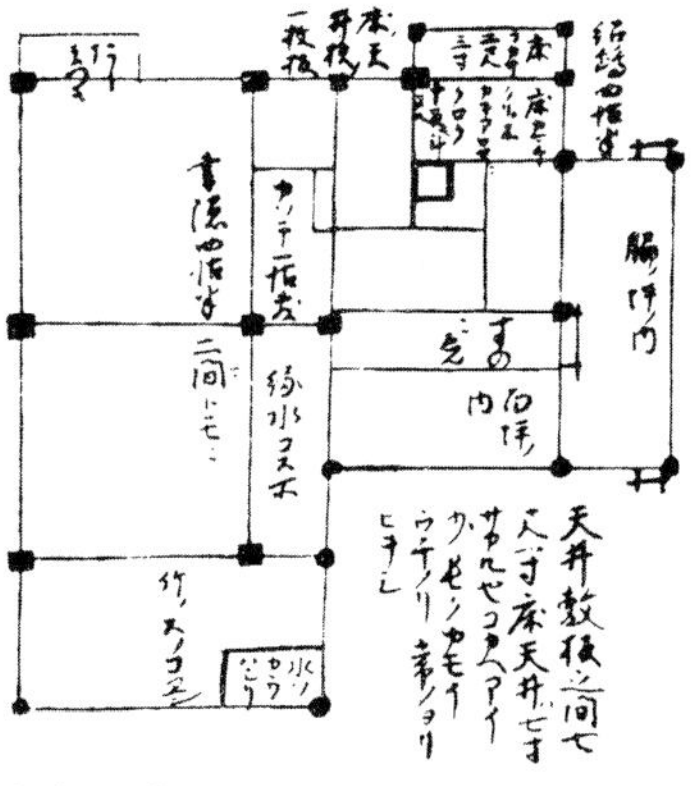

紹鷗4畳半

話が伝わっています。ここではこのままでないと思います。

藤森　低すぎて。唐物を置くためには、天井をもっと上にあげろと。

中村　だけど、そういう人たちに利休は、そんなに自慢の軸が掛けたけりゃあ、巻きだめておけ、と言っています。

藤森　書画の場合は掛からなくなっちゃう。

中村　要するに、名物を掛けるなということですよね。

藤森　そういう意味がある。

中村　だから、私は「待庵」の床天井の低さ、天井を極端に低めた「待庵」の室床《むろどこ》には、これまでの床の考え方に対する非常に激しい利休の反発が込められていると思います。唐物持ちの茶を否定するすさまじい気迫がみなぎっているように感じられてなりません。

藤森　たしかに、室床はそう考えればいいですね。なにせ、土の穴の中に掛軸を飾るようなもんですから。

室床（むろどこ）
草庵風茶室の床の間形式の一。天井、柱、脇壁など、隅柱などの木部が見えないように隅に丸みを付けて塗り回したもの。妙喜庵の待庵はこの例。

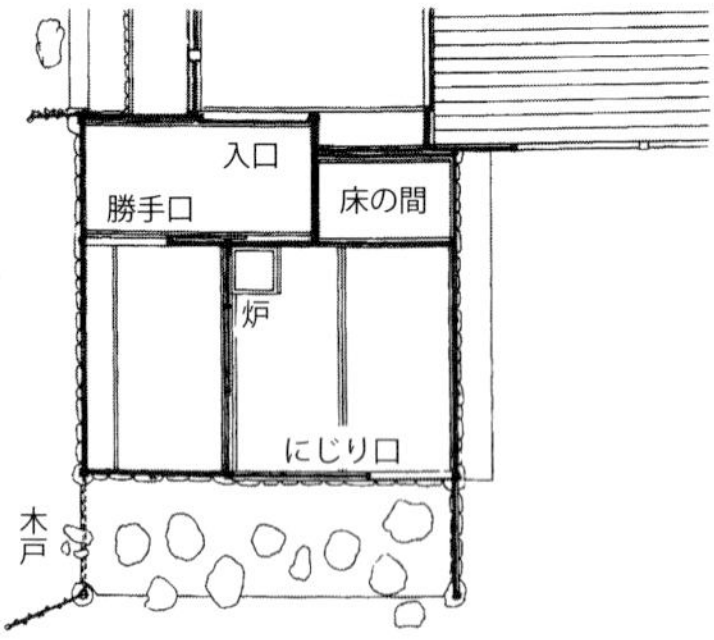

待庵

中村　その替わり、洞ですから、水に浮いた花を掛けることもできる。張付壁では花は掛けられませんからね。

藤森　当時、まだ張付壁は残っていた?

中村　紹鷗のころ、床は張付壁でした。

藤森　張付壁は壁に紙が少し浮かして取り付けてあるわけだから、花を掛けるとシミができる。

中村　室床にしてしまえば花入れも掛けられるし、何を飾ってもかまわない。

藤森　名物は似合わないですよね、土壁に。

中村　だから仮に、そういう茶室が主流となれば、逆にそこに唐物を飾ってもかまわない。

藤森　好みでやれると。

中村　最近、宗旦のことを書いているうちに、つくづく思ったのは、「待庵」は、利休の茶室にとって究極のものではないと。あれは実験作だと思います。その証拠に第一、にじり口が大きすぎる。あんな大きいにじり口はその後、利休の茶室にはありません。さらに縮まってゆく。初めての実験であったからこそ、ああいう寸法になったんでしょう。それから、天井も建築的な構成としては大変面白い。かりに、天井を全部平らに張ったとしてご覧なさいよ、高さ6尺で。それこそ居たたまれない。

藤森　居たたまれない。牢屋ですよね(笑)。

中村　それで、にじり口を閉められたら、本当に不気味な感じになってくる。だから、そういう圧迫感を緩和するために、一部天井を張らないで、屋根裏を見せた。あれで、圧迫感の解消に成功しています。しかし、もともとは天井を一面に張るということを前提にしていたのかも知れません。

　ところが、やがて聚楽屋敷につくられた茶室は1畳半。これは全部屋根裏、総屋根裏なんです。天井を張らない構成です。それが、利休の追究した建築的な侘びの究極なんです。だ

千宗旦(せんのそうたん、1578—1658)
宗旦流(三千家)の祖。父は千利休の後妻・宗恩の連れ子・少庵で、母は利休の娘お亀。少庵のおこした京千家を継ぐ。茶風は利休の侘び茶をさらに深化させ、乞食修行をしているように清貧であることから「乞食宗旦」と呼ばれたという。宗旦の息子のうち、勘当された宗拙を除く3人がそれぞれ、現在の三千家、武者小路千家(次男・一翁宗守)、表千家(三男・江岑宗左)、裏千家(四男・仙叟宗室)をおこした。

聚楽屋敷
聚楽第の城下の与えられた土地に建てられた利休屋敷。

から「待庵」は、そこに至る過程の作品だったと思います。

藤森　で、1畳半（半は3／4畳）をつくって、秀吉に怒られた。

中村　秀吉がどうして1畳半を嫌ったのかはわかりませんが、私のひとつの考えでは、彼が2畳の「待庵」を初めて見て、これは新しい文化になると思って、さっそく2畳の茶室を大坂城内につくってみた。その結果、侘び数寄の小座敷に市民権を与えることにもなったけれど、自分は同時に侘び数寄でも先端を行く姿勢を天下に示したかった。ところが、利休がさらにその先端をつくった。これは、許せないということではないでしょうか。利休を先端に立たせたくなかったのでは。

藤森　どんどん小さくなっていって……。秀吉も性根を入れて極小化をやっていたということですか？

中村　侘び数寄にも理解を示したと思いますね。あの段階（2畳の段階）ではね。しかし、そこに執着はしませんでした。

藤森　まあ、金の茶室を宮中に持ち込んだりするくらいですからね。

中村　利休が亡くなってから宗旦は、貧乏でお金がないのに工面してようやく1畳半の茶室を建てる。しかも床なしの。

藤森　床なしの1畳半はすごい！

中村　そうでしょう。これは結局、屋根葺きの材料と小舞くらいを買っただけで、あとは柱も障子もにじり口の板戸も全部、利休所持のものを使ったと述べています。おそらく利休の1畳半が畳まれていて、それを父の少庵から宗旦が譲り受けて、建てずにじっと持っていた。秀吉に嫌われていたものだから、世間体もあってね。だけど、これをいつまでも放っておいてはいけない、ぜひ建てたいという執念で建てた。ただし、利休もやらなかった床なしにして、利休の小間の茶室をさらに深化させたんだと思います。

藤森　その後、1畳半はどうなったんですか。

中村　宗旦の息子の江岑《こうしん》がそれを譲り受けるんですね。だけど、江岑は肥満であったから狭いと言って、宗旦に「お父さん、昔、3畳台目もあったことだから、これを変えてはいけませんか」と相談をして、変えたのが今日伝わる不審庵で、3畳台目に拡大されたわけです。結果的に1畳半は姿を消しました。

藤森　江岑がやせていれば残ったかもしれない（笑）。

中村　まあ、よく宗旦も息子の言うことを聞いたと思いますよ。苦心して、やっと建てたものを。

藤森　そうすると、史上、一番小さい茶室というのは、宗旦の床なしの1畳半ということに。

中村　そうですね。それが極限ですね。

藤森　これ以上やると、実用性がなくなりますよね。これだって相当息苦しい。独房だってもっと広い。

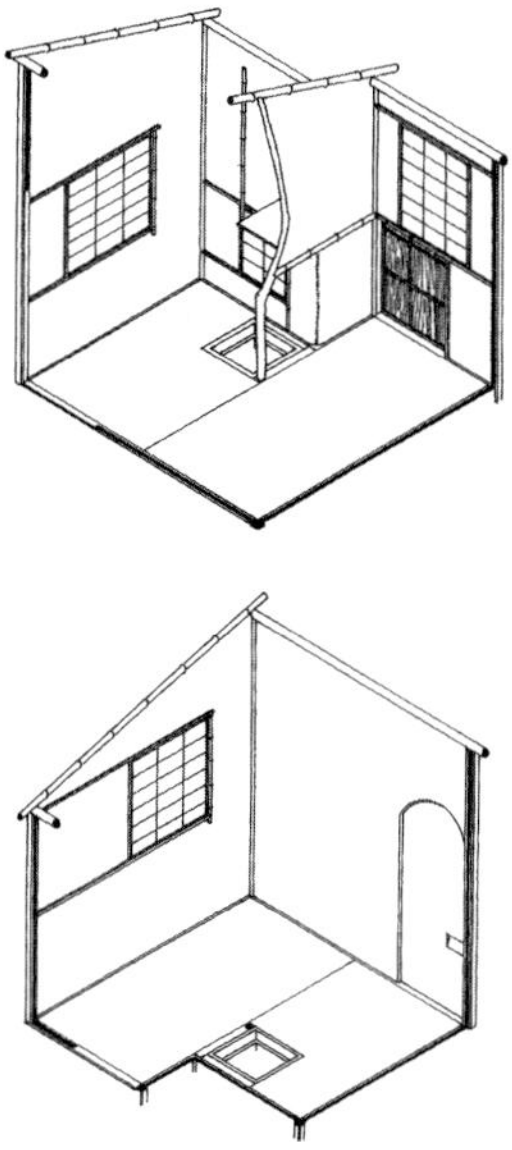

宗旦の床なしの１畳半復元図

不審庵・残月亭
不審庵は、千利休が大徳寺の門前に建てた茶室で、利休の次男・少庵、その長男の宗旦、宗旦の三男・江岑によって受け継がれた。のちに表千家を代表する茶室の席名となり、家元の庵号となっている。利休好みの草庵風の茶席の代表とされる。また残月亭は、豊臣秀吉が聚楽第に築いたとされるが、千利休の聚楽屋敷にあった色付九間書院の写しと伝えられる。いずれも焼失し、現在のものは再建されたものである。

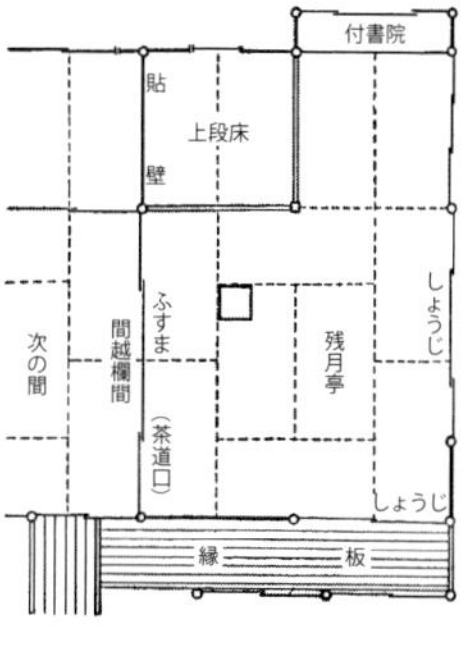

残月亭内観

茶室をつくる要素の起源

──にじり口は潜りがルーツ

藤森　にじり口の起源ですけど、これはやはり利休なんでしょうか。それよりもずっと前からあるんですか。

中村　潜《くぐ》りについては、昔、関野克先生が雑誌の『建築史』にお書きになられましたね。屋内に設けられた潜りが絵巻物に出てくることを紹介され、潜りは茶室が最初ではないことを述べておられます。優れた御見解で、潜りは日本住宅の中にはかねがねあった。しかし、茶室に使った動機については一応、『松屋会記』は淀川を上り下りしていた利休が枚方の船着き場で潜りから人が出入りしている様を見て着想したと伝えています。侘び数寄のための茶室の構想を実現したのは山崎の屋敷であったといえるでしょう。利休はこれまでとは根本的に発想を変え、土壁で囲われた空間に窓を開ける構造に改めました。窓の開け方の細心な工夫で、茶の湯に最適な明るさをつくることを可能にした。そうしたとき、どうしても出入り口がじゃまになる。出入り口はほしくない。しかし、出入りしないわけにはいかない。入ったり出たりできる最小限の口は潜りしかない。これなら板戸を立ててもいいし、閉じたら壁になる。そういう考え方で、潜りが導入されたと私は思います。利休は実際につくってはみたけれど、ちょっと大きすぎた。もう少し小さくてもいいということで、のちには縮めたのではないでしょうか。

庭から直接、畳に上がる口に使ったのは、利休のにじり口が最初かもしれませんが、他のところでは潜りはいくらでもあったわけです。だから、これも不確かですけど、草庵風の茶室になる前の利休4畳半には潜りがついていた。潜りを入ると土間で、土間から今度はふつうの入り口で入るという茶室の図があるんですよ。それが、どこにつくられたのかわからな

松屋会記（まつやかいき）
奈良の塗師、松屋家の久政、久好、久重三代にわたって書き継がれた茶会記。久政による1533（天文2）年からの記録にはじまり、久重による1650（慶安3）年の記録で終わる。千利休の茶会をはじめ、当時の多くの茶会の様子がまとめられている。

いから、あてにはなりませんけど。そうすると、にじり口があって踏み石からいきなり畳へという前に、路地から潜りをくぐって土間から上がるという段階があったのかもしれない。

藤森 なるほどね。江戸時代の歌舞伎小屋の入り口に、「ねずみ木戸」という小さな出入り口がありますよね。ああいう伝統がいっぱいあった。

中村 あったんだと思います。

藤森 それを利休は効果的に取り込んでいった。

中村 茶室にとって明るさがもっとも大切でした。ところが、その明るさは紹鷗の4畳半では、窓がないから、入り口だけからの光線、一方向の光線しか採れない。それを利休は囲ってしまって窓を開ける。窓だけの効果を100％にするためには、にじり口が理想的ですね。

藤森 光は窓から人はにじり口からということですね。それにしても、にじり口の引き戸は変なつくりをしてますよね。

中村 これは伝え話ですけれども、隠者の草庵にふさわしく麁《そ》相《そう》なつくりにという気持ちを表すために、雨戸を切り縮めたかたちにすることを約束としてきました。

藤森 雨戸の隅を切って使った。粗末な苫屋《とまや》風《ふう》にするため。

中村 そういうことですね。だから、そういう発想は利休の時代からずっと続いてきているみたいです。かなり古い技術書にも記されています。

藤森 伝統として。

中村 だから、そういう粗末な質素な気持ちを表現する仕事として伝えられてきたんでしょうね。

畳を切ることの意味

藤森 「待庵」もそうですけど、畳の角に炉を切りますよね。先生もおっしゃってましたけど、大胆きわまりない。あれも「待庵」が最初ですか？

待庵のにじり口（右）と障子の組合せ

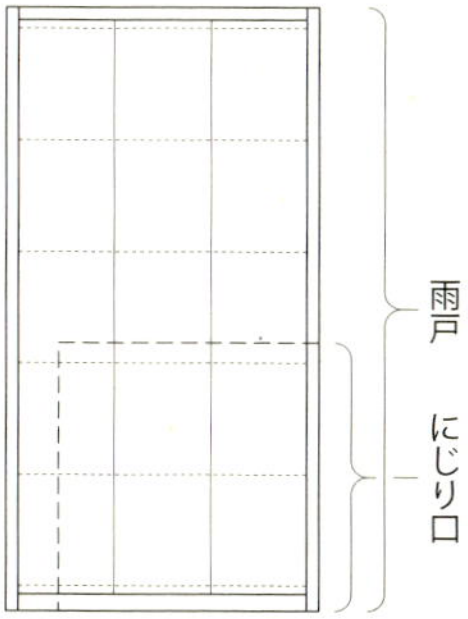

にじり口は、雨戸から切り出されたものが元

中村　それはどうでしょう。紹鷗もやっているし、珠光時代にも遡ることができます。

藤森　「待庵」は2畳隅炉にしてますよね。これは、けっこうやることなんですか？

中村　はい。炉の切り方としては、点前座の中に切るのが入炉。その場合、客から一番遠い隅に切るか、客に近いほうに切るか、そして外に切る切り方に2通り、合わせて4通りの切り方があります。これらはいずれも昔からありました。

藤森　それは、畳を切るかたちで。

中村　畳を切って、そこに炉壇を入れ、炉縁を入れるということですね。このやり方は昔からでしょう。これを最初にやったのは珠光かどうかはわかりませんが、茶の湯の初期（室町）のころからやっていることですね。

藤森　あれも大胆なことですよね。雨戸の隅を切るのも大胆だけど、畳の一部を切るのもやっちゃいけないというか。

中村　畳の上に板を敷いて、風炉を置くというかたちが最初でしょう。畳を切って炉を嵌め込むというのは、思いきった発想ですね。まだ当時の町衆の家には畳敷きはなかったわけでしょう。

藤森　板敷きですよね。

中村　しかし、茶室だけは小室ながら畳敷き、座敷にした。だから、畳を敷くということを、彼らはものすごく誇りにしていたんじゃないかと。

藤森　畳には特別な意味があった。

中村　もてなしの空間として、自分たちよりも偉い人に来てもらうためには、畳を敷いておかなきゃいかんと。しかし畳を敷くのであれば、炉を切りたいと発想する人がいた。

藤森　すごいことですよね。ふつう、怒られますよ。畳って、特に日本の場合、建築寸法の基本ですよね。

中村　基本です。それに、どちらかといえば畳は支配者階級のものでしょう。そういう高貴

風炉（ふろ）
主として夏秋の季節に火を入れて釜をかけておく茶道具。昔は台子に使用する皆具のひとつとして唐銅の切掛として釜が風炉の甑へかかる形式であったが、のち鉄製や土風炉というものもできた。土風炉には紹鷗好み、道庵好みなどがあり、この土風炉を真、唐銅の鬼面と切掛風炉を行、鉄風炉、陶磁製を草とし、別に板風炉というものもある。

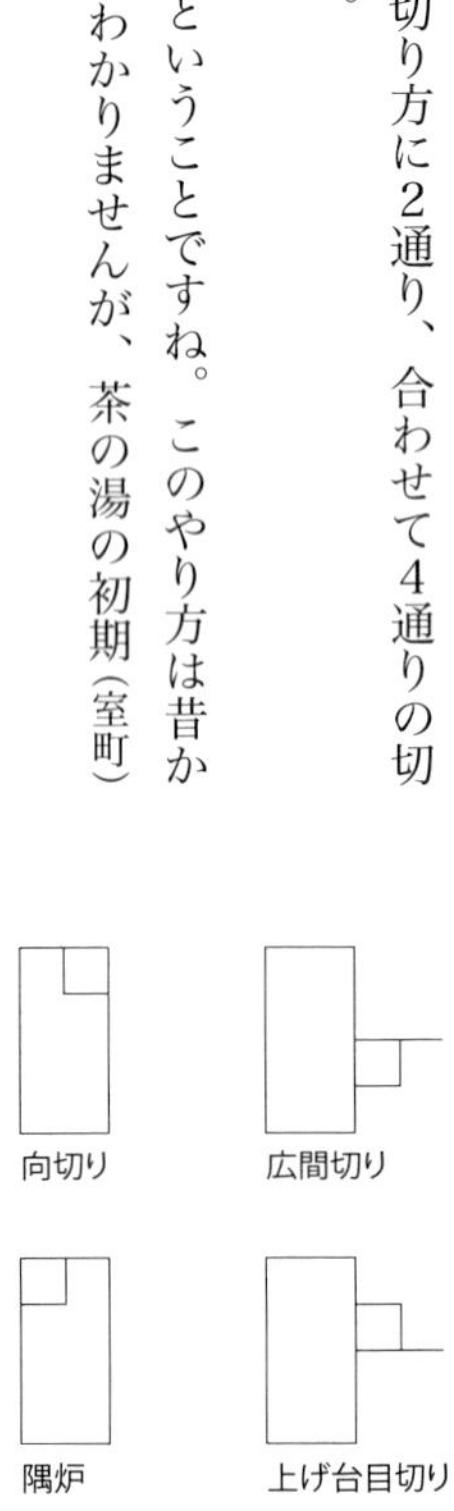

茶室の炉の切り方

なものに手を入れるというのは大胆なことだと思います。こうしたことが当時のひとつの先端文化だとすると、先端文化に非常に古い原始的な「炉」をドッキングさせたようなものですからね。しかも、それに則って、茶の湯におけるすべての作法が決まるわけでしょう。

藤森 そうですよね。畳の目の数で道具を置く場所が決まっていたり、一種の寸法の……。

中村 物指しになってますからね。

――室床に飾る花の演出法

藤森 室床は結局、利休が「待庵」でやっているだけですか？

中村 いや、その後も室床は、細川三斎や藤村庸軒らもやっていますし、天井まで塗らなくても、両隅の塗り回しはよく見かけますね。けれども、「待庵」のように、あそこまで徹底した、入隅をあんなに大きく丸く塗り回した室床はあまりないんじゃないですか。

藤森 現物は「待庵」だけ。

中村 だけでしょうね。細川三斎も吉田の屋敷（長4畳）で室床をやっています。それから、桂離宮の「月波楼」にも室床はありますけど、あれは一間床《いっけんどこ》ですから。一間に室床というのは少し無理があるんじゃないかと思いますけど。

藤森 ちょっと変な感じがしますよね。間が抜けるというか、別のもののほうがいいような

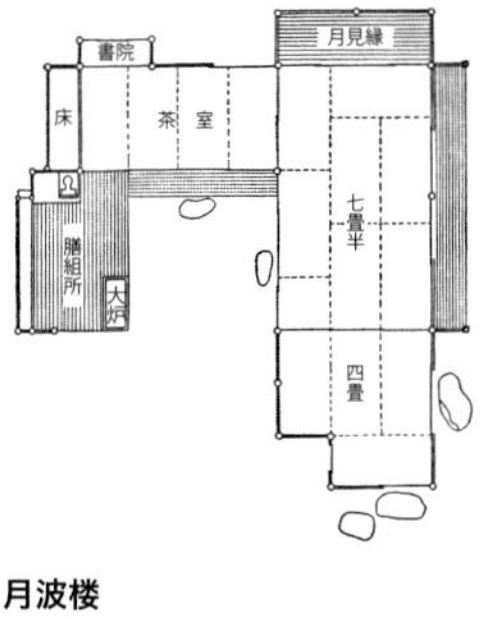

月波楼

細川三斎（ほそかわ・さんさい、１５６３－１６４６）
安土桃山時代から江戸時代初期にかけて活躍した武将、茶人。室町幕府13代将軍・足利義輝に仕えた幕臣の細川藤孝の長男。名は忠興。三斎宗立は号。三斎流の開祖。正室は明智光秀の娘・玉子（細川ガラシャ）。足利義昭、織田信長、豊臣秀吉、徳川家康に仕え、現在続く肥後細川家の基礎を築く。千利休に茶を学び、利休七哲の一人に数えられる。

藤村庸軒（ふじむら・ようけん、１６１３－１６９９）
江戸時代初期の茶匠。千宗旦の門下で、宗旦四天王の一人。表千家の流れを汲む庸軒流の開祖。千家とつながりの深い久田家の初代・宗栄の次男で、名は政直、のちに当直、俗称は十二屋源兵衛。藪内流三代の藪内紹智（１５７７－１６５５）に茶の湯を学び、小堀遠州や金森宗和からも教えを受けた。

月波楼（げっぱろう）
京都桂離宮内にある茶亭で、観月のために営まれたものと伝え、また月梅の御茶屋とも呼ばれる。床と付書院のある四畳の室は、「流れの間」ともいい、池に向かって矩折に濡縁をつけ、別に7畳半と次の間4畳の座敷を土間中心に凹字形に配置し、松花堂筆の「月波楼」の額を掲げてある。草庵に書院の形式を巧みに取り入れた貴族的な数寄屋の景趣がうかがわれる。

気がします。

中村　一間床は、あの空間で台目床という大きさだからこそ、迫力があるんじゃないでしょうか。

藤森　穴蔵風な感じでね。長い軸が掛からないというのはいいですね。

中村　しかも、天井を土で抑えるというのはすごいことだと思います。

藤森　簡単なことですけど、やってみないと、まず気づかないですもんね。当時はやはり、床に軸を掛けるというのが基本だったんですか？

中村　室床に限らず床飾りは基本的には、まず軸。そして花。花は紹鷗のころであったら、軸を掛けて花を置くわけです。張付壁では、花を正面に掛けるなんてできないでしょう。その後、利休が床を土壁にして、正面に掛けるようになる。利休は、花の演出に特に意欲的でしたからね。柱に掛け、天井から吊り下げたりして、花の飾り方をいろいろ工夫しました。だから、花というものを、もてなしの要素として、掛物以上に取り入れて、大切にしていたように思います。

藤森　それまでの花は、基本的には仏花ですからね。人間のためじゃなくて、仏様のためのもの。

中村　それを今度は人のために。

藤森　道端にある、そこら辺の花をとってきて。

中村　それでもいいと。利休は特に、命短き花を好んでいました。

藤森　すごいことですよね。あと、本当かどうかはわかりませんが、利休が芭蕉（バナナ）の葉を飾ったことがあるとか。

中村　そんな伝えもありました。

藤森　バナナですからね。その復元を、生け花作家の中川幸夫さんがやったことがあって、それを横から見ると、葉っぱが壁から浮いた感じになるんです。茎の部分を花入れに差して、葉っぱを垂らした感じが。利休がバナナの葉を飾ったのは、すごい話だなあと思って。だって、考えようによっては軸の代わりですよね。軸の代わりにバナナの葉っぱ……。

中村 利休は、紹鷗の床に対する考え方とはまったく違う床をつくったわけですね。床には何を飾ってもいいと。そういう思想じゃないかと思うんですよ。

藤森 もともと床は仏様のもので、花と仏画と香炉がセットですけど、そういうことはもういいと。

中村 誰かの追善の茶会であれば、そういう飾りもありうるでしょう。しかし、ふつうは客へのもてなしの心を表し、客の心にしみ入るような飾りを工夫すればいいわけです。

藤森 あの狭いコーナーは、茶室の中で唯一のギャラリーですからね。そこはもう自由に使えと。

中村 そうだと思います。畳を敷いた奥行きの深い床は本来、「座」(上段の間)の姿ですね。それまでの押板飾りのしきたりから完全に解放されたことによって、茶人たちは自由な飾りを求めたんだと思います。

——下地窓は農家からやってきた

藤森 下地窓は、利休のころは誰もが一般にやっていたことなんですか?

中村 今でもその辺の農家に、下地窓は見られますよね。しかし、あれを取り入れたのはすごいと思うんですよ。とにかく利休は紹鷗から、部屋の明るさが一番大切だと教えられていたはずです。その結果、下地窓に注目した。これによって、部屋全体の明るさだけでなく、光の分布までも調節することができた。

藤森 光の演出ってことですよね。

中村 下地窓というのはどこにでも、どんな大きさにもどんな形にもあけられ、あたかもスポットライトで光をあてるように、自由自在に光を採り入れることのできる装置です。しか

押板(おしいた)
床の間のいまだない時代に室内の一隅に押板を置いてその上に三具足や硯などを飾ったもので、床の間の源流をなすものと言われる。蹴込床の地板のようなものである。

下地窓(したじまど)
別名塗りさし窓、塗り残し窓、葭窓、かきさし窓、助枝窓などと呼ばれ、利休が田舎で塗さしの窓を見てこれを風炉先に用いたと南方録に見えている。この窓は壁下地が一部塗り残されている形の窓で、下地の材料は主として皮付きの葭を用い、外側は縦に列べ、内側は横にして1本から5本くらいまで本数不同の組子とし、所々を藤蔓でからみ、壁付けの窓縁は蛤歯といい丸く塗りまわすのである。

し下地窓だけだと、濃淡がつきすぎるから、連子窓も併用して、面の採光も取り合わせた。そういう意味で、下地窓の活用は利休のすごい発明だと思います。今、「待庵」に、客として呼ばれて、利休のときと同じようなシナリオでお茶をやったとしても、当時呼ばれた客と同じ感覚でその場を感じとることができるかどうかは疑問です。たとえ、器物を見るにしても昔の人と同じ見え方はしないと思います。現代の照明に慣れた私たちの眼とは異なり、当時の人はほの暗さの中でも見透すことのできる鋭い眼を持ち合わせていたに違いありません。

藤森　現代人は明るさに慣れてしまって。

中村　当時の人々の明かりに対する敏感さは、われわれとは雲泥の差があったんじゃないかと。

藤森　当時はうんと暗い中で生きてましたからね。

中村　暗がりの中で濃淡を見極める。そういう神経で、あの茶室をつくっていると思うんですよ。しかも、わずかな窓の大きさの伸び縮みも、ゆるがせにできない、というようなところが当然あったに違いありません。

藤森　僕らは茶室に入るとただ暗いだけですけど、先生もそう思います？

中村　もちろん思いますよ(笑)。はじめは掛軸の文字も見えませんしね。今の人はそこまで考えてないでしょうけど、昔の人はそうじゃないだろうと思います。下地窓をものすごくシビアに調整する。ちょっと暗すぎたら、もう1寸広げようとかね。下地窓だったらそういう微調整が可能じゃないですか。

藤森　日陰の様子を見ながら、現場で壁を掻き落としたりできますから。下地窓はそういう現場での微調整が可能という意味合いがあるんですね。しかも、けっこう竹を使います。それ以前の、おそらくちゃんとした建築ではまず竹は使わないはずですよね。やはり、苫屋を演出するような感じなんでしょうか？

中村　それと、「軽み」の効果、軽く見せるという効果を考えたんでしょうね。狭い室ですから、

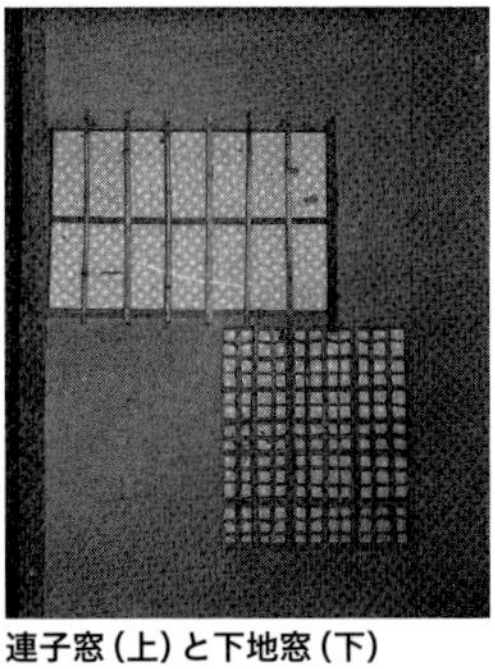

連子窓(上)と下地窓(下)

連子窓(れんじまど)
細い角材を竪または横のみに並べて組子とした窓。飛鳥時代の仏寺で初めて現れたと考えられる。室町末期に茶人たちが竹連子窓を愛用するようになり広がった。

天井も軽量化して、なるべく軽やかな感じを与えるために。事実、民家でも垂木なんかに竹を使ってますよね。だから利休は、竹の線と木の線の効果を適材適所に使い分けて工夫しています。

「待庵」でも（東側に）2つの窓（下地窓）が開いています。左右の付け敷居と鴨居を吊り支える壁の方立。あれが竹でしょう。あれは木であってもいいわけですよ。（織田）有楽は、木を使ったりしてますけど、利休は竹にしている。方立に竹を使うというのは、やはり木では重いという判断が働いてのことでしょう。なにも力学的な意味はないけれど、視覚的に竹のほうが快い。そういう意味で、竹をうまく適材適所に使い分けている感じじゃないでしょうか。ただし、竹の柱は嫌だと利休は言ってますね。ちなみに、下地窓のある外壁に立てる間柱には竹を使っていて、「力竹《ちからだけ》」と呼んでいます。

藤森　竹を柱に使った人はいるんですか？

中村　いるんですよ。たとえば、有楽なんかは中柱に竹を使っている。それから、織部が茶道口の方立に竹を立ててますけど、これについては千家のほうでも非難をしている。これをもし利休が見たら、おそらく文句を言ったんじゃないでしょうか。利休は、竹の柱を立てるのは、目利かずのやることだと言っている。そう言ってるところをみると、竹を柱に使うことは好まなかったんだと思いますね。ただし、垂木や小舞や力竹は別で、補助的なところに竹を使ってアクセントをつけるという、繊細な感覚を働かせていますね。

藤森　なるほど。竹は柱じゃない、柱は木だと。屋根の天井面を化粧にして斜めに出す、あれは軒下っていう意味ですか？

中村　さっき途中まで言いかけたんですが、「待庵」に関しては、まだ利休の究極ではないと。構造的にもそうだと思うのは、だいたい2畳の上が切妻でしょう。で、その前に土間庇（土間に柱を立てて、土間部分を覆う庇）がありますよね。その土間庇は切妻の妻に庇を付け下ろしている。後年の聚楽屋敷の茶室では、土間庇の屋根裏がそのまま室内に延長され、2畳敷では

織田有楽（おだ・うらく）
父は信秀、幼名源五郎、名を長益と称し、利休門下、七哲の一人で剃髪して如庵と号した。はじめ豊臣秀吉に仕え摂津島下郡に封ぜられていたころ大坂に建国寺茶室、天満二畳台目席などを営み、関ヶ原役には徳川家康に味方して大和や柳本に三万石を領していたが、大坂夏の陣以来京都東山に隠退し、建仁寺の正伝院内に如庵を営み、1621（元和7）年12月13日に没した。その遺構と伝えられるものに九窓亭、如庵、有楽茶室などがある。

総屋根裏、４畳半では奥のほうだけ平天井が張られています。それで、入り口のところの桁天も低く、軒先もまた低くなっています。これが完成した草庵の構造ですが、「待庵」はそこまで進んでいません。

藤森　たとえると、庇の下で暮らしてるという感じですね。

中村　そういう麁相なつくりに進展したのです。だから、「待庵」のように、切妻屋根の前に庇をつけて、あのような天井を構成しているのは草庵になりきっていない構造といえるでしょう。

狂歌と辞世の句の中の茶人

藤森　江戸になってからの狂歌で、「織（＝織部）理屈、綺麗キツハハ遠江（＝遠州）、於姫《おひめ》宗和ニ　ムサシ宗旦」というのがありますよね。いわゆる武家のオーソドックスなお茶は遠州がやって、公家のたおやかなお茶は金森宗和が、宗旦は、いわば利休の直系のお茶だけど、むさ苦しいと。

中村　宗旦はむさき宗旦、乞食宗旦ともいいますが、乞食根性ではないけれど、本当にお金がなかった。茶室を建てるにも、どうやって建てるか。時には誰ぞ建ててくれないかと期待を抱いたりしたけど、建ててくれる人が現れなかったから、家蔵の三幅対《さんぷくつい》（３つで1組になる軸物など）を売って建てたことがありました。誰かの援助を待ちながら始末な暮らしをしてることが如実に宗旦の手紙に表れています。だから、乞食宗旦といわれても、質素な生活をしていたことは事実でしたが、決して乞食根性ではなかった。侘び茶人に徹した生涯が乞食宗旦の異名となったのですね。

藤森　最初の織理屈（理屈にすぎる織部をもじった呼称）というのは？

中村　織部という人は、なにかと明快ですわね。たとえば、利休の「さびたるはよし、さば

金森宗和（かなもり・そうわ、１５８４—１６５６）
江戸初期の茶人、宗和流の祖。名は重近（しげちか）、宗和は号。飛騨高山藩主・金森可重の長男。祖父の長近は信長・秀吉・家康に仕えた武将で、千利休の門下。父の可重は千道安（千利休の長男）の弟子で、その父から茶を学ぶ。織部や遠州の影響を受けながら、公家との交流の中で、品格高く優雅な茶風を築き上げたことから、「姫宗和」と称された。陶工・野々村仁清を指導して優美な茶陶を焼いたと伝えられる。

長次郎（ちょうじろう、１５１６—８９）
安土桃山時代を代表する陶工。名は長祐、長次郎は通称。楽焼の始祖で、千家十職

したるはあしし」（『源流茶話』）という言葉はわかりにくい。利休が指導した長次郎の茶碗を見ると寡黙なようで、じわっと心に伝わってくるものがある。そういうのが利休の侘びでしょう。織部の侘びはひねって、わざわざ不完全な形を強調して、侘びを伝えようとする。

藤森　わかりやすいというか。

中村　わかりやすい。利休のは難解なんですよ。

藤森　たしかに、手びねりって言われても微妙ですもんね。

中村　あの微妙さ、底の深さを含めて、利休のことを語るのは難しい。しかし、織部はわかりやすい。

藤森　今の人だってわかります。これは変わってると。

中村　そうです。そこじゃないかと私は思うんです。だから、そういう意味では理屈っぽいと。織部の場合は、ひとつ解説が必要なわけですね。なぜひねったかとか、貴人に対する特別な作法を導入したり。そういうことじゃないかと思います。

藤森　お茶の漫画があるのをご存じですか？　今、大人気なんですよ。それは織部を主人公にした『へうげもの』っていう漫画なんですが、今の若い人たちはそれで茶人の名前を知るわけです。もちろん利休も出てくる。で、その中にノ貫《へちかん》という人が出てくるんですよ。変な人だって以上のことがわからなくて、いったい、どういう人だったんですか？

中村　ノ貫も伝説の多い人ですが、一応、紹鷗門下の侘び茶人として知られ、山科に住み、日ごろ手取釜ひとつで飯を炊き、茶を立て、利休をもてなしたと伝えられます。『長闇堂記《ちょうあんどうき》』には北野の大茶会にも出て、人々を驚かせた話が記されています。「異風なれども、いさぎよき侘数寄」（『源流茶話』）とも言われていますが、奇行の侘び茶人といえるんじゃないでしょうか。私は乞食同然の雲水の風貌を思い浮かべるのですが、宗旦の侘びとは本質的に違いますね。

藤森　もちろん、実物としては全然残ってない。

のひとつ、楽家の初代。千利休の指導により、ロクロを使わず、手捏（づく）ねによる独特な成形を行い、釉薬の色の違いによる茶碗を制作した。赤楽、黒楽、白楽などの種類がある。豊臣秀吉からも寵愛を受け、聚楽第内でも製陶を行い、聚楽焼とも称した。

ノ貫（観）（へちかん）
京都上京の材木商坂本屋の出身で、山科に小庵を営み、茶事三昧の隠遁者生活に入り、手取釜ひとつをもって茶を楽しんでいたと伝えられる。また紹鷗を師として、千利休と相弟子であったともいわれる。１５８７（天正15）年の北野松原で行われた大茶会の際は朱色の径1間半の大傘に長柄をつけて、まわりを2尺ほどあけて葭垣をめぐらし、一席を設けてその侘茶の深意を豊臣秀吉にも賞賛された。つねに奇行に富む生涯を送ったという桃山時代の茶人。

久保長闇堂（くぼ・ちょうあんどう、１５７１－１６４０）
江戸前期の茶人、大和春日神社の神職の生まれ。名は利世、長闇堂は号。長闇堂は１５８７（天正15）年に行われた豊臣秀吉の北野大茶の湯にも足を運んでいる。小堀遠州や松花堂昭乗らと交遊があり、東大寺の俊乗房重源の御影堂が改築される際に古材を譲り受け、茶処としたが、小堀遠州が鴨長明の方丈になぞらえて、長闇堂と命名した。『長闇堂記』は久保長闇堂による茶会の記録で、他書にない山上宗二に関する逸話などが残されている。

中村　残ってませんね。

藤森　利休は切腹するときに辞世の歌を読みますよね。「提《ひっさぐ》る我得具足の一太刀　今此時ぞ天に抛《なげう》つ」と。稲垣先生の授業のときに出てきて覚えていたんですが、「得具足」ってどういう意味なんですか。

中村　それについてはいろんな解釈があるのですが、あえて訳すれば、この歌は自分の腸《はらわた》を投げ付けるような意味で吐いた言葉ではないかと。そもそも利休は町人のくせに切腹でしょう。同じ死を賜るにしても位の高い死を賜ったわけです。しかし、彼は従容として死についた。そのときに詠んだ歌はやはり、武人じゃないけれど武人に劣らぬ気骨を持って詠んだのではないかと。具足は茶の具足でも武人の具足でもいいけれど、武人には武人の具足がある、けれども自分には茶の具足があるという気構えがあったんじゃないでしょうか。彼は本当に死を賜わって、ついにきたかと緊張もしたでしょうけど、むしろ喜んだというか、しめたと思ったと思いますね。

　おそらく利休は、茶の湯を広めるだけ広めたけど、行く末、自分が理想とするような茶にはならないかもしれない。しかし、自分がこういう死に方をすることによって、むしろ世間に、なおいっそう深く茶の湯を刻み込むことができるだろうという考えがあったんじゃないですか。だから、彼がいかにも言いそうな言葉が『南方録』にはいくつかあるように思うんです。たとえば、末代に再び茶の堕落した姿を見たときには自分が守り神になるというようなことを言っている。そのような気概はあったに違いないでしょう。で、もう自分が今、姿を消しても茶の湯が滅びることはないと確信した。私は、利休は思想家であったと思うんですよ。長次郎につくらせた茶碗にしても、造形を通して思想を伝え、点前でも所作を通じて思想を伝え、建築を通じても思想を説き、「日本のこころ」を広めるということを目的に茶の湯の普及に生涯をかけた、と私は考えています。利休は比較的、自分の言葉、文は残してませんわね。本を書いて思想を広めるのではなくて、日常茶飯的な行為を非日常の遊びにして思想を広めた。その思想が権力者には相容れない思想だから、反感を買った。したがって、死を賜ったことも、この世の定めでしょうが、そのときの心底からの反発、跳ね返しの言葉が辞世の歌になっているのではないかと私は思います。だから、これをどういうふうに解釈すべきかはなかなか難しい問題ですね。

藤森 いわゆる侘び寂びというような感じとはちょっと違いますよね。すごい反発というか。

中村 権力に対してはすごい反発の気持ちを、跳ね返しの気持ちを常に秘めつづけていたんでしょうが、それをあまり表さないところに、利休自身の茶の湯の思想の実践があった。でも、死に直面する最期の瞬間に叫んだのがこの言葉だったんじゃないでしょうか。

藤森 たしかに、利休があのまま長生きしてたらずいぶん違うでしょうね。切腹して死んだから、今でもみんな語らざるを得ない。

中村 穏やかに生涯を閉じていたら、茶の湯の歴史は変わっていたかもしれませんね。

藤森 堀口先生は、それについて何か話されたことはないですか？

中村 堀口先生からは、そういうお話は聞いたことはありません。先生の考えを承っておきたかったですね。堀口先生は、松永耳庵や畠山一清をはじめ、名だたる数寄者との深いお付き合いがありましたから、数寄者のお茶というものが先生のお茶に対する御見識の基本になっていたように思います。だから、そういった方たちと、利休の生涯についても語り合われたことがあったに違いありません。ところで、堀口邸（1956年）にも茶室がありましたよね。

藤森 見ましたけど、「堀口邸」が最近壊されてしまって……。

中村 門から通路の真中にいい松の木が立ってましたけど、とうとうなくなりましたか。とてもよいお住まいでしたよね。お茶室も先生の作品の中では草庵的なものに近かったですね。

藤森 ただ、堀口先生のものは利休のように狭い感じのものはないですよね。割と広いというか、戸を開けるとそのまま庭に進むみたいな。内向的な感じではない。

中村 そうそう、内向きでない。まったくと言っていいくらい。ご自宅もそうでしたね。

松永耳庵（まつなが・じあん、1875—1971）
松永安左エ門は電力事業に取り組んだ実業家で、「電力王」「電力の鬼」といわれる。耳庵は茶人としての号。小田原で茶を極めた、益田鈍翁（益田孝）、野崎幻庵（野崎廣太）ら小田原三茶人の一人。

畠山一清（はたけやま・いっせい、1881—1971）
金沢出身で、守護大名・畠山氏の血筋を引く家系に生まれる。技術者としてポンプの開発に取り組み、荏原製作所を創立した実業家。即翁と号して、能楽や茶の湯を嗜む。東京・白金台の畠山記念館は一清のコレクションを展示した茶の湯の美術館。

堀口邸の茶室

藤森　建築家・堀口捨己は建築と庭とのつながりに一番興味があったのかな。それに、重要な作品には必ず竹スノコが使われてますよね。あれは桂へのオマージュだし、あれで桂とつながっている。竹スノコを使う限り、内向化できないですから。内向か外向かっていうと、やはり外への連続性のほうをとられた。ふつう、茶室って基本的に自閉的ですよね。

中村　完全にそうですよね。室《むろ》の中みたいなものですから。

藤森　だから、利休の求めた質とはやはり堀口さんは違うんですよ。利休は極小空間への内向、自閉をめざしていたけど、堀口さんは違った。何か判断をしてたんでしょうね。そういう意味で、堀口さんらしい作品というと、「八勝館御幸の間」でしょう。茶室的要素もありますけど、完全にオープンで、堀口捨己の傑作ですよね。

中村　傑作だし、建築史上非常に重要なもので、現代和風の中でもエポックメイキングなものです。もともと天皇の、一種の行在所《あん》ですよね。昔の行在所はきらびやかな桧造りで、厳正な書院造りでした。それに対して、新しい時代のあり方が示されたんですね。

藤森　だいたい、昔の天皇だったらお忍びで行くところですよね。

中村　そういう建物が、非常にフォーマルなものとして通用する時代になったんですね。これはまさに現代和風の世界といえる。書院造りはもう終焉を遂げた。数寄屋造りというのは、ずっと江戸時代から続いて、今も生きつづけている様式で、決して歴史様式ではないというべきでしょう。

藤森　死んでしまった過去の様式ではないというのは、そのとおりですね。

中村　藤森さんがそのとおりと言って下さると、私はほっとしますね。

藤森　先生も関係された「京都迎賓館」（２００５年）。あの建物を見に行ったときに思ったんですけど、本当は寝殿造りじゃないといけないんですよね。天皇が海外の賓客を迎える場所でもあるし。だけど、寝殿造りなんかつくった日には現代では使いようもない。全体は寝殿造り風なんだけど、数寄屋っぽい感覚にしてますよね。寝殿造りの骨組みを基礎に数寄屋風にしているという感じで。

中村　新しくつくる迎賓館は単純な和風ではいかん、単に和風といえば歴史様式の復活も考えられるので、それは絶対に許せないという意見が出て、「現代和風」になった。迎賓館を担当された日建設計の人は、名古屋の日建の方ですから、「八勝館御幸の間」に非常に心酔しておられましたね。

藤森　それで、庭にすーっと行く感じが似てるんですかね。ところで、「御幸の間」って、天皇みたいな人が床の間に座っても変ではないですよね。もともと床の間は貴人の座る場所でもあったわけですから。実際、御幸の間に天皇が座るときは上段に座しますか？

中村　それはないと思いますが、それも不可能ではない床の空間ですね。

藤森　曖昧な感じにされてますよね。上段だか床だか。

中村　みなさん広い床に驚いておられますね。

藤森　あれだと、上に座ってもおかしくないですよね。だから、天皇が来たときには、どうしたのかなと思って。

中村　堀口先生は「残月亭」の、上段であって床でないような、床であって上段のような、ああいうものを非常に深く研究しておられただけに、上段の演出を深く掘り下げて考えておられるように思います。村野藤吾さんも残月床そのものの形をよく使われてますけど、村野さんの解釈より、やはり堀口先生の構想のほうが深いと思うんですよ。上段床というものに対して。

藤森　村野さんの場合、むしろ造形的、空間的な面白さですかね。

中村　そうでしょう。それに対して、堀口先生のは非常に深い思索をめぐらしてつくっておられますよね。それと、立礼の茶室の「美似居」でもそうでしょう。誰でも床の前に座ってもいいんだ、客が少なければそこは床の間だというような考え方。

藤森　「待庵」とかの2畳で、秀吉が床の間に座った可能性はないですか。

中村　それはありますよ。事実、そういう例もありました。箱崎の神屋宗湛《そうたん》が陣屋の2畳半へ関白を招いたとき、床に錦の「シトネ」(褥)を敷いておいたところ、関白はそこに座って「御膳」をあがった。「御茶ノ時ハ下ニヲリ」て飲んだことが『宗湛日記』(1587年)に記されています。

藤森　神屋宗湛って、博多の豪商の。

中村　それで、お茶を飲むときは下に降りて飲んだと書いてある。

藤森　それは、意地でも町人風情と一緒にはされたくないということですかね。

中村　だから、あれはやっぱり上がれる人はどうぞ上がって下さいという、床には客に対する亭主の敬いの気持ちが込められているんですね。

藤森　秀吉だったら上がりそうですね。でも、小柄な秀吉が上がると置物みたいで、ちょっと笑いが生まれますね。

生き続けるお茶の好み

中村　さっきのお茶の漫画はどこから出てるんですか？

藤森　『モーニング』(講談社)という漫画週刊誌での連載です。今度本になった分をお送りします。織部が主人公なんですけど、とにかく名物がほしくてほしくてたまらない、それ以外何も考えませんという、物欲主義者として描かれていて面白い。秀吉も出てくるし、ノ貫も出てくる。具体的な話は相当デフォルメされてますけど、当時の大名たちの茶道具争奪戦みたいな感じで、織部を主人公にしたところが今の人の感覚ですよ。利休が主人公になると、どうしても精神性が表に出てきて、うっとうしいけど、織部が主人公だと、わかりやすくて、とにかく全体をかきまわしていく。織部好みの焼物も出てきて、今の若い人はおそらく、お茶のことは熊倉功夫さんの本より漫画で知っている。

神屋宗湛（かみや・そうたん、1551－1635）博多の豪商、神屋家の6代目。曽祖父の神屋寿貞は石見銀山の本格的な開発に携わった人物。宗湛は1582（天正10）年、織田信長に謁見し、豪商としての地位を固めることを考えていたが、同年、本能寺の変で信長は死去。その後、天下人となった豊臣秀吉に謁見し、気に入られ、豪商として栄華を極めた。しかし秀吉の病没後、徳川家の時代には家康から冷遇された。『宗湛日記』は宗湛が記した茶会記で、1586（天正14）年から1613（慶長18）年にかけての茶事が記録されている。

中村　それがこれからの歴史のスタンダードになるかもしれませんなあ。

藤森　物欲立志伝みたいなものですけど、漫画に登場する織部がまたふざけた人物で、チョビひげ生やして、とにかく美術品のためなら、ありとあらゆるたくらみをして、人を騙してでも取るという。でも、茶道具を収集している人って、みんなそうだったみたいですね。だから、見せない。見せたらおしまいで、何度も何度も寄こせって手紙が来て、根負けする。今も昔も一緒ですね。そういう意味で、安土桃山時代は日本の芸術が一番面白い時期ですよね。ちょうどルネサンスの後半くらいと重なるんですよ。あの時代がなかったら、日本の歴史はどんなに寂しいことか。

中村　江戸時代になったら、もうああいう空気がなくなるんだから。

藤森　織部の焼き物なんて、織部が直接つくったわけじゃないでしょうけど、あのゆがみ具合と配色は信じられないですもんね。利休のものとはすごく対照的。織部は直接、焼き物の指導なんかしたんでしょうか。織部好みとはいいますけど。

中村　美濃で織部が実際に指導してつくられたことは事実ですが、やがて織部好みとして制作され、世の中に広まりました。その他、遠州が指導した七窯も有名ですし、姫宗和といわれた金森宗和も陶芸家で有名な(野々村)仁清を指導し、それが発展しました。

藤森　京焼として。

中村　金森宗和は、公家の世界に歓迎されて、けっこう仁清焼をマネージしています。それはもう相当やり手のようでした。仁清焼きを貴族の社会へ巧みに売り込んでいったようです。そのことを調べている人もいますけれど、創作を指導するだけではなく売り込みも上手な人であったようです。

藤森　京焼全体のプロデューサーみたいな。

中村　そうそう。元祖ですからね。

藤森　金森宗和は飛驒高山藩という大名家の筋でありながら、お茶で食べてたんですか？

野々村仁清(ののむら・にんせい、生没年不詳)
京焼色絵陶器を完成したといわれる江戸時代前期の陶工。名は清右衛門。仁清の号は仁和寺と清右衛門の頭文字をとって、門跡から与えられたもの。京都の粟田口や美濃の瀬戸で製陶を学び、のちに仁和寺門跡と知り合い、門前に窯を築いて茶器類を焼いた。作品は御室(おむろ)焼と呼ばれ、特に錦手に優れる。主に金森宗和の依頼によってつくられた茶器類が多く、金銀を使った華麗な絵付けと神技ともいえるロクロ技による造形に特徴がある。のちに京焼として受け継がれた。

中村　藩主である父親に勘当されて京都に来てからは、実母と住み、もっぱらお公家さん相手にお茶を広めていきました。武家の出でありながら公家社会に歓迎される茶風を展開できた豊かな感性の持ち主でした。国元の父親は継妻をもらったので、本当の母親と京都で一緒に暮らしたといいます。

藤森　そういう点では、幸せだったんでしょうね。

中村　で、近所に公家の近衛さんや一条さんの邸があって、しょっちゅう出入りしていたようです。京都御所のすぐそば、今の相国寺のあたりに住んでいたんですから、絶えずお公家さんと交流があったんでしょうね。鞍馬口の天寧寺に、母親と並んでお墓が立っています。

藤森　金森宗和のお茶は流派として伝わってるんですか？

中村　飛騨のほうに、一応流儀を継承される家元があります。金森家とはなんの関係もありませんが。宗和流というものを存続していかなきゃいけないと言って、飛騨の伝統文化継承のために、高山市がバックアップしているようです。岐阜県は知事が織部の顕彰に力を入れているので、なにも織部だけが美濃の茶人じゃないんだと言って、高山では宗和を大いに顕彰しようと努力しておられます。いいことですね。

藤森　高山は美濃と違う国ですからね。片桐石州はどういうお茶なんですか？

中村　石州は片桐且元の甥にあたる人物で、お茶を桑山左近(宗仙)に学んでいます。左近も大名茶人ですが、千道安に学んだといいます。たいていの武将は利休に学んだケースが多いんですが、左近は道安に学んだ。道安に学んだという人にはなかなか優れた茶人が多い。その左近のもとで、石州は、家老の藤林宗源と一緒に切磋琢磨してお茶を学んだといいます。知恩院再建のとき、普請奉行として京都に来るでしょう。そのとき京都に住まって、茶室をつくったりしたらしく、そのころ宗旦とも付き合いがあったようです。後年、慈光院を建立しました。

藤森　隠居する？

片桐石州(かたぎり・せきしゅう、1605―1673)
江戸時代初期の武将にして茶人。石州流の祖。大和小泉藩の初代藩主・片桐貞隆の子として生まれ、のちに家督を継いで藩主となる。賤ヶ岳七本槍の一人、片桐且元の甥にあたる。初名を貞俊、のち貞昌。石州の名は石見守に任ぜられたことによる。普請奉行や関東郡奉行などを歴任。千道安の流れを汲む桑山宗仙に茶を学んだといわれる。千宗旦や小堀遠州とも交わり、遠州の後を継いで、将軍家の茶道師範となり、徳川4代将軍・家綱の師範を務める。大和郡山市の慈光院は、石州が父・貞隆の菩提寺として建立したもので、庭園も自らの設計による。

中村 そうです。大和小泉の館の近くの小高い丘に、両親の菩提を弔うために玉舟和尚を開山として慈光院をつくるんです。文化史の研究者のあいだではだいたい、織部、遠州は武家の茶、宗和が公家の茶、石州は公家にも武家にも通じる茶匠だということになっている。たしかに、そうなんです。しかし、同じ武家といっても遠州の弟子ではない。将軍家の茶道師範や作事奉行もやり、お茶もやったという点では遠州と共通しているけれど、遠州とはだいぶ考え方が異なっていて、むしろ改めて利休の茶を、侘び茶を探求するというような姿勢があるように思うんですね。だから、たとえば茶杓《ちゃしゃく》など、利休の作品を思わせるような静かなものをつくったりもしています。そういう意味で、武家風の書院茶にも進まず、公家風にも傾かず、むしろ利休のお茶を改めて吸い上げようという真摯な気高さが、公家にも武家にも買われたんじゃないでしょうか。だから、妙法院の宮からの御下問に答えて「1畳半の秘事」を献上したりしています。だけど、自身はどちらかといえば草庵の茶に安住した人じゃないですかね。慈光院の書院と茶室を見ると、そのように思えます。

慈光院には戦争中、堀口先生が疎開みたいに住まわれて、修理もされたから、石州のことは非常に詳しく調べておられます。人によってはすぐに織部、遠州という人がありますけど、最近では石州はさらに面白いという人もいて、私もそうだと思いますね。だから、石州はどう思ったかわかりませんが、遠州は石州を軽蔑はしていないまでも、なんか不作法なことをやったというようなことが『松屋会記』にも出てきます。けれども、石州はそれほどに思っていなかった節があります。石州はむしろ、遠州を見習うというのではなくて、独自の茶を形成したのではないかと思います。だから、石州の史料の中に、いわゆる遠州風の書院茶室は出てこない。

藤森 慈光院はいいところですね。

中村 いいところですよ。今はずいぶんまわりに家が建ち、借景が脅かされていますが。

藤森 堀口先生がおられたころは石州のころのままだったんでしょうね。■

桑山左近(くわやま・さこん)
桑山修理大夫重晴の三男で千道安に茶道を学び、宗仙、洞雲と号した。その茶系は片桐石州に及んでいる。

千道安(せん・どうあん)
利休の長男で紹安、可休斎、眠翁と号し、茶を父利休に学び、豊臣秀吉に仕えて茶頭八人衆の一人であった。1591(天正19)年利休が切腹を命ぜられたときは飛騨に隠れていたという説もある。のち細川三斎の招きによって豊前に赴いたとも、また淡路に渡ったとも伝えられ、その没年は明らかでないが、1607(慶長12)年、62歳で没したといわれる。道安囲という点前座のある席を創意などして作意を凝らしたものを数々残しており、その茶流は桑山左近に伝えられ、のちに片桐石州に及んでいる。

Part 1

藤森流茶室の事始め

薪軒《しんけん》（ニラハウス）1997

はじめての茶室

大嶋　縄文建築団の仲間であるとともに、藤森さんとは路上観察学会以来、活動をともにしてきた赤瀬川原平さんの自邸であるニラハウスから、茶室づくりは始まりましたね。いったい、どの段階で茶室をつくろうと思ったんですか？　というのは、最初はとにかく予備の部屋ということではじまったような。

藤森　最初は隠れ部屋だった。

大嶋　隠れ部屋ですか。ただ炉は切ることにしてたんですよね。炉を埋め込むことはわりと早い時期から決まっていた。だけど、インテリアは躯体のままにして、建物が完成してから考えようかということになっていて。

藤森　最初、赤瀬川さんは屋根裏につくる予定だったみたいよ。屋根裏がけっこうあいてて、そこに隠れ部屋をつくろうかということだった。それに対して、あそこは風の通り道だからあまり出すと危ないと増田（彰久）さんがまわりの人から聞いていて、それを教えてくれた。それで、片持ちをやめたんじゃないかと思う。今でもたしかにあそこは台風が来ると風がすごいから。

大嶋　それはくの字の出っ張りができる前ですか？

藤森　できる直前の話で、ここにやろうとした。だから屋根裏はちょっと危ないと考えていた。僕の記憶では、赤瀬川さんが「隠し部屋をつくりたい」と、その絵を描いた（**60頁ⓐⓑ参照**）。ちょうど回廊がめぐる2階から行った先っちょで何かやろうじゃないかというのが赤瀬川さんのもともとの提案だった。僕もそれはいいと思った。

大嶋　ありましたね。アトリエの階段を上がったところにギャラリーがあって、それが途中までだったんですよ。それに赤瀬川さんがテンテンテンって線を描いて、「潜ってもいいからここに何かほしい」と。

藤森　それが茶室づくりのきっかけですね。

大嶋　そのとき、わりとすぐに炉を切る話はあったと思うんですが。

藤森　おそらく最初から茶室にしようと思っていた。隠し部屋と言われても、ただ単に部屋をつくるわけにはいかないので、炉を切るというのは当初からあったはず。すでに、自分の家（タンポポハウス）で炉を切ってたから、部屋の中で炉を切ることはそんなに違和感はなかった。だから隠し部屋と聞いたとき、炉を切って茶室化しようと言ったと思う。でも屋根裏部屋がない時点では、あまり茶室をつくろうという気もなかったように記憶している。

大嶋　たしかに、茶室という感じでもなかった。

藤森　茶室という言葉はそのころ出てない？

大嶋　そのとき、私は炉を4畳半の茶室の定石どおりに切ってたんですよ。でも途中で、現場を見た藤森さんから「炉をもっと部屋の真ん中に移してくれ」というファックスが来たんですよ。そのとき、「なぜですか」と聞いたら、「いや、とにかく炉の周りを囲むようなかたちでみんなでお茶を飲

開口部方向に薪のヴォールト天井を見る

みたい」という話があったんですよ。そこから完全に伝統的なお茶室的な亭主対お客さんで向き合うのとは違う方向にいった。

藤森　いわゆるお茶室のルールには従う気はないと。

大嶋　そうですね。そういう感じがずっとあって、インテリアもやろうって言ったときに、藤森さんからあの有名なファックスが来たんです。内装を将来やるにしても壁は漆喰の大型の一続きの展開図が（**62頁参照**）。

藤森　その前には真壁とかいろいろ考えていたんですよ。結局、塗り回しになって、天井は薪になったりするんだけど、最初は真壁で考えていた。なんで真壁で考えたのか、やっぱり茶室を意識してたのかなあ。

薪のヴォールト天井

藤森　最初、真壁を考えていたのに何か知らないうちに、だんだん最終のかたちになっていったんです。それで、どこの段階かはわからないけど、天井を薪のヴォールトにしようと思って、見本をつくった。でも、薪のヴォールトができなかったんですよ。その後もいろいろ実験してね。長いビスを

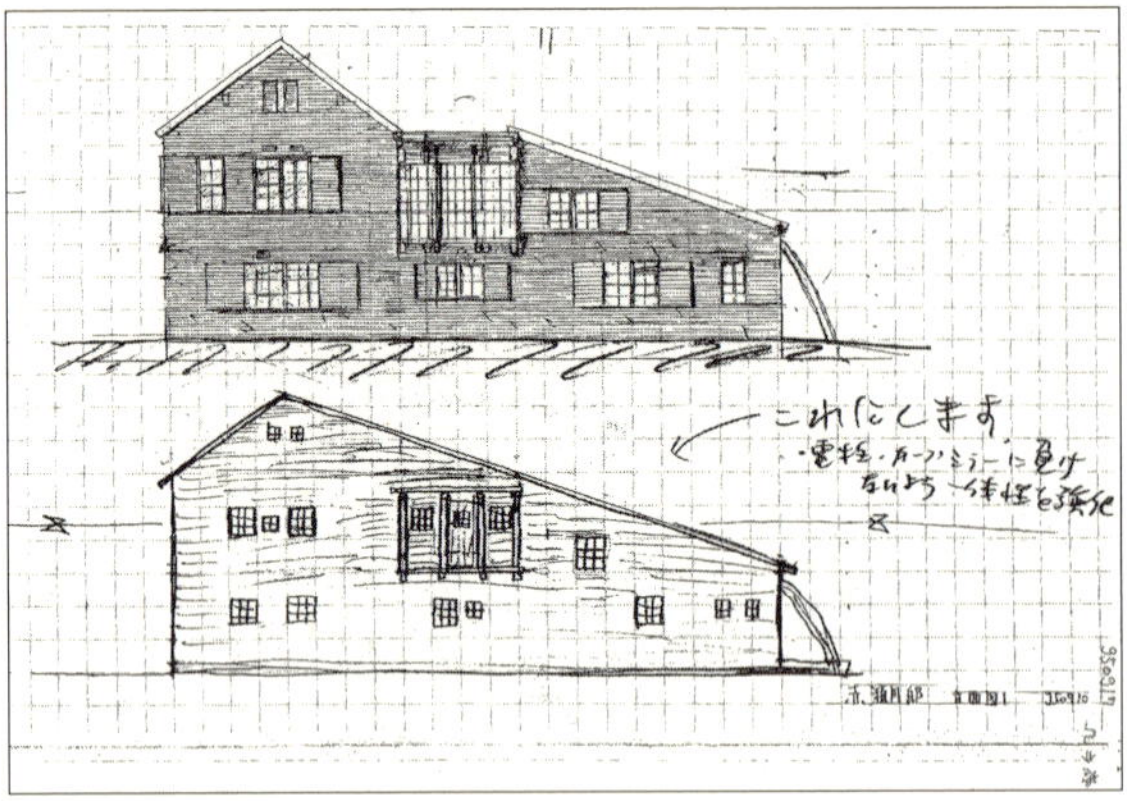

ⓐ 1995年9月17日（藤森→大嶋）

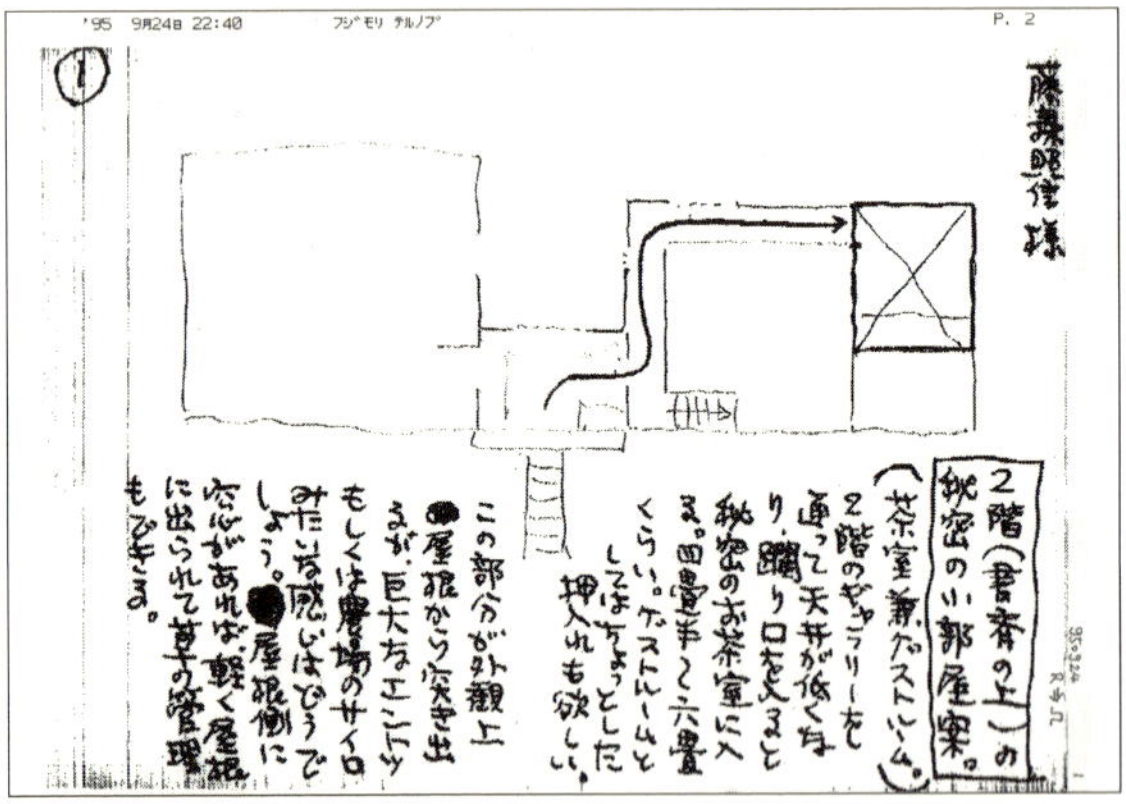

ⓑ 1995年9月24日（赤瀬川→藤森）

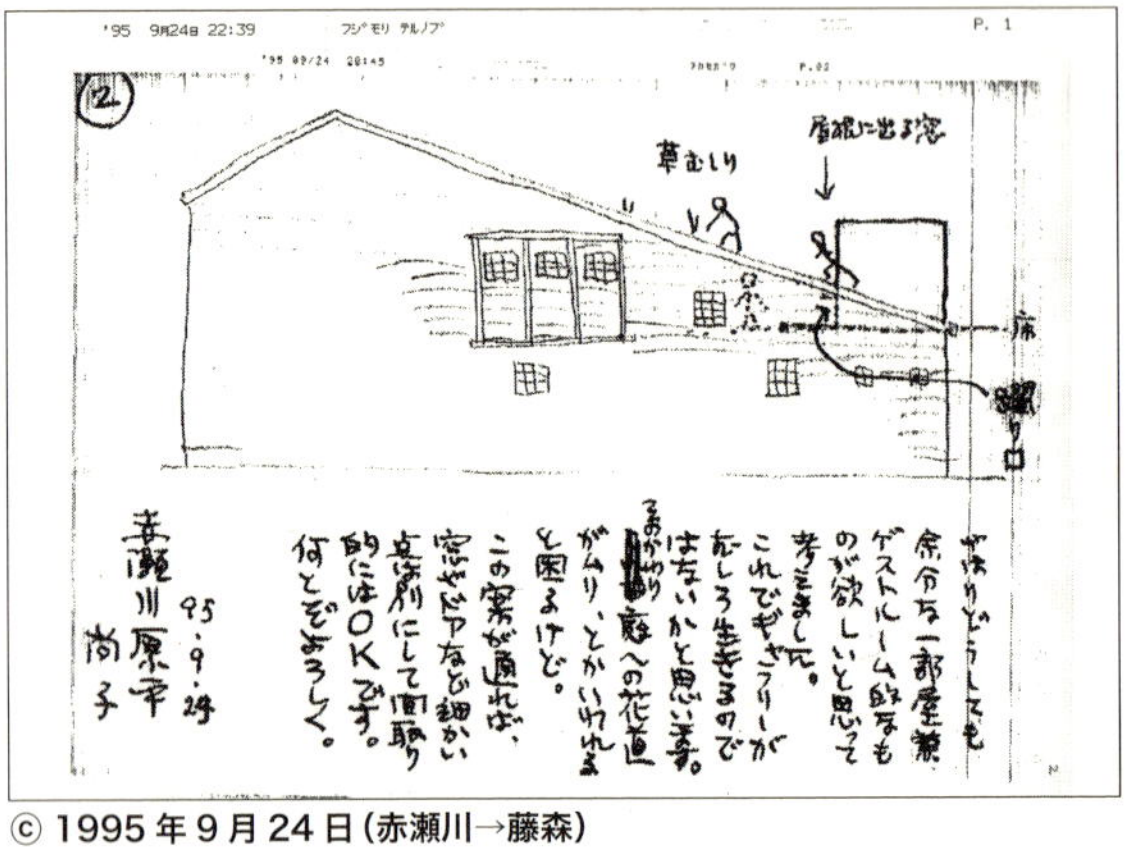

ⓒ 1995年9月24日（赤瀬川→藤森）

FAX通信

ⓐの段階では茶室案はなかったが、ⓑ、ⓒの段階で、赤瀬川原平氏より、書斎の上、2階に秘密の小部屋が提案される。ここから茶室づくりがスタートする。

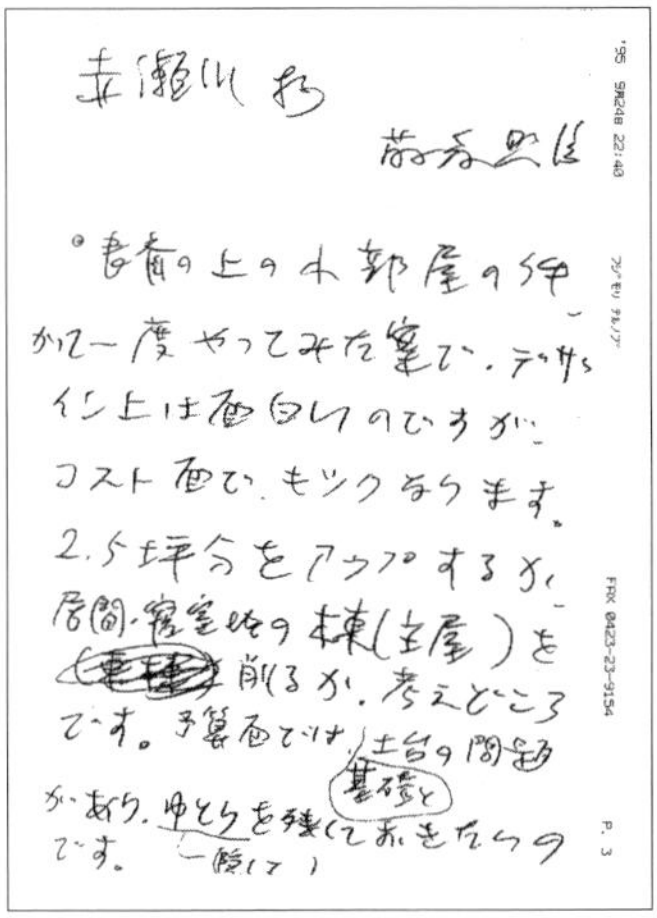

赤瀬川様

藤森照信

・屋根の上の小部屋の件

かつて一度やってみた案で、デザイン上は面白いのですが、コスト面でキツクなります。

2.5坪分をアップするか、居間・寝室等の棟(主屋)を削るか、考えどころです。予算面では、土台の間(基礎と)があり、中とりを残しておきたいのです。

ⓓ 1995年9月24日（藤森→赤瀬川）

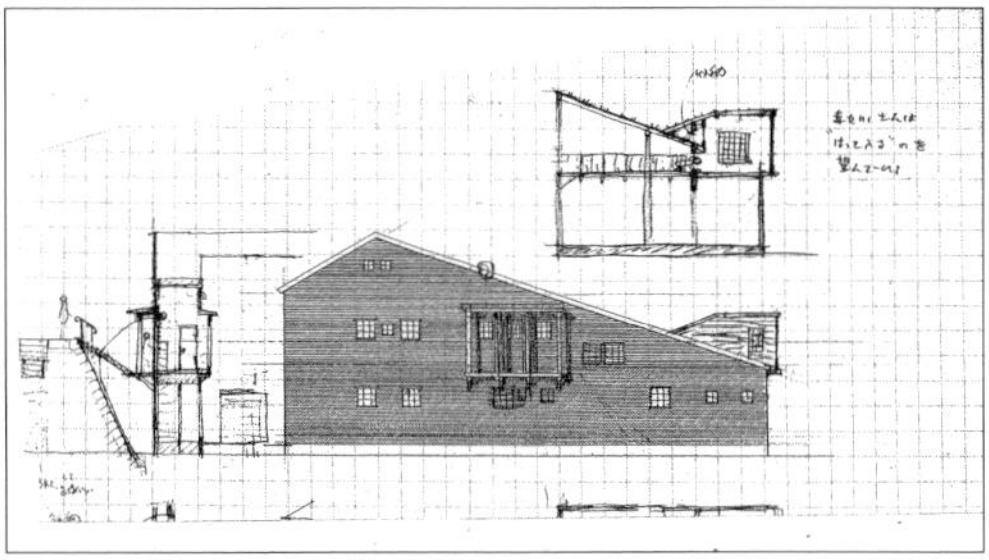
ⓔ 1995年9月29日（藤森→大嶋）

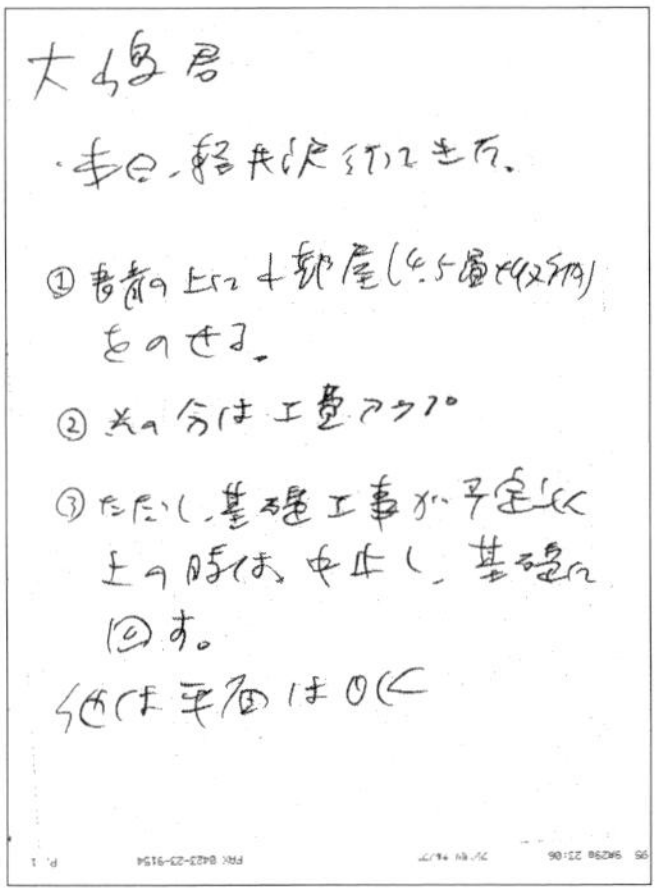

大嶋君

・本日、結果決行できた。

① 屋根の上に小部屋(4.5畳を収納)をのせる。

② その分は工費アップ

③ ただし、基礎工事が予定以上の時は、中止し、基礎に回す。

他は平面はOK

ⓕ 1995年9月29日（藤森→大嶋）

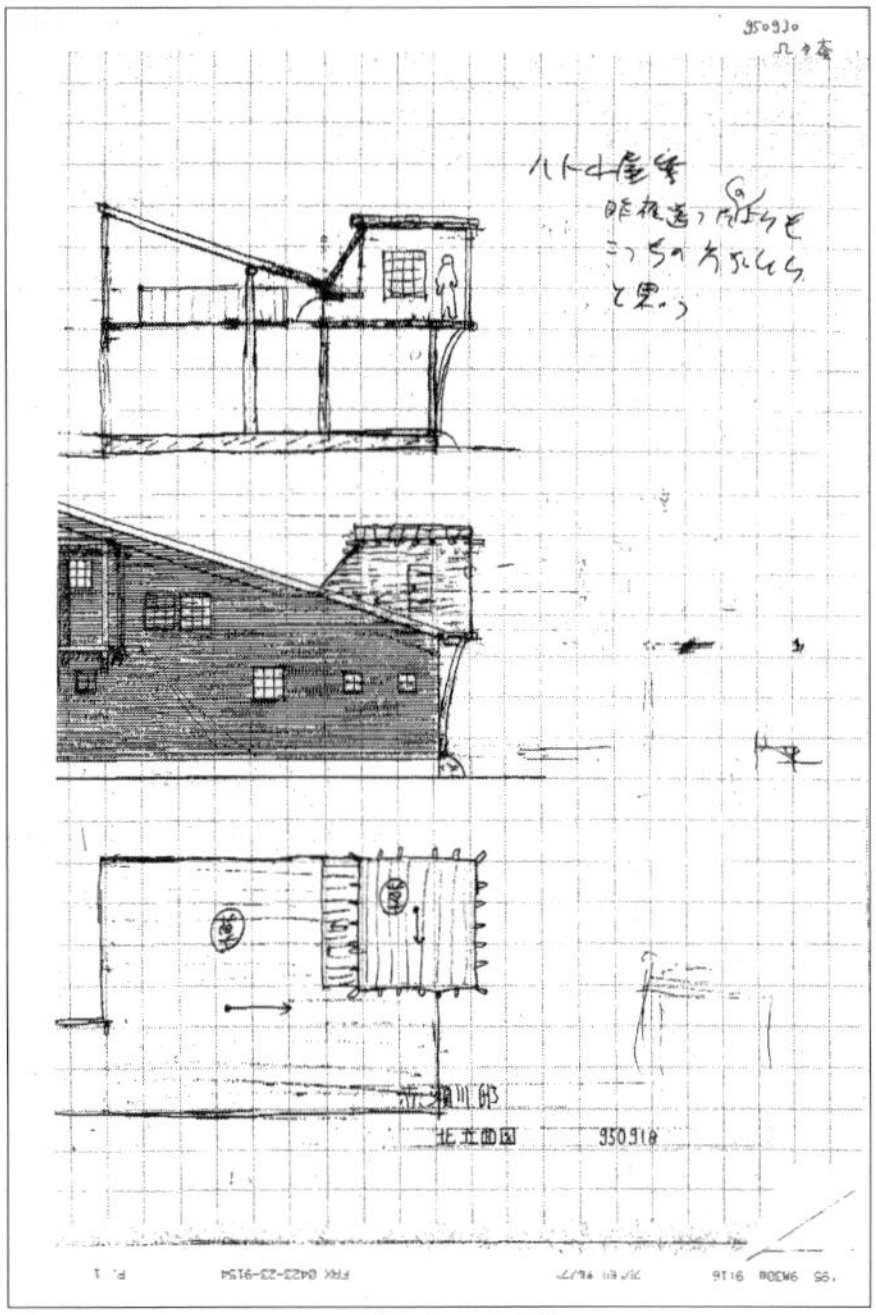

ⓖ 1995年9月30日（藤森→大嶋）

FAX通信

ⓓの段階で、藤森より即座の応答。ⓔには、「赤瀬川さんははって入る（にじる）のを望んでいる」とのコメント。ⓕ、ⓖでは「茶室」は「ハト小屋案」とも呼ばれながら実現に向かう。

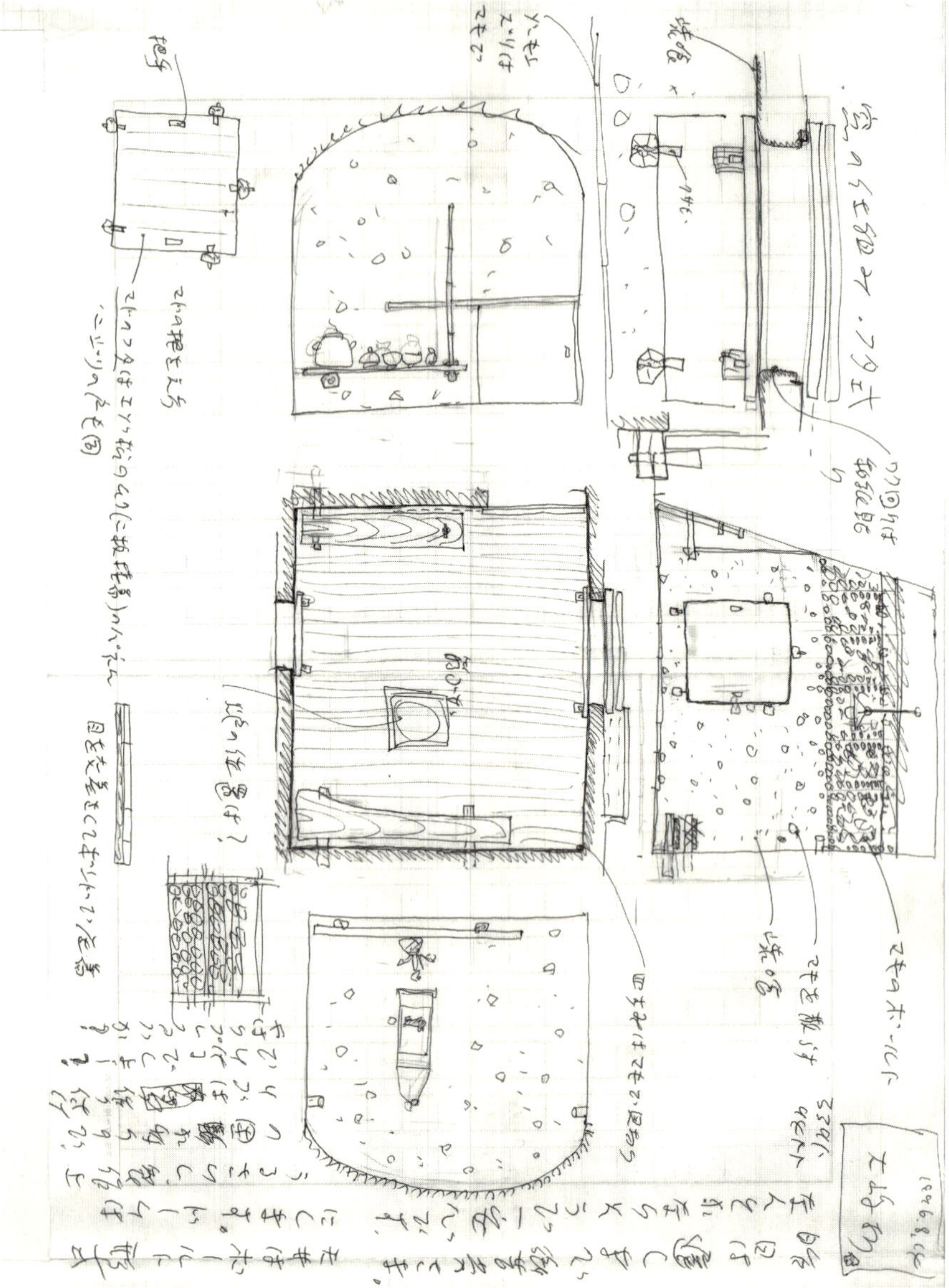

「薪軒」の展開図のスケッチ（1996年8月14日）（藤森→大嶋）

打って、薪を1本1本つなげばいいと。要するに薪だけでちゃんと自立させようと思った。ヴォールトのレンガ構造みたいにして薪のあいだに詰め物をしてよければ、できるんですよ。だけど、薪のあいだから光を透かさなきゃいけない。そうすると薪と薪をつなぐものはビスだけど、そんなに長いビスはない。

だから今でも覚えてるのは、自転車のスポークみたいなものでビューンと打てないかと考えた。そんなことは不可能だけど何とかしようと思って、見本はつくった。だけど、とても無理なので、一応その見本と、もうひとつ木を割り箸みたいに割ったものを、桟に張るのと、両方つくった。それを赤瀬川さんに見せたんだよ。そしたら、めずらしく「薪でやってくれ」と強く言われて。それまで薪でやるとか言っといて、実はやってみたらうまくいかないから、桟に打つほうでいきたいというのが私の方向だったが、はっきり否定された。結局ちゃんとしたヴォールトは諦めましたけどね。そのとき、ボンドでも試してみたんだけど、乾くのが遅くてだめ。ただものすごく性能のいい速乾性のボンドがあれば可能。たとえば1個積むでしょう。で、どこか点的につないでいけば、重なるから、ギューとつけて、一区切りしたらついてると。そうやったら可能だけど。瞬間接着剤だって、そんなに早くつかない。

大嶋　当然、薪の表面がゴソゴソしてますし、つきにくい。

藤森　なぜ薪のあいだから光を透かす気になったかというと、ちょうどそのころ八ヶ岳山麓にある民家の写真を撮りに行ったんですよ。そうしたら古いお蔵のそばに薪がいっぱい積んであった。その写真を撮ってて、薪のあいだから光をこぼしたらと（**写真下**）。ちょうど茶室のことを考えてた時期でもあったから。相当太い薪でしたけど、薪がいい。で、小さな薪を思い出したんですよ。昔よく学校なんかにダーッと積んであってね。うちでも積んであったけれど、あれを天井に使えばいいなと思って。でも、薪でヴォールトを考えてうまくいかないから諦めました。あのくらいかな、施主に強く言われたのは。ふつう僕のほうが奇想天外なことを考えて、それを施主に許してもらっているのに、今回のアイデアはめずらしく施主が賛同したのにやらないというのはまずい。それで無理してやる。もちろん、ちゃんと薪を積まないまでも、リブをつくって、そこに吊し柿のように薪を吊す。構造的にはヴォールトじゃないけど、ギュッとやれば内圧でもち、何となくヴォールト状に見えるという案を考えました。

大嶋　たしか、2つ見本を見せに行ったときにはもう「吊し柿案」は出てたんですよね。ただ、施工があまりにも大変ということで。やっぱり吊し柿案のほうでという話

八ヶ岳山麓の民家の蔵。左下に薪が積んである

をしたら、赤瀬川さんができるんだったらやろうと言ったのですが、実際ものすごく大変でした。

藤森　それで吊し柿案になって、もちろんリブをつくってもらって、実際に工事がはじまってエゾマツを田舎（長野）のカクダイ（製材所）に、それ専用に伐りに行き、輪切りにして私の田舎の家に置いておきました。いろいろやって初めて学ぶことが多かった。生木じゃないけど、少なくとも完全に乾燥しているわけじゃないので、どんどんカビがふく。断面が黒くなる。それから5、6センチの厚みで、チェーンソーで伐った輪切りを割るんですけど、最初、ノミとナタを使ったら断面がきれいなんです。薪らしい味に欠ける。それでタガネでやってみようと思って、今でも覚えてるけど、その場で私が買いに行った。赤瀬川さんの現場、もう最後の段階でしたから。それで、タガネで割ると、すごくぼそぼそでいい感じになる。ところが、素人がタガネを手で持ってやるというのは、けっこう危ない。自分の手を叩く。で、柄をつけなきゃって言って、タガネを板に針金で結んだ。これで叩くと、また問題があって、叩いているうちに針金が緩むとすっぽり抜ける。それでゴムはどうかと思って、誰かに生ゴムのチューブを買ってきてもらってやったら、振動を吸収していい。経験と知恵で何とかなるもんだ。たしか毎日新聞の記者がたまたま来ていて、割ってもらった（**写真上**）。それを赤瀬川さんが見て、あまりにも原始的で、要するに刃物より前、タガネだから石器状態ですよね。それで「石器時代みたい、縄文時代みたいな」って言って。それが結局、「縄文建築団」の名前の由来になる。

毎日新聞の記者自ら生ゴムで板にはさんだタガネで木を割っている

大嶋　歴史の教科書に出てくる石器のようなかたちなんですよね。

藤森　ゴムで縛ったタガネでどんどん割って、あの天井の薪はできた。それから漆喰は、3月の段階で、みんなで手で塗ろうということにして、僕が一人でこねてたんですよ。畑に撒く1俵1000円くらいの一番安い消石灰を買ってきたのですが、壁用じゃなくて、畑の土の中和剤用に使う消石灰を手で混ぜました。今だと手で混ぜないと思うけど。というのは、手で塗ろうとすると、べたべたじゃ絶対使えない。団子に近い状態にする。

大嶋　相当固い。そばをこねる感じに近いです。

藤森　手で塗り付けないと、ぐじゅぐじゅになるが、それがすごくいい。固いから自由にならなくて、押すと反発してちょっとずれたみたいになる。ただし、ていねいにやらないと広がらない。竣工間際の夜中にやりました。

カミキリムシとの7年戦争

藤森　工事はなんとか終わったものの、しばらくしたら天井から灰色の粉がポロポロ落ちはじめたんですよ。木の皮をむかなかったことが災いして、皮の中にカミキリムシが卵を産んでいたんです。孵化して幼虫となり、木の皮と白太の間の薄い甘皮の部分を食べていく。食べるときに、食べきれない皮の部分はかみ砕いて粉状になって下に落ちる。ちょうど蟻地獄を逆さにしたようなかたちで、茶室の床に小山ができる。でも、小山の上を見るとどこから落ちてくるかわかるから、突くと、虫がポロッと落ちてくるわけ。そうやって虫を次々に駆除していって、3年くらいかね。

大嶋　最終的に虫がいなくなるまでに7年くらいかかりました。

藤森　最初は、黒い茶色い粉が落ちてきたから、虫が皮を食べきれば大丈夫かなと思った。そのうち白い粉が出てきたりして、これは永久に続くかと思ったら、とうとういなくなったね。

大嶋　最初は卵が孵っているだけだから、2、3年もしたらいなくなるかなと思ってたんですけど、繁殖してたんでしょうね。

藤森　繁殖したんだと思う。水気がなくても生きていけるのね。でも皮を全部食べ切って終わったんじゃない。

大嶋　食べ切った皮ははがれるとポロっと落ちるんですよ。で、皮を全部落として食い尽くす。でも兵糧攻めで何とかいなくなりました。それで一応、終結。長い7年戦争が終わりました。

仮設的で場当たり的

藤森　床板は、田舎（長野）から持ってきた桑ですけど、僕の家（タンポポハウス）をつくったときの残りをつないで張った。床柱は、田舎から電車に乗って、スキー板みたいにしてかついで持ってきたけど、長さが足りなかった。天井まで届かないことがわかった。だから、斜めにして壁に立てかけた（**写真下**）。棚板も桑ですけど、割合丸くなってたし、それと合うからちょうどいいやと思って、何となく斜めに凹んだ感じになるので斜めにしました。

あと、床の反対側、つまりにじり口に近いほうに茶碗を置く棚がありますが、それを支える桑材が手元になかった。桑をいちいち田舎に行って持ってくるのは大変。赤瀬川さんちの敷地の続きの土地に桑が生えてて、その枝を伐って使った。虫が出るかなとは思ったけど、出ませんでしたね。

大嶋　たしか、最初に用意した支えの桑は大工さんに捨てられちゃったんじゃなかったでしたっけ。

藤森　そうそう。間違えて捨てられたんだ。わざわざ電車に乗って持ってきたのに。

床板、床柱、棚板は田舎（長野）から持ってきた

大嶋　現場の職人さんが、「どう見てもゴミにしか見えなかった」って。

藤森　残材だと思われたわけ。それで、赤瀬川さんの庭の続きにある国有地の桑の枝を伐ってきたんです。あの茶室は、身近にあるものをいろいろ持ってきて、素人でつくることを初めてちゃんとやった現場だと思う。もともと茶室って仮設的なものですし、場当たり的にやるものなんですよ。茶室って、原広司さんが言ってたけど「思い浮かべると茶室の全体像ってない。みんなバラバラのディテールだけが思い浮かぶ」と。たしかにそうで、全体像が思い浮かぶ唯一が「待庵」(**36頁参照**)。なぜかというと、あんなに単純だったら全体が頭に浮かぶよ。「待庵」の正面を思い浮かべると、床の間があいてるだけで、もっぱら断片化する。まわりに何もないでしょう。原さんのは面白い指摘だと思った。ほかの建築はちゃんと安定したものとして浮かんでくるのに。安定したものとして全部が浮かばなくても安心感があるわけですよ。ところが茶室って、何だかぐちゃぐちゃした印象がある。あんなに小さいのに、断片的になっている建築もじつはめずらしい。ああいう小さな空間を断片でつくったのは利休が最初なんですけど、最初の試みは、友だちのお寺に勝手につくるんですよ。縁側の上で、軒下に。雨戸とか襖とか畳とか、その辺のものを集めてきてつくったって言う。で、茶室の天井って斜めになってるでしょう。

大嶋　掛込天井みたいに。

藤森　掛込になって。それだというんですよ。それを「囲い」と言ったらしい。仮設で、板を拾ってきて囲うもので、それが茶室のデザイン、草庵風茶室です。今にして思うと、結果的に利休がやったようなことを赤瀬川さんのところでやった。ただそのときは、そういう知識はあったものの、茶室に興味がなかった。一応、面白い空間だというのは知ってはいたけど、何も考えてはいなかった。でも、今にして思うと、あれが原型かなと思いますね。

大嶋　炉縁の表面を削りましたよね。炉縁だけは既製品なんです。というのは炉縁というのは大きさが決まっているから、どこにでも合うようにつくられてるんですよ。その炉縁がたしか黒漆風の、ペカペカ光った。

藤森　ペンキだよ。

大嶋　まったくそれが合わなかったんですよね。あれは先生が削ったんですか、それとも赤瀬川さんが削ったんですか?

藤森　僕がナイフで削った。ただ削ったらえらく安っぽい木が出てきてね。元々が安いものはだめだね。焼こうと叩こうとも何ともならん。

大嶋　それこそ、あり合わせの木でつくったような感じで。あれを何か仕上げたり加工されたとか。

藤森　いやいや、仕上げなかった。当時はまだ、それほど本気でやっていませんから。今だと、炉をちゃんとつくるとか焼くとか、いろいろやるけど、そのころはついでの仕事でしたね。

大嶋　しかも、あのときはふつうの電気の炉で。

藤森　店に行くと売ってる。

大嶋　電熱器のついた炉なんだけど、ちゃんと流派によって形が違うんですよ。あと、本当の炉だと底が深いから、出っ張っちゃう。赤瀬川さんの家は茶室の下が書斎だから。既製品だと、深いやつも薄いやつもあって、薄いのを買ってきて嵌め込みました。マンションに開発されたものらしいですね。■

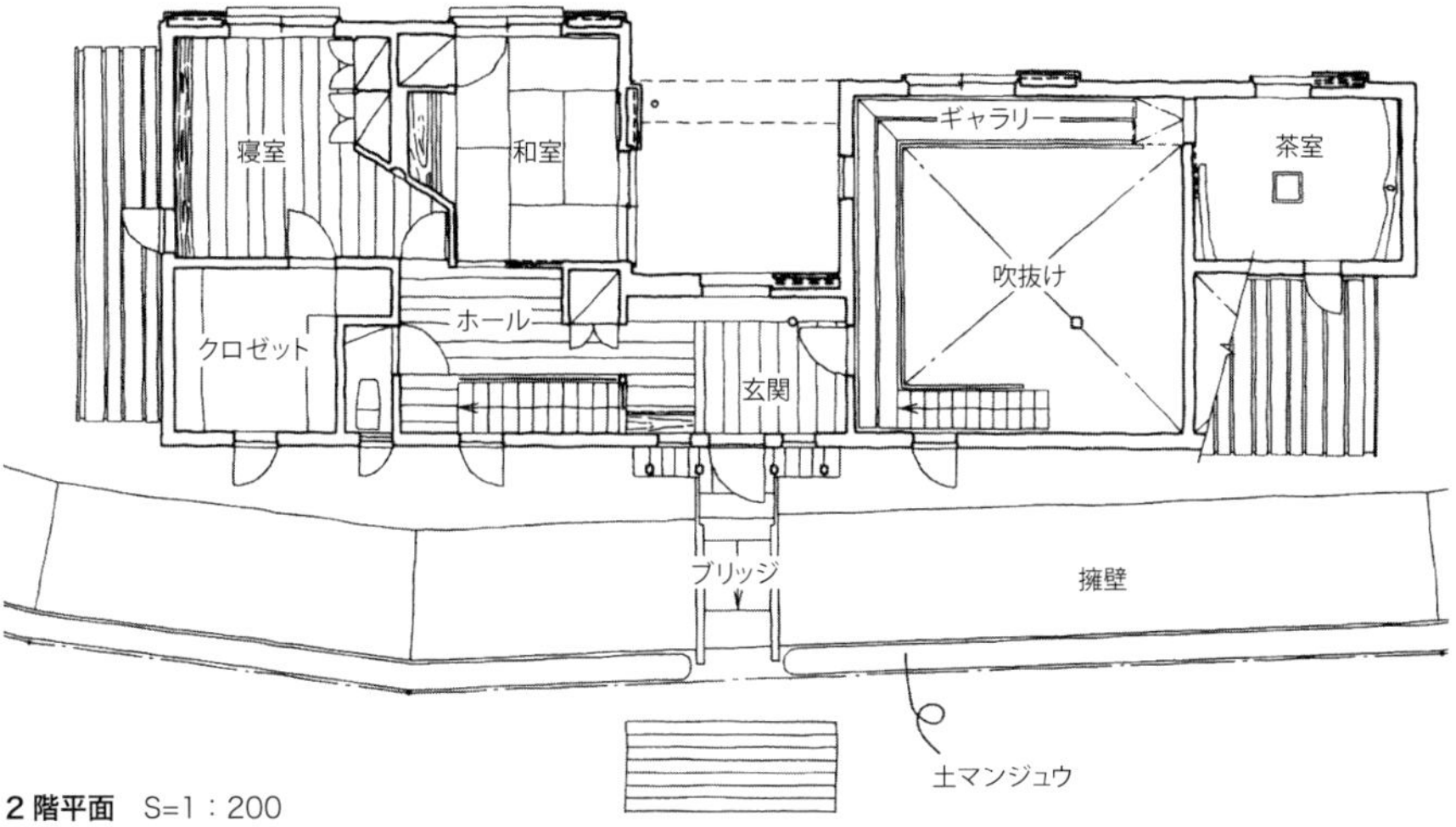

2 階平面　S=1：200

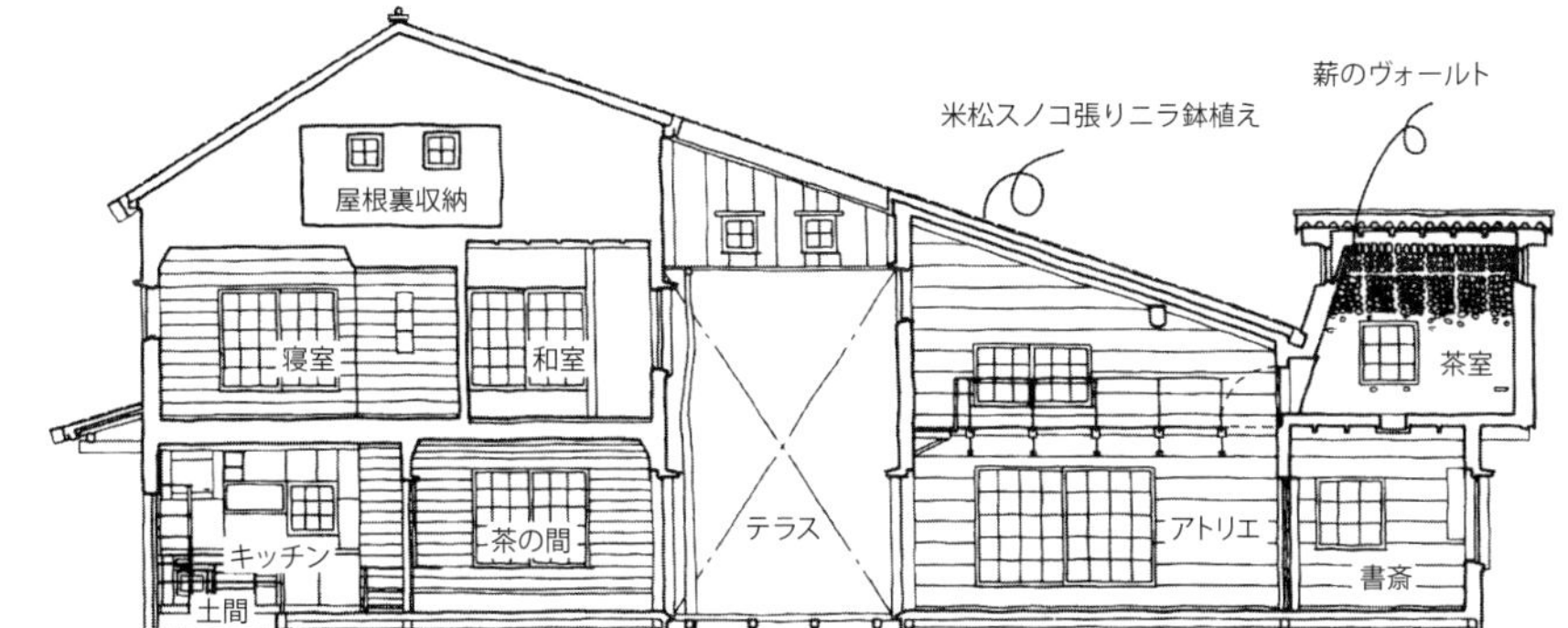

東西平面　S=1：200

Part 2

畳と障子排除の理由

炭軒《たんけん》(ザ・フォーラム) 1999

炭のヴォールト

藤森　「炭軒」は、赤瀬川さんのところで茶室をつくって、興味を持ったことからはじまった。ホテルの一角にフォーラムをつくる仕事があって、機能なんかは全然自由にして下さいということだったから、当初予定してあった床を全部取り払って2層分の吹抜け空間をつくって、その中に、大きな特別集会室を設けた。そのとき、脇にあるバーの、サービスコーナーの2階部分が余ったんですよ。それだったら2階に茶室をつくろう。やっぱり赤瀬川さんのときの経験が大きかったんだと思う。それで茶室に炭を使おうと思ったのは、ひとつは赤瀬川さんのところは薪でうまくいったから、今度は炭でやろうと思った。それと、大きな部屋の中の一部だから、外部がないわけですよ。窓は、まあついてはいますけど、窓の外を見ることはない。竹カゴの集会室が透けて見えるようにつくろうと思った。集会室のほうは竹カゴになってますから、炭で何かやりたい。で、たまたまそのホテルの従業員のじいさんが炭焼きの名人で、その炭を使おうと決めた。一番大変だったのは、どうやってその炭のカゴのようなものをつくるかですよね。今度は縛るしかないということで、炭のヴォールトはできないから、竹のリブをつくった。その段階では熊本の現場(熊本県立農業大学校学生寮)で使った、あの技術を知ってたから。

大嶋　機能セメント系の万能下地材のエクセルジョイントですね(注)。

藤森　竹に漆喰を塗る技術があることを知ってた。それがエクセルジョイント。で、縄文建築団で工事をやった。ホテルの設計施工をやっていた竹中工務店の桑原裕彰さんが実施設計をやってくれて、僕のスケッチに従って、おそらく職人さんに口で説明してやってたんじゃないのかな。図面が描けるような状態にないんですよ。竹を曲げて炭をつけるなんて。それで、僕は模型をつくって、それをもとに桑原さんがどんどん進めてくれた。あとはもう現場の職人さんがつくって、僕らが竹を曲げてリブをつくり、それにエクセルジョイントを塗っていく。

大嶋　やりましたね。何もない状態から受けを付けてリブを付けて、エクセルジョイントを塗って炭をリブに銅線で縛りつけて。

藤森　リブのところは全部自分たちでやった。

大嶋　そうです。それから、階段は入れましたね。

藤森　階段は僕が削って、階段の手すりは縄文建築団の徳正寺(秋野等)がつくった。

大嶋　それを取り付けて。

藤森　アフリカのドゴン族などにも木の丸

(注)エクセルジョイント
金属、ガラス、合板など、ほとんどの素材に使用できる万能左官下地材で、主成分は、モルタル+グラスファイバーの粉末に酢酸ビニル系接着材を加えたもの。エクセルジョイントを塗った上は、漆喰塗り、土塗りなどの左官仕上げが可能になる。商品名としては、日丸産業とのジョイントV、ホワイトV(白セメント系)と、渋谷製作所のエクセルジョイント、エクセルホワイト(白セメント系)とがある。2社とも熊本の会社である。

「炭軒」の床柱、棚そして炭のヴォールトを見る

太を削った梯子がありますね。

大嶋　茶室へ登って入る設計は、あれが最初の気がするんですけど。

藤森　赤瀬川さんのところだって、登って入っていくんだよ。

大嶋　這って……。

藤森　いやいや、何となく斜めにして入っていくという。

大嶋　階段というよりは梯子に近い。

藤森　鳥の巣みたいな感じ。たしかに、にじり口ではあるけど、斜めに上がるよね。言われてみるとそうなんだけど、あまり意識していなかった。

大嶋　ちょうどリブが張り出してて、にじり口に階段が突っ込んでいるような、なんか繭の中にガーンと棒みたいなものを突っ込んだような感じがあります。その横に手すりを付けている。だから腹ばいになった感じで入っていく。今に続くにじり上がりの原型ですね。

畳割の定型には乗らない

藤森　それから窓側に「嵌め殺し的な襖」をつけたんですよ。嵌め殺し的な襖というのは、壁を壊さないと二度と外すことができない。完全にぴっちり入っていて、そこに引込みをつけたけど、障子はつけなかった。僕はあの段階で、襖はいいけど障子だけはいやだったんですよ。畳と障子は絶対使わない。畳はもういやなんです。障子は好きだけど、その2つは意地でも使わない。畳がいやだから籐ゴザを使う。障子は、似たようなものがないし、替わりになるようなものもない。だけど、使わないですよね。

　言ってみれば、数寄屋の象徴っていうのは畳と障子なんです。襖も入れるべきだけど。数寄屋の原型の書院造の段階で、木割がちゃんと決まって、畳割が決まるわけ。畳割で日本建築をつくるというのが決まっ

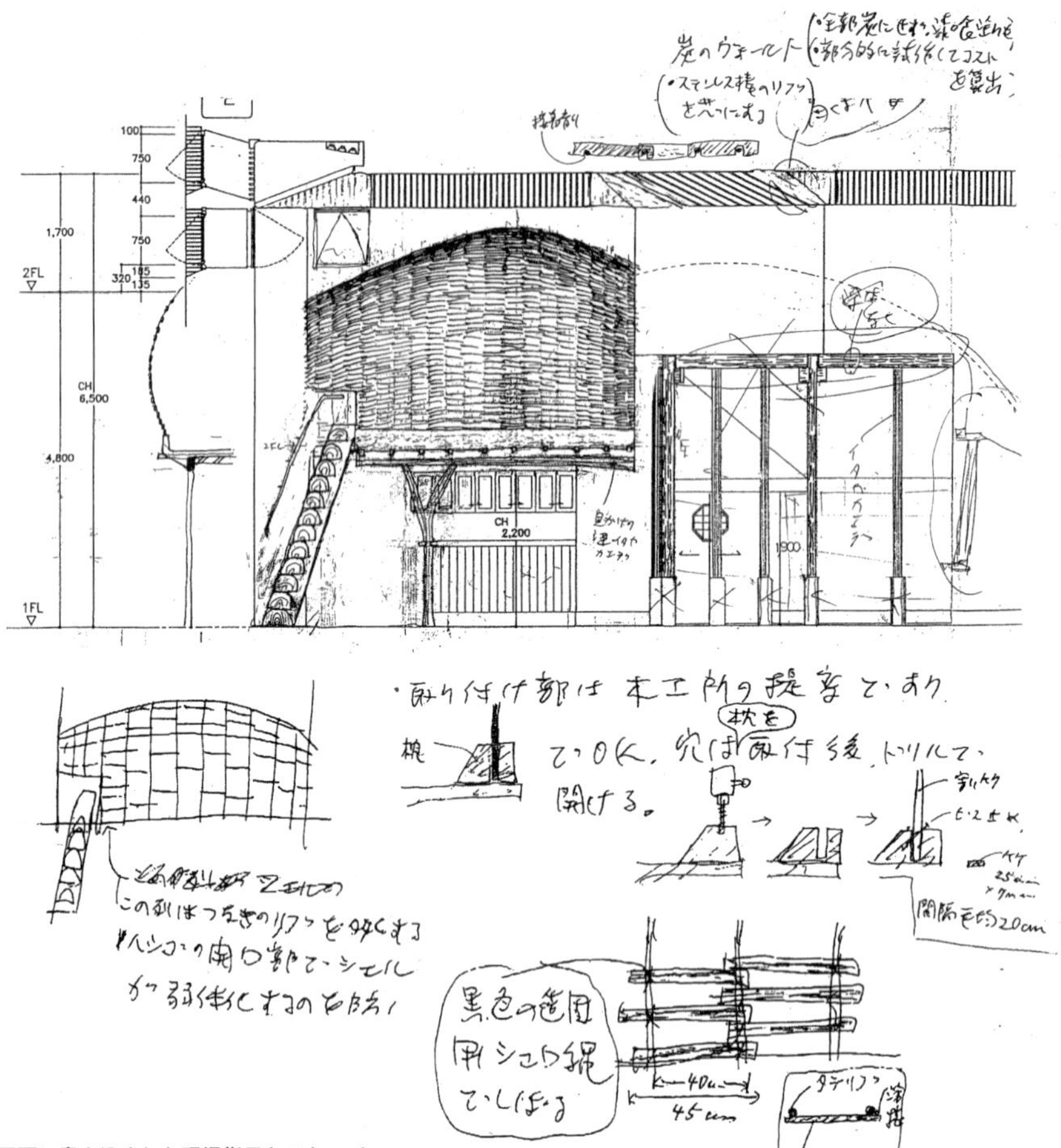

図面に書き込まれた現場指示とスケッチ

このスキーリゾートの地元従業員のじいさんが、夏の間、炭焼きをしているのを知り、炭のヴォールトを思いついた。当初、鉄筋のリブで試作をしてうまくいったが、その後、ジョイントV、ジョイントホワイトなる左官系下地材の存在を熊本で知った。ステンレスであろうが木であろうが、直接付着可能な左官材。で、カゴで余った割竹でリブをつくり、その表面にジョイントホワイトを塗り、その上に漆喰を塗って、炭を銅線でしばりつけている。リブの取付けから炭のしばりまで、工事は藤森、赤瀬川原平、南伸坊、佐原真、植島啓司ほかのアライ縄文建築団。(『ディテール』146号、彰国社)

奥：藤森　手前：大嶋

谷口英久（右）ほか

南伸坊

赤瀬川原平ほか

縄文建築団の作業風景

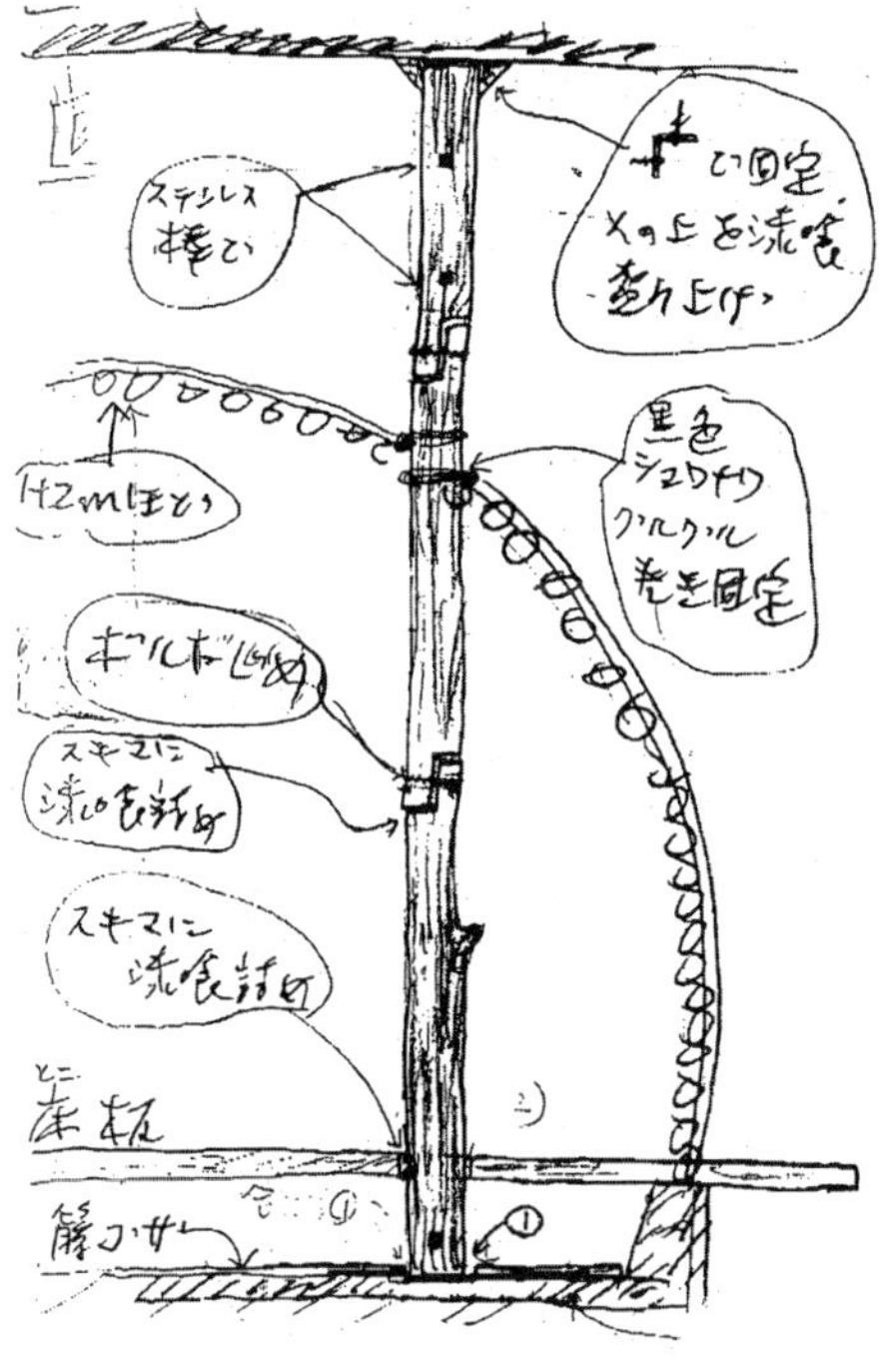

てきて、障子、襖、畳が日本建築の基礎になる。畳が、ただの敷物じゃなくなっていくわけですね。秩序の元になっていく。桂離宮がその象徴ですけど、それは絶対使いたくなかった。だから、どの場所にも籐ゴザを使っています。赤瀬川さんのところもそうだったし、「炭軒」でも同じ。ふつうだと赤瀬川さんのところの茶室の窓には障子が入るんですよ。それはいやだからけんどん風の雨戸をつけた。考えてみると、畳を使わない茶室ってないよね。

　ただ、畳について言うと、利休もじつは畳がきらいだったんだと僕は思ってる。これはね、中村昌生先生から聞いたんだ。今の1畳台目で台目畳っていうのは、通常の畳の大きさの4分の3なわけ。それで、その向こうに板を貼って炉を切る。中村先生によると、実物は残っていないが、最初のころの台目畳は、利休が畳を切ってつくってたんじゃないかと。それは相当乱暴なことで、本来はやっちゃいけない。今だって畳は切らないですよ。利休は、畳への敬意を示していない。畳というのは基準だから、基準を勝手にいじっちゃいけないわけです。隅切るってことは、とんでもないことで。利休も、いやだったんじゃないか。利休以前はみんなちゃんとした広間でやってたから、利休はそういう4畳半の安定した草庵風茶室をさらに打ち破っていこうとしたときに、畳を切ることを考えたのではないかと。あるいは、利休が囲いをつくったときにそういうことを考えたのかもしれない。あり合わせの材料を持ってきて、軒下につくったのは、橋の下にビニールハウスをつくるようなものに近いですよね。にじり口もそうだし。

大嶋　それはわりと有名な話で、雨戸を切ってるから切断した面には框がないんですよ。

藤森　にじり口の引き戸は、たしかに言われてみると、変なもんだよね。

大嶋　今でも、そういうかたちにわざわざつくるんですよ。だから形式だけが残ってるんだけど、明らかに、雨戸を乱暴に切って貼ったものなんでしょうね。

藤森　にじり口は紹鷗がすでにやってたらしいけど、おそらく小さな口から入るというのは、茶室だけじゃなくて、歌舞伎には鼠木戸《ねずみきど》ってありますよね。日本のある種伝統だともいえるんだけど、そこから派生してるんじゃないか。おそらく雨戸の隅を切って使うっていうのは、利休が囲いをつくったときに考えたことなんじゃないかって気がする。

大嶋　藤森さんは、ホントに畳と障子は使ってないですね。

藤森　敵視してるのは僕くらいかな。まあ利休のほうが先だと思うけど。利休の影響を受けて結局、桂離宮ができるわけ。数寄屋は茶室の後で。でも利休は桂離宮を見たら嫌がったんじゃないかな。

大嶋　民家みたいなもののほうを藤森さんは好まれますよね。

藤森　そうだね。コルビュジエが桂離宮が好きなんてことはあり得ない。コルビュジエ側の影響を受けている人が桂がいいというのは信じられないでしょう、全然違うものだし。ミースだったらわかるけど。坂倉準三さんが伝えた話らしいけど、コルビュジエがみんなに案内されて桂離宮に行ったとき、発した言葉は最高よ。「線がうるさい」。そのとおり、桂は線の建築です。だから、われわれが線をうるさく感じないのは線を捨象してるからです。襖に線が入るでしょう、障子も入る、畳にも入る、場合によっては天井にも入る。僕らは捨象しているから気にしない。ある面の構成みたいにして見ているから。だけど、あれを図面にして、展開図を描いて線をいちいち識別してたら世界中であんなにうるさいものはない。

大嶋　でも、展開図を描いてて洋間って物足りない感じですよね。なんか和室系統だと設計してるなって感じがしますけど。

藤森　洋間は何もないからね、特に最近のものは。

大嶋　塗り回し的なものの好みって、その辺から来てるんですか。それは神長官（守矢史料館）からわりと一貫してますよね。回り縁もない。

藤森　それは真壁をやらないことと関係しているかもしれないね。数寄屋も真壁の代表ですから。真壁は構造としてはわかりやすくて、基本的な表現ですけど、あの神経質さがいやだ。もちろん真壁は書院から始まって数寄屋に流れる。要するに柱と梁を立てて、そこに建具をはめていく。その建具が水平に移動する、ドア式じゃなくて。すると、ドア式じゃなくて移動するということは、そのスパン分は、ふつうは1間分だけれど、完全にできていないと絶対に動かない。そこに、畳という定形のものを敷き込む。あのころ、すべてが相まって正確無比の建築世界ができたんだと思う。だけど、行き着く先がいやなんだ、きっと。だから僕は大壁でしかやらない。柱を立てるときは、壁からずらす。独立柱になる。すると自由度が出る。曲がっててもいいし。

それは日本の民家の原型だとされる「箱木千年家」（箱木家住宅、神戸市衝原）に行ってわかりました。その移築のときの解体調査で、土壁の中に柱が入ってなかったことがわかった。柱のちょっと外に枝を刺して、それに小舞を組んで土壁を塗っていた。ちょっと内側に柱があるほうが好きなんですよね。

大嶋　先生は「江川邸」（静岡県韮山町）は好きですよね？　あの中にある小屋も相当線とかあるじゃないですか。

藤森　あれくらいたくさんあればいい。

大嶋　神経質じゃない線がたくさんあるのはいいんですか？　永遠にあるような感じですけど。

藤森　あれはすごいよね。貫《ぬき》は好きなんですよ。貫ってあんまり神経質なものじゃない。筋が通った感じで。なんかこうふにゃふにゃ変に曲がっているものを、ぴーんと通すような感じがあるんですよ。貫って民家でも曲がったような柱とかにけっこう入ってるでしょう。

大嶋　下地窓は絶対にやりませんよね。

藤森　下地窓も利休だと思いますけど、いかにも茶室風なつくりで、そこがダメ。

大嶋　ただ、今のは偽《にせ》の下地窓だから。ほかはボードでやって、そこだけちゃんとキットが売ってて止めている。たしかにきれいに組んでいるので、それだけ見ると、ホントに茶室ってなんか店舗的な世界かなって。

藤森　まあ、しょうがない。■

Column

堀口捨己と利休

藤森照信

建築家で最初に茶室に注目したのは武田五一だった。武田に続いて関心を持ったのは藤井厚二で、3つの茶室を手掛けているが、茶室という格別なビルディングタイプについての調査も研究も残していない。

茶室について研究と実作の両方を手掛け、その魅力を建築界に広く伝えたのは堀口捨己だった。堀口は、まず分離派建築会の活動によって、次に茶室の近代的意味を言葉と作品の両方で深く掘り下げたことで日本の近代建築史上に輝く。

建築史上ばかりか、茶道研究史上でも堀口の果たした役割は大きく、戦前における利休研究の第一人者でもあった。

私が建築史の道に足を踏み入れたころ、堀口は、モダニズムと伝統的建築の両方に通じ、両方を深く思索し、その成果を実作として結晶化した伝説的存在であった。

私の学んだ村松貞次郎、稲垣栄三の両建築史教授も堀口について語るときは、言葉の端々に畏敬の念がにじんでいた。

堀口の茶室への評価は、デ・スティルからバウハウスにかけてのモダニズム建築への評価と重なり、「空間構成」という点に集中している。様式と装飾性を捨て、構成という原理で20世紀の空間に美を与えることに成功したことへの評価にほかならない。

その通りに違いないが、利休の茶室のもっと大きい本質について堀口が意図的に触れていないことに気づいたのは、自分で茶室を手掛けるようになってからだった。

〝内向性の問題〟である。利休の茶室が建築を深く考えようとする者にとって暗示的なのは、内向し自閉した空間である点なのに、堀口は利休の茶室を語るとき、この点に触れないばかりか、実作においても茶室の庭側には大きな障子を立て、障子の外には竹簀子(すのこ)を張り出し、内外の空間を連続させようと努める。

利休の没後、弟子たちは師の自閉性を少しずつ開き、その開かれた茶室の影響により書院造から数寄屋造が派生するが、堀口が好んだのは利休の茶室ではなく派生した数寄屋のほうだった。閉鎖空間はモダニズムとは一致しないが、数寄屋ならその開放性、空間の連続性においてモダニズムと重なるからだ。■

茶室対談　その2

煎茶文化の中の茶室空間

小川後楽×藤森照信

煎茶席に炉はいらない

藤森　先生の著書を読んで、煎茶の基本的なことを知ったわけですが、助かります。

小川　私が徳正寺にある「矩庵」に行ったとき、藤森先生は側にいらっしゃいました？　茶室の中に入ったときは徳正寺（秋野等）さんと僕と2人きりだったような気がしていたんですけど。

藤森　いなかった。なんで先生は工事中に来られたのですか？

小川　徳正寺さんから煎茶の茶室だから見てほしい、茶室開きもお願いしたい、ということで下見に行ったんです。

藤森　徳正寺の秋野等さんと井上章子さん御夫妻は煎茶をやっているのに、茶室のことはあまり知らなくて。設計のとき、じゃあ炉を切りましょうと言って、僕は煎茶のことを知らなかったから炉を切っておいた。そしたら小川先生が席に上がられて、「私がここで茶室開きをします。ついてはこの炉はなしでいい」と。この一言で僕は、重大な認識を得たんです。大学の建築史の授業で、千利休の茶の湯、茶室の勉強をしてきた。なんといっても、茶室は日本固有の、めずらしいビルディングタイプですから。

　そのとき教わるのは、空間が狭いこと、壁や天井が自由なデザインをしていることの2つ。建築の話だけで、炉の話は聞かない。だって徳正寺が煎茶やるって言いながら、炉を切りましょうって。あのとき、もし秋野さんがちゃんと煎茶の作法を知っていて、涼炉でやることがわかっていたら炉を切らなかった。

　煎茶は炉を切らない、ということは逆に、抹茶を使う千利休系の茶の湯ではなぜ炉を切るのかという問題が生じる。重要な問題です。茶室の中に、村田珠光《じゅこう》が初めて炉を入れる。それを武野紹鷗《じょうおう》と千利休が1尺4寸に規格化した。それ以前は、別室で茶坊主が点てたお茶を

村田珠光
→32頁参照

武野紹鷗
→33頁参照

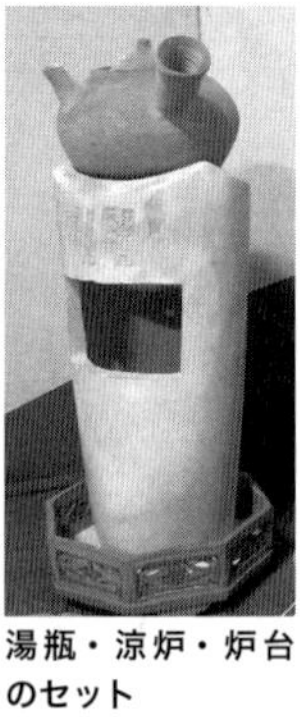

湯瓶・涼炉・炉台のセット

殿様が出していた。それを紹鷗、利休一派が炉を切って狭い茶室内に持ち込んだ。それ以前は、なぜ炉を切らなかったかというと、火を焚いて炉を扱うのは身分の低い人の仕事だったんです。今でもお寺に行くと火が主役の庫裏《くり》(台所)には天井を張っていなくて、土間でやってるでしょう。杉本秀太郎さんの家(重文の京都の町家)に行っても、台所の通り土間は天井を張っていない。要するにそこは、昔の伝統でいくと格の低い部分だから。ところが、利休たちは意識的に茶室に炉を切った。おまけに、畳仕舞いの隅を切って火を焚くということはふつうあり得ない。一応火ですからね、尋常じゃない。相当異様です。

　堀口捨己以来、茶室に関する本はたくさん出てますけど、誰も炉のことについては書いてない。炉はなぜ切られたかって。それで、僕は炉を中心に新しい茶室論を展開できると思った。茶の湯の茶室研究は堀口先生から中村昌生先生までで、もうやることはないと思ってたんです。小川先生は気がつかなかったと思うけど、炉は煎茶では使わないと言われたのが僕にとっては衝撃的だった。そこで徳正寺(矩庵)では、炉の穴に水盤を入れて花を活けて、なんとかごまかしましたけど。

小川　そうそう。だから、最初はどうしようかなと思いました。茶室の中で炉は、神経を使って位置を決めると思うんですね。煎茶の手前座にしても同じです。あのときの炉の位置も、ちょうど手前座を設けたい場所の頭あたりにあたるので、ここに花ひとつ活けるようにすればいいなと思って……。ホント申し訳ないことで。

藤森　あの茶室で、人のいる中に花があるというのは落ち着きますよね、あれはよかった。夏なんか水を張ると、小さな池みたいな感じです。煎茶は、本を読んで知ったんですが、茶室に関しては自由なんですね。

小川可進が極めたお茶

藤森　先生、本書の読者も煎茶のことは知らないと思うんです。煎茶って、ふつう僕らが飲んでいるお茶のことですよね。たいていはお茶と抹茶しか知らない。これを機会に、煎茶に関していろいろと伺いたい。煎茶もその気でみると、けっこういろんな方がやっておられるんだけど、小川流が一番ちゃんとしてると聞いています。小川先生はもともと奈良本辰也のもとで、歴史を研究されていた学者ですからね。いつまでですか、学者として研究をされていたのは？

小川　うーん。学園紛争（1969年）のころまでですかね。学園紛争で2人とも先生が出ていっちゃって。

藤森　奈良本先生と誰ですか？

小川　林屋辰三郎先生。日本史学専攻だったんですが、私は当時フランス語を勉強していたので、先生の推薦でフランス留学が決まりかけていた。それが学園紛争でだめになって……ということで、大学院は中退です。

藤森　専門は日本史のどういう分野を？

小川　近世思想史を。

藤森　芸道史じゃないんだ。

小川　芸道でもない。林屋先生の命令で「お前、煎茶やってるんだから、ちゃんとまとめろ」と言われて、煎茶史を研究する一方、奈良本先生の方は幕末の思想史の関係で、儒学とかを研究させてもらって。両方の先生のいい所取りをさせてもらった感じですね。

藤森　それまでは小川流を継ごうという気はあったんですか？

小川　そうです。というよりも、そうやって煎茶を歴史的な目で見ていくと、小川流という

奈良本辰也（ならもと・たつや、1913―2001）
歴史家。山口県生まれ。京都帝大で西田直二郎に師事。1948年立命館大学教授。維新史を中心に幅広く研究し、部落問題研究所長などを歴任。1969年大学紛争の中で教授を辞任。以後、著述、講演などに活躍。著書に『近世封建社会私論』、『吉田松陰』、『日本近世の思想と文化』など。

林屋辰三郎（はやしや・たつさぶろう、1914―1998）
歴史家。石川県生まれ。1938年京都帝大卒。1945年日本史研究会の創立に参加し代表委員。1948年立命館大学教授、1969年大学紛争の中で辞任。1970―1978年京大人文科学研究所教授、1978―1985年京都国立博物館館長。部落史、地方史、女性史の視点から中世史を研究。著書に『中世文化の基調』、『中世藝能史の研究』など。

のは単に芸道の一流派、要するに、現代の煎茶界の一流派のままで終わっていいものではないと、これは歴史家として見てしまった。知ってしまった以上はなんとかしないといけないということで。

藤森　特に、幕末の激動の時期と大変な絡みを持つ。

小川　その絡みを考えますと、これは放ってはおけないということになって。

藤森　先生で何代目？

小川　六代目です。でも、五代目で絶えそうだった。

藤森　もともと小川流の初代はお医者さんですよね。

小川　そうです。小川可進ですね。

藤森　お医者さんをしながら、自分でいろいろ考えて、流派を立てたんですか？

小川　流派というかたちではなかったみたいです。当時の資料を見ていると、非常にお茶が好きだったのと、医者的な、いわゆる文人的なかかわりとは少し違う立場ですね。漢方薬には、いろいろな煮方がありますけど、それに近い方法で、どうやればお茶の旨みが引き出せるか、あるいは、いかなる成分を引き出せば体によろしいか、ということを医学的に考えていたみたいです。

藤森　本草学的な……。そうか、もともと日本にお茶が入ってきたのは、薬草としてですよね。お茶が、薬としての効用を忘れた時期に、もう一度、それを薬として医者の立場から見直したんだ。

小川　それと本来、お茶が好きだったということもありますが、同時代の茶への批判もあった。話が後先になって申し訳ないのですが、江戸時代の中期、売茶翁《ばいさおう》以降、文人の世界に煎茶が流行するようになるわけです。ところが、当時の煎茶の世界は少し別の方向にも走った。文人たちってあまり堅苦しいのが好きじゃないでしょう。で、お酒がついてくるようになる。書画会、骨董展示会的な内容の世界とお酒とのセットで、いつの間にか、煎茶といいながら

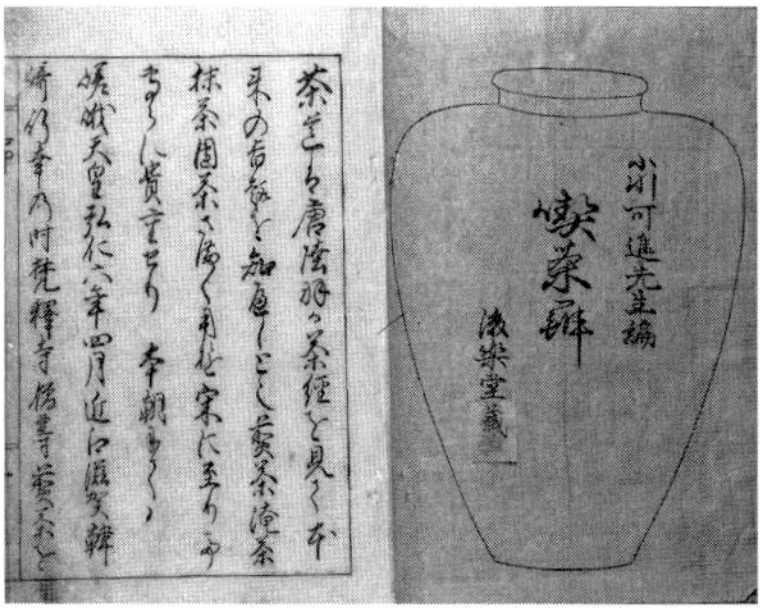

小川可進（おがわ・かしん、1786—1855）江戸時代後期の茶人。煎茶道小川流の創始者にして、初代・小川後楽。可進、後楽、可進後楽堂は号。京都の医者の家系で、自身も漢方医。御典医も務める。独自の煎茶法を広めるため、50歳のときに医者を廃業、煎茶道を極める。一条忠香、近衛忠熙、鷹司政通らの公家や頼山陽らの文人との親交が深い。

も、お茶自体が脇役になっていった。煎茶会では、みんなが書画骨董を持ち寄るとか、自慢するとか。そのあと、一杯飲む。で、まあチョボチョボとお茶をやるといったふうになる。

藤森　琴なんか弾いて楽しみますからね、当時の中国系文人は。

小川　だから、そういう世界に対して、茶本来の姿、お茶が主役に戻らないといけないということで小川可進は一歩進んで、お茶そのものの性質を極めていこうとする。で、中国の茶書を見ても、お茶について説くときは、「旨い」とかね、味が強調される。特によく使われた言葉が「甘味」。しかしそれは、やはり遠く隔てた中国の文化であって、こちらではいろいろと想像するだけしかないわけですよ。日本人独特の神経質さで。この文献に書いてある甘さはどうすれば出せるのかとか、それを馬鹿正直にね。

藤森　言葉だから、わかりゃしない。

小川　交流が今のように緊密、頻繁でなかったことが幸いしてますね。

藤森　文献か……まあ長崎まで行けば、中国の貿易商が中国茶を飲んでたでしょうが。

小川　あるいは伝聞か。そういう環境のもと、ひとつの手立てとして、茶に医家的な考えを持ち込み、お茶の葉にある成分、旨みを最大限引き出すにはどうすればよいか、それを一生懸命に考究していった。そして独自の煎法（手前）を打ち立て、煎茶家として独立したわけです。京都では、三千家（表千家、裏千家、武者小路千家）さんのお茶と小川さんの煎茶といった言い方をされていたようで、本人としては流派とか流儀を意識していなかったようです。

藤森　自分の関心から。

小川　お茶はこうして飲むんだという主張はあっても。

藤森　お茶の基本的な、むしろ旨みの成分、有効な成分を求めていった。

小川　お茶を最大限に生かすには、どうしたらいいかという取組みですね。

藤森　その後はお医者さんをされながらずっとお茶を……。

小川　50代の初めに医業を廃し、煎茶家として独立したということです。ところで、煎茶の

売茶翁（ばいさおう、1675―1763）
江戸時代の黄檗宗の僧。父は肥前蓮池の領主・鍋島家の御典医、柴山杢之進。黄檗山萬福寺で修行、独湛禅師に学ぶ。法名は月海（げっかい）、還俗後は高遊外と称した。本名は柴山元昭。京都に上洛後、61歳のとき、京都東山・鴨川の橋のたもとに通仙亭を開き、売茶業をはじめる。「売茶翁」と呼ばれ、煎茶中興の祖といわれる。

伊藤若冲　売茶翁像

歴史の中では、大坂に田中鶴翁《かくおう》が興した流派もあって、この人は売茶翁をすごく敬愛していたというか……。

藤森　売茶翁のお弟子さん？

小川　ではないんですが、大坂の豪商（造酒屋）でしたから、とにかく売茶翁関係のものを熱心に収集する。茶の湯の世界では、数寄・数寄者という言葉があるように、茶道具に関心が集まっていましたからね。でも、そうしたものではないというのが煎茶だった。ですが、鶴翁は売茶翁を敬愛するあまり、遺品を集めることに尽力します。そして、風流な売茶という行動自体にも憧れる。そういうかたちで煎茶家として立ち、流儀としては影響力を持つんですね、江戸末期の大坂を中心に。花月菴流《かげつあんりゅう》という流派を立てて。それとほぼ同時に、可進の茶も流派的な結束ができ上がっていく。だけど、わが家を考えてみたら流派の名前はないんですよ。もう少しましな流派名つけていてくれたらね（笑）。

藤森　専業的になさったんですか？

小川　２代目は完全に専業です。で、３代目は早逝ということもあったのですが家をつぶしたと言って、怒られるわけです。

藤森　世間一般と同じですね。

小川　先代なんかは、もう絶対に３代目をお祀《まつ》りしなくていいとか言って。というのも、ちょうど近代に入って土地関係のことで、法律的内容にうとく、言われるままにハンコをついたような災いもあり、資産を失ったところがあって。

藤森　幕末のときは何代目ですか？

小川　中心は２代目ですね。初代は１８５５（安政２）年に亡くなってるんです。そのころ２代目も活動できるくらいでしたから。２代目が幕末から近代にかけての活躍ですね。

藤森　倒幕運動の思想的なバックをつくった頼山陽はじめ、ああいう中国系に詳しい文化人はだいたい煎茶ですもんね。あの人たちと付き合ってたんだ。

田中鶴翁（たなか・かくおう、１７８２―１８４８）
江戸時代後期の茶人。大坂で醸造業を営むかたわら、萬福寺との縁もあり趣味として煎茶に興味を持つ。庭に陸羽や盧仝や売茶翁の石像を祀るなどして文人趣味に耽溺。花月庵流という煎茶道の流派をおこす。

頼山陽（らい・さんよう、１７８０―１８３２）
江戸時代後期の歴史家、思想家、詩人。名は襄（のぼる）、山陽は号。安芸藩の儒者・頼春水の長子。江戸で儒学者・尾藤二州に学んだのち、脱藩を企て幽閉される。その後京都に出て塾を開く。九州旅行の際には、広く文人や儒者と交わり、詩才を発揮し、帰京後は詩文の両面で活躍。主著の『日本外史』は幕末の尊皇攘夷運動に影響を与えた。安政の大獄で処刑された頼三樹三郎は山陽の三男。

小川　そうそう。頼山陽と小川可進との交遊ですね。秘められた関係といった感じもしますが。そのあと、政界では岩倉具視がいますね。初代と岩倉具視のお父さんである堀河康親《やすちか》とは非常に仲がよかった。御典医をしていたので、可進はそういう公家関係の人たちとも交遊があったようです。

藤森　天皇家の御典医？

小川　というより地下《じげ》で、おそらく公家を対象とするかたちですね。まあ一応、御典医の呼称は与えられていたようですが、現実、天皇まで行ったかどうかはわかりません。

藤森　そのあたりから反幕府勢力との交遊が生じるんですね。売茶翁の流れとの関係は？

小川　お茶を極めるといったときに可進も抹茶ではなく、あくまでも煎茶でいこうとしている。その可進と、その前の売茶翁の煎茶と直接つながりがあるかというと、茶の技法というよりも、尊皇という点は必ずしもね。精神的な継承には強いものがあったと思います。

藤森　茶の内容としてはつながらない。

小川　でも、京都の町を中心に売茶翁の影響で煎茶が盛んになって、売茶翁以降も煎茶に関係した人物は幾人かいます。その中でも特に上田秋成の影響は大きい。秋成の国学的な世界があって、そのあと頼山陽へとつながっていく。その辺のお茶の空気、精神的にも自分（可進）は御典医ですから、当然武士方につくわけにはいきませんからね。現代もそうですけど、京都にいる人間は、いまだに天皇陛下は江戸に幽閉されてるといった意識がどこかにあって、特におじいちゃん、おばあちゃんあたりにはある。どうしても京都は、天皇を中心とする公家社会の文化の展開という意識が強くて、武士を中心とする文化の展開とは微妙に分かれていますからね。最近漱石に凝っているのですが、どうやら漱石は「王朝＝趣」としての煎茶の味方だったようです。『草枕』の一節は明らかに可進の茶の描写ですね（注）。

堀河康親（ほりかわ・やすちか、1797－1859）
江戸時代後期の公卿。仁孝天皇（120代）と孝明天皇（121代）の二代に仕え、従二位権中納言まで昇進した。

上田秋成（うえだ・あきなり、1734－1809）
江戸時代中期から後期にかけての国学者、読本の作者、茶人。通称は、東作。初めは俳諧を学び、その後和歌・国学を志し、賀茂真淵一門の国学者・加藤宇万伎に師事する。その一方で、浮世草子や読本を表す。読本『雨月物語』は有名。後に医者となるが、そのかたわら国学に打ち込む。『清風瑣言』は、煎茶について記した茶書で、『背振翁伝』は茶を擬人化し、2つの茶の流れを指摘したもの。

歴史の中の煎茶道

藤森　煎茶の広がりで驚くのは、たとえば倉敷に大原孫三郎（倉敷紡績（現クラレ）の創業者）の昔の屋敷があって、その中に変な建物があるから見てほしいって言われて行ったんですよ。景色のいいところに4畳半で、3面がガラス張りの変なお堂みたいなのが立っていて、見た瞬間に煎茶席だと思った。だけど孫三郎が集めたコレクションを見ると、膨大な抹茶のコレクションもある。それで伝記を読んでみたら、途中で変わってる。煎茶だったのが、明治の末くらいに抹茶に変えている。

小川　今日のお話も少しややこしくなるかもしれませんが、本来、お茶の世界でいうと、茶の湯が中心ですよね。それに対して批判的に煎茶が立ち上がってくる。で、先ほどお話しした公家社会と武士社会という、あるいは京都と江戸的なかたちでの対立、構図ができ上がってくるんですよ。もちろん武士社会の中にも当然、煎茶が入っていく。その人たちは蘭学を通じてとか文人を通じてとか。開明的な人たちに。

藤森　文人的な。

小川　教養を兼ね備えた人たち。たとえば武士社会の中でも、下田奉行の井上清直がアメリカ総領事のハリスに煎茶を提供している。そんなことはほとんど知られてない。

藤森　先生、それ本に書いてなかったでしょう。

小川　最近は書いてますよ。要するに、日米修好通商条約（1858年）に、ハリスが来日して調印したとき、日本側の代表の一人が清直だったんです。日本の外交って今も昔も一緒といった感じですが、外交官はのらりくらりで、調印のとき、ハリスはカッカと頭にきて、「井上清直ちゅう奴は腹黒い。なんかよくわからん」と。写真を見てもたしかにちょっとずるそうな、そんな顔をしている。ところが、そんなハリスに対して井上はある日、「今日は特別

（注）**『草枕』の一節**
「茶碗を下へ置かないで、其儘（そのまま）口へつけた。濃く甘く、湯加減に出た、重い露を、舌の先へ一しづく宛（づつ）落して味（あじは）って見るのは閑人適意（かんじんてきい）の韻事（ゐんじ）である。普通の人は茶を飲むものと心得て居るが、あれは間違だ。舌頭（ぜっとう）へぽたりと載せて、清いものが四方へ散れば咽喉（のど）へ下るべき液は殆んどない。只馥郁（ふくいく）たる匂（におひ）が食道から胃の中へ沁（し）み渡るのみである」（昭和50年『漱石全集』（第2刷）より）

井上清直（いのうえ・きよなお、1809―68）
江戸時代幕末の御家人（後に旗本）。日田代官所役人・内藤吉兵衛の子。与力・井上新左衛門の養子となる。海外事情に精通し、老中・阿部正弘の信任を得て、下田奉行となる。アメリカ総領事ハリスとの交渉が認められ、後に外国奉行に。大老・井伊直弼から託され、岩瀬忠震（ただなり）とともに全権として日米修好通商条約に調印。フランス、ロシアなどとの通商条約の調印も行う。軍艦奉行、町奉行、勘定奉行などにも就任した。

なお茶のもてなしをしたい」と接待する。そのときの接待の、「特別なお茶」が煎茶だった。ハリスの『日本滞在記』(岩波文庫)にもありますが、そのときの通訳がヒュースケン。ヒュースケンの日記にも同じ日の同じ接待のことがふれられていて、2人が共通して書いてるんですね。清直がくどく何度も、今日は特別なお茶でもてなす、私の真心を込めたお茶をやる、と繰り返し言っていたようです。で、ハリスが出てきた茶器を見てびっくりする。煎茶器というのは、磁器が主体になるでしょう。

藤森　中国系の。

小川　磁器というのは、もともと中国に誕生したものですが、西欧人にもその美の世界は受け入れられる。ハリスにも美的な内容は素直に理解されたと思います。ところが、抹茶の茶碗はお宅的な世界といったところもあり、必ずしも普遍性を持っていなかった。

藤森　変なものだっていう。

小川　知らない人にはまったくその良さがわからない。要はそれよりも、きれいな磁器の、花柄の模様のついたもののほうが感動的だと。で、ハリスがそのときのお茶を喜んで、井上清直が無事にお茶を入れたということで、まわりの日本人の列席者も感嘆の声を上げたというくらいのテクニックを使ってもてなしているわけです。そのとき、ハリスはその茶器をほしいと言って、記念に持ち帰っていますが、その茶器がアメリカのどこかにあるはずだということで調査されて、近年発見されました。数年前、江戸東京博物館で、「ペリー&ハリス」展(2008年)ってあったでしょう。そのとき出品された。僕はみんなに見に行きなさいと言ったけど、あまり見に行かない(笑)。つまり、井上清直みたいな、幕臣で煎茶をしている人物も、調べていくとやはり開明派で、学問もできた。しかも日田《ひた》(大分県)の出身で、兄が川路聖謨《かわじとしあきら》。

藤森　旗本で、海外事情にある程度通じていた。

小川　そう。聖謨も高野長英とか渡辺崋山の尚歯会に入っていて、開明派でしょう。実力が

川路聖謨(かわじ・としあきら、1801―68)江戸時代幕末の旗本・外政家。井上清直の兄。旗本小普請組・川路三左衛門の養子となる。行政手腕を認められ、小普請奉行、勘定奉行になる。江川英龍や渡辺崋山らと尚歯会に参加し、海外事情や西洋の技術にも通じる。ペリー来航の折、海防に尽力。ロシア使節プチャーチンとの交渉の際には全権として長崎に赴き、下田で日露和親条約に調印。将軍跡継ぎ問題で一橋慶喜を推したため、井伊直弼と対立。江戸開城の翌日自殺した。

高野長英(たかの・ちょうえい、1804―50)江戸時代後期の蘭方医、蘭学者。水沢藩の藩士・後藤実慶の子。叔父の高野玄斎の養子となる。江戸で蘭方医術を学び、長崎でシーボルトにも師事。米船モリソン号打ち払い事件を機に、幕政を批判したため、蛮社の獄に連座、投獄されるが脱獄。宇和島や薩摩など開明派諸藩の庇護を受けるが、のちに江戸に戻り潜伏。幕吏に見つかり、自殺。

渡辺崋山(わたなべ・かざん、1793―1841)江戸時代後期の蘭学者、文人画家。三河国(愛知県)の田原藩(江戸詰)藩士・渡辺定通の子。名は定静(さだやす)、号は崋山。貧窮と闘いながら儒学や能楽、絵画を学ぶ。藩政改革や殖産興業に尽力し、江戸詰家老と海岸掛を兼務。このころから小関三英、高野長英らと蘭学研究をはじめる。米船モリソン号打ち払い事

ありながら、幕政の中ではそれまで日の目を見なかった。ところで、日田というのは煎茶文化のある種のメッカみたいなところなんです。

藤森　有名な学者がいました。

小川　儒学者の広瀬淡窓《たんそう》。

藤森　そういえば南画の田能村竹田《ちくでん》もあの辺の出身では？

小川　豊後竹田《ぶんごたけた》ですね。竹田《ちくでん》も頼山陽と交遊があって、山陽が竹田《ちくでん》を訪ねて豊後の竹田に行ったときも、日田に寄っています。竹田も山陽の勧めがあったのか、日田の煎茶愛好の豪商を数度訪ねて、その知遇を得ていますね。

藤森　淡窓は咸宜園《かんぎえん》という私塾をつくっていますけど、煎茶とも縁が深い。

小川　広瀬家をはじめ、後藤家とか草野家とか、豪商の家がまだ日田には残っていて、調査に行ったことがあるんですが、やはり煎茶の道具が出てきました。だから、先ほどの奉行であった井上清直もそういう目で見ていくと、教養の背景には煎茶文化があった。あるいは大垣藩の家老の小原鉄心も、無何有荘《むかゆうそう》を設け、中に大醒榭《たいせいしゃ》という立派な煎茶席を持っていた。それから彦根にある楽々園の楽々の間ですか、あれも煎茶席ですね。

藤森　彦根は抹茶では有名な土地柄ですけどね。

小川　抹茶で有名になりすぎていますが、彦根藩は、安政の大獄の井伊直弼の前の藩主に仕えていた家老、小野田簡斎（小一郎）が、頼山陽を招聘してるんですよ。頼山陽が彦根藩に行って講義をするということは、当時としては大変なことです。幕末の尊皇攘夷に影響を与えた人ですから。でも、そういうこと自体が、のちのいろいろな歴史の展開の中で、都合の悪いこととして消されていく。あるいは無視される。無視されつづけているあいだに、その資料が紛失していく。しかも建物はつぶされる。だから、煎茶文化があったのかという時代になるわけですよ。ところが幕末から近代初期にかけては、もう茶といえば煎茶なんですよね。

藤森　煎茶文化が栄えていた証拠は、二束三文で売っている古い茶道具、鉄製の茶の湯用で

件を機に幕府の対外政策批判の書を著し、蛮社の獄に連座、投獄され自殺。絵は谷文晁に学び、洋画の遠近法や彩色法を研究して独自の作風を築く。

広瀬淡窓（ひろせ・たんそう、1782－1856）江戸時代後期の古学派の儒学者、教育者。名は建、淡窓は号。御用達商人・博多屋三郎右衛門の子。筑前にある徂徠学派の亀井南溟・昭陽父子に儒学を学ぶが、病気のため帰郷。その後、長福寺に私塾（のちに咸宜園）を開き、子弟の教育にあたる。門弟の中には大村益次郎、高野長英、長三洲らがいた。

田能村竹田（たのむら・ちくでん、1777－1835）江戸時代後期の文人画家。豊後国直入郡竹田村（大分県竹田市）の岡藩儒医・田能村碩庵の次男。名は孝憲、竹田は号。一時、家業を継ぐが、のちに儒者として藩校由学館の頭取となる。藩務を辞したのち、長崎や京坂を遊学。谷文晁にも師事するが、文人画家としての道を示唆したのは頼山陽らだった。

小原鉄心（おはら・てっしん、1817－72）江戸時代後期の美濃・大垣藩の家老。名は忠寛、鉄心は号。藩主・戸田氏正に重用され、西洋文物の導入や大砲の鋳造など藩政改革を行う。ペリーの浦賀来航の際には、浦賀奉行・戸田氏栄の、大垣本家への支援要請を受け、藩兵とともに浦賀警備に派遣される。大垣藩は鳥羽・伏

ないものはだいたい煎茶のものなんですよ。抹茶では鉄瓶なんかはあっても、それ以外のもので鉄でつくったものってあまり聞かない。かっちりしてて、やたら小さい。それで基本的に筒型で、くずしが入ってない。うんざりするほど精巧で……。でも、京都の道具屋さんに行くと買い手がいなくて。

小川 お道具に関しては、明治から大正初期くらいまでのお道具の売立目録を見てもらうとわかりますけど、抹茶器よりも煎茶器のほうが高い。

藤森 はやってたってことなんだ。

小川 で、住友、三井、野村あたりの財閥が入札で手に入れていた。それがまた明治30年代を境とするころから抹茶のほうが復興してくるんですね。というのも、煎茶文化というのは非常に鮮明に中国趣味を表に出していたんですが、それに対して茶の湯は利休以降、和風化していった。文人というのは漢詩文学、漢学を素養としていて、とにかく千年以上にわたって、中国のそういう文化に憧れていたから、それが表面に強く出てきた時期の茶が煎茶といっていい。ところが日清戦争（1894〜95年）で、完全に仰ぎ見ていた目線が今度は上からの目線に変わってしまった。

藤森 日清戦争が大きかった。

小川 大きいと思いますね。

藤森 面白いですね。幕末・明治初期に、日本に入ってきたロシア正教も大きな勢力を持っていたけど、日露戦争で衰える。やっぱり、戦争が与える文化への影響って大きいんですね。そうか日清戦争か……。

小川 そこから西洋化の波が押しよせ、西洋文学などが主流になっていく。最近、美術史のほうでは、なぜ南画があれほど凋落したのかということが研究されているんですけど、じつは南画と煎茶とは一体で。

藤森 南画は文人たちが描くわけですからね。

見の戦いでは幕府軍に従うが、佐幕派・尊王派で分裂した藩を立て直し、尊王派としてまとめる。

小野田簡斎（おのだ・かんさい、1779―1846）江戸時代後期の近江・彦根藩の家老。名は為典、簡斎は号。藩主・井伊直中・直亮に仕え、絹屋半兵衛の窯を藩の御用窯とし、湖東焼を創始。頼山陽や梁川星巌（やながわせいがん）ら文人とも交わる。井伊直弼は直中の子で、長兄の直亮の死後、彦根藩主となる。

青木木米（あおき・もくべい、1767―1833）江戸時代後期の京焼の陶工、文人画家。京都・祇園の茶屋「木屋」の子として生まれる。通称は木屋佐兵衛、木米は号。高芙蓉に漢学、篆刻を学び、奥田頴川（えいせん）らに作陶を学ぶ。京都・粟田口に窯を築き、陶工として煎茶器を主に制作。加賀藩前田家に招かれ、九谷焼の復興に尽力する。文人画に秀作が多い。

椿椿山（つばき・ちんざん、1801―54）江戸時代後期の文人画家。名は弼（たすく）、椿山は号。幕府の旗本槍組同心・椿嘉左衛門定重の子として生まれる。絵は初め、金子金陵に師事し、師の没後、谷文晁のもとに一時入門。のちに渡辺華山に学び、華山を終生の師とする。早い時期に槍組同心を辞め、画業と学問に専念する。花鳥画や人物画を得意とし、俳諧と煎茶にも通じた。

小川　だから煎茶全盛期の人物の名前をあげていくと、田能村竹田であり、頼山陽にあっては歴史家ですけど文人画も描いている。青木木米《もくべい》も陶工ですけど文人画も描いている。渡辺崋山も椿椿山《ちんざん》もみな文人画を描いてるんですよ。だから美術史家の先生が、そういう南画凋落うんぬんのところに、煎茶をキーワードとして入れておいてくれたら、もっと説得力があるんですけどね。近代国家の成立過程の中で、西洋文化を崇拝する風潮とか、岡倉天心やフェノロサの日本文化への姿勢とか、いろんな動きがあるわけですから、南画が凋落していく過程と煎茶の位置づけを、きちんと整理してもらえるとうれしいですね。

藤森　天心の『茶の本』（1906年）は抹茶の、茶の湯の話ですからね。

小川　『茶の本』を大学のテキストとしてよく使いますけど、指摘すると、みんな納得するんですよ。煎茶全盛期にあえて抹茶のことを書いていると。漱石も批判的に見ていたと思います。

藤森　そこが大事なところなんだ。

小川　彼の本の第3章は「道教と禅道」になっている。じつは道教は、煎茶精神の背景として考えられているんですよ。だから本来、「茶禅一味」だったら、茶と禅道でいいわけでしょう。禅茶論という本もあるくらいですから。禅と茶で語られているところに、わざわざ道教を入れる。第2章「茶の諸流」では、中国の茶の話がかなりの部分を占めますが、後々煎茶に関係する人たちが神と仰ぐような人物、玉川子盧仝《ぎょくせんしろどう》など、中国唐代の詩人を紹介していて、この人の「茶歌」が強烈な影響を煎茶に与える。そのことについても、天心が細かく書いている。ということは、この時代、まわりの空気は煎茶が強かったことの証左ですね。

藤森　天心としては革命的な関心なんだ。要するに、おれは世間と違うことを言ってるぞという。ふつう、それは気づかないですよ。

小川　だからホントに天心の茶書のことを、よくわかろうとするなら、煎茶の文化を知っていないと無理です。

岡倉天心（おかくら・てんしん、1862—1913）
明治時代に活躍した思想家、明治美術界の先覚者。越前・福井藩の藩士・岡倉勘右衛門の子。名は覚三。幼いころから英学・漢学を学び、東京開成学校（のちの東京大学）で政治学と理財学を専攻。卒業後は同校講師に着任したフェノロサらとともに、閑却されていた日本文化の振興を図る。

アーネスト・フェノロサ（1853—1908）
アメリカの哲学者、東洋美術研究家。1878年、来日。東京開成学校（のちの東京大学）で哲学、論理学、政治学などを講じるが、日本美術に興味を持ち、伝統的な日本画の復興を説く。1884年、岡倉天心と鑑画会をおこし、狩野芳崖、橋本雅邦らを育成。また天心と東京美術学校（のちの東京芸術大学）創立に努めるなどする。帰国後はボストン美術館東洋部部長となるが、再び来日。その後、各地を講演旅行中、ロンドンで急死。

玉川子盧仝（ぎょくせんし・ろどう、775—835）
中国・唐代の詩人。范陽（北京市）の出身。玉川子は号。洛陽で清貧の生活を送る。若いころから少室山（河南省）に隠棲し、学問を究める。詩人・韓愈のすすめに応じず、最後まで仕官の道を選ばなかった。甘露の変の際、宦官誅殺未遂事件にかかわったとして逮捕され、無実でありながら殺害された。茶歌として親しまれている盧仝の長詩は煎茶歌として有名。

藤森　道教と中国の煎茶、日本の禅と抹茶、そういうふうに論を立てているわけですね。じつに、わかりやすい。

小川　で、外国人に訴えるには、信長とか秀吉とかを引き合いに出すと、説得力を持つわけですよ。彼ら権力者がやっていた茶の湯ということで。日本人はそんなに野蛮ではない。まあ信長も秀吉も野蛮ですけど。

藤森　でも、バチカンとの交流をやってた人たちですからね。

小川　だから、天心の『茶の本』が出版されたあたりを境にどんどん煎茶は衰退していくんですよ。で、茶の湯が再び復活してくる。繁栄と没落の繰り返しですね。

藤森　昔、三井家の御当主の息子さんと三井家の古い建物のことで永楽家に行ったことがある。永楽家は千家十職（千家の指定で茶道具をつくった十家）で、京焼の家元。なぜ行ったかというと、永楽さんの御主人が昔の三井家の家の使い方を知ってたんです。御当主の三井八郎右衛門さんはもう90歳を越えていらして入院されていて、インタビューできない。でも、永楽さんがしょっちゅう出入りしてたから、もしかしたら知ってるかもっていうので、永楽家に行ったんです。僕は「今いる場所にはいつからいらっしゃるんですか。安土桃山時代からここで窯を焚いていたんですか」と聞いたら、「とんでもないことです。借金つくっては逃げ、借金つくっては逃げ。じいさんの代まではそうでした。ひどいものでした」と。生活に困窮して三井家へ茶碗を持っていくと生活費をくれるから、おじいさんは三井家によく出入りしてたらしい。

小川　身近な話でいうと、表千家の久田宗也さん。あの先生が偉いなと思ったのは、パネルディスカッションで一緒に座ったとき、「小川さんが全盛のころはね、私どもはその日のお茶菓子もなかったんですよ」って、はっきりおっしゃる。そういう時代があったということを、ちゃんと訴えて下さるわけ。そういう時代のあったことを、今はもう誰も知る人はいませんけどね。

口の中で爆発する？

小川　明治期で煎茶のことが垣間見えるのは、たとえば野口小蘋《しょうひん》という（南画の）女流画家。この人の絵は目に訴える説得力があるので、僕はよく講演などで紹介するんですが、閨秀《けいしゅう》画家として、明治のころの番付表があって、それを見ると、横綱格に野口小蘋が入っている。小蘋は華族女学校（学習院高等学校の前身）の嘱託教授にもなるんですけど、昭憲皇太后の寵愛を受けて、御所のお部屋の襖絵や屏風なんかも手がけてるんですね。その昭憲皇太后も近代の女子教育にすごく熱心だった。ということで、女子教育の近代化には2人はとても影響力があったと思います。その小蘋は山水画も花鳥画もとてもすばらしいものを描いてますが、特に美人画がいい。ホントに品のいい美人画。女子の、いろんな教養を身に付けている姿を描いていて、その中には書を書いたり、お花を活けたり、お香をしていたり、そのほか、お茶をしている絵もある。当然、お茶なら茶の湯と思いますでしょう。全部煎茶なんです。それから身近なところでは、明治神宮外苑の茶室、「隔雲亭《かくうんてい》」ってありますよね。あれは昭憲皇太后のために明治天皇がおつくりになった建物でしょう。あそこはやはり僕らの目で見ると、煎茶席です。

藤森　最近、中に入ったばかりですけど、神宮の森と神社建築の取材で行ったから全然気がつかなかった。

小川　開放的になっていて。一度、空襲で焼けていますが、できるだけ忠実に復元したと案内の方は話されてました。蹲《つくばい》の様子を見ても、これはあとで手を加えたなと。本来、これは降り井《おい》になっていたはずなんです。降り井というのは水を汲む所で、これは煎茶家が意識的に水にかかわるときに、庭の意匠に取り入れた重要な要素です。

藤森　どういうやり方？

野口小蘋（のぐち・しょうひん、1847−1917）明治時代から大正時代にかけて活躍した女流文人画家。古医方・松郁春岱の長女。幼いころから詩書画に親しむ。京都で関西の重鎮・日根対山に師事、山水画や花鳥画を学ぶ。対山の縁で、実業家で煎茶の好事家・奥蘭田など多くの文人と知り合う。上京して麹町に住み、画業を営む。肖像画や美人画を多く手がけるほか、大正時代には山水画も描く。

小川　湧き水を汲みに降りる。たとえば、山紫水明処（京都に残る頼山陽の書斎兼茶室）の前の庭にもあります。とにかく水辺に降りていって、湧いている水を汲み上げる。上田秋成に関係する、南禅寺門前の西福寺にもありますね。黄檗山《おうばくさん》の山門の前の井戸も、どうもそうだったらしい。

藤森　黄檗山は本家ですからね。

小川　ツルベの井戸みたいに、掘り下げた穴に桶を入れて汲み上げるのではなくて。

藤森　泉から。

小川　泉で、そこへ降りていく。かつて道士が修行の場としていた洞窟の中にある水辺のイメージですね。そういう目で明治神宮外苑の「隔雲亭」を見ていくと、あれは降り井であったところを、あとで蹲を置いて、筧《かけい》を渡して、無理をしてるなあという感じがしました。それと、隔雲亭にあるような立礼席《りゅうれいせき》も、当時流行りましたからね。

藤森　そうか。もともと中国の場合は地面にゴザを敷いて座ってもいいし、長椅子みたいなところに座ってもいいし、両方やってますからね。

小川　茶の湯の立礼席というのは、じつは煎茶の影響なんですよ。煎茶が先に取り入れていた。

藤森　煎茶は取り入れやすいですからね。

小川　もともと中国的ということで。

藤森　最近、台湾に茶室を建てたんですけど、中国の煎茶と小川流の煎茶は基本的に違う。台湾のものすごくお茶好きのグループが徳正寺に来たんですよ。その中の一人は茶に入れ込んでいる方で、徳正寺で小川流のお茶を飲んだ。徳正寺の住職のお茶はそんなにうまくないはずなんですよ。熱心な小川先生の門弟とはとても思えない（笑）。でもね、その台湾のお茶好きな方は、日本にもしょっちゅう煎茶の道具を買いに来てるんですけど、驚嘆して「世界にこんなお茶があるのか」「口の中で爆発したと思った」って、お茶の味が。

黄檗山（おうばくさん）
中国・福建省東部の福清県南西にある山。隠元の住んだ臨済宗の万福寺があった。

小川　いい表現ですね。

藤森　みんな飲んでびっくり。私も徳正寺で初めて飲んだときは、びっくりして、これはお茶じゃなくて危ない薬だって(笑)。こんなに覚醒作用の強いお茶がこの世にあるとは思わなかった。もちろん日本のお茶にも、中国のお茶にもカフェインが入ってるけど、ここまで濃くは出ない。中国茶って香りがものすごく重視される。発酵茶ですから。台湾で茶室をつくるとき、中国式の茶をいくつか案内したいからっていうんで、台湾の方と一緒にまわった。流派はないんだけど、うまい人のところを回っていく。で、めずらしいお茶を飲むからって、どこに行ったと思う。骨董屋さんよ。店の奥から、店主が大事そうに150年前のお茶を出してきた。清朝のころの、安っぽいラベルがプリントしてあって、虫がいっぱい食ってる。お茶を縛ってある紐をほどくと、虫の糸がぼろぼろ。発酵食品だから、たしかに日本のお茶と違って日持ちはするんですよ。それでみんな貴重だって飲むんだけど、僕には古屋の匂いのほうが……。

小川　かび臭いでしょう。後発酵といってね。

藤森　かび臭い。でもね、発酵食品だからワインと同じで、寝かせれば、味が少しずつ発酵していく。中国茶は香りで、小川流は有効成分ですよ。爆発するような覚醒成分。じゃあ、日本の茶の湯の本質というと、茶人のものじゃなくて、あの緑の液のまわりの茶碗から茶室までにあるんじゃないかと思ってるんですよ。

小川　以前、熊倉功夫先生のお誘いでニューヨークに一緒に行ったんですが、向こうでグルタミン酸学会によるシンポジウムが開かれた。で、小川流のお茶はその中のテアニンを抽出する飲み方であるという分析がされました。爆発する味の主体はテアニンなんですね。でも、単に話だけではなしに実際にやったほうがよいということで、熊倉さんの勧めもあって、学会全員にふるまった。初めは、この味は、絶対にわからないだろうと思っていました。ところが、すごい反応だった。今まで大きな茶碗でたっぷり飲んでいたけど、今日のこの一滴のほうが十分満足感があるって。で、アメリカ人がものすごくリアルなのは、この茶をおいしく入れる方法を教えてくれる先生は、今ニューヨークのどこにいるのか、この茶の葉はどこのスーパーで売っているのか、といった質問がくる。ロンドンのときも、日本の抹茶と煎茶、そしてロンドンの紅茶の比較学会。それに参加したとき、煎茶は、いくら口で説明しても理解されないので、実際にふるまってみたら、ということになった。英国は紅茶へのプライドがあるじゃないですか。だから、お愛想程度ですむかなと思っていたら、これまたすごい。翡翠のような味だとか、いろんな表現が出てきて、たくさんの人が来て、1日で終わるものが、1日延長したぐらいです。

藤森　先生が入れたの？

小川　弟子の人たちが入れて、私はえらそうにしゃべるだけ（笑）。

藤森　小川流の煎茶はお茶の葉のつくり方から違うんですか？

小川　私たちが使っているものは、基本的にはふつうの煎茶と同じです。産地を選び優良品を厳選するとか、ときにはブレンドするなどしますけどね。先ほども述べましたが、中国の茶書には、茶味は甘露とよく書かれていますが、少し日本人が思う内容と違うのですが、それを文字通りに本気で追求したんですね。本の内容に忠実な茶味を出そうと探求した結果だと思います。

藤森　ホントの古い時代の中国茶はそうだった可能性もありますよね。薬だったら、そのほうがいいですから。

小川　広州（中国）のあたりの一部に「老人茶」といって、濃いお茶を少量飲む風習があります。老人がちびちびと楽しみながら飲む。このあいだも掛川茶（深蒸し茶）のことをテレビ（「ためしてガッテン」）で放映していたんですが、ご覧になりました？　あの番組で、おばあさんが一日にお茶、30杯から40杯飲むと言ってたでしょう。そんなに水分とったら老人って、落ち着いて仕事してられない。お茶の30杯分、40杯分の成分を凝縮したものを少量飲んだほうが、老人の体にはいいわけですから。ということで、中国の一部ではそういう呼び方をする。

藤森　道具は中国風のものを基本的には使って？

小川　日本では一般には急須といってますけど、茶味にとって一番大切なのは茶瓶《ちゃへい》で、中国製を重視します。宜興《ぎこう》(中国江蘇省)の茶瓶が一番珍重されますね。

藤森　朱泥の。

小川　日本では朱泥が好まれますが、中国では紫砂泥《しさでい》が好まれる。宜興の土は半陶半磁で、微妙な通気性を持っていて、それとあと、茶灰汁《あく》、茶の渋み、そういうものを吸収する力がある。そういう意味で、土は宜興のものが優れている。これは何も日本だけじゃなくて世界中の喫茶愛好家がお茶を飲んでいく過程の中で、いろんな土を使ってみて、やはり宜興の土が一番いいなという結論に落ち着いた。なので、現代の宜興の名工への注文は、２００年先まで埋まっていると聞いてますね。でも、もう土がない。

藤森　お茶を飲むのは磁器のほうがいい？

小川　磁器のほうがいいですね。茶瓶は半陶半磁の宜興製で、飲む茶碗は磁器のほうが色目もいいし、口当たりもいい。

藤森　涼炉っていう風炉で沸かしますよね。コンロの小さいやつで。中国でもああいうふうなものを使って？

小川　お茶の文化に関しては、日常のお茶の接し方と違って、文人好みのお遊び、あるいは精神的内容を持ってお茶を飲むことをはじめたのが、陸羽《りくう》といわれています。

藤森　『茶経』を書いた。

小川　『茶経』にも風炉《ふうろ》のことが書かれていますが、陸羽がひとつ工夫して、鼎《かなえ》をちょっと変形させて。

藤森　ちょっと縦長にした。

小川　そこに風門(風通しのための風口)をつけて、火をおこしたのが風炉で、抹茶がその名前

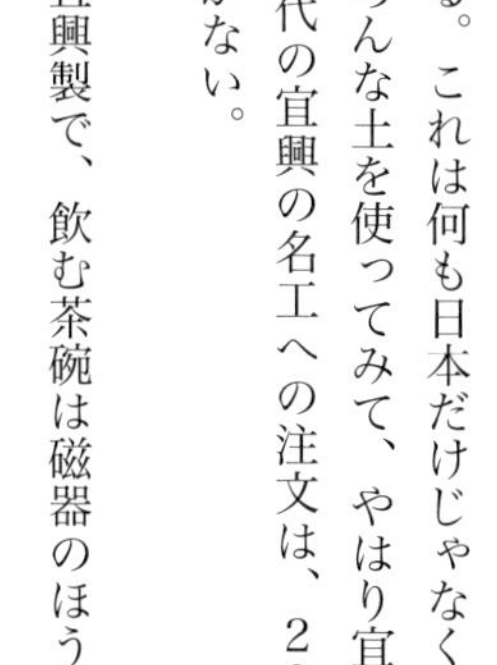

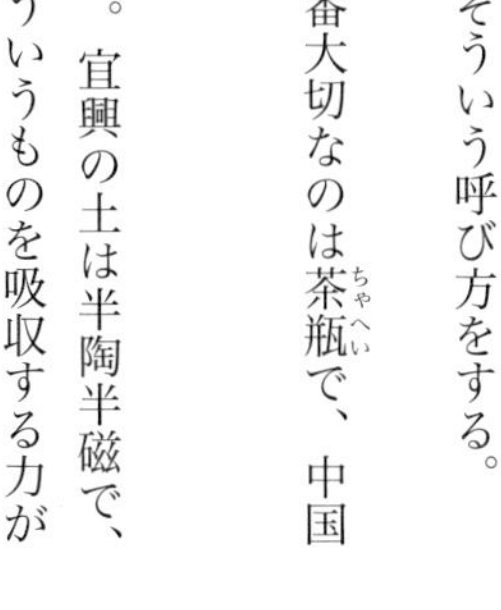

朱泥の急須

陸羽(りく・う、733—804)
中国・唐の文人。復州竟陵郡(現・湖北省天門市)生まれで、捨て子ともいわれる。竟陵龍蓋寺の智積禅師のもとで育てられ、その際、茶を知る。寺院から逃亡して役者の一座に入り、竟陵太守(地方長官)の李斉物のもとで学問を学ぶ。その後、竟陵司馬の崔国輔と交わり、大暦年間に湖州刺史として赴任してきた顔真卿の保護を受ける。茶神として祀られている。茶の知識を取りまとめた著書『茶経』は3巻で構成され、茶の起源、製茶の道具、製造方法、茶器、煮立て方、飲み方などが記載されている。

を継承したわけですが、似て非なるものになってしまった。炉の中には灰が入ってるでしょう。本来は風炉には灰が入っていない。

藤森　燃料は？

小川　最初は枯枝や松ぼっくり、そして炭になるようです。

藤森　炭だけを。灰なしの炭ってこと。

小川　お抹茶の場合、灰に炭火を埋めて弱い火で湯を沸かすというやり方ですが、煎茶の場合は「活火熟湯」といいます。勢いのある火で一気に沸騰させる。で、その沸騰させたお湯を、今度は少し温度を下げて使う。そういうテクニックがある。いずれにしても活火熟湯を必要とする場合には、空気の対流で火が強くおこる炭火のようなものでないと、グラグラとはいかないわけです。グラグラ煮立ったお湯でないと、リーフティー、葉っぱのお茶はおいしく飲めない。烏龍茶においても紅茶においても緑茶においても同様ですよね。

藤森　発酵茶の茶葉は堅く閉じてますからね。

小川　陸羽が考案した風炉のかたちを、江戸時代にはじまる煎茶道では、そのまま継承しているわけです。だから茶室に炉はいらない。で、風炉が考案された唐代から、喫茶のスタイルとして、それはもう場所を選ばず、随所で茶を入れる。

藤森　どこででも。

小川　どこででも。限定されてしまったら、そこでしか飲めないですから。煎茶はとにかく、基本的には自然の美しいところに出ていって飲む。

藤森　中国の昔の絵（水墨画）を見ても、庭を見ながら飲んでますよね。一方、利休の茶の湯では、庭は見ちゃいけない。完全に内側にこもって飲む。

小川　煎茶席は大自然と一体ですから、仮にそういう喫茶の空間をつくっても、開放的で、開口部が多いんですよ。だから徳正寺さんの「矩庵」に入るなり、僕はこれはいいと思って。

藤森　気づかなかった。

小川　最初は明るく開かれた空間、素晴らしいと思いました。褒めて感嘆して「これはいい」と。でも炉はいらないと。

外に開いた開放的な空間

藤森　煎茶席は外に開いてるって、昔の絵を見るとわかるんですけど、何かお茶用の特別な部屋があるんですか？　書斎みたいなところでみんな飲んでますよね。

小川　現存している空間はだいたい書斎が主体ですね。で、煎茶の中興の祖ともいえる売茶翁自身が、特別な、伝承されるような煎茶の空間を残していない。京都の東山に通仙亭という、一応最初に構えた茶亭が伝えられていますが、自分の家の土間あたりを改造したくらいのもので。だから売茶翁に話を持っていく限り、そこに空間として参考になるものはないですね。

藤森　売茶翁の煎茶が有名なのは道端で売っていたからでしょう。

小川　一服一銭ですね。じゃあ、その次の上田秋成は、茶室としてちょっと不確かながら遺構が残ってるんです、ひとつだけ。でも、秋成も点々とする放浪派ですから、煎茶の空間づくりをちゃんとしてくれていない。京都で現存がはっきりしているのは、頼山陽の山紫水明処可進の後楽堂（現京都議会公舎）ということになる。

藤森　田能村竹田の煎茶席も。

小川　竹田も残ってますね。ただ、ひとつ気になっているのは、いろいろな意匠、たとえば、近代に入ってから、煎茶というものを表に出してつくられた近代建築を見ていると、桂離宮や修学院離宮の影響を受けているんではないかと。

藤森　あの開放性は、むしろ数寄屋の影響ですね。だから、先ほどお話しした倉敷の大原（孫三郎）さんの屋敷にある建物は、丘の上に立ってて、まわりに竹が生えた場所に、ボコッと

3面ガラス張りがある。あんなに開放的にしなくてもいいだろうと。

小川　3面というと、ちょっと大変ですね。

藤森　落ち着かない。まわりに家がないから。たしかに日本建築はもともと開放的ですけど、軽くて開放的というつくりは桂で完成した。茶室の影響でできたんです。利休の影響で、書院が草庵風を取り込んで、軽く、開放的になって。だからそれを継いでいる可能性はありますよ。

小川　そうじゃないかなあと思います。

藤森　利休は、茶室を開放することは許さなかった。完全に閉めきって、障子越しの明かりだけ入れて。小座敷である茶室で、茶会のフルコースをするとみんないやがる。精神性が強すぎて。だって緊張するために飲むのは、毎日はいや。そのためのちの人は、懐石料理を楽しむための部屋をつくった。中村昌生先生によると、それが数寄屋造りのはじまり。しかし利休は座を変えることをすごくいやがる、それはするなって。4時間とにかく、茶室の中でちゃんとやれと。特に大名は身分の上下なしで、そんなところに閉じこもってやりたくない。もともと数寄屋造りは、茶室のあとに成立したものですから。で、その初期の実物でちゃんと残っているのが、桂なんですよ。だから、桂あたりの美学を十分取り入れている可能性はありますね。煎茶席ってホントに広い部屋じゃないですもんね。狭くはないが、軽めにつくってますね、書斎のイメージで。頼山陽の山紫水明処は書斎のイメージ。一言でふつうの人にわかりやすく言うなら、南画に出てくる文人たちの家のイメージ。

小川　竹田の建物もね、竹田荘の一角にある洗竹荘っていう、2畳ほどの小さな書斎です。部屋の中にちょっと突き出しの部屋をつくって、そこでもお茶をやっていたと思うんです。それともうひとつ、頼山陽が訪ねてくるので、わざわざ蔵を改造して、煎茶席をしつらえて。

藤森　幕府国禁の人ですからね。山陽は当時、追われている身でしたから。

小川　追っ手の目からかくまって、ちゃんとお茶を楽しもうという配慮からです。近世の典型的な、そういう2人の煎茶のトップが残している空間が、幸い2つとも残っている。しかもそこに共通しているのは「踏込み床」。煎茶では意識的に踏込み床にしていて、畳と面一になっている。上段の間ではなくしている。書院でいう上段の間っていうのは貴人がお座りになるとか、身分社会の上下関係が濃厚でしょう。

藤森　なごりですよね。

小川　なおいうと、踏込み床にしているということは、文人＝平民的な、自由平等という言葉はまだ成り立ってはいないけれども、そうした現実を意識している、すでに近代的な意識を持っている人たちだった。

藤森　彼ら世捨て人を持って自認してましたからね。「待庵」は、床の間に畳が敷いてあるでしょう。ふつうはあそこに畳はいらない。狭いところに利休ごときと一緒に座りたくない。秀吉は自分だけ床に座ったたっていう説もある。

小川　そういう情報は、当時の人たちは共通して持っていたと思うんです。だから、自分たちの茶室の空間にはそれはつくらないという意志から、煎茶の空間は踏込み床にしてきた。それが煎茶の空間を見ていくときの、ひとつの着目点ですね。

藤森　煎茶席の面積は、庵《いおり》の4畳半ってとこですか？

小川　もっと広いですね。4畳半は狭いほうで、6畳、8畳、10畳ぐらいまではいきますね。

藤森　で、真ん中あたりでやるんですか。

小川　やっぱり端で。

藤森　これが面白いですね。

小川　手前座というのは部屋の端で、客は床の前とかに座ってね。

藤森　やや広いところに片寄って。

小川　やや中央寄りでやる場合もあります、四辺を囲む的な感じで。少人数になってくると

踏込み床
床板を省き、地板を畳と面一に敷きこんだもの。

当然、3畳ほどの小間もありますが、山紫水明処は4畳半ですね。

藤森 最低が4畳半と思えばいいんですね。1人用の庵に友だちが来て飲むっていう。古いタイプのお茶飲む専用の場所って、中国には残っていますか？ 町に茶館はありますけど。

小川 中国はやはり非常に激しい興亡の歴史を持っているのと、洪水とか、自然による破壊も多いでしょう。遺構は少ないですね。

藤森 それと、文人は革命のたびに迫害されますからね。字が読めるだけで危ない。

小川 復旧した三癸亭《さんきてい》（顔真卿が湖州の長官に赴任したとき、陸羽のために建てた亭）とかね、そういったものはあるんですけど、亭《ちん》程度ですね。

藤森 亭でしょうね。蘇州（中国江蘇省）に行くと、茶を飲むと気持ちいいだろうなっていう亭はいっぱいありますけど。蘇州は唯一、そういう文人的文化がちゃんと残っている町ですけど、そこに行ったときに、どう見ても亭とは別に、お茶席っぽい場所があった。2人だけで、ゆっくり座って、庭を眺めながら飲むような。最初はお茶席かと思った。で、聞いてびっくり、アヘンだって。庭を見ると、木が茂ってて、テーブルがあって、ちょっとした飾りがあって、気持ちがいい。だから当然お茶だと思う。そしたらもっといいもんですって言われて。アヘン中毒というのは、悪い習慣性の場合です。もともとは富裕層が楽しんで吸う嗜好品だった。友だちが来たら一緒に吸って。なるほどと思って。カフェインとアヘンの差ともいえるんだけど（笑）。

　中国の絵を見ても書斎ですよね、まさに書斎で飲むというイメージで。僕に設計を頼んだ台湾のお茶のグループは、道具はある、飾るものもある、だけど、空間がないのでつくって下さいと。日本の茶の湯も知ってる人たちで、それとは違うものにしたい、もっと自由にしたいと。

小川 中国の南方では、外で飲んでいることのほうが多いですよね。きれいな場所、美しい自然の場所、渓流のほとりとかね。

亭（ちん）
庭に景を添え、そこで休息し眺望するための小さな建物。あずまや。

藤森　とにかく暑いから、日差しだけをさえぎる亭ですよね。

小川　池のほとりに亭があって。

藤森　絵で見ると、召使いたちを連れて、ホントに野原で飲んでますよね。

小川　日本でいうむしろみたいなものを敷いてね。

藤森　景色のいいところで、日本でいう野点《のだて》ですよね。あれが基本。

お茶の歴史はかくも長い

小川　煎茶という言葉はいつから登場したのか。それを遡っていくと、これもご存じのようにかなり古く、唐の陸羽の時代までさかのぼるわけです。

藤森　『茶経』まで。

小川　はい。お茶に関しては『茶経』そのものが古典ですけど、従来は、お茶を煮るのではなく、お茶を食べる習慣が早くからあった。さまざまな茶の摂取方法は陸羽以前にすでに行われていて、主流は食べるという、惣菜的な感じなんですね。

藤森　調理で。

小川　調理で使っていたのを、純粋にお茶の成分だけを有効に飲もうということで、彼がお茶のつくり方から飲み方、その道具まで、細かく書いたのが『茶経』なんです。それまではよほど手間ひまをかけられる人と専門家しか、そういうお茶がつくれなかったのが、ちょっとした趣味人がつくれるようになって、文人社会に茶を飲む習慣が広がったわけです。だから陸羽のことを別名、「煎茶博士」と呼んでいる。というのは、まず乾燥した団子状のお茶、餅茶《へいちゃ》をつくり、飲むときは、それを粉末にして、沸騰したお湯に入れ、ひと煮立ちさせてそれを茶碗に汲んで飲む。煎《に》たから煎茶なんですよ。それが唐の時代の中、後期くらい。で、また陸羽と同時代の人で、「煎茶歌」と題される詩を詠んだ盧仝《ろどう》が、その煎茶の精神的な世界に対して大きな影響を与える。それがちょうど日本では平安時代で、遣唐僧、空海や最澄が持ち帰って、嵯峨天皇(52代)、あるいは当時の貴族、文人たちのあいだに普及する。

日本で最初にお茶の文字が出てくるのは『日本後記』(平安時代初期に編纂された勅撰史書)ですが、そのお茶に関係する文字がじつは「煎茶」なんですね。そのことが『日本後紀』の中の、嵯峨天皇の行幸の折の弘仁6(815)年4月22日の条に書かれています。詳しいでしょう。

藤森 さすが学者。

小川 いやいや、その日は私の誕生日だからです(笑)。その4月22日の条に「大僧都永忠、手ずから茶を煎じ奉御す」と書いてあるんです。嵯峨天皇が琵琶湖で船遊びをした帰りに梵釈寺で休憩して、そこで吟行会みたいことをやってね。そのとき、大僧都の永忠がお茶を煮て、それを差し上げたという記録がありますが、その文字が「煎茶」。これはとても大切な事実なんですよ。天皇、王朝のイメージが「煎茶」に加わるわけです。

歴史を眺めていくと、江戸時代には、鎌倉時代から引き継いだ抹茶があり、それ以前の平安時代のお茶が煎茶でした。喫茶の方法に即して名前をつけていくと。じゃあ、近世の葉っぱのお茶の飲み方は何かというと、淹茶《えんちゃ》なんですね。葉にお湯を浸して飲む。中国では泡茶《ほうちゃ》あるいは沖茶などの呼び方もありますが、全部、基本的には成分を抽出して飲む方法。日本の茶は、つねに中国の茶の歴史に呼応していて、唐の時代は、先にも述べましたように、お湯の中に粉末にした茶を投じて、煮たので煎茶。「茶を煎(に)る」ですね。煮茶《しゃちゃ》ともいいます。で、次の宋の時代は、鍋で煮ないで、茶筅《ちゃせん》を用いる点茶、あるいは抹茶。そして、明・清の時代以降は淹茶なんです。

それならば近世は当然、喫茶法に即した流れでいうと、淹茶と呼ばなければいけない。しかし、隠元による葉茶が紹介された当時、まだわが国の茶の主流は、抹茶なんですよ。で、近世の茶の湯に同調できない者たちが、自分たちの新しい喫茶方法を築いていくときに、武家社会の茶の湯という意識から、公家社会にはかつて平安王朝に煎茶があったとして、「煎茶」

永忠(えいちゅう、743—816) 平安時代前期の三輪宗の僧。三論宗は中国十三宗のひとつ。777(宝亀8)年に入唐、長安の西明寺に学び、帰国。近江国(滋賀)の梵釈寺を任せられ、律師となる。時に大僧都、空海とも親交がある。

隠元(いんげん、1592—1673) 中国・明末清初に活躍した僧。日本での黄檗宗の開祖、煎茶道の開祖。僧名を隠元、名を隆琦。福建省福州福清県の生まれ。幼少のころ仏門に入り、普陀山(浙江省)で修行し、のちに福建省で黄檗宗の僧侶となる。1654(承応3)年、日本に招請され、61年、京都に福建と同じ名の黄檗山萬福寺を開山し、日本における禅界の一派となる。臨済宗・曹洞宗の復興にも影響を与えた。

隠元肖像画

の復興を考え、煎茶の文字を意識的に選択し、こだわったわけです。それが後々の幕末の王政復古につながる。

藤森　なるほど、勤皇派の。

小川　勤皇派のお茶になるわけです。勤皇派にとっては煎茶じゃないとだめだった。お茶は最初、天皇家が支配していた。天皇がお飲みになったお茶だ。それが煎茶だったんだと。

藤森　王政復古の。

小川　だから中にはね、幕府側の者で、茶書の題名に「烹茶《ほうちゃ》」「淹茶」を使っている人はいます。それから先ほどの岡倉天心の『茶の本』にも、お茶の進化は3つあって、煎茶、抹茶、淹茶って書いてありますよね。で、現代はこの第三期の淹茶にあたる。でも多くの人は、幕末勤皇の志士をはじめ、売茶翁もそうですけど、その前には月潭道澄《げったんどうちょう》という隠元の侍僧を勤めた者がいるんですけど、その人が意識的に茶の湯に対抗するかたちで、新しい時代の茶、煎茶を謳い上げて、「煎茶歌」というのをつくった。売茶翁はそれを受け継ぐ。だから、売茶翁は中興の祖なんですよ。つまり隠元の時代に、煎茶という言葉をわざわざ蘇らせて、まわりの茶とは異なるということを主張した。

藤森　茶の湯とは違うぞ。

小川　それが受け継がれている。で、最初の話に戻りますけど、幕末から近代にかけて非常に盛んになった煎茶は、町民階層、市民階層の人たちにとって、まだ縁遠いものだった。でも、ちょっと身分のある人たち、あるいは文人と呼ばれる学者、芸術家など、みんな煎茶を飲んでるわけでしょう。市民階層の人たちだって「煎茶」という文字に、憧れを抱いていたはずです。で、第一次世界大戦後に、それこそ今まで輸出に力を持っていた日本の緑茶が、台湾、中国なんかにみな押されてしまって。日本のお茶は特に質が繊細でしょう。海外向けじゃないので。

藤森　温度と湿度がね。海を渡ってるあいだに変質しちゃうから。

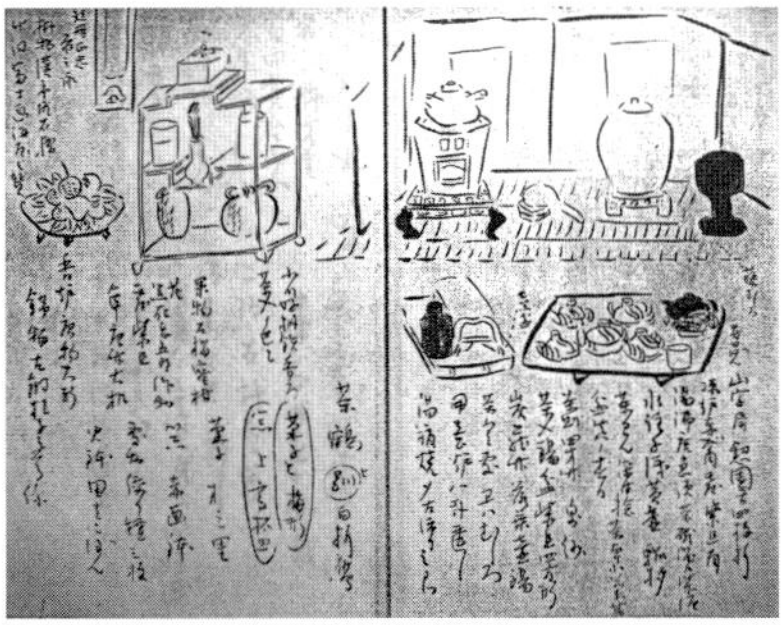
『小川流烹茶記』より

月潭道澄（げったん・どうちょう、1636—1713）
江戸時代前・中期の黄檗宗の僧。近江国（滋賀）生まれ。月潭は道号。嵯峨直指庵の独照性円に師事し、性円と長崎の興福寺の隠元に面会し、その示寂（高僧の死）まで随侍。

小川　それとね、中国のお茶は硬水に強い。日本のお茶は硬水に弱いから圧倒的にやられてしまう。だから、最初はどんどん輸出してドル箱だったのに、売れなくなってきたら、ものすごく余ってしまって、その結果、国内向けに多量に市場に出回るようになって消費が増えた。国民にとっては「ああ、煎茶だ」「煎茶が飲める」という状況になる。番茶って呼ぶよりも煎茶って呼びたいですよね。お客さんに差し上げるのに、「これ番茶ですよ」というよりは「煎茶」。煎茶っていうほうがイメージはよかった。

藤森　それで私たちの今に続く煎茶になったんですね。

小川　だから本来、煎茶というのは、われわれの頭の中にインプットされているような庶民的なものではなくして、もっとグレードの高い上層階層の人たちのお茶でした。

藤森　特別の飲み物だった。だから抹茶と並んであったけど、それがごっちゃになっちゃったということですね。

小川　そうですね。明治40年代の初めになって、抹茶が急速に復興してきたときにも、大阪の新聞では、「煎茶党」「抹茶党」という書き方がされていて、両者が拮抗している様子が書かれている。

藤森　で、どっちが？

小川　抹茶党が今やや力を盛り返してきているとかいってね。『大阪時事新報』だったかな。やはり、そういう意識が世間に浸透していたんですね。だから本来は、京の都につながるイメージの雅のお茶が煎茶だった。

　堺から、じつは煎茶器が出土しているんですよ。中国の磁器の茶碗が。利休の住まいの近く、豪商の屋敷跡からなんですが。時代考証は利休と同時代。使っていたような状態の発掘じゃなくて、そのまま埋まったようなかたちの発掘だったんで、表に出さないために、慌てて土の中に埋めたんじゃないかと。堺にあれだけ、いろんな記録があるのに、煎茶に関してはそういった記録は今のところ出てこない。見落としているのかもしれませんが、それだけのものがあるのに記録がないということは、やはり表に出せない何かがあったのかもしれない。信長、秀吉は安土桃山時代の絶大な権力者。しかも抹茶の文化でしょう。堺の豪商、山上宗二（利休の高弟）みたいに余計なことを言ったら殺される。「秀吉様、今中国では、そんなでっかい茶碗では飲みません。このような小さな茶碗で滴々と飲むんですよ」とか言ったら、そのまま首が据わっているはずがない。そこで、当時の五山の禅僧の文献なんかを見ていると、「煎茶」という言葉は出てくるんですが、煎茶そのものはまだ表だって出てこない。だから、書斎でひそかに楽しむ、山中の隠者の茶とかいうかたちで、五山の禅僧の中に煎茶が入っていったのではないかと。俗界の動きに反して。

藤森　隠れキリシタンみたいに。

小川　隠れ煎茶。それから、中国で、抹茶から葉っぱのお茶に変わるのは明の時代で、朱元璋（初代皇帝）の時代からです。江戸時代以前にも日明貿易などをやっていますから、煎茶が入ってこないはずはないし、僧侶の往来も頻繁でしたからね。明の時代、抹茶が禁止されたのは、日本では足利三代将軍の義満のころです。すると、２６０年以上も、葉茶と茶瓶の新しい喫茶文化が、日本に将来されていないのは不自然ですよね。家康の天下になって、武断主義から文治政治への転換、儒学や新しい禅への関心が高まり、ようやく隠元が表に出てくる。だから隠元が、煎茶文化の最初の紹介者として語られてますが、歴史的にはそれ以前にも幾人もの人が、その紹介を試みてはいたはずなんです。ただし、隠元は宇治に黄檗山《おうばくさん》万福寺というメッカをつくって、また学問・文学の才にも優れていて、影響力があった。

藤森　寺の中は中国語だったって。

小川　まったく中国そのまま。幕府に土地をもらったのは事実で、徳川四代将軍の家綱とも交流があったんですが、でもやはり気持ちが通じていたのは、幕府に敵愾心を燃やしていた後水尾天皇（１０８代）だと思います。

藤森　黄檗山の「山門を出《で》れば日本ぞ茶摘み歌」ってありますよね。

五山の禅僧
五山とは中国の制度を日本に持ち込んだ禅寺の格式のひとつで、鎌倉時代後期、禅宗の普及に伴い、取り入れられた。室町時代以降、足利氏が五山の決定・住持（住職）の任命権を持ち、三代将軍・足利義満のとき、京都五山と鎌倉五山が定められた。京都五山・鎌倉五山で栄えた五山文学は、当時の禅僧たちによって書かれた漢詩文や日記などの総称。

小川　あれは、山門の中では中国語が話され、すべてが中国だけれども外に出れば日本だということを強調したかった。

藤森　だから馬鹿にしてたんだ。山門の外ではまだ変なもの飲んでるぞ。

小川　隠元が最後にお茶を飲んだ急須の中には、まだお茶の葉が残っているので、物的証拠ということで、研究者の多くは、煎茶は隠元にはじまると言っています。それから修学院離宮は、隠元のアドバイスを受けながら後水尾天皇がつくったともいわれているので、隠元は建築関係にも造詣が深かったみたいですね。

　中国に古黄檗というのがあるんですけど、隠元は一時衰退した黄檗山を福州（福建省）に再建・復興した。で、黄檗山萬福寺の住職であったのを、乞われて来日して、まったく同じ名の黄檗山萬福寺を宇治に建てた。だから当時は中国の黄檗山のことを唐《から》黄檗、あるいは古《こ》黄檗と、日本のはふつうに黄檗と呼んでね。そのとき、中国と同じように黄檗十二景というのを定めている。景勝地やいわれのある場所として。それがのちに、空間として、煎茶趣味の中にも生きてくる。そういう意味で、黄檗山は日本各地に大きな影響を与えています。たとえば、仙台の伊達綱村（四代藩主）は、茶の湯のことも記録に残してますけど、煎茶に関しても出てくる。なぜかというと、綱村が崇敬したお寺が黄檗山なんです。で、蔵帳を見ると、唐茶や煎茶のあったことが記録に残っていて、仙台の藩主クラスにも煎茶が飲まれていたことがわかる。その精神的な内容はともかくとしてもですね。ただ、綱村は漢詩を詠んで、非常に中国趣味的な教養を持っている人だったから、もともと煎茶的なんです。

藤森　薩摩には入っていなかったんですか？

小川　入っています。薩摩も幕末のころに、曾占春《そうせんしゅん》（江戸末期の本草家・医師）という人が藩に仕えており、『烹茶樵書』という煎茶書を書いています。

藤森　薩摩は琉球を介して中国と密貿易をやってたわけですからね。

小川　島津家の殿様が持ってた別邸がありますよね。

曾占春（そう・せんしゅん、1758—1834）江戸時代後期の本草学者。先祖は中国・明の人。庄内（鶴岡）藩医の子として、江戸に生まれる。田村藍水に本草学を学び、薩摩藩主・島津重豪（しげひで）に仕え、同藩の本草学・博物学の研究を担う。

藤森　磯の別邸（仙巌園）。薩摩藩が産業革命をやった工場が隣接した集成館の中にある。

小川　そうそう。あそこの空間、ものすごく中国的でしょう。しかも煎茶趣味が見られる。

藤森　琉球の使節団が来るところでしたしね。琉球は薩摩と中国、両方とつき合ってましたから。

小川　そうした意味で、もっといろいろな方面から煎茶文化の研究が進んでいけば、さらに新しい内容、新しい事実がまだまだ出てくると思うんですけどね。■

仙巌園

Part 3

スタートは矩庵、完成は一夜亭

矩庵《くあん》・一夜亭《いちやてい》 2003

広い窓をあけよう！

大嶋　「矩庵」は、「一夜亭」のときにははじまっていましたっけ。

藤森　いや、「矩庵」のほうが計画もずっと早い。「矩庵」をやってる最中に、「一夜亭」がはじまりました。「矩庵」が完全に素人でつくった最初の建築だと思いますよ。図面も引かずにどんどん進めていった。もちろん施主の秋野等さんがプロの大工並みの技量の持ち主で、細かい仕事もこなしてくれました。簡単なスケッチで、田舎（長野）から木（三つ叉の栗）を伐ってきて柱を建てて、現場で一つひとつ、考えながらつくっていった。だいたい全体の想像はしていましたけど。塀にひょっこり引っ付いた感じがいいですよね。それと、あの茶室で初めて、窓を大きくあけた。でも、どっちが最初だったのか、細川護熙さんのほう（「一夜亭」）か、「矩庵」のほうか。細川さんの現場がはじまったとき、「矩庵」はどのくらいできてたのかなあ。「矩庵」へ縄文建築団が行ったのは、ずっと後だから。

大嶋　「矩庵」が先だなと思ったのは、工法に関しては、たとえば2×4を横にして使って、これで十分もつという話を「一夜亭」をやってるときに聞いたんで、壁まで建ててたと思うんですよ。

藤森　壁が建ったということは柱も建っていた。床を張ってたかもしれないね。思い出した。やっぱり矩庵で最初に、広い窓をあけようと思ったんですよ。赤瀬川さんのところは広い窓をあけてない。「炭軒」でもあけてない。で、「矩庵」で初めて外をちゃんと見られるようにしたんですよ。ちょうど、塀の隅につくって、裏庭には建物が三方から向かい合ってる感じ。裏庭を囲んで、それぞれの部屋が中に向かって口を開く感じだったんですよ。だから、わりと早い時期に、「矩庵」では広い窓をとることを考えていましたね。

大嶋　その構想は「一夜亭」より前ですか？

藤森　前。「一夜亭」より1年くらい前じゃないかな。

大嶋　「一夜亭」の工事がはじまったのが2003年の1月ですからね。

藤森　「矩庵」はその前から準備は相当やっていたし、スケッチはもっと前から。工事に入る3年くらい前に動き出したんではないかな。なんといっても、「矩庵」は施主自らが建てるんだから。でかい木を伐ってきて、徳正寺さんは大変だったと思う。家の中、クレーンも使わずに、みんなで資材を廊下から運んだけれど、床が壊れるんじゃないかと思ったそうです。町の中のお寺の裏だから資材が何にも入らない。

大嶋　土間を通って行けないんでしたっけ。

藤森　土間はない。

大嶋　じゃあ本当にあの廊下と座敷を通っていったんですね。

藤森　作業をこつこつやっていった。「矩庵」の演出で面白いのは、下からにじり上がる入り口で、穴を通って部屋に出る。「炭軒」では斜めに上がっていくところがあったけど、階段でにじり上がるのは「矩庵」が最初。間口を広くするという、私流の茶

母屋の広縁側より「矩庵」を見る。庭のデザインも設計者で、設計者と秋野等氏とで施工している

「矩庵」のスタディ（2001 年 11 月 30 日）

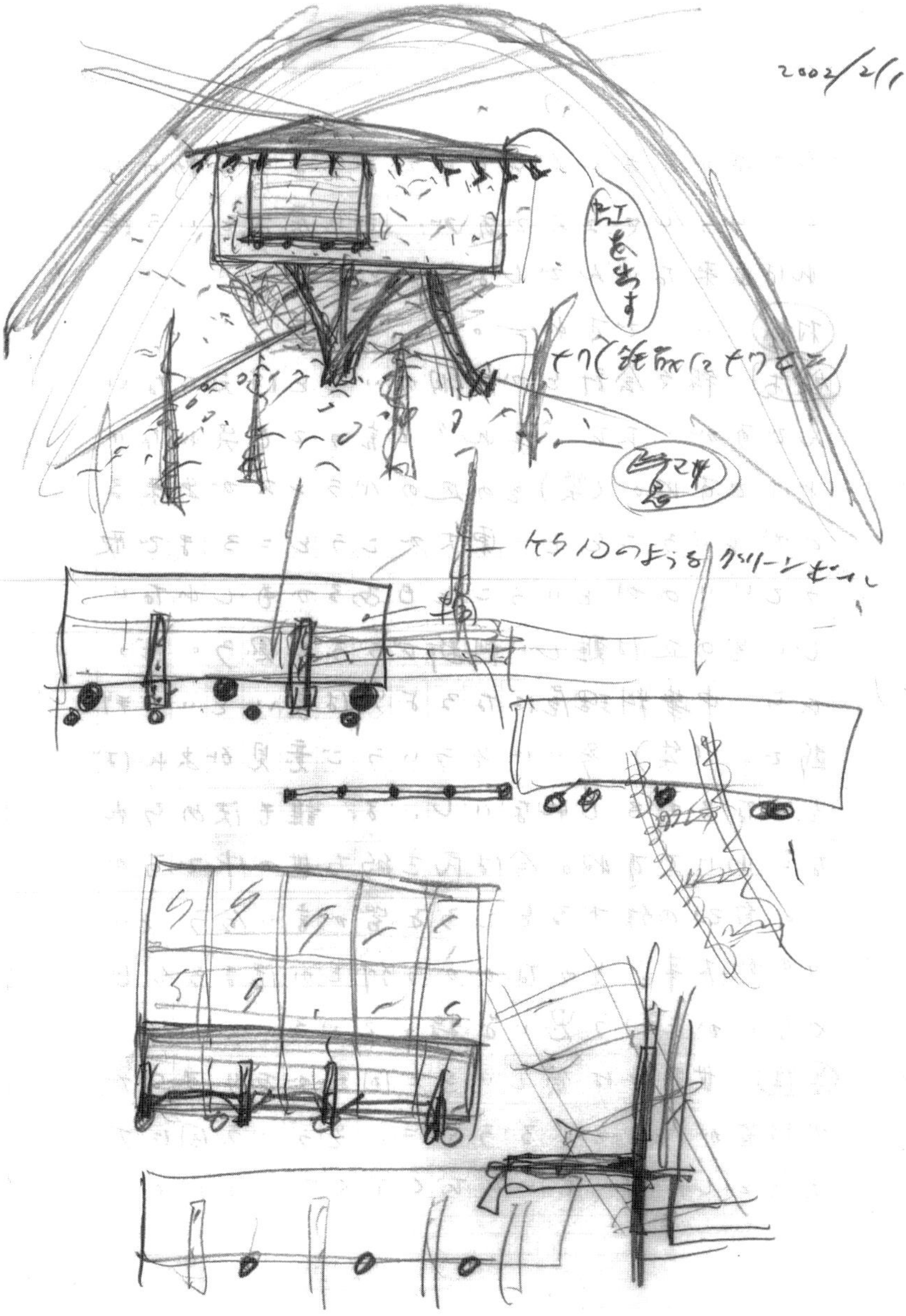

「矩庵」のスタディ（2002年2月1日）

'02 10/28 MON 09:43 FAX 0423231701　フジモリ　ヒ　☒002

2002/10/28

縄文建築(団)各位

藤森照信

ひさしぶりに、工事をします。ニラハウス、秋野(不矩)美術館、ザ・フォーラム、椿城、不東庵工房につづく第6弾で団結成時のメンバーでつくります。これまで諸般の事情で工事現場に嫌われてきた松田君夫妻もかわります。

11/16(土)、夕刻、先発隊京都入り、徳正寺にて一宿一飯。
・藤森、大嶋、谷口、谷口。
ただし藤は8:30頃

11/17(日)、午前、先発隊は下準備。
昼　・赤瀬川、南、林、松田、鶴見智佳子　着
午後、工事開始、
夕　、宴会。大、谷、谷、鶴は徳正寺泊り
藤、赤、南、林、松はホテルへ

11/18(月)、午前、工事
午後、工事
夕　、早目に工事終了、軽く食事の後、帰京。

「矩庵」という樹上茶席です。

FAX通信　藤森→縄文建築団

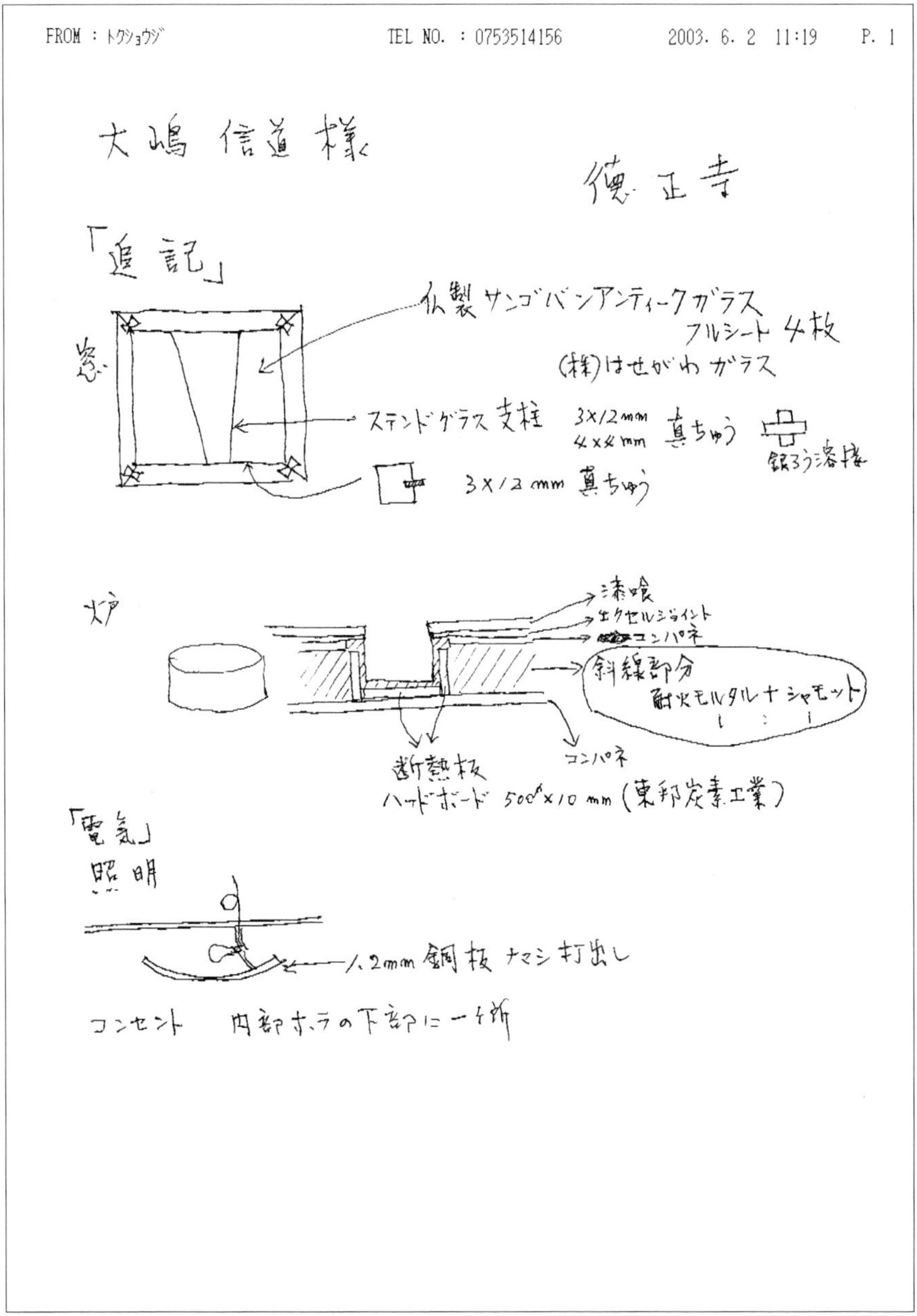
FROM : トクショウジ　TEL NO. : 0753514156　2003. 6. 2 11:19　P. 1

大嶋 信道 様

徳正寺

「追記」

窓

仏製 サンゴバンアンティークガラス
フルシート 4枚
(株)はせがわ ガラス

ステンドグラス支柱 3×12mm 4×4mm 真ちゅう
銀ろう溶接

3×12mm 真ちゅう

炉

漆喰
エクセルジョイント
コンパネ
斜線部分
耐火モルタル＋シャモット
1 : 1

断熱板
ハードボード 500角×10mm (東邦炭素工業)
コンパネ

「電気」
照明

1.2mm 銅板 ナマシ 打出し

コンセント　内部ホラの下部に一ヶ所

FAX通信　徳正寺（秋野）→大嶋

室の原型ができた。茶室というのは絶対外を見せません。利休が決めたことで、面白い空間ですけど、内向的空間。相手のお点前を見るけれど、庭なんぞ見ない。だいたい当時の茶室をつくるような家なんて、もともと十分なオープンスペースがとれる家なわけ。わざわざ狭いところに入るのに、庭を通って入っていって、それでまた庭を見るかというと、そんなことはしない。いわば庭をくぐり抜けてにじり口から入って、しかも内向する中で、道具とか身振りとか表情を見ながらやる。もちろん窓はつきますけど、障子は明かりとりですからね。その結果、とくに利休の茶室が激しいんだけど、鬱陶しい。おまけに茶室って、年代が古くなってるから壁の土なんか黒く見える。塗ったばっかりだったら本当は明るいはずなんですよ。木も明るいんだけど、全部染みが付いている。あと天井は真っ黒だし、全体的に暗くなってる。

大嶋　有楽窓みたいに、竹の桟を密に並べて、わざと光が入らないようにコントロールするものもありますね。

藤森　僕は鬱陶しいのはいやだ。それで、ボンと窓を大きく開く。それから、床を高くするときに、にじり上がるような感じにした。庭にダリへのオマージュとして、帯が垂れたようなのと、コルビュジエへのオマージュとしてアーチ状の緑の彫刻をつくったでしょう。あれも言われてみたら潜りで、茶室に行く途中に中潜り（中門）があるでしょう。そのような感じもします。伝統も引き継いでいて、ちゃんと蹲《つくばい》もある。昔の蹲をそのまま転用したんですけど。それから踏み石もあるし、既存の部屋が待合になっている。それから、にじり口とか狭い空間とか、仮設的なつくりをやっぱり利休の茶室から学んだ。ただね、熱心に学んだってことはないんですよ。茶室をつくろうと思ったことはまったくなかったから。茶室も授業で習う程度しか知らなかった。もちろん見たことはありますけど、積極的に調べたことはない。

　茶室を意識したのは、「矩庵」と「一夜亭」ができた後だと思いますよ。「薪軒」、「炭軒」の段階では茶室なんてことは考えていなかった。何となく面白そうだから、ちょっと変わったものをつくってみようと思っただけ。赤瀬川さんの「ニラハウス」では茶室をつくってくれなんて全然言われてないし、「炭軒」のほうもそんなことを施主から言われていない。はっきり茶室と自覚したのは徳正寺さんから頼まれたときで、そのとき茶室ってはっきり言われましたからね。で、「便所茶室」って名前までついていた。「矩庵」は裏の便所の跡に茶室をつくろうというのがそもそもはじまりだった。汲取り用の小さな入り口もあるし、にじり口だと言って笑っていた。「一夜亭」が途中で「矩庵」を追い抜いて早くできたけれど、細川さんからも茶室をつくってくれと言われた。だからこの2つで茶室を意識したんですよ。ただ、その段階でも勉強しようとか茶室の本を読もうなんて気はなかった。むしろあの2つができた後、中村昌生先生がわざわざ訪ねてこられて、そのときからちゃんと伝統の勉強しなくちゃと思ったわけです。

大嶋　「矩庵」の前の便所は阪神・淡路大震災のとき、傷んでるから撤去しようと聞いたことがあります。

藤森　徳正寺へ行ったときは壊れてたと思う。使ってなくてもう撤去してあったか、まだあったかなあ。徳正寺の「矩庵」で茶室づくりの基本的なことをトレーニングして、それで私のやり方が確立した。「矩庵」

■ 矩庵

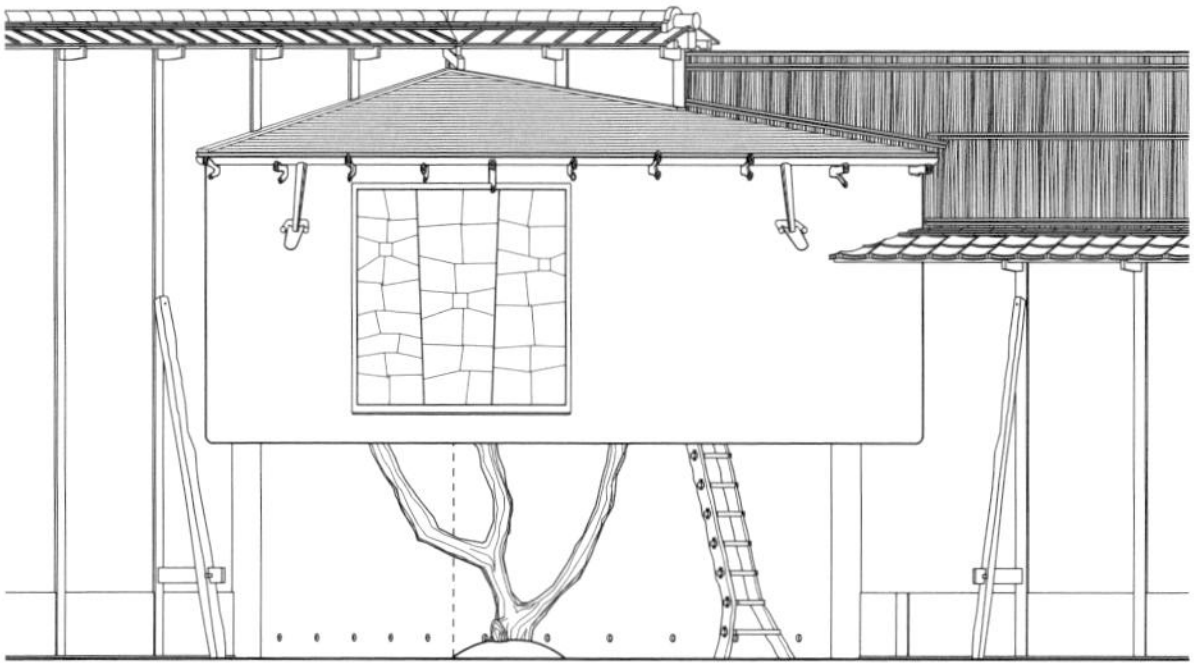

立面　S=1：100

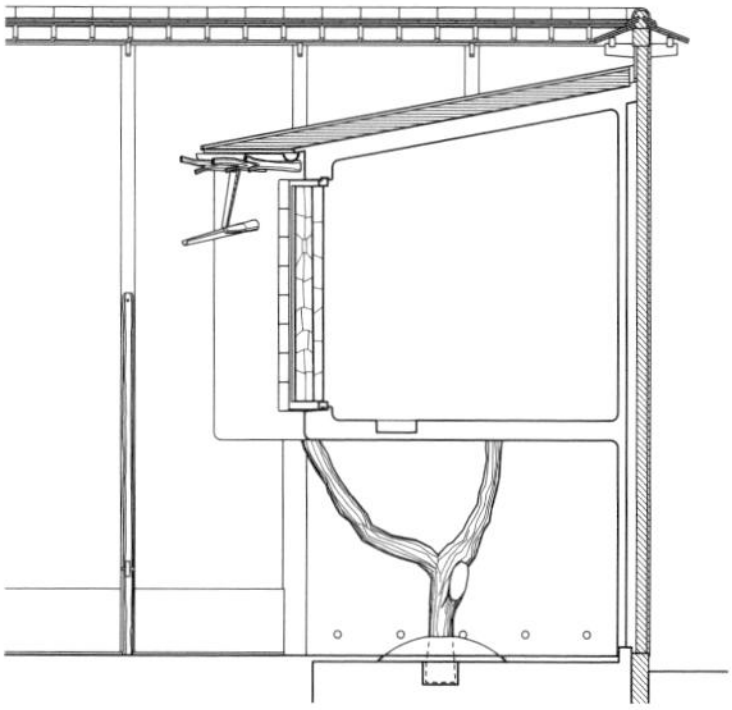

断面　S=1：100

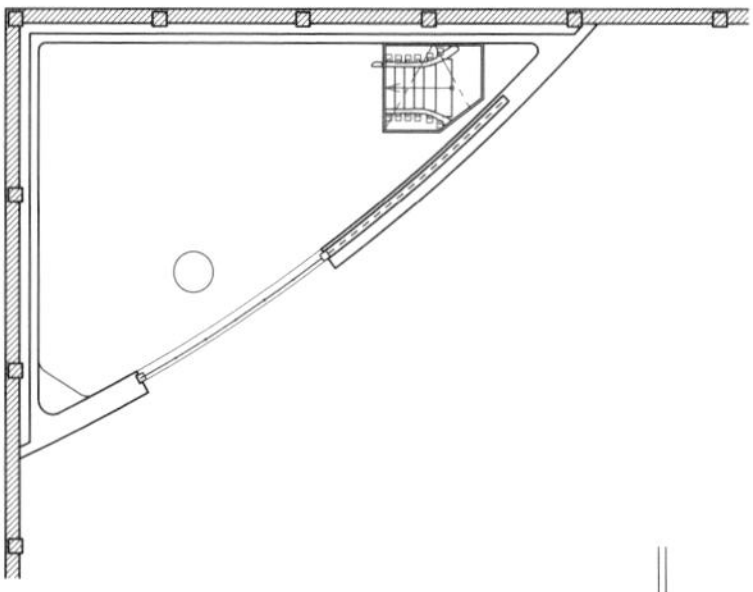

平面　S=1：100

内より外を見る

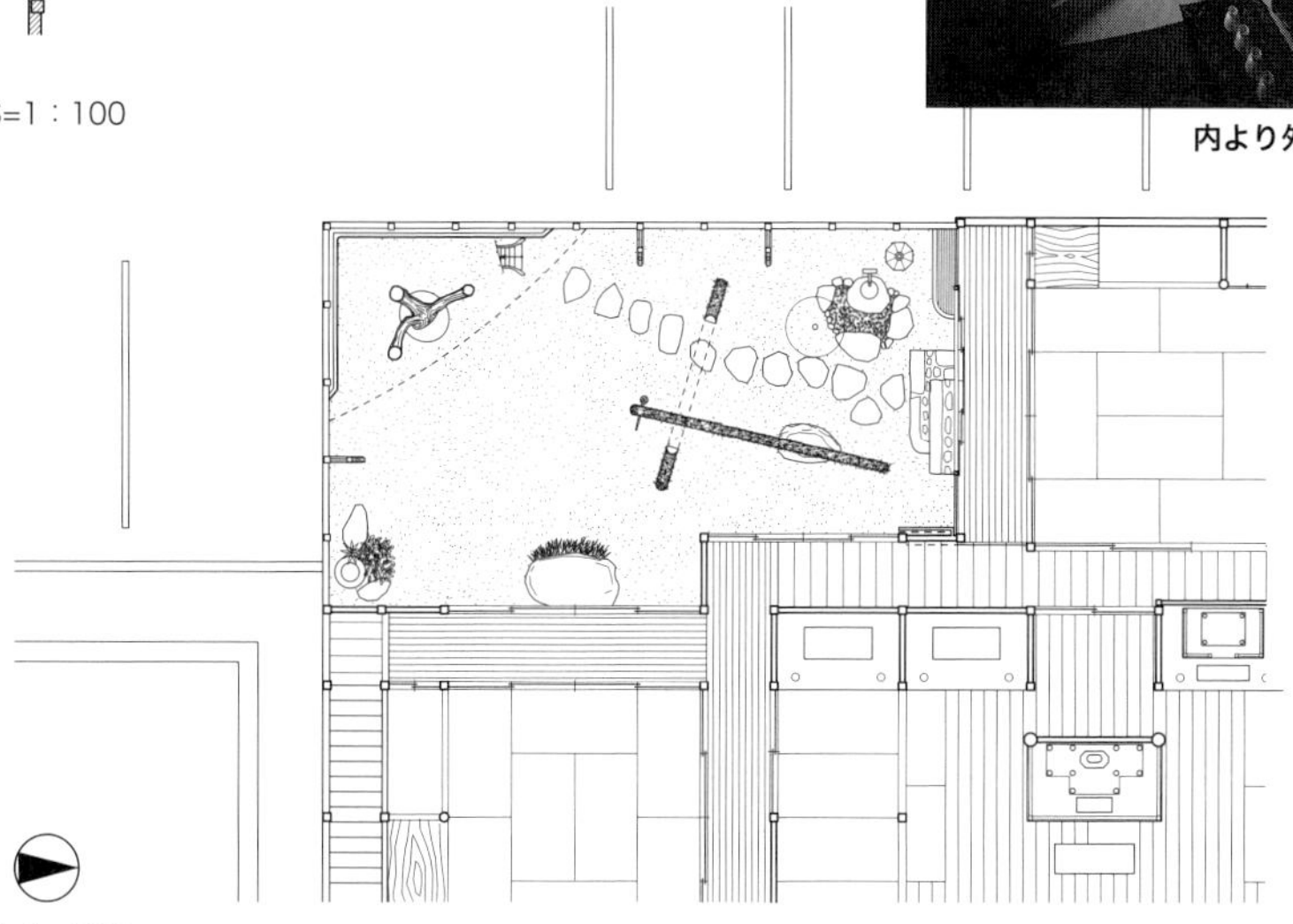

配置　S=1：200

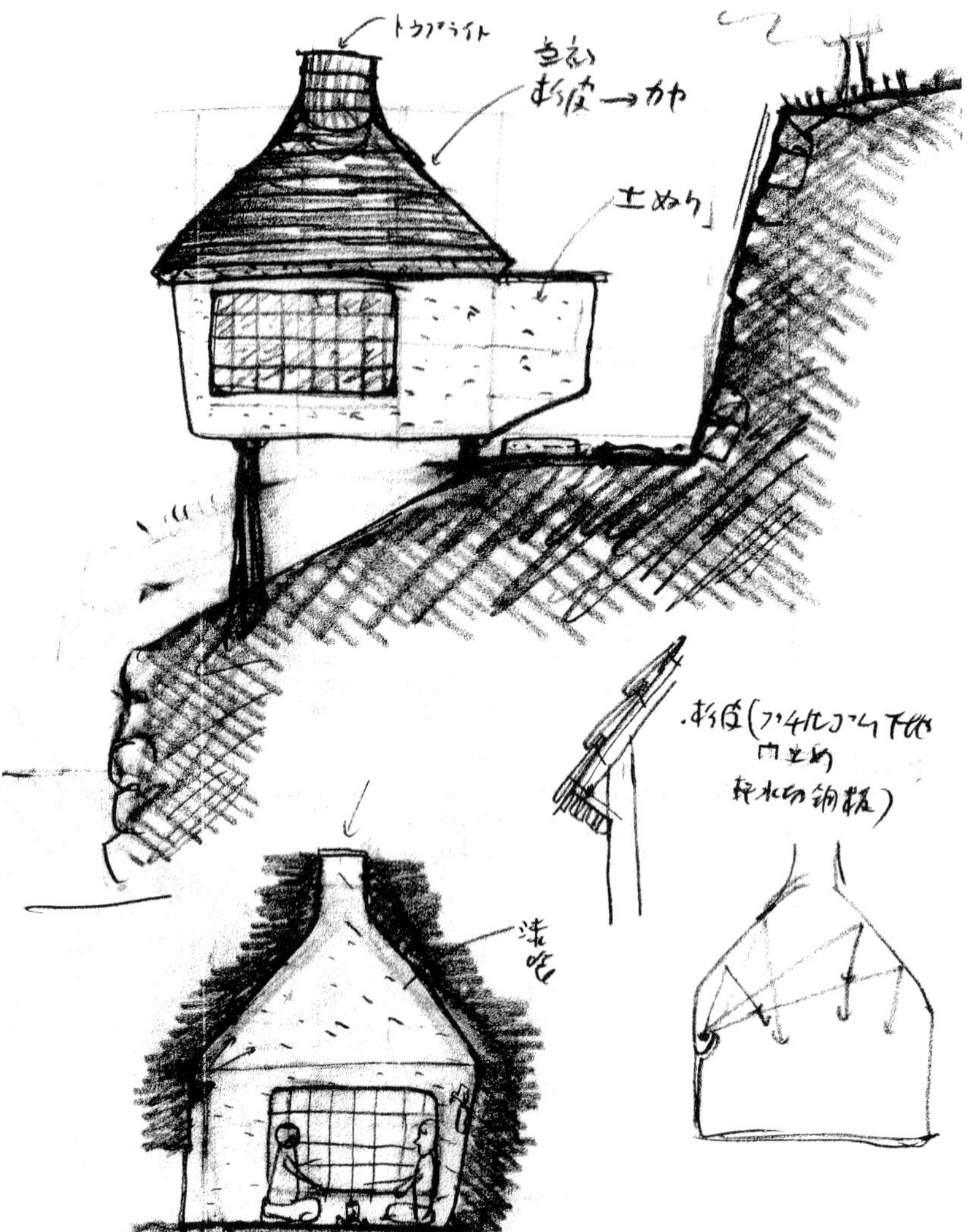
トップライト
杉皮→カヤ
土ぬり
2003/1/19

「一夜亭」のスタディ（2003年1月19日）

'03 01/21 TUE 09:16 FAX 0423231701
フジモリ
ヒ
002
2003/1/21
目はいつもより小さくする。
桟も細く。
鉛枠の透明
にするか
good

FAX通信 藤森→大嶋

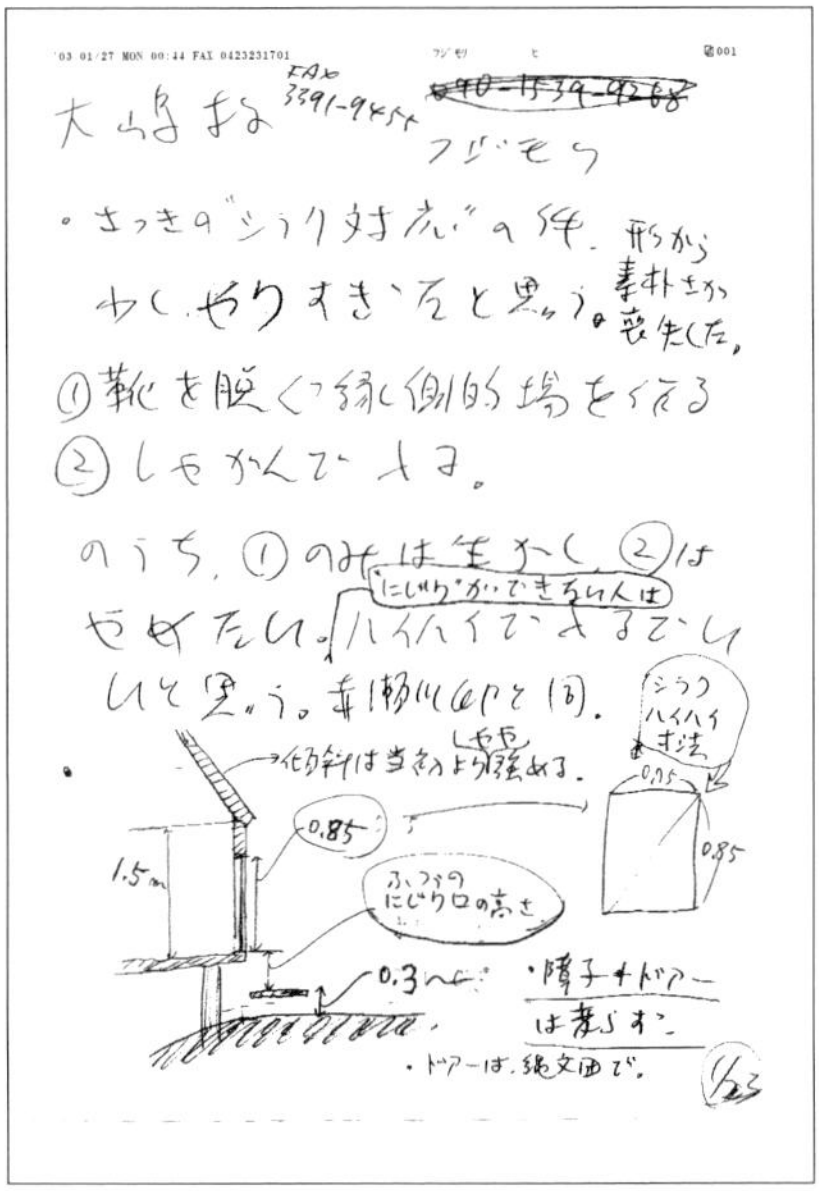

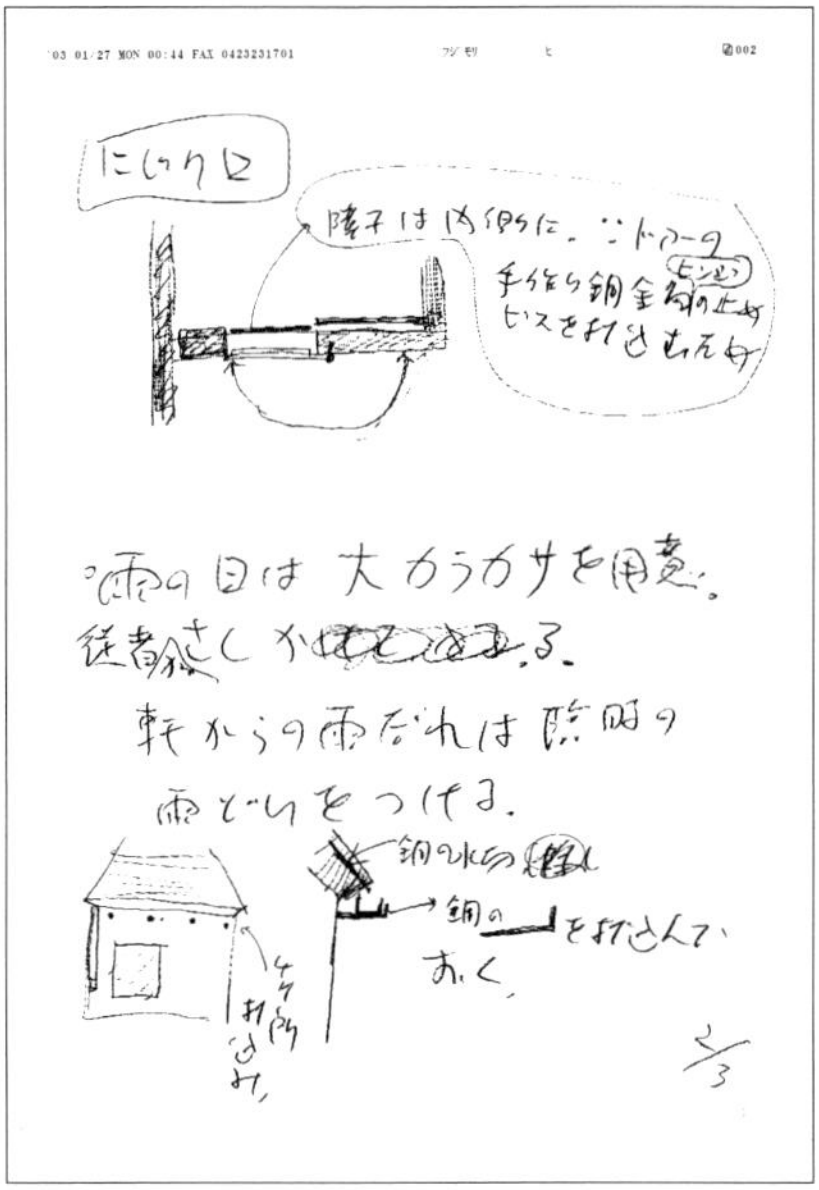

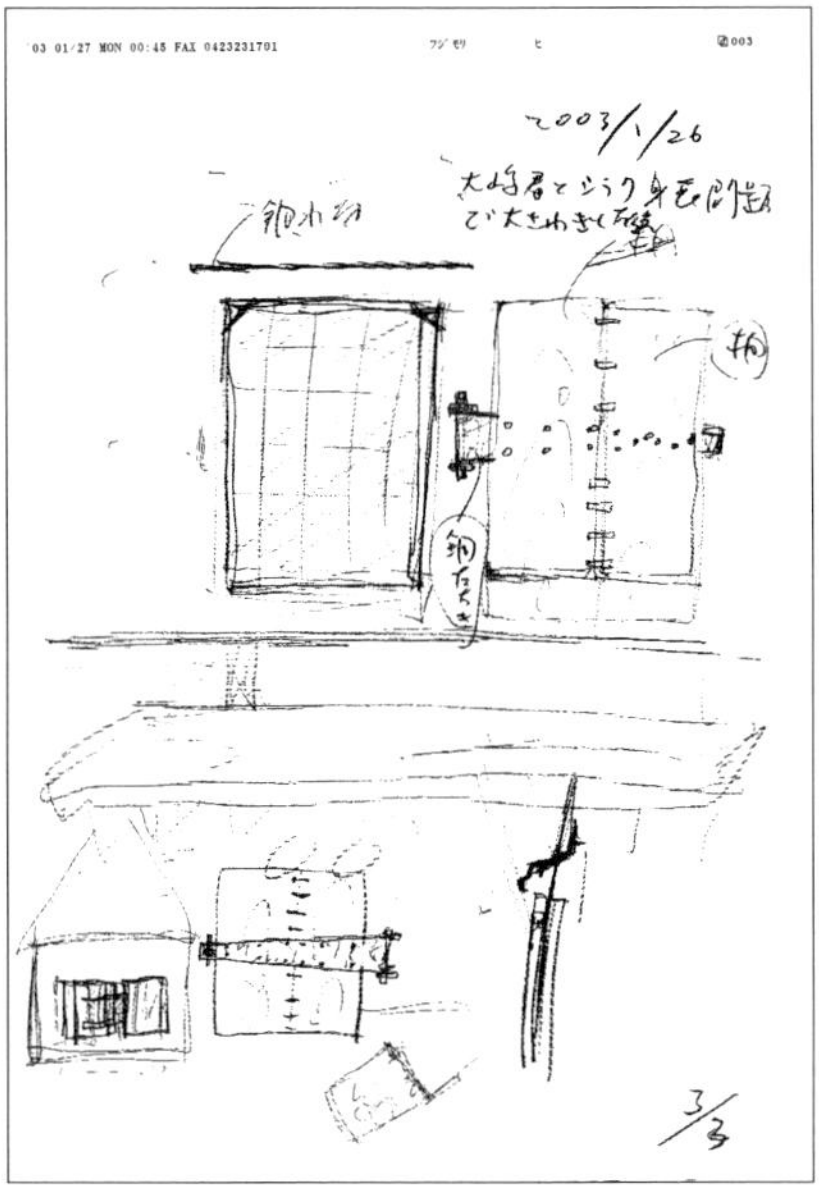

FAX通信　藤森→大嶋

仏のシラクを招くことを前提に、にじり口のスタディを行った（2003年1月27日）

の施工途中で細川さんから急遽依頼がきた。そのときはもう最初から茶室。場所は途中で変えましたけれど、最初は庭の向こうにと言われてました。どうしようかと聞かれたので、そんなところじゃなくて、工房とのあいだの中庭の斜面につくったらと言ったら、細川さんも「自分もそう思う」って、腹が決まったみたいでした。

　今にして思うと、斜面に立つ茶室ってないんだよね。唯一あるのは藤井厚二の「聴竹居」にある茶室。面白いことに、日本で初めて建築家がつくった茶室が斜面に立ってるわけ。斜面に立つと床下が出るでしょう。藤井厚二はそこは塗り込めている。細川さんの茶室はすでに徳正寺で経験済みだったから、ほとんど瞬時に案は生まれましたね。

一夜亭が矩庵を抜いた

大嶋　たしか正月に細川さんから電話がかかってきて、その1週間後に会いに行ったときにはもう図面があったわけですよね。

藤森　いずれ茶室をというのは雑談で話してたんだけどね。

大嶋　たしかに話は安井杢(工務店)とかにいろいろ聞いていたけど……。

藤森　安井杢の爺さんが、細川さんのために最高のものをつくらなくちゃと、スス竹などをずっと集めてたんですよ。君が見たとき、最初からああいう案は出てた?

大嶋　あの絵が出てきてました(**115頁参照**)。

藤森　展開図みたいなやつ?

大嶋　私が1月14日に細川さんから「至急藤森先生に会いたい」という連絡を受け、藤森さんに電話して、1週間もたたないうちですよ。そのときに持っていったのがあの絵ですから。

藤森　じゃあ、その1週間のあいだに出したんだ。とにかく迷わず、ほとんど瞬時に案が出た記憶がある。最初、埋めるかどうしようか迷ったんだよね。要するに、斜面だから半分埋めるか半分浮かすかどっちかしかないでしょう。埋める案も考えたが、埋めると湿気の問題があるし、もともとものすごい湿気のあるところだから、すぐに浮かす案にした。浮かす案にして、3畳くらいの大きさで、最初四角ぽかったんだけど、あまり面白くないから、ちょっと膨らませて、スタディをはじめて1週間くらいでできた。

大嶋　最初のプランは長方形平面で壁の面が斜めになってたんです(**115頁参照**)。つぎに、斜めの壁をやめて五角形平面になった(**116頁参照**)。つくり方はパネル工法でいこうと。

藤森　パネル工法にしたのは、時間がないから。パネル工法にプレハブですから、どこかでつくって組み立てればいい。特に足場がすごく悪いから、考えたんじゃないのかな。早いうちに案が決まって、実際、一番大変だったのは工事だった。建物の本体は俳優座の工場でつくった。俳優座に頼もうって決めたのは、どの段階だったっけ?

大嶋　細川さんへの最初のプレゼンのときです。1月、細川さんのところに行く電車に乗る前に、「これは俳優座に頼もう」って先生のほうから話が出てました。もともと何かの取材で俳優座に行ってるんですね。

藤森　俳優座の大道具というのは、とんでもない能力がある。銀座にある資生堂ギャラリーが「銀座建築展」をやったときに、僕も協力して、今和次郎の「カフェ・キリン」の実物大の復元をしたんですよ。資生堂の前のちょっとした空間に。そのとき、どこでつくってもらうのって聞いたら、俳優座だって聞かされて、俳優座の大道具部門がある工場に行ったんですよ。それまで舞台をつくってると思ってたんだけど、全然違って、喫茶店とか、がんがん建築をつくっている。びっくりした。もう、どう見てもふつうの工務店というか、飾りの多い工務店みたいな感じだった。

大嶋　ただね俳優座も、本当の建築、屋外の建築はあの茶室が初めてらしいんですよ。ふだんはゲームセンターとかテーマパークとかのインテリアが多いそうです。あれ以来、「引き合いありますか」って聞いたら、「ないです」ということでした。

藤森　現場はクレーンが入らない。クレーンが入らないってことは資材を手で運ばなくちゃいけない。それで結局、俳優座にやってもらって、できたんです。茶室に使う支柱がありますよね。それを雪の中で伐りに行った。田舎（長野）の山の中に。あのときは、さすがに死ぬかと思いました。おおよそ田舎の人は、雪の時期に猟師でない限り、山に入らない。初めて山の中へ入って木を伐った。マイナス20度くらいのところですよ。初めて、冬の木を伐る経験をしたけど、凍結してて伐りづらいんだよ。2つのものを伐らなきゃいけない。ひとつは木そのもの。それともうひとつは細胞の中に入ってる氷を伐るのだけど、これが硬いんだよ。ノコギリを一度、途中で止めると、凍ってしまい、それ以上は挽けなくなる。伐れない伐れない。木の種類もよくわからないまま伐って、一人で曳き出して。

大嶋　あのとき、なんで人を連れて行かなかったんですか。

藤森　そんなに大変だと思わなかったんですよ。細い柱だったけど、あのときはホント、もうダメだと思った。寒くて寒くて。

大嶋　先生が木を伐りに行ったのは、細川さんとの打合せの次の日ですよね。

藤森　そんなに早かったか。じゃあ俳優座との打合せは？

大嶋　俳優座は同じ日。つまり先生が木を伐りに行った日に、私はまさに俳優座の人と打合せをしていました。

藤森　本気で急いでたんだ。どのくらいでつくったんだっけ。

大嶋　3月だったからふた月です。

藤森　とにかく急がないと。湯河原に行って細川さんと打合せをした翌日、田舎で木を伐って。すごいよね。施主と打ち合わせて、その場で場所を決めて、翌日君は俳優座と打ち合わせ、私は山へ木を伐りに。

大嶋　施主の細川さんは本当に、一発で気に入ってくれたんですよ。スケッチを見て、これでいいですって。そういうのも珍しいです。

藤森　後発の「一夜亭」が「矩庵」を抜いていってるんですよね。スピードがどんどん増していった。

舞台をつくるスピードで

藤森　「一夜亭」の屋根は最初、細川さんの意向を受けて、茅葺きを計画したんですよ。しかし、茅葺きを検討したら、1年くらいかかるということだった。葺く建物の順序があるらしくて、急にはやってくれない。それで杉皮葺きにした。また素人でやったわけです。一番感動したのは骨組みが半日でできたことですよ。これはすごかった。茶室らしい速度感があった。「一夜亭」の名前の由来の一夜城にふさわしい。それともうひとつ驚いたのは、アルミなんですよ。

大嶋　床のフレームが。

藤森　それは君が打ち合わせをしたんだよね。

大嶋　あとで、そういうことになりましたって、先生に報告したんだと思います。

藤森　どういうことだったの？

大嶋　俳優座の方が、とにかくアルミにしたいと。材料費は高くなるけど、軽くできると。あと頑丈だということで、舞台で大きな床をつくるときもアルミでよくやっているからと。それに、やっぱり軽くなるから搬入の日程を減らせる。そうしたら、トータルで安くなると言われたんです。

施工中。床のフレームはアルミだ

藤森　そのときにびっくりしたけど、ふつう建築でアルミなんて使わない。アルミサッシは使うけど、構造体としては使わない。

大嶋　私は、アルミが溶接できることを知らなかったんですよ。建築の場合、アルミの溶接はやらない。何でやらないかっていうと、強度が落ちるかららしいんです。しかし、全然大丈夫でした。

藤森　本当に技術というのは、それぞれの用途に応じたものですね。俳優座の場合は結局、巡業するときは次の場所に舞台を運ばなきゃいけない。そうすると、材料費より運搬費を下げることが重要。あの床は超高級床ですよ。

大嶋　なかなかハイテックな感じで。

藤森　設置に要したのは半日だっけ。

大嶋　半日です。それから、パネルの製作が5日間くらい。何もないところから、せーので5日でつくったんですよ。打合せには1か月くらいかかってます。途中で、だいたいできてますかって聞いたら、これからつくりますって言われてびっくりした。それが、舞台では当たり前なんですね。とにかく1週間でパネルをつくって1週間で建込みっていうスケジュールでやってるそうです。それはね、ホントにものすごい。20人くらいで一気にとりかかるんですよ。

藤森　建てる当日、朝から待っていたらワゴンって感じのトラックが着いた。中を見たら人は大勢いるんだけど、建築らしきものは何もない。車の隅のほうにぺたぺたパネルがあるだけ。幅にして30センチもない。大丈夫なのかと思ってたら、みんながぞろぞろパネルを1個ずつ運びはじめて、ぱかぱか建てていく。変な感じだった。建て前は半日ですよ(写真)。

　一番苦労したのは、屋根の上にある明かりとりの筒。あれをすっぽりはめるのを、いつまでやってたのか。ビス止めじゃなくて、部材の組み合わせでやってたんだよね。なかなか苦労したけど。大笑いしたのは、人を入れたまま筒を下ろしちゃって中の人が出られなくなった。

大嶋　床を組んでから壁より先に屋根を組んで、その後、筒を下ろしたんですよね。

藤森　そうしたら中の人が出られなくなって。

大嶋　炉の穴から出てきた。だから面白かったですよ、屋根を組んでからせーので持ち上げて壁組んでいく方法では、一回、屋根を足場に預けておくんですよね。

藤森　あれは面白い考えだった。ふつうは壁をつくってから屋根をつくるからね。

大嶋　構造ではとにかく苦労しました。現場合わせでずっとやってましたからね。

藤森　それで骨組みができて、あとは縄文建築団がやった。屋根用としては珍しく杉皮葺きをやったんですよね。まあ杉皮葺きなんて、プロだってなかなかやることはない。あの杉皮葺きは、臨時的な感じでやったけどね。

大嶋　時間があったら茅葺きに変えるからそれまでもっていう感じですね。

藤森　仮設ですよ。そんなに長もちは想定してないけど、けっこうもってますよ。

　それで、「一夜亭」ができたとき、茶室開きを細川さんがやってくれて、僕と南さん、赤瀬川さんが夫婦で招かれた。そのとき、ご婦人方が茶室の中にいるのを工房の屋根から眺めて、本当におかしかった。漫画のような景色で、アニメというか、見ただけで変だとわかる。建築に比べて人が大きいんですよ。茶室自体は建築としてちゃんとした形をしている。にもかかわらず、中空にちょこっと浮いてね。もっと言うと、生まれて初めて茶室の中に人がいるのを外から見た。そういうのって見たことないでしょう。ふつうは、閉ざされている。おかしくておかしくて。外から冷静に見ると、あんなにおかしいもんだとは思わなかった。茶室って基本的にどこか、おもちゃっぽいところがある。利休の囲いの仮設性だけじゃなくて、スケール感とか、本体の建築とは違うところがあって、その面白さを、「一夜亭」を外から見てて感じた。

大嶋　なんとなく、お茶会自体がコスプレをしてゲームやってるみたいな感じがしませんか？　それでね、設計で変わったのがトップライトで、最初小さくて低かったんですよ。それがドカーンとでかくなって……。今は見慣れましたけど最初はなんか、異様な感じだったですよね。

煙突みたいに伸ばした天窓

藤森　トップライトを煙突みたいに伸ばしたのは、やっぱりアムステルダム派の影響です。最初は茅葺きのイメージだったんですよ。それとアムステルダム派の茅葺きは、もともとプロポーションをわざと変にするんです。ぎゅーっと縮めたり、グーッと伸ばして、それであの独特の面白さが生まれた。それがないとわりと穏やかなんですよ。おまけに、ちょうどあの上に、栗の木が枝をバーッと下ろしている。あれはなかなかいい感じ。

　重要だったのは、トップライトが過剰に上にピューッと出てるでしょう。もうひとつ出てるのが、右の袖の部分。あの袖が相当効いてますよ。あれがある動きを与えている。あの袖は最初は考えていなかったんですよ。窓をあけると外にガラス戸が出ちゃうでしょう。それを隠すためにつくったんですが、袖にして入れればいけると思った。

ⓐ「自由の女神の冠」

ⓑ「切り株のような」

大嶋　私が見た最初のスケッチからありましたよね。

藤森　これは非常に単純な形なんですよ。だけど、ちょっと下手すると面白くない。袖にしてちょっと出した壁って、ありそうで実はどこにもないんです。世界的にまず引き戸はないし、雨戸も外に出る場合はない。建物の外に出てしまう引き戸をどうやって納めるかっていうと、いっそ壁を出すしかない。

大嶋　なんて言うんでしょうね。類例がない。すごい複雑なんですよ。引き戸の障子は、一回壁の中に引き込んでから、また突き抜けて袖壁裏の外に出るんです（**129頁参照**）。

藤森　あれを思いついて、いけると思った。窓を完全にオープンにしたかったから。「矩庵」の場合はうんと長いから納まるんだけど、細川さんのところは納まらないんですよ。最初、何とかしようと思ったけど、無理だったから突き出して、それを壁で隠せばいいと思いついた。いい形になるんですよ。トップライトの円筒部分には、木の枝を突き差した飾りがありました。鳥の尻尾みたいな感じで。最初はこれをキューッて出して、枝を出したりしたんだけど、細川さんが絶対とってくれと（笑）。

大嶋　袖の裏がにじり口なので、やっぱりその辺のごちゃごちゃが隠れてすごくいいんですよね。

藤森　それも結果的によくて、ふつう入り口回りって、特ににじり口の場合、あんまりいい格好じゃないですよ。言ってみれば、出入りが変な状態でしょう。靴を置いたり、けっこうゴミゴミするんですよ。この場合はうまくいった。

大嶋　トップライトの円筒部分には最初、枝が装飾として取り付けられていたのですが、それが自由の女神の冠みたいな感じになっていて、これ、いいかなって思ったら、細川さんに、それはやりすぎだと言われ（**写真ⓐ**）。

藤森　とってほしいって言われたんだよ。

大嶋　で、次に取り付けたのが、枝を10センチぐらいに切って切り株のように見せたもので、それを見たとき先生に、「なんでこんなものにしたんですか」と聞いたら「これ絶対細川さんいやって言うだろうな」と（**写真ⓑ**）。

藤森　細川さんはこれで諦めたんだけれども、僕自身が見て、ふつうに戻した。やっぱこれはダメだと思って、ふつうに戻した。細川さんはとってくれとは言わなかったけど、見てまずいなって。やってみないとわからない。

大嶋　それで、何度も足場をかけ直しましたよね。でも結果的には何もないシンプルな現状が一番いいと思います。

藤森　何とか完成したけど、伝統と茶室のなじみは、「一夜亭」のほうがずっと強い。「矩庵」のほうはあまりに大胆。「一夜亭」と「矩庵」の両極で茶室の基本形も安定した。

籐ゴザの納め方

大嶋　「矩庵」だけが籐ゴザじゃないのはなぜですか。

藤森　「矩庵」は秋野等さんが床を全部貝灰で塗り込めにしたんですよ。それで座布団を敷いて。

大嶋　等さんから聞いたんですけど、籐ゴザはあんまり好きじゃないって。

藤森　籐ゴザの末端の納まりがいやなんじゃない。秋野等さんから見ると、いい加減な感じでボロボロしたようになるから。籐ゴザの末端を斜めに切って、それを納めることはおそらくできないかもしれない。かがれないでしょう。

大嶋　かがれはしますけど、ものすごく高い。

藤森　「矩庵」の床もあれはあれで面白いですけどね。ただ尻に敷くもの敷かないと固くてダメですけど。

大嶋　籐ゴザの切りっぱなしっていうのも「一夜亭」からはじまったんですよ。これまではちゃんとかがってたんですよね。

藤森　赤瀬川さんところ（薪軒）はどうしたっけ？

大嶋　かがりました。だから炉口も、ちゃんとかがったんですよ。そういうものだと思っていたので。ところが「一夜亭」でかがろうと思ったら、納期が1か月くらいかかると言われて、竣工までにとても間に合わないから仮設的に切ったものをとりあえず置いとこうとなったんですね。それで置いてみたら、あっ、これでいいかっていう話になったんです。それ以来、籐ゴザ切りっぱなし仕上げになった。

藤森　本格的に使っても大丈夫ですよ。茶室じゃなくとも、幅木の辺で工夫しておけば。かがりも、安いところでやると変なかがりになって、ペラペラしてしまう。

大嶋　ビニールかなんかで。

藤森　かがりが実は一番お金がかかる。

大嶋　それも日本でやるからなんでしょうね。インドネシアでやる分にはものすごく安いんですよ。

藤森　ちゃんとかがってこないでしょう。

大嶋　いや、同じかがり方ですよ。精度は悪いですけどね。あと、籐ゴザの下にクッションを敷くのも、「一夜亭」で試行錯誤して、今のディテールになってるんです。籐ゴザだとすごく硬いんですよ。長いあいだ座ってると、足が痛くなって、なおかつ細川さんは座布団的なものを敷きたくないと、最初は籐ゴザの下にフェルトを敷いたんです。ただ、敷いただけだと、臓物みたいな感じでフェルトが出てくるんですね。それを何度も調整して、両面テープで留めたりもしたけど、結局、今みたいにちゃんとした縁を打って、籐ゴザの中に納めてということを、何度もやり直しながら調整しました。それがけっこう大変でした。何度やっても出てくるし、4、5回やり直したんじゃないかな。今は最初からフェルトを納めるようなやり方になって、ようやく座布団を敷かなくても、足が痛くならないようになりました（**128頁参照**）。もともと籐蓆（むしろ）っていうんですけど、畳の上に敷くものですからね。

茶室の中に炉はなぜあるか

大嶋　それから、お点前の話になるんですけど、最初、細川さんは、床の間を背にして、お客さんが入り口から入ってくるっていうので、茶室の奥でお茶を点てるんだろうと思ってたんですよ。でも、茶室開きの何日か前に、「私は入り口に近いほうでお茶を点てる」と、細川さんに言われて。

藤森　お客さんが横を通るという珍しい入り方だけど。

大嶋　その理由を細川さんに聞いたら、お客さんに対して、主人が最初からいると、あまりにも偉そうじゃないけど、変な感じがすると。ようこそみたいに迎えるのは、いやだと。それから、後ろに水差しとかを最初から入れておけるし、あとで出し入れするにも入り口が近いほうがいいと。逆に、床の間近くにものを置くとごちゃごちゃするって言われて、なるほどなと思いました。

藤森　たしかに徳正寺もそうだけど、入っていった先に床の間的なものがあるんですよ。上座みたいになっていて、その途中に炉があるから、亭主は入り口に近いほうに座ることにどうしてもなる。もちろん、床の間で迎えてもいいんだけど、それだと対面みたいになっちゃう。

大嶋　それと、そのときに言われたのが、あぐらを組んでお茶を点てたいと。それは細川さんからですよね。いくら足を崩してくださいと言っても、主人がちゃんと正座してたら、なかなか崩せるもんじゃないでしょう。だから最初から気楽にっていうなら、自分から崩そうと。あぐら組むなんて利休でもやらなかったと思いますが。

藤森　あのとき、細川さんは「対面的なのはいやだ」って言ってたね。最終的には、炉を半月状に囲むようにして客が窓に向いて座るような感じにしたけど、みんな外を見ながらお茶ができるし、明るいし、よかったんじゃないかな。

僕はもともとお茶に興味はなかったし、茶室に取り組むとき、狭くて閉じた空間をつくろうとはしてたけど、細川さんのところで、言ってみれば初めて茶の世界との接点ができたわけです。幸運だったのが、細川さんは忠興の流れを継ぐ細川家の当主ですから、だから今や千家以外ではもっとも正当的な家なわけです。利休の最高のお弟子さんの家系で、忠興がもっとも利休のお茶を継いだと言われている。それに、細川さんの妹さんは表千家の家元の奥様ですから。そういう人の茶室をつくったっていうことは、僕にとっては偶然なんだけど、お茶の世界に興味を持つ、いいきっかけになりましたね。

それと、「矩庵」のほうには工事中に煎茶の小川流の小川後楽先生が来られたんです。小川流というのは日本の煎茶の一番由緒ある流れの一つで、小川先生が来られて、自分が茶室開きをすると言われて。まだ床ができた段階で、炉を切ってあったんですけど、そのとき「炉はいらない」って言われた。煎茶じゃ炉は切らない、炉は抹茶のものだと。これは面白いことで、抹茶の茶室には炉があるということにはどの本もふれていない。煎茶に関しても炉はないぞとは書いていない。つまり、茶室に炉を切る切らないは全然論ぜられていない。茶室についてふれられるのは床の間、にじり口、掛け込み天井とかで、炉についてはふれてない。これまでの茶室論の大きな欠落なんですよ。だって、床の間だ、にじり口だっていうより、火のあることのほうが建築にとって決定的に重要なこと。おまけに、考えてみたら畳2枚の中に畳の角切って、炉を入れるって、こんなに危ないことないよ。もっというと、茶室を論ずるとき、まず論ずるべきはあの狭さで、次にその中に火があるってことです。この2つで決まり。床の間やにじり口なんて、建築の本質の問題から見たら、どうでもいいといったら失礼ですけど、デザインの問題ですよ。火から何をイメージするかっていうのが、人類の基本。それを極小茶室空間の中に入れたのは相当意識的なことですよ。利休がやった最大のことは、狭くしたことじゃなくて、狭くした茶室の中に火を入れたことです。

大嶋　結局、炉を省略した茶室ってないですよね。もともと炉は一年で半分くらいしか使わないんですよ。あとは風炉《ふろ》という釜を畳の上に置くだけで、炉開きの、一番寒い3か月だけは炉にするっていう決まりがあるんです。だから、寒いときにお茶会しなければ切らなくてもいいんじゃないかと言いたくなるけれど、必ず切る。それを知ったのは、「一本松ハウス」のお施主の高取さんが、お茶をずっとされてる方で、最初どこかに炉を切るはずだったんです。茶室のコーナーみたいなところに。でも、「いりません」と言われた。つまり、それは冬のためだけだし、風炉でやればいいだけですからって言われたんですよね。ああ、そうだよなって思って。

藤森　炉を使おうと思ったらなかなか大変なことですよ。風炉は、場合によってはどこかほかのところへ持っていけるけど、炉はそこで一式ちゃんとやらないとうまく火がつかない。僕は、炉をなくすよう小川先生に指摘されて、かえって炉という存在に目覚めた。茶室論をちゃんとやろうと思ったきっかけです。火の問題だけが論じられていない。ふつう茶室って瞑想の空間となるわけですが、違いますよ。火のある空間の中にいるという、住まいの原型につながるものですよ。茶室の基本面積の4畳半は、縄文住居ですからね。火があって囲われて、その中で暮らすという。ヨーロッパでもじつは変わらない。だから利休がどこまで考えていたかわからないけど、きっと住まいの原型だと思ったんじゃないでしょうか。

　もちろん歴史的なことでいうと、草庵風茶室、つまり4畳半の茶室ができるまでお茶というのは、使用人が点てて、運んでくるものだった。それを客と亭主で飲んでいた。なぜかというと、お茶を点てることが作業だから。日本の住宅の中で作業空間というのは今でもそうだけど、土間なんですよ。そこは格が低い。水や火を扱うところは人の暮らすところじゃなくて、暮らしの外にある作業場なんです。今でもお寺に行くとわかります。庫裏という場所があるでしょう。あそこでお茶も点てて持っていってた。もっと言うと、使用人がつくったものを飲むという、身分制なんですよ。それを草庵風茶室は亭主も客も同じところに座って、火の前で客に対して亭主が自分で作業する。そういうお茶の世界の平等性は基本的には禅宗の考えらしいけど、それを利休は1畳台目の茶室にまで持ち込んで、火は絶対に捨てない。ふつうだったら畳に穴をあけて炉を切るのは異常だよね。水屋があって、そこで準備して給仕口から亭主は入り、お客さんはにじり口から入り、茶は給仕口から使用人が運べばいいのに、それをしなかったのは相当の決意だったんだと思います。茶室の中に、火があるっていいもんですよ。

最初、赤瀬川さんの「薪軒」では電気炉でやったけれど、うちの「タンポポハウス」の主室の炉も電気炉なんです。だけど、僕は自分の「高過庵」は、炭にした。全然問題ないですよ。あそこで火をおこそうと思ったら相当なことしなきゃだめだけど、ほかでおこして持っていけば大丈夫。

大嶋　お茶には炭手前といって、亭主が炭をつぐ作法があります。

藤森　客の前で着火からやるわけではないですね。着火は時間がかかる。

大嶋　結局、「一夜亭」から炉口と炉のデザインというものが出てくるんですよね。それまでは、やっぱり既製の炉と炉縁だったわけです。

藤森　既製品でやってたら、ちゃんと炭を使わないでしょう。

大嶋　本来だったら、炉は冬しか使わないから、あとで畳で蓋ができるようにして、床下に埋めるんですけど、「一夜亭」のときは結局、1年中炉を使うということで、その辺から炉のことを考え出したんですよね。

藤森　細川さんは、鍋もやりたいって言ったんですよ。そうなると炉は常設になる。けっこう自由度が出る。結局、炉にしようということで、風炉を埋めてるような感じで、丸く切ったわけです。

大嶋　丸炉って書いて「ガンロ」というんですけど、縁も丸くなってる。ただ丸炉は、中板という板の上で使うから畳の上には置かないんです。

藤森　それで、炉を切って、丸炉を焼いてもらった。だけど、細川さんの窯ではあの大きさが焼けないから半分に切ったのを焼いてもらって、それをつないだんです。炉のケツが、けっこうな見所。だいたい炉のケツを見所にするなんてないからね。茶人で炉のケツ見たことある人はいないぞ。ふつうは下に土壇なんか築いてつくるんだけど、あれは面白かった。

大嶋　『ディテール』誌で誰だったか、熱で割れるのを防ぐために最初から割ったみたいなことが書いてあったんですけど、そんなことはなくて、単に細川さんの窯に入らなかったから半分に割ったというだけの話で。

藤森　「矩庵」と「一夜亭」、この2つの茶室で、だいたいのことは考えましたね。

大嶋　「矩庵」の場合はふつうの穴になってるじゃないですか。あれは、最初はどういう構想だったんですか。あれに直接灰を入れるという……。

藤森　うんと小さい炉もあるから、あの方法でやろうと。

大嶋　シャモットかなんかで耐熱にしたというのは聞いてるんですけど、まったく炉縁がないわけですよね。床に穴があいてるだけで。

藤森　そうです。あそこに炭を入れ、五徳を置こうと思ってた。茶室開きのとき、あの中に鉢を入れて花を生けました。そういう点ではすごく恵まれている。偶然だけど。まず炉を切るほうは細川さんでしょう。「矩庵」のほうには小川後楽先生が来ていろいろと教えてもらう。だから、この2つの茶室を通して、抹茶と煎茶の、両方のいいところを学んだことになりますね。■

一夜亭

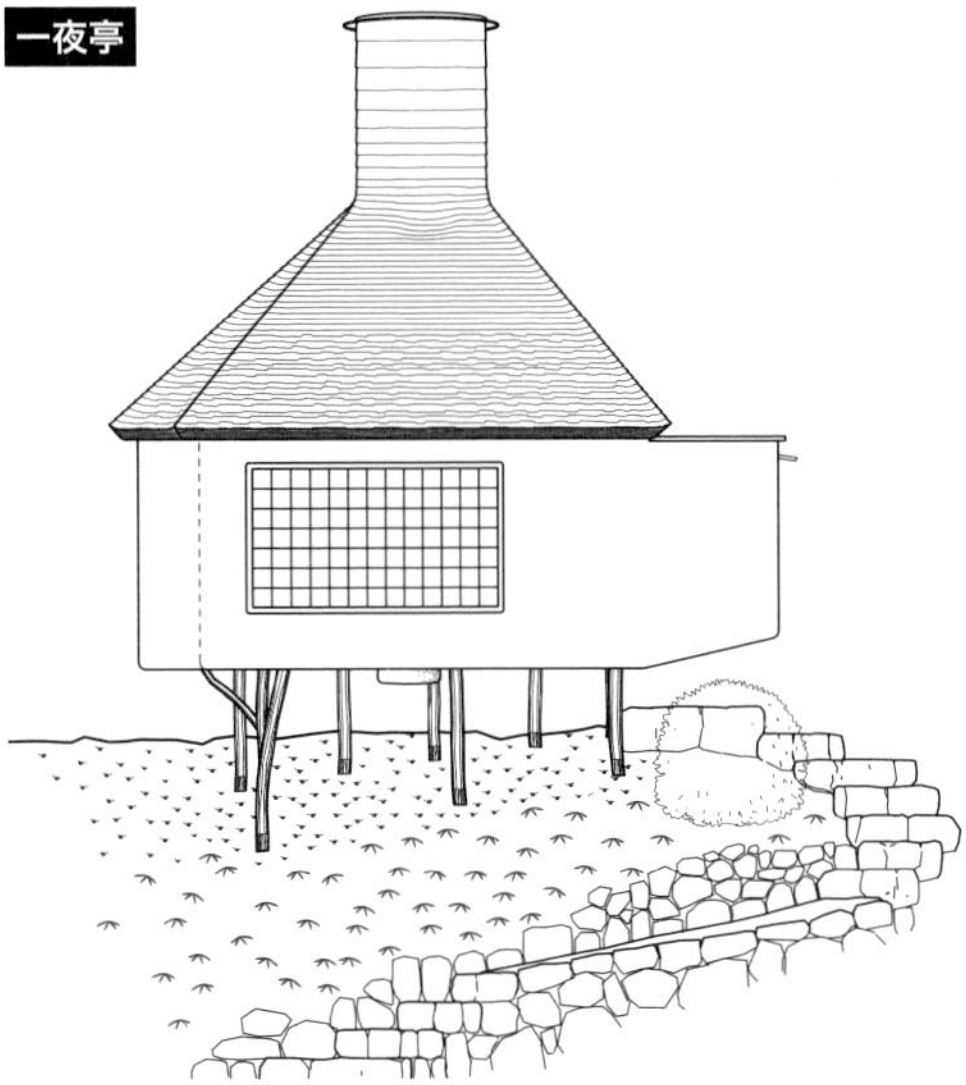

東立面　S=1：100

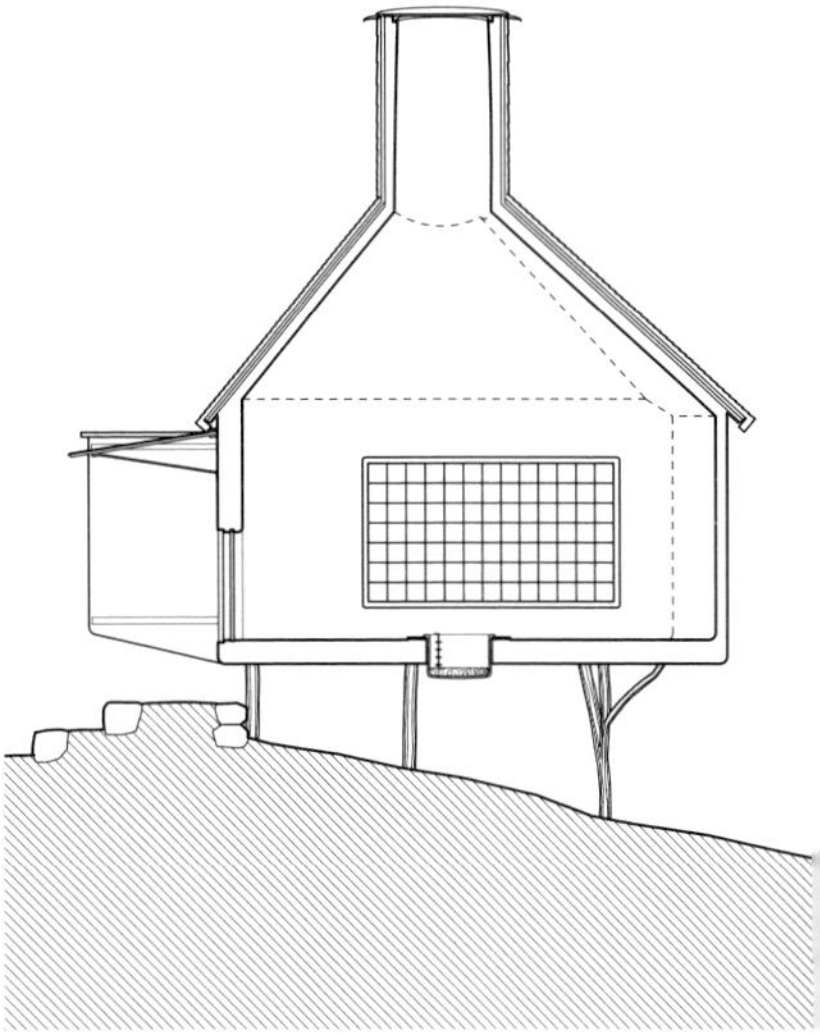

南北断面　S=1：100

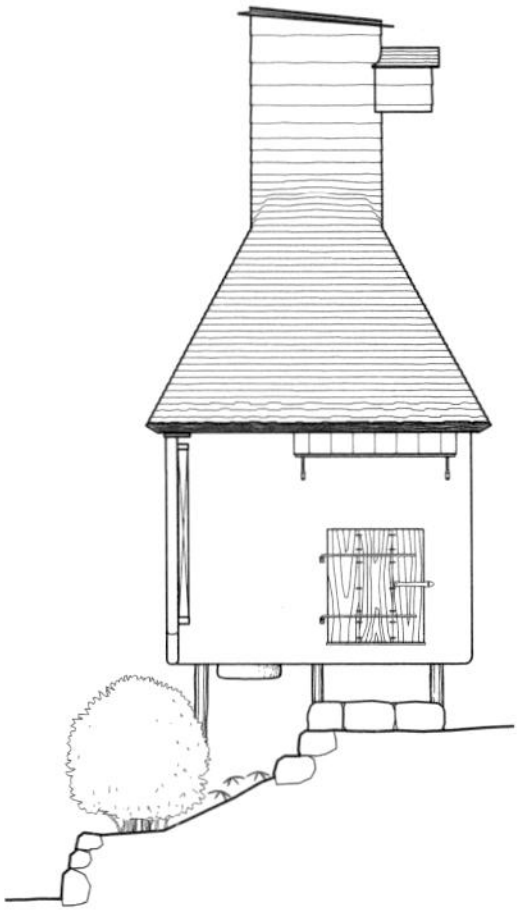

北立面　S=1：100

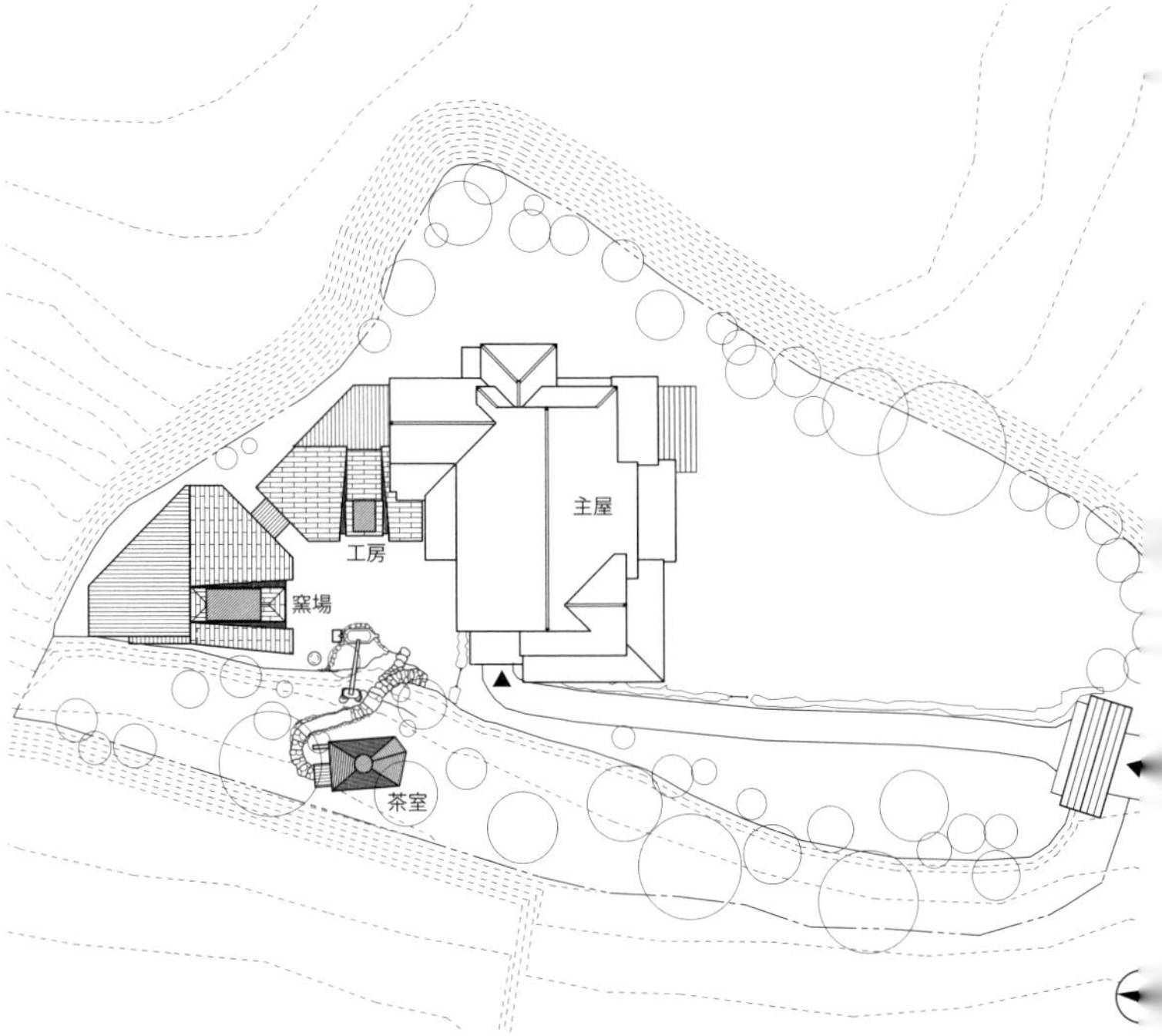

配置　S=1：600

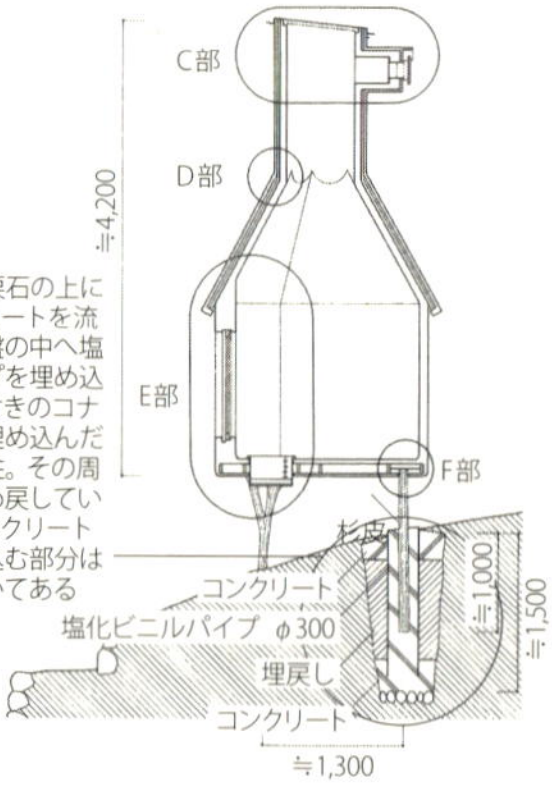

柱は割栗石の上にコンクリートを流した基盤の中へ塩ビパイプを埋め込み、皮付きのコナラ材を埋め込んだ堀立て柱。その周囲は埋め戻している。コンクリートに埋め込む部分は皮をむいてある

B-B 断面 S=1：150

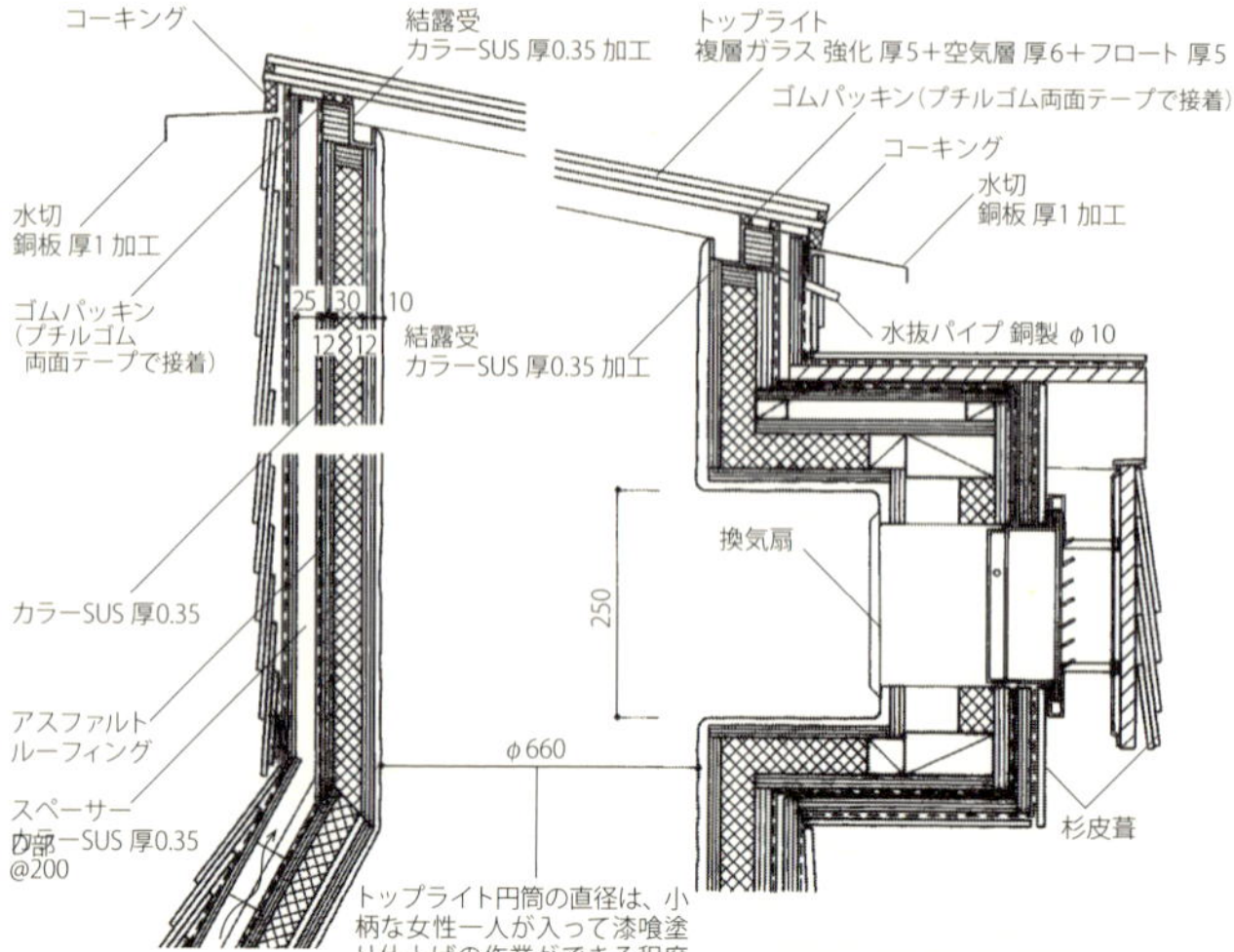

トップライト円筒の直径は、小柄な女性一人が入って漆喰塗り仕上げの作業ができる程度の大きさで決められた。複層ガラスのトップライトはゴムパッキンの上に置き、ブチルゴム両面テープで接着してあるだけ

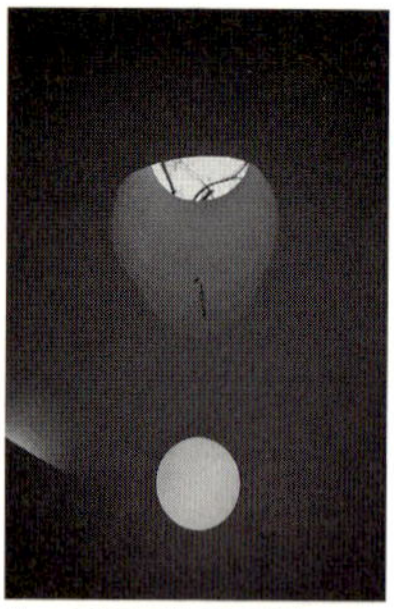

トップライト見上げ

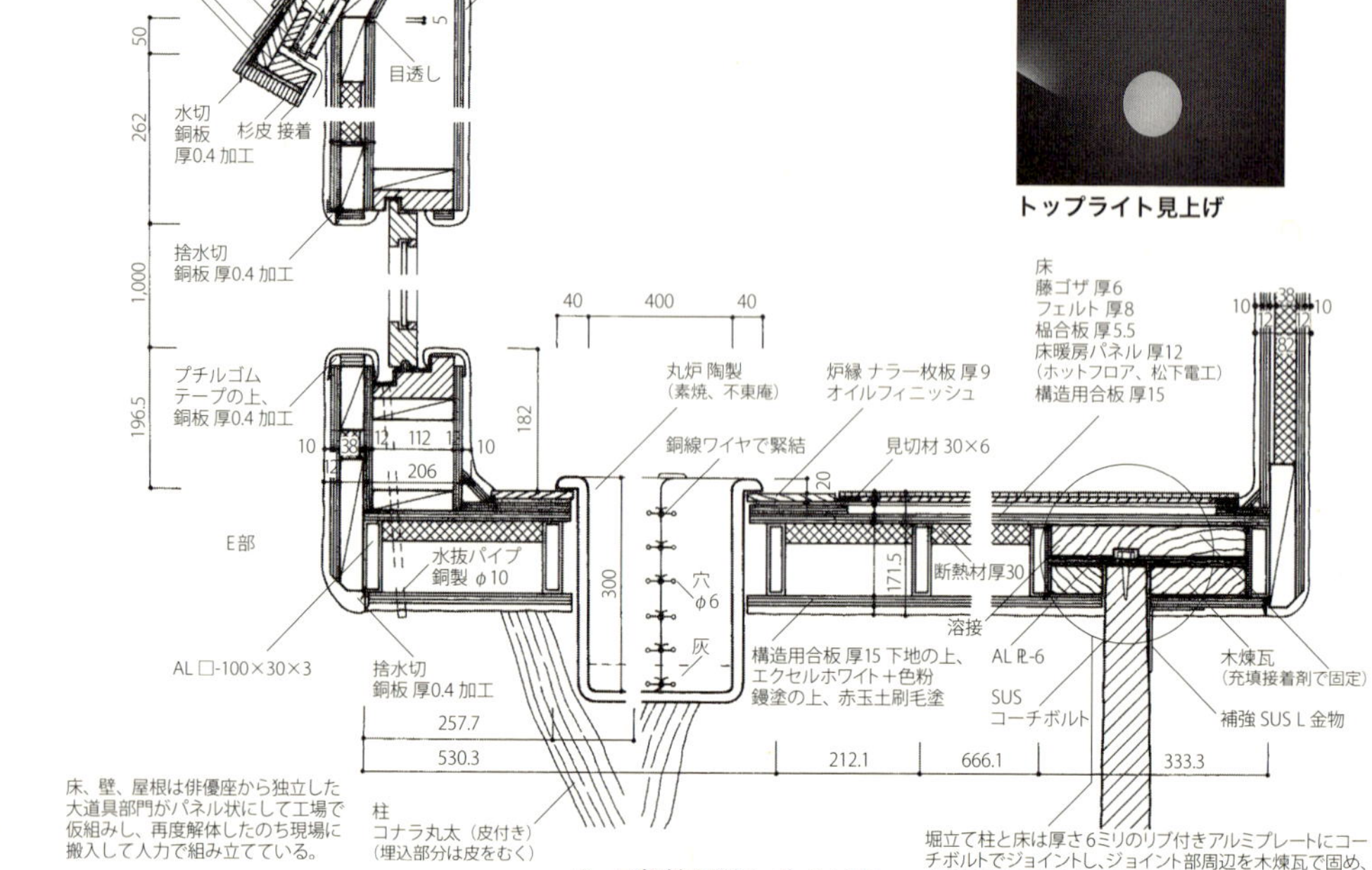

床、壁、屋根は俳優座から独立した大道具部門がパネル状にして工場で仮組みし、再度解体したのち現場に搬入して人力で組み立てている。

堀立て柱と床は厚さ6ミリのリブ付きアルミプレートにコーチボルトでジョイントし、ジョイント部周辺を木煉瓦で固め、さらに裏からステンレスのアングル材で補強している

C〜F 部断面詳細 S=1：15

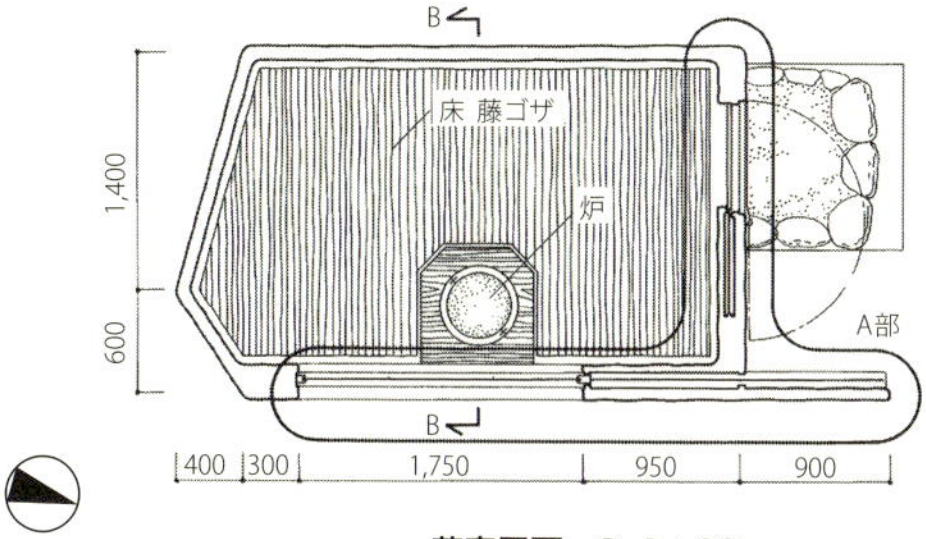

茶室平面　S=1：90

にじり口を見る

東面開口部の建具を引き込んだ状態

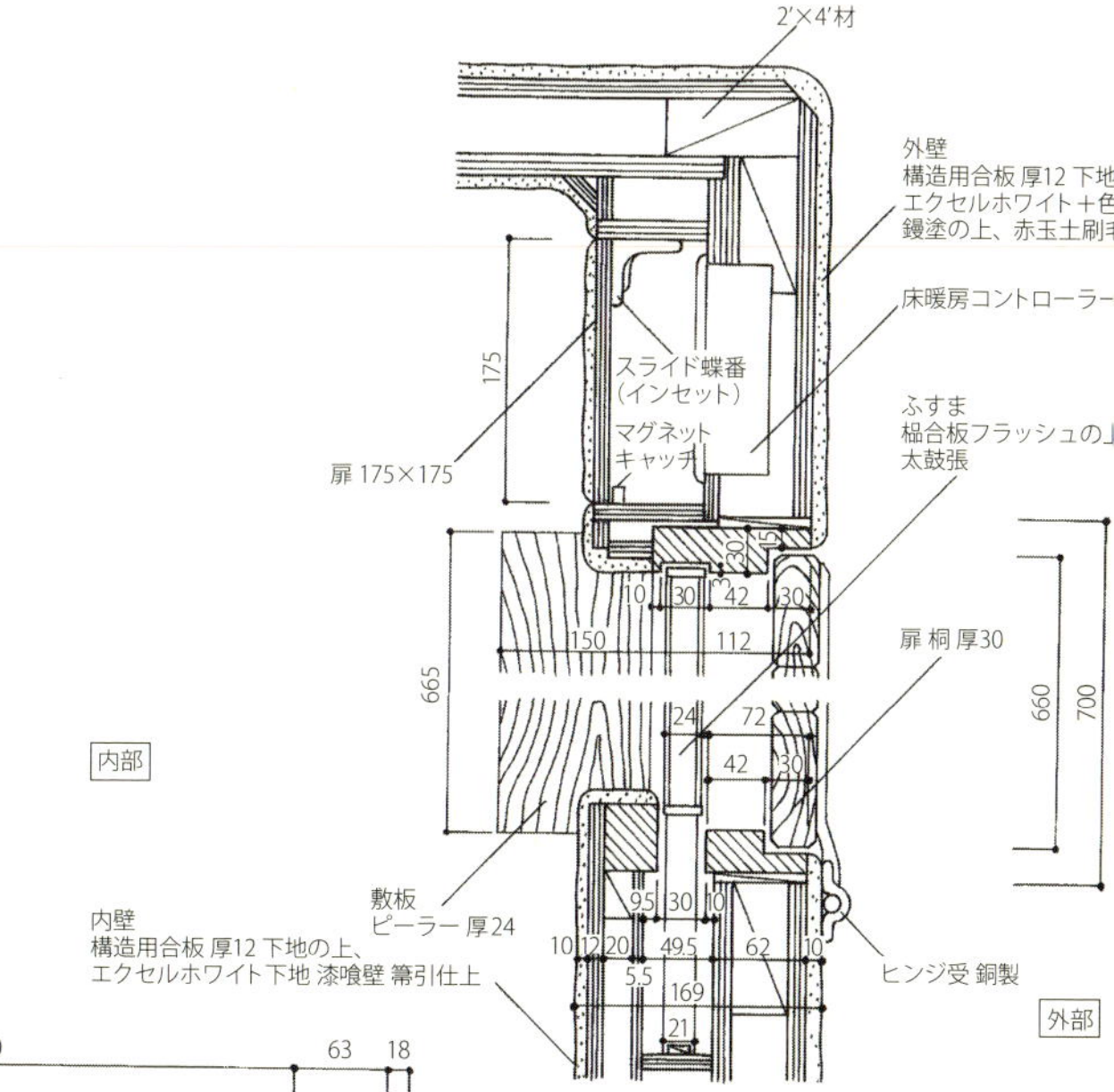
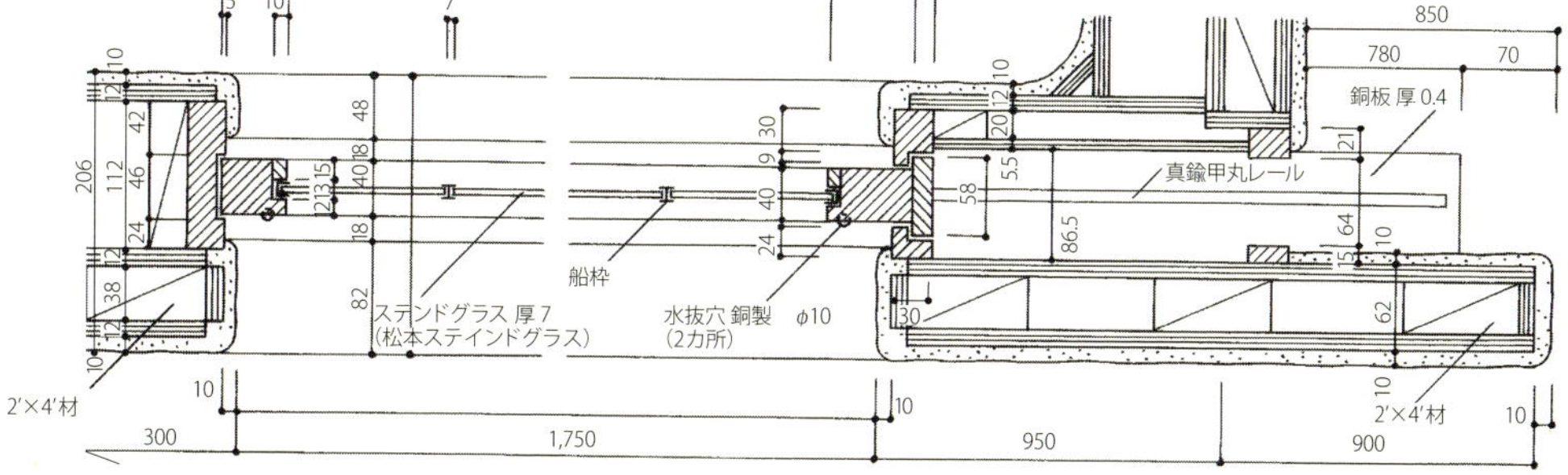

A部東面開口部、にじり口平面詳細　S=1：9

Part 4

自分好みの茶室

高過庵《たかすぎあん》 2004

茶室は本来茶人がつくる

藤森　「矩庵」と「一夜亭」の2つを引き渡した後、茶室は他人のためにつくるもんじゃないと思った。人の手に渡るのが惜しい気がして、自分もほしい。仕事もちょうどあいたときだったから「高過庵」をつくろうとなった。設計はしたけど、施工を完全に素人がやったのが「矩庵」なわけです。完全に素人がやるわけじゃなくて、一部はプロにも頼みますけど、自分が施主として設計・施工含めてかかわったのは「高過庵」が最初ですね。だから、もっとも私にとっては茶室らしい茶室だった。茶室というのは昔から私的なもので、もともと建築家がつくるもんじゃなかった。昔は棟梁がつくりはするんだけど、棟梁を使って実際には茶人がつくる。利休の囲い（茶室は座敷等を小さく囲って使うこともあり、「囲い」と呼ばれたこともある）は、軒の下に利休が自分でやった。茶室は、本来そういうものですよ。基本的には、自分でやるものだと思う。それを初めて実践した。大変だったけど、面白かった。これまでの建築の中で、一番自分の好みに合わせて隅々までつくった。

大嶋　最初に床の水平を出すのはどうやったんですか？

藤森　柱を立ててから。下から見てだいたいこの辺だろうって。もちろん柱を立てるときに、一番、重要な条件は二股になってることです。2本の柱でつくるとしたら、2本とも上が二股になってないと大変。なんとかなると思った。二股でやれば、4点支持になるから。それで、二股の木を探してきて、柱を立てたわけです。7メートルくらい上を二股の4点がどういう関係になってるか下から見て読まなきゃいけない。それは大事だってことはわかってたから、二股のところに水平に桟木を掛けて、そこからおもりを付けて糸を垂らしてみれば、下にいても平面が、おおよそわかる。ところが、冬で、風が吹いて全然駄目。役に立たない。それで結局、あの辺だろうって目見当でやった。その後、足場を組んで、上に上がって、この辺だろうって二股の余分なところを切った。想定はしてたことだけど、それに合わせて、今度は床を決めるわけだから、最初に柱が立った後じゃないと、プランが決まらない。

大嶋　適当にレベルだけでやったんですか。

藤森　もちろん、今のレベルはすごくいいからね。床の構造をつくるまでは全部自分でやったんだよ。木造パネルをほとんどビスで打って、腕の筋が伸びてしまった。で、相当一所懸命やったけど、隅になる部分の90度が出せなくて、90度に近いのを出そうとしたものの、83度とか84度程度で、そうなると、Jパネルを立てていくとき、立体の状態で全部の断面を少しずつ削らなくちゃいけない。結果的に平面は五角形としたので90度がどこにも出なくて、それを立体で屋根まで組んでいくという作業は、幼なじみの村の大工の立石公勇さんに頼んだ。よくつき合ってくれて、パネルを切り、組み立てるときも手伝ってくれて。結果的に

見ると、めちゃめちゃ複雑な工事だった。

大嶋　下で組めば大丈夫ですよね。でも仮組みはしたんじゃないですか？

藤森　上での仮組みはした。仮組みの骨組みは自分でやった。プロだって、あてがいながら角度を見ていかなきゃいけないわけだから、仮組みは一所懸命つくった。

大嶋　あれは下で組まなかったんですか？

藤森　下では一切組んでいない。上で治具が必要だから、それをつくって……（**写真下**）。時間はかかるけど、茶室は基本的に素人でできます。その歴史的根拠は、利休が囲いを自分でつくったところにある。茶室ってホントに面白くて、原広司さんが言ってたように、狭い空間は、建築の基本単位だから、ちゃんとした建築として成立させなきゃいけない。そのためにいろんな工夫がされていて、まずその入り口を狭くして、にじり口にしてるでしょう。実際、狭いところから入っていくと広く感じるんですよ。それだけじゃなくて、おそらく狭いところから入ると、別世界に入るみたいな、心理的に意味深いものがある。しかも、入ったところが正方形の簡単なものじゃなくて、変化に富んでるわけです。窓の位置を変えたり、天井を掛込み（掛込天井：天井の一種で、室外の庇がそのまま室内に入り、外の平天井の上部から勾配になってその屋根裏が天井の一部となっている形式）にしたり。

　狭い空間を充実したものにするために、断片化の方式を使っている。狭い空間は結晶なんだけど、そこに断片で要素を組み込

金属板（銅板）で自由曲面を葺く初の試み

位置決めのため下の治具にＪパネルをあてがい屋根構造をつくる

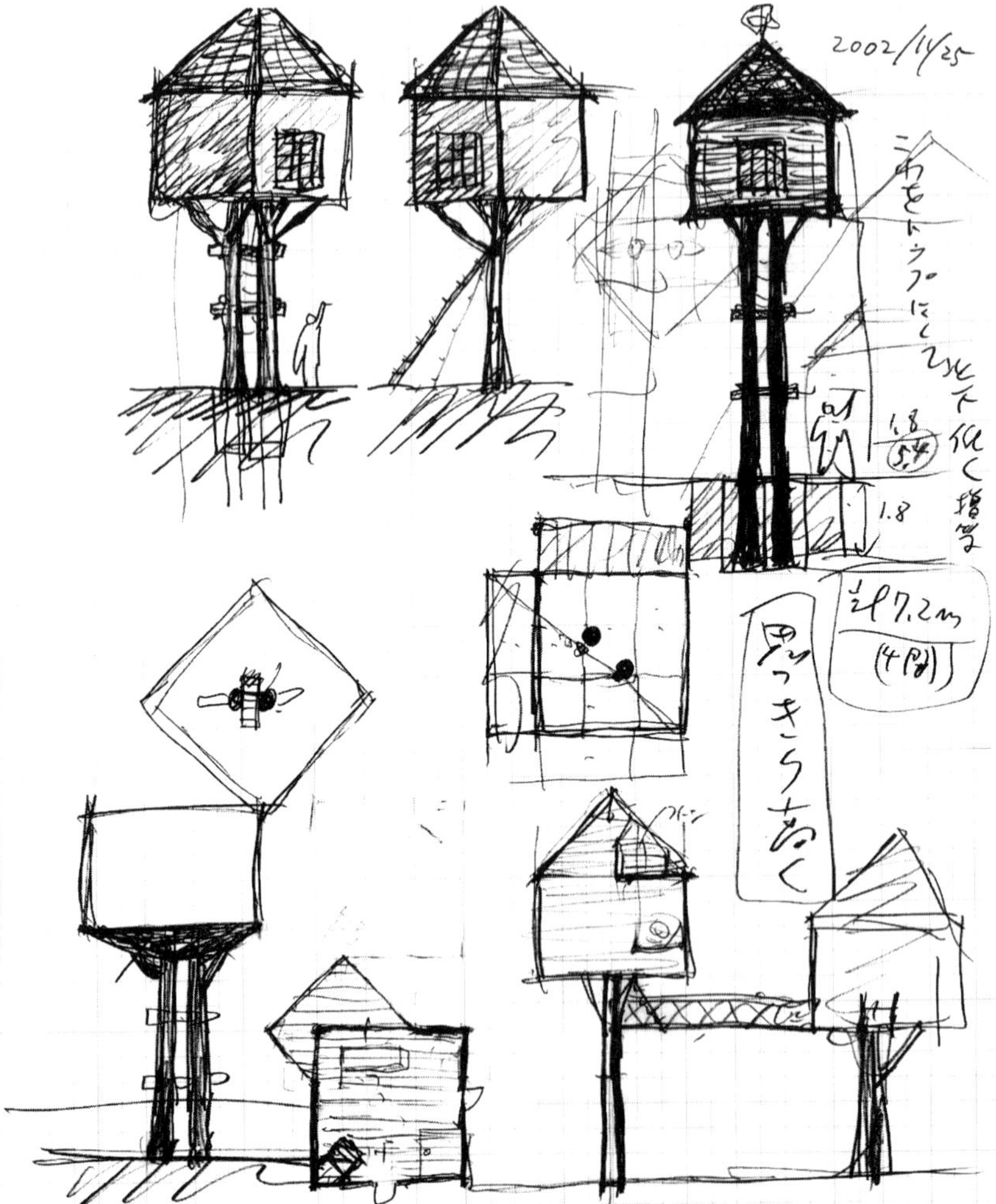

「高過庵」のスケッチ（2002年11月25日）

スケッチ(2003年10月28日)

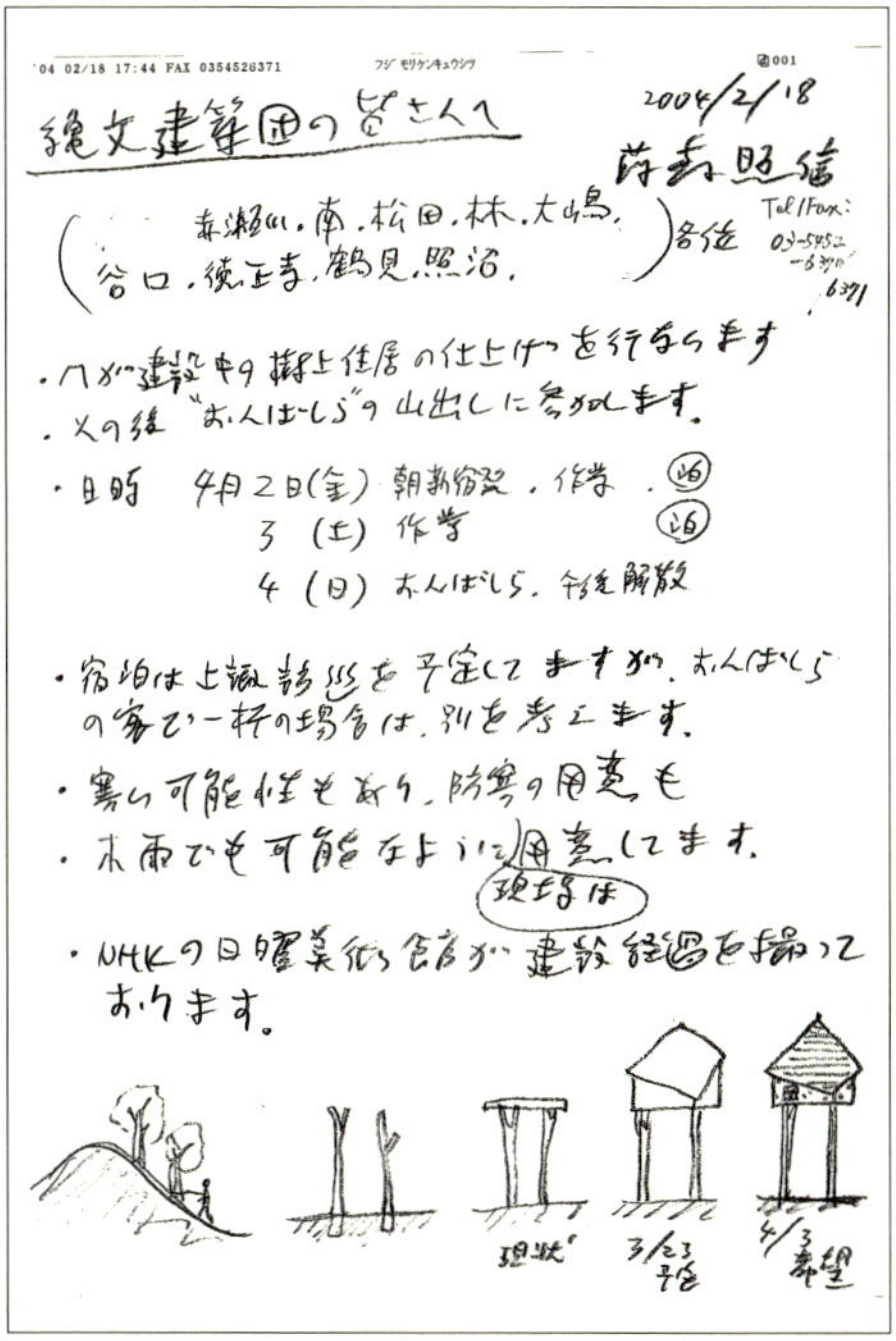
'04 02/18 17:44 FAX 0354526371　フジモリケンキュウシツ　001

縄文建築団の皆さんへ

2004/2/18

藤森照信

Tel/Fax: 03-5452-6370 / 6371

(赤瀬川、南、松田、林、大嶋、谷口、徳正寺、鶴見、照沼、)各位

・今が建設中の樹上住居の仕上げを行ないます
・その後"おんばしら"の山出しに参加します。
・日時　4月2日(金)　朝新宿発、作業　(泊)
　　　　3　(土)　作業　(泊)
　　　　4　(日)　おんばしら、午後解散
・宿泊は上諏訪を予定してますが、おんばしらの客で一杯の場合は、別を考えます。
・寒い可能性もあり、防寒の用意も
・小雨でも可能なように用意してます。
・NHKの日曜美術館が(現場は)建設経過を撮っております。

現状　3/23予定　4/3希望

FAX通信

縄文建築団への招集状(2004年2月18日)

む。それとあの壁の薄さ。茶室の壁は、半柱でやっているので相当薄いですよ。もしあの狭さを打放しコンクリートでつくったらホント耐えられないだろうね。

茶室に設備はいらない

大嶋　「高過庵」で初めて使ったのがＪパネル(注)と銅板ですね。

藤森　手もみの銅板を屋根に使いました。あの高さだと、杉皮葺きは難しいんだよ。台風が来たら杉皮が飛んで、そのたびにあの高さまでは登れない。それで手もみの銅板を考え出した。細川さんの工房の壁に使っていたけれど、手もみ銅板を初めて屋根に使った。杉皮葺きや茅葺きと同じようなやつを何とか銅板を使ってできないかと考えた末ですよ。それとＪパネル。「高過庵」以降、茶室をＪパネルでつくっているし、屋根は手もみ銅板でやりますから、材料的にはここで画期的な進歩を遂げた。大嶋君が見つけたＪパネルは大きいですよね。

大嶋　私も「一夜亭」のことでずっと反省していまして。つまり、「一夜亭」は小さいんだけど、やっぱり既存の、２×４の構造なんですよ。そのため、持ってみると、めちゃくちゃ重い。全部で1.5トンぐらいあるんです。パネル1枚が１００キロとかなんですよ。床のパネルが３００キロかな。ふつう建築って、重さは意識しないものだけど。

藤森　みんなが手で持って運んできたからわかったんだ。

大嶋　そうなんですよ。だから建築って、その全重量を実体化することはないんですよね。やはりオーバースペックだと思うんですよ。茶室にはそうではない違うつくり方があるんじゃないかと。それに、(「一夜亭」で)40ミリの幅に30ミリの断熱材を使用したわけですけど、10ミリあけたのは何のためかっていうと、電気の配線を入れるためだというのは、やっぱり既存の建築の延長なんですよね。そもそも茶室に設備なんていらない。

藤森　そのとおり。

大嶋　結局、角にむき出しにしたやつを埋め込んじゃってるんですよね。それでいいんだったら、完全にパネルでいいんじゃないかってことをずっと考えてて、たまたまそのときにＪパネルの記事を見たんですよ。杉板が３層構造になっていて無垢に近いものので、なおかつパネル的なものだった。あっ、これで構造がいけると考えたときに、たまたま先生が今、茶室をやっているという話をうかがった。

藤森　最初、２×４のモノコック構造で軽量化を図ろうとしたけれど、それでも重くなるんで、どうしようかと思って。Ｊパネルの存在を聞いて取り寄せてもらったらものがすごくよさそうなんで使うことにした。大工の立石(公勇)さんは、日常的にＪパネルを使ってて、Ｊパネルの住宅をつくってるんだ。

大嶋　扱いなれてるんですね。

藤森　Ｊパネルは、茶室向きの材料ですよ。だけど、Ｊパネルだけでは、ちゃんとした建物とは認定されない。茶室程度のものしかつくれない。

(注) Ｊパネル
国産の杉を有効利用するために開発されたパネル材で、乾燥させた杉板を繊維方向にくっつけ、三層構造にしたもの。厚さは30㎜と36㎜。大きさは９１０㎜×１８２０㎜または１０００㎜×２０００㎜。無垢材に比べ収縮・変形が少なく、強度があるので構造材として、また、合板よりも木材としての自然素材の風合が強いので、家具、建具としても利用できる。商品は、販売静岡、鳥取、徳島にある三社が製造販売している。

大嶋　もちろん、耐力壁としてももつ。床とかはあるんだけど、それ自体の構造というのはふつうだと違反なんですよね。

藤森　茶室だったら、小さいから、それ自体でできちゃうんですよ。しかも、茶室は構造計算は不安。10平方メートル以内は、建築基準法の適応除外ですから。もし、建築基準法で茶室を検証したら全部だめだろうね。

大嶋　防火から何からいろいろあるんですよね。

藤森　そうそう。炉も引っ掛かるし、火も引っ掛かる。

大嶋　構造もですよね。変形が何分の一ってあるんですよ。建築基準法は、揺れる建物を想定してないですからね。

藤森　それでも、「高過庵」はもっている。

大嶋　そうした流れの中で、Jパネルをくり抜いた窓が出てくるんですね。

藤森　それまでも縄文建築団を続けてきたが、素人では無理なのが窓です。窓は素人じゃつくれない。ところが、Jパネルでつくればいいことに気づいて、Jパネルをくり抜いて窓をつくった。性能的には大丈夫です。見た目はいろいろあるけど、気にしない。基本に利休がその辺のあり合わせでつくった囲いの伝統があるんですよ。竹の茶室もつくられて、名護屋城の跡から発掘されている。そういう仮設性が最初から茶室にはあった。素人がやるにはちょうどいいんですよ。

ぐるりと見える茶室

大嶋　「高過庵」の窓側がヒップゲーブル（ヒップゲーブル（hipped-gable roof）：はかま腰屋根）になってるんじゃないですか、あれはいつごろ考えられたんですか？

藤森　床ができた後ですね。東側に、八ヶ岳が見えるように、どうしても広い開口部をつけたかった。そのために、寄棟で屋根を上げたかった。それにはヒップゲーブルしかなかった。

大嶋　細川さんの「一夜亭」のときにも、ヒップゲーブル案がありましたよね。シラクさん(当時のフランス大統領)が来日したとき、細川さんのお茶室に寄るかもしれないっていうんで。

藤森　そのとき、シラクさんが入れないかもと心配し……。

大嶋　それで、でかくしようと。「一夜亭」も寄棟にすると入りにくいからと。

藤森　そうそう、寄棟で軒を下げた場合、ヒップゲーブル以外にないんですよ。だから、入り口だけヒップゲーブルにする。

大嶋　でも、やっぱりやめようみたいになって……。

藤森　ヒップゲーブルは日本でいうと兜造りですよ。結果的には何とかなったんですよね。

大嶋　庇問題もたしかあったんですよ。でも庇も付けることができたし、ぎりぎり大丈夫でした。

藤森　ヒップゲーブルって、凝りすぎの切り方なんですよ。「高過庵」の場合、ちょっと見にはヒップゲーブルに見えないんだけど、茶室としてはヘンです。

大嶋　ただ、でき上がってから、見る位置で全然姿が違い、変化があるのはすごく印象的でしたね。これまでぐるりと見られる茶室はなかったんですよ。「矩庵」は一方向だけですから。

藤森　「一夜亭」もぐるりとは見えない。

大嶋　工房のあるほうからしか見えない。

藤森　だいたい茶室で、ぐるりと見えるのはない。茶室の外観はないに等しいんですよ。独立してつくる場合も、ある方向からだけ歩いていくわけだから。

大嶋　逆にそれ以外は絶対見せないように隠すっていうか。

藤森　ところが「高過庵」は、四方八方だけじゃなくて、下から、床下も見えるんだから。

大嶋　「高過庵」で使った材料に金箔がありますよね。なんで金箔なんですか?

藤森　西日が入ったから。

大嶋　できてから考えたんですか?

藤森　最初は朝日を入れる予定だったが朝日がうまく入らなくて。でも西日がきれいに入ることがわかって、じゃあ西側のトップライト部分に丸窓をあけて、太陽ですから金箔にして、丸い光を金箔で受けてみた。

大嶋　最初は金色の塗料を塗ることだったような気がするんですが。

藤森　たしかに最初は塗料を塗ったんだけど、途中で、こんなのがあるって芸大出の建築家の村松一君がシート式の素人でも貼れる金箔を買ってきた。それで金箔を使うことになった。金箔を貼るのは難しいってのは知ってた。村松君は芸大出だし、友だちが絵描きで金箔のあれこれを知っていたから助かった。

大嶋　一回、金で塗ってから張ったんですか?

藤森　偽金を塗った後に、金箔の存在を知って、半分だけ張ったんですよ。高くて半分でやめましたけど。あれだけで20万円くらいだったかな。

大嶋　無駄に張りすぎたんじゃないですか?

藤森　ちょっと重ねたつもりがどんどん重なって。

大嶋　張ると全然、本物と偽金とでは違うんですよね。

藤森　そりゃあもう(笑)。■

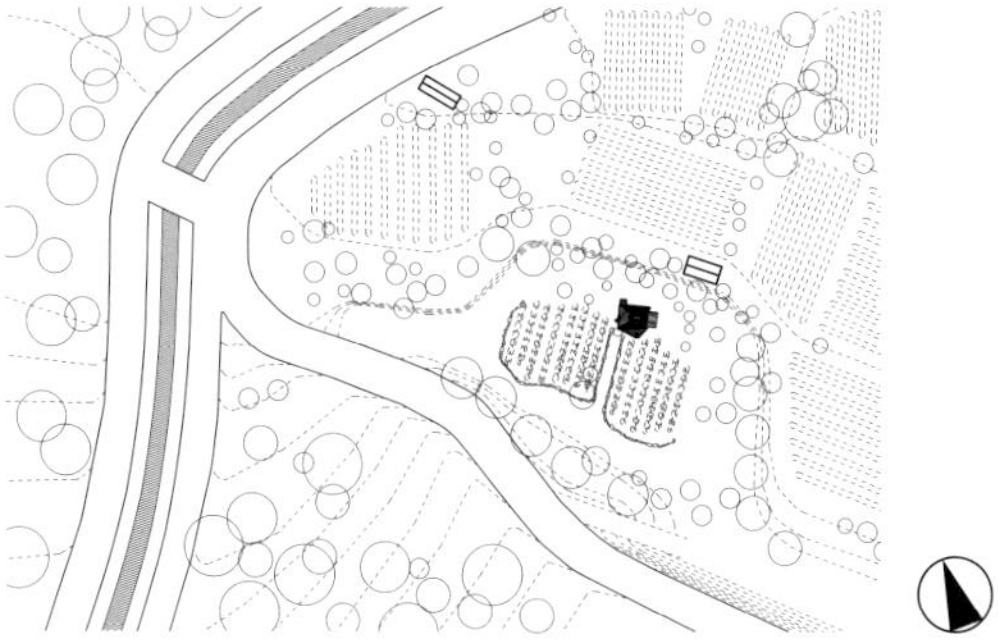

配置　S=1：1500

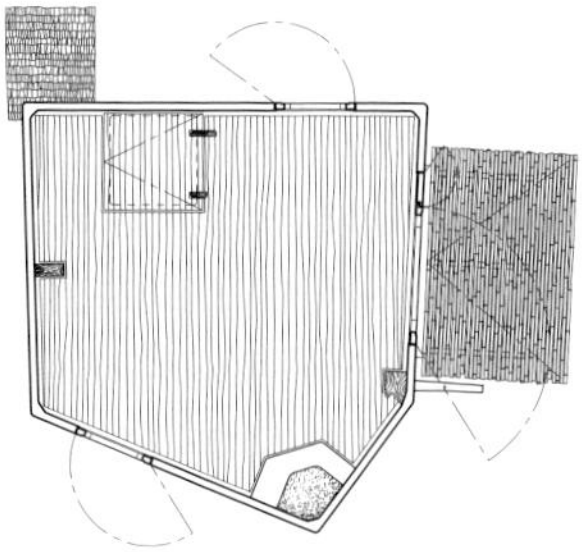

平面　S=1：100

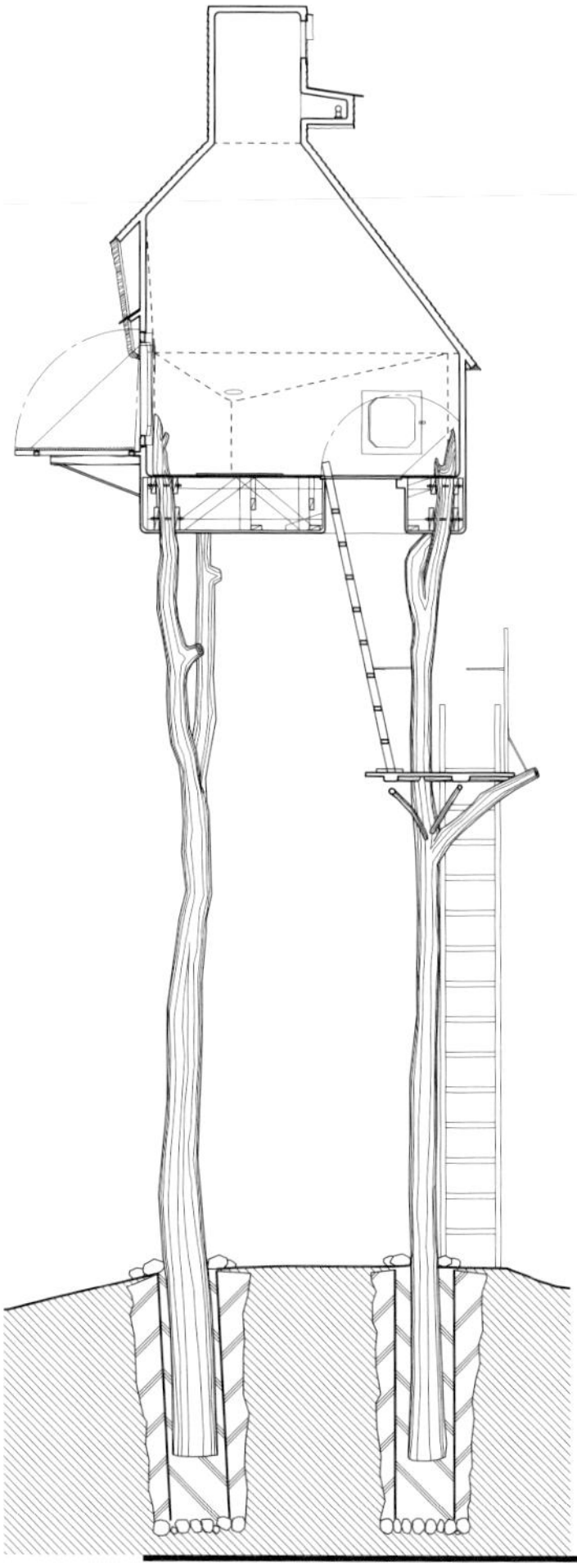

断面　S=1：100

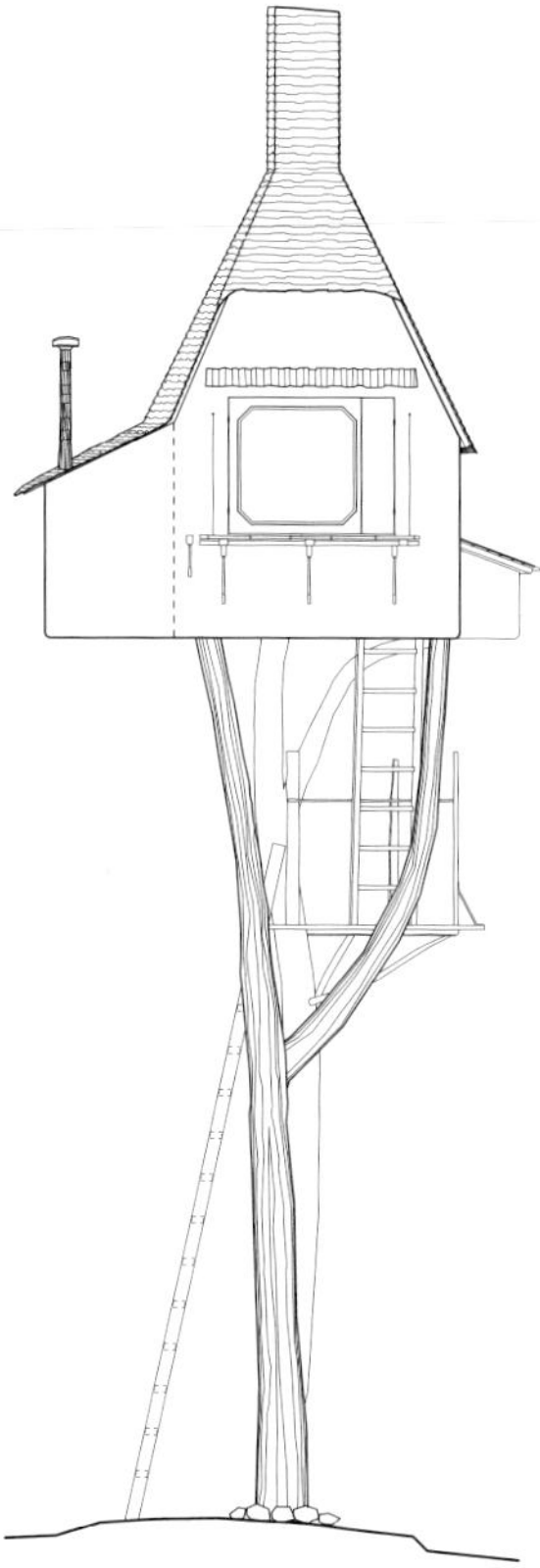

東立面　S=1：100

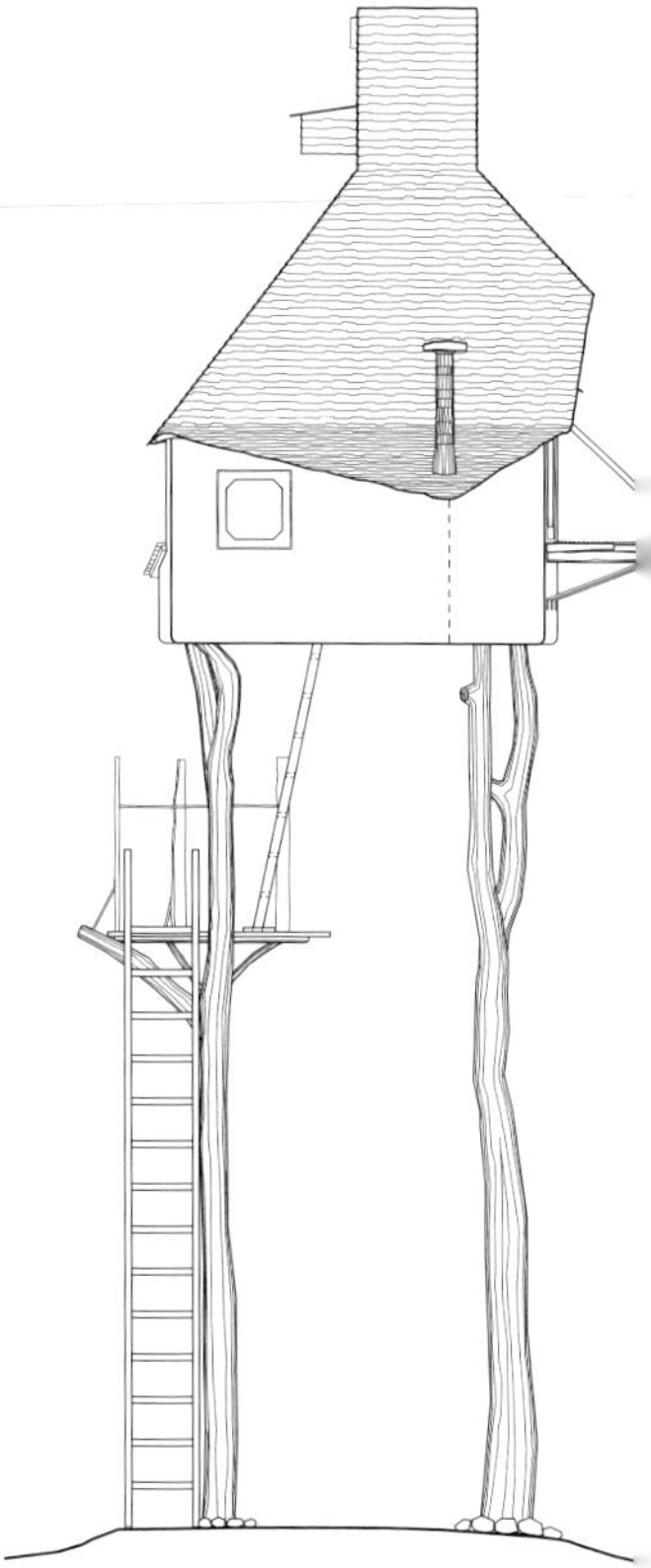

南立面　S=1：100

Part 5

軽く・強く・素人で

茶室《ちゃしつ》 徹《てつ》 2006

花見のための茶室

大嶋 「徹」に関しては学生主体でやっていたので、自家施工比率が一番高いという印象があるのですが、「高過庵」と同じくらいですか?

藤森 圧倒的に高いのは「矩庵」だよ。だって、プロが一人も入らなかった。

大嶋 「徹」の最初のアイデアは三角の茶室です。

藤森 最初は、茶室を桜の木の上にまで突き出す予定だったんだけど……。桜の花見のことを考えたんです。桜の木の上まで突き出したかったんだけれど、依頼者の吉井長三さんが登れないから、4メートル以内にしてくれって言うんだよね。そうすると、桜の花の位置になっちゃう。文化人類学者の川田順造さんの家に行ったとき、2階から下の桜を見る経験があった。家が斜面にあって、部屋から床下に桜が見える。とても豪勢な感じで、桜の花の海の上に浮いてるみたい。それをやりたいと思った。柱にした桧だったら、できなくもなかった。

大嶋 使った桧はもともと高かったですからね。

藤森 それを低くしたわけです。

大嶋 この三角案でずっと進めていたんです(140頁参照)。それから、五角案になったんです(142頁参照)。機能的には、三角形平面の先っちょなんかは使えない。それに、風荷重の負担もあるので、ぎゅっとコンパクトにしたのが今のかたちですよ。意外と狭い感じがしない。それと、藤森さんからは炉の位置を……「一夜亭」では炉の位置を窓の間口の前にあったのを、「徹」では袖壁の前にずらしたいと、このときに言われたんですよね。

藤森 人が座って、ここから桜を見なくちゃいけないからでしょ。

大嶋 花見のときはお客さんが窓から乗り出して見るんですよね。

藤森 茶室ってもともと外を見ないものだから、茶室で花見をするというのは、本来はありえない。しかし、「徹」は最初から、桜を見るためにつくってある。

大嶋 そうですね。ちょうど、桧が三股になってた。桧は2本あったんですけど、三股になっているほうがあって、1本を切って、切断面に床パネルを載せ、残り2本を背骨にしたんですよ。

藤森 敷地の中に、切っていい立派な桧が

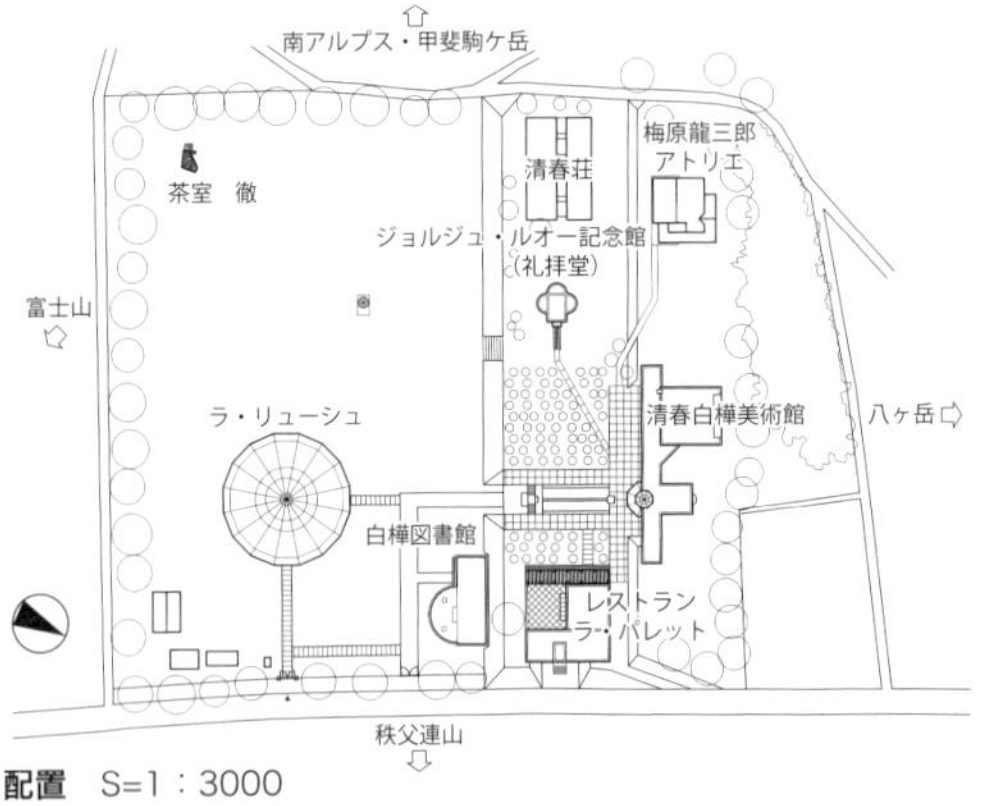

配置 S=1：3000

古木の桜が満開の中に立つ「茶室 徹」

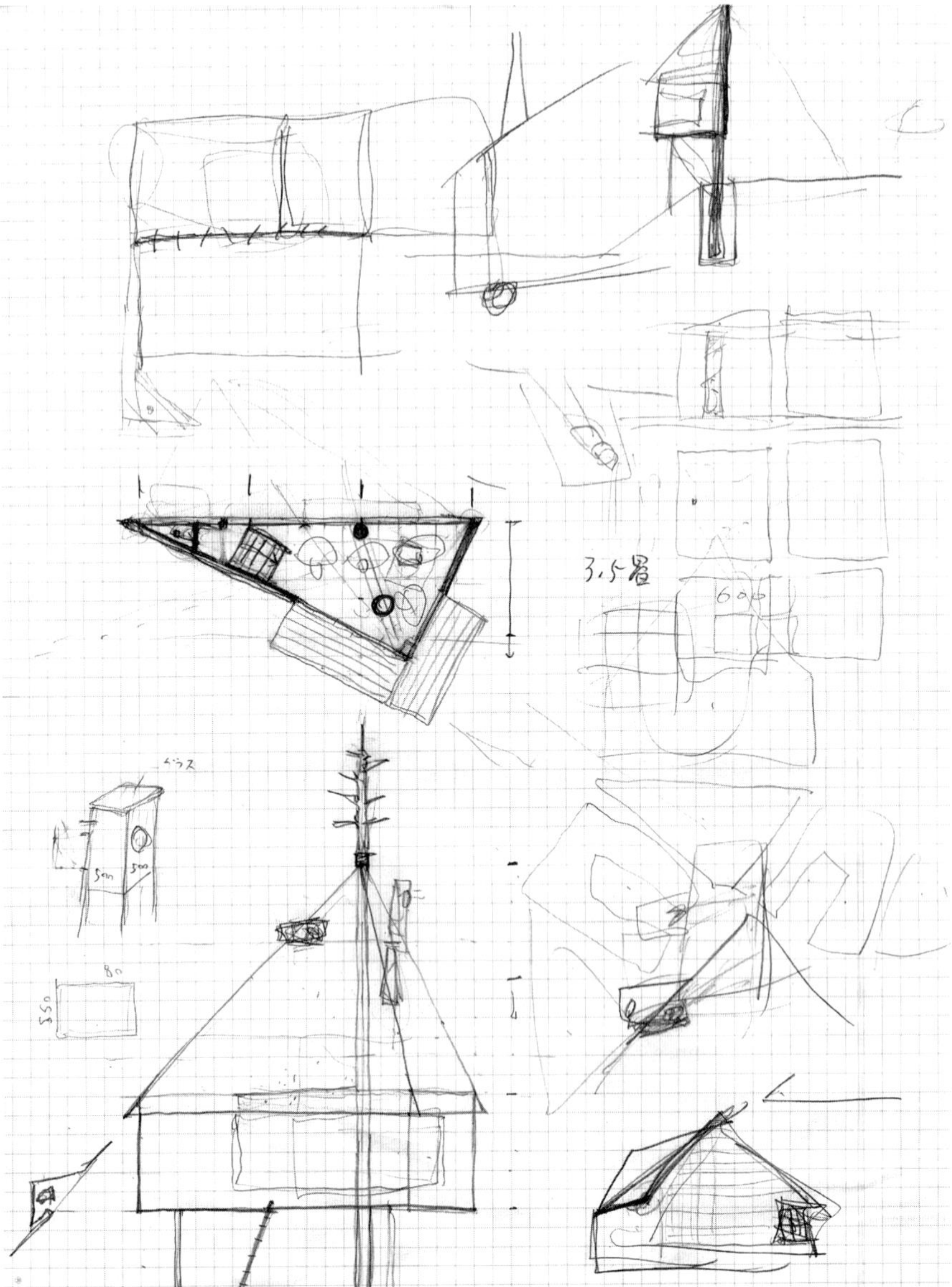

「茶室 徹」のスケッチ（2005年5月29日）

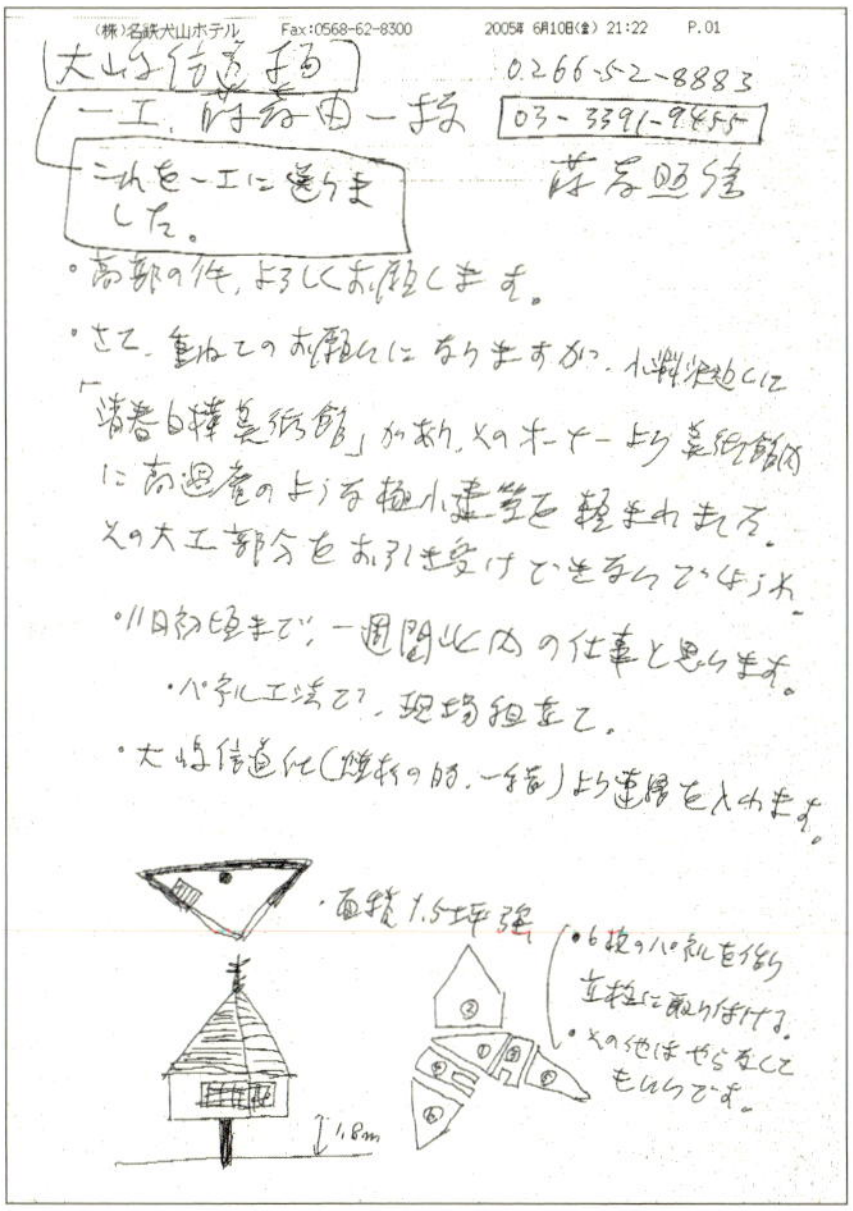
(株)名鉄犬山ホテル Fax:0568-62-8300 2005年 6月10日(金) 21:22 P.01

大嶋信道 様 0266-52-8883

一工、藤森由一 様 03-3391-9455

これを一工に送りました。

藤森照信

・高部の件、よろしくお願いします。

・さて、重ねてのお願いになりますが、小淵沢近くに「清春白樺美術館」があり、そのオーナーより美術館内に高過庵のような極小建築を頼まれました。その大工部分をお引き受けできないでしょうか。

・11月初旬までで、一週間以内の仕事と思います。

・パネル工法で、現場組立て。

・大嶋信道氏（矩形の時、一緒）より連絡を入れます。

・面積1.5坪強

・6枚のパネルを作り立柱に取り付ける。

・その他はやらなくてもいいです。

1.8m

FAX通信 藤森→大嶋
藤森→藤森（由一）

協力依頼（2005年6月10日）

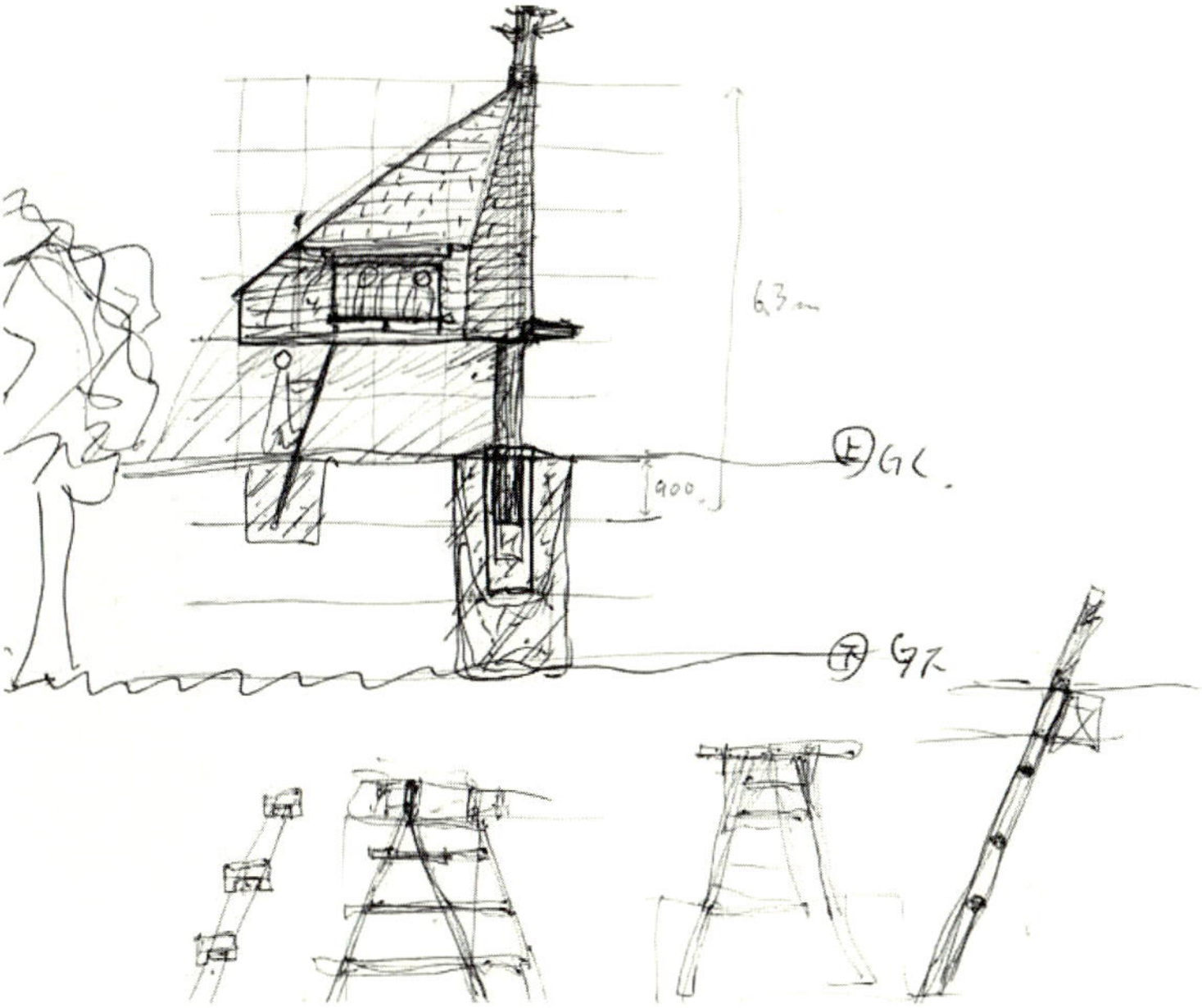

高さを中心としたスタディ

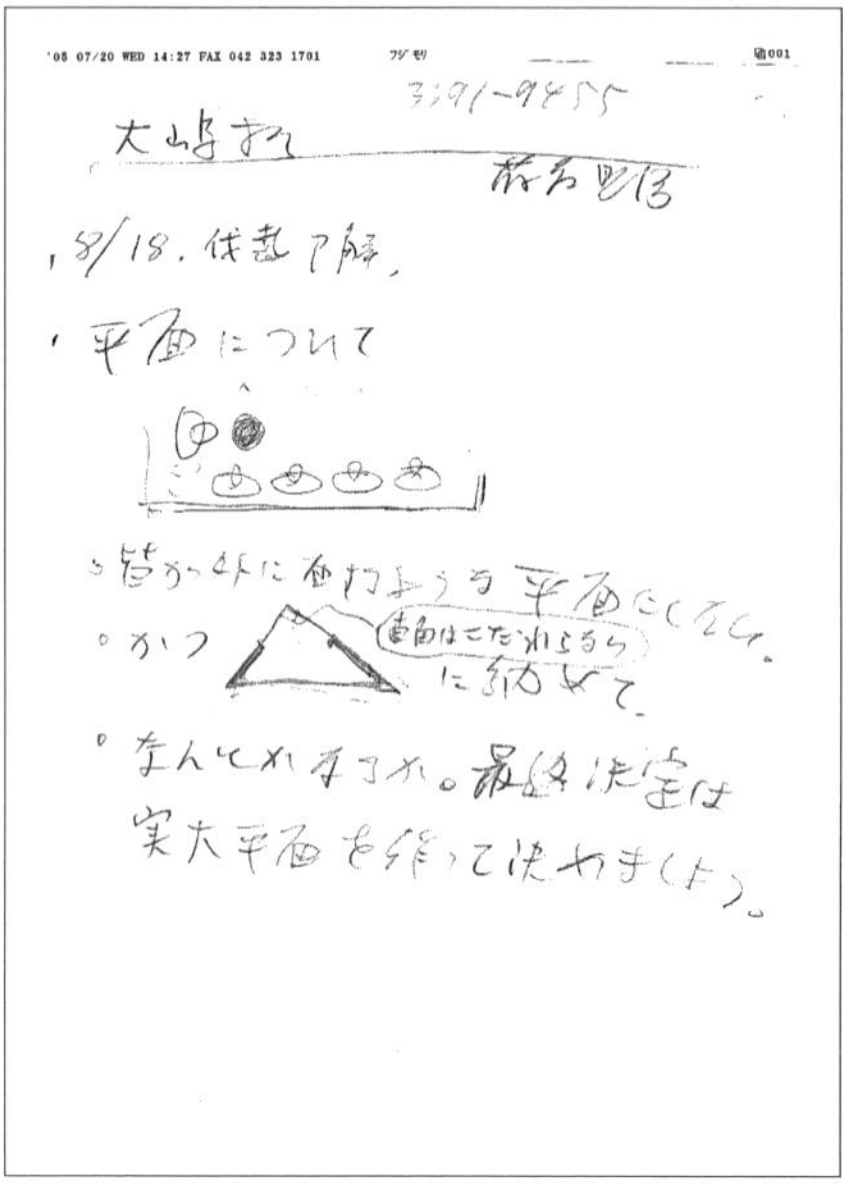

2005年7月20日(14：27)

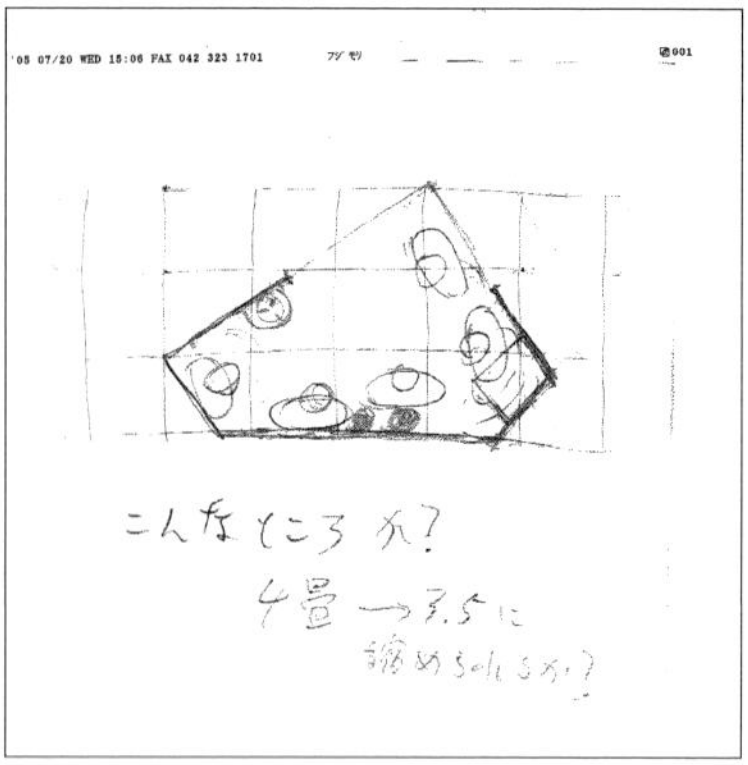

2005年7月20日(15：06)

FAX通信 **藤森→大嶋**

三角形のプランは五角形へと変化した。

2本あってね。ただ、桧はやっぱり太すぎたね。もうちょっと細くしてよかった。

大嶋 先生はもっと細くてもいいと思いました?

藤森 できてから思った。だって、もっと細いのでも十分もつよ。

大嶋 まあ、そうですね。

藤森 もうちょっと揺れてほしいけど、微動だにしないでしょ。

大嶋 今、ちょっと動くようになってきましたよ。やっぱり、乾燥して桧のほうが痩せるから、鉄の部分に隙間ができる。Jパネルだから、前に比べたら揺れるようになっていると思いますよ。

製材は現場で行う

藤森 桧の製材をどうするのかが一番大変だった。背中の、背骨にあたるところを、水平面にし、さらに垂直の面をつくらないといけない。製材所じゃできないので、現場で木の製材をして、垂直面をつくることになった。大嶋君の弟がアメリカの現場製材機みたいなものを持ってきてくれて助かった。

大嶋 製材機というか、いわゆる治具なんですよね。治具を使って手持ちのチェーンソーで並行に切るという。これをなぜか弟が持っていた。

藤森　製材所が遠いアメリカなんかの開拓地では、自分の家の山の木を、現場で自分で製材してしまう。日本の場合、すぐその辺に持って行けば挽いてくれるから、こういう技術は日本の感覚ではないわけ。

大嶋　チェーンソーだから、そんなに古いものじゃないと思うんですけど、昔は本当に挽いてた治具があったと思います。

藤森　その伝統をチェーンソーに持ってきたんでしょうね。本当にチェーンソーの腕のいい人だったら、治具なしで挽いてしまうね。チェーンソーの名人って異常な腕よ、鉛筆削れるような人もいるぐらいだから。

素人がつくるための素材と知恵

大嶋　一番モノコックに近いのが「徹」じゃないかと思うんです。

藤森　「徹」の構造はJパネル。

大嶋　正確に言うと、カラーパネルです。カラーパネル36を使って、ぐるっと立体的な箱をつくって、内側のジョイント部分だけ2×4材で補強したものです。そういった意味では構造形式もまちまちで、「矩庵」は床も壁も基本的に2×4材なんですよ。「高過庵」は、床が立体トラスみたいになっていて、そこからJパネル1枚で立ち上がっています。「高過庵」で、ジョイントを補強しようというのは不安な感じがしたんですか？

藤森　「高過庵」だって、あれ以外のジョイントはないよ。

大嶋　壁の部分は何もしてないんですか？

藤森　壁は何の材料でもよかった。

大嶋　1枚。

藤森　Jパネル1枚で十分もつ。

大嶋　壁が一番薄いのが「高過庵」。Jパネルが1枚、このプラットホームから立ってるんですよ。

藤森　厚さ40センチの相当しっかりしたプラットホームですよ。2か所で拘束してなんとかもってるんですよ。大変でした。

編集部　先生、よく、図面なしでやりましたね。

藤森　あんなの図面あったらできないよ。変形したところがあるのに、描きようがないでしょう。

大嶋　「徹」に補強リブを入れるというのは、先生のアイデアでしたっけ。

藤森　床面のこと？

大嶋　床だけじゃないです、壁にもです。

藤森　それは記憶にない。

大嶋　じゃ私のアイデアですね。補強リブがあったほうがいいかなという。

藤森　補強リブはどこに入ってるの？

大嶋　屋根などですね。1枚じゃできないんで。パネルのジョイント部分に2×4材を裏打ちしました。補強リブの間に断熱材を入れて、断熱材ごと、エクセルジョイントを塗りました。「高過庵」はけっこう暑かったんですが、「徹」は断熱材が入っているので一桁熱伝導率が違って、そんなに暑くない。

藤森　「徹」は暑くない。

大嶋　みんなに言うと、やっぱり茶室でそれは限度があると。昔は茅葺きとか瓦葺きだから、そんなに暑くなかったけれど、銅板とJパネルだけでは、環境としては無理があると言われたのですが。実際は、思いのほか、うまくいったと思う。性能評価までは行かないけど、そこそこ普通の生活環境になっていると思う。Jパネルを組板建具に使ったのは、「高過庵」が最初ですよね？

藤森　そう。素人でつくれる技術の開発を目指してきたけど、窓だけはつくれなかった。特に、ガラス窓は素人にはできない。ところが高過庵をやったときJパネルだと、つくれることがわかった。その技術をもうちょっと本格的にしようということで、「徹」でやったんです。「コールハウス」（**239頁参照**）まで続く縄文建築団の伝統技術です。素人の窓づくりが無理な理由は、桟の密着が不可能なんだ。ここがだめだと、へろへろ。ところが、Jパネルはくり抜けばいいから、最初から安定している。3層になっているから、1層を凹めて、はめて、杭で止めればできる。あれは、徳正寺の秋野さんが「高過庵」で最初にやってくれたんじゃないかと思う。

大嶋　そうです。「徹」も、このくり抜きは確か、徳正寺さんです。

藤森　そうでしょ。

ところで、ルータという工具があって、溝掘りもできるんだけど、まだ持ってないんだ。

大嶋　このときに買いました。

藤森　ルータを使うとできるんだ。

大嶋　できますね。でも、徳正寺さんは「高過庵」では手でやったと思うんですが。

藤森　赤瀬川さんは、「薪軒」（ニラハウス）では溝切りカンナがないから、引き戸の溝を丁寧にノミで切ったんですよ。敷居を敷いたあとで、溝が必要だってわかって。

大嶋　Jパネルは引き戸から始めたんでしょ？　だけど季節によって、1センチくらい反る。やっぱりクリアランスは相当いるなあと今回わかりました。結局、閉まらなくなって、相当削ったんですよ。

藤森　でもね、素人でつくれる窓は、これ以外はまだない。

建水の水を捨てる小窓

大嶋　あとは、さっき言った炉の位置が窓から離れた関係で、建水《けんすい》の水を捨てる小さい窓を付けたんです。そこから、だーっと捨てる。

藤森　窓から捨てるの、喜んでたね。

大嶋　「一夜亭」でね、細川護熙さんが先生を送って行ったあと、『和楽』の編集部の人にちょっと、大嶋さんお茶を立ててくださいって言われたときに、先生と同じように、細川さんの茶碗の水を窓から手を出してじゃーって捨てたら、みんなが凍りついたんです。みんなお茶のことわかっているので。

藤森　建水の水を窓から捨てるのは、開放的で気持ちがいい。

大嶋　水屋がなくても、機能的には解決するんですよ。建水の水は、溜まったら、亭主が持って出て捨てるんだけど、その場で窓から捨てりゃいいや、と。

藤森　汚いものじゃないしね。

大嶋　先生、炉の上に煙突をつくったじゃないですか。うまく排気できていますか。

藤森　煙はあまり引かないですよ。やはり煙突的なものはほしいんだよね。

大嶋　部屋の換気にはなってると思うんですよ。酸欠にはならないという意味では。

藤森　ここはちゃんと換気扇付けたでしょ。

大嶋　「一夜亭」と「徹」には、換気扇が付いてる。しかし「高過庵」は付いていません。「矩庵」はどうでしたか？

藤森　付いてない。あそこはもともと、あんまり日の当たるとこじゃないから。■

コーナーに大きく開かれた開口部より桜を見る

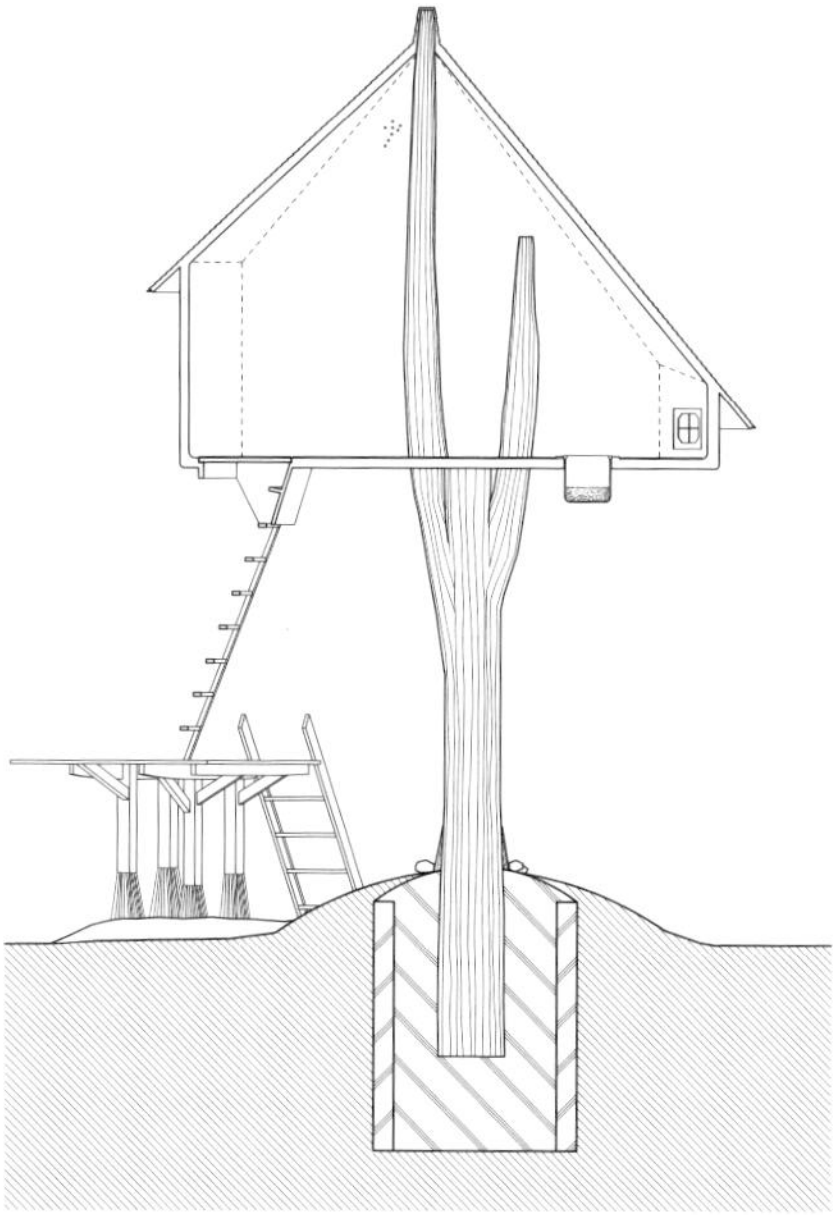

断面　S=1：120

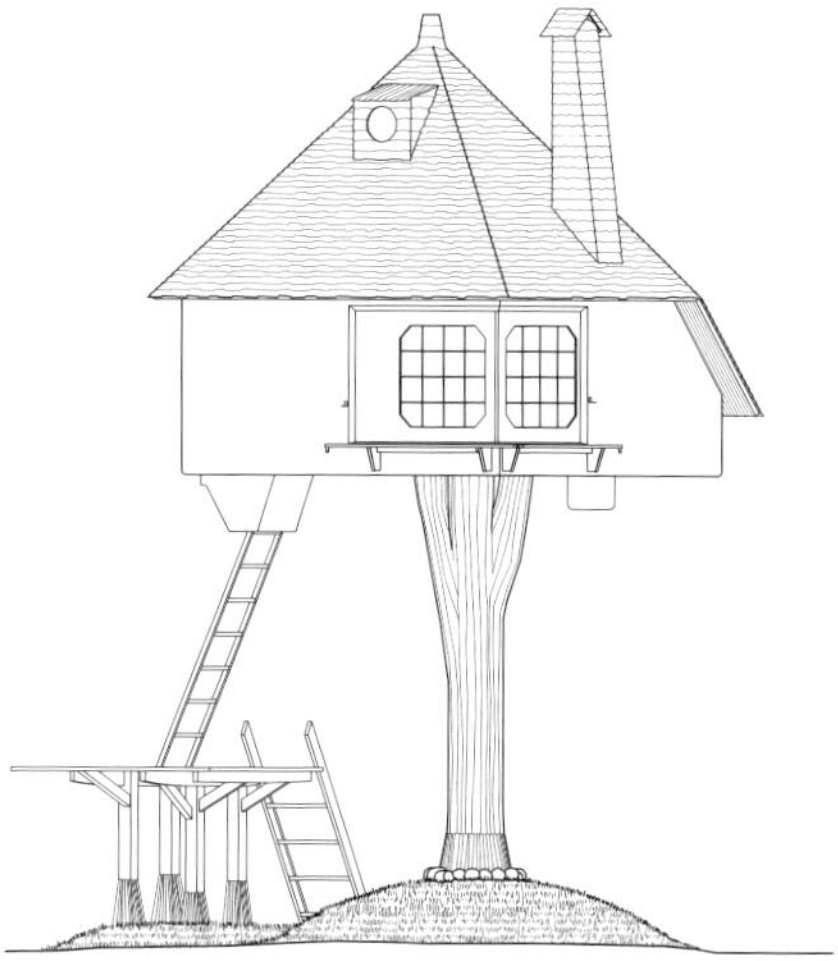

立面　S=1：120

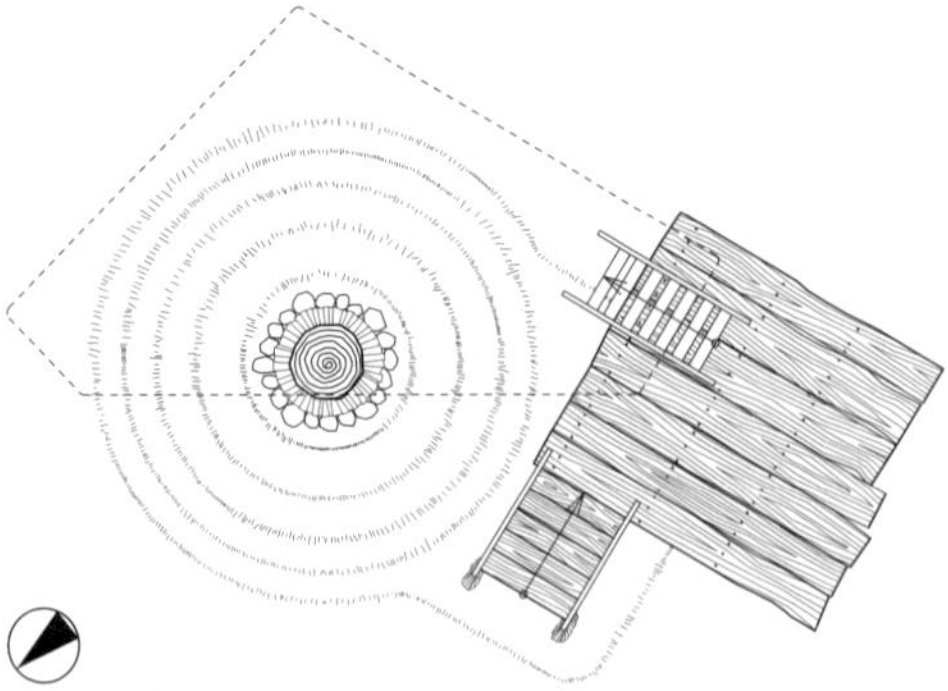

デッキレベル平面　S=1：100

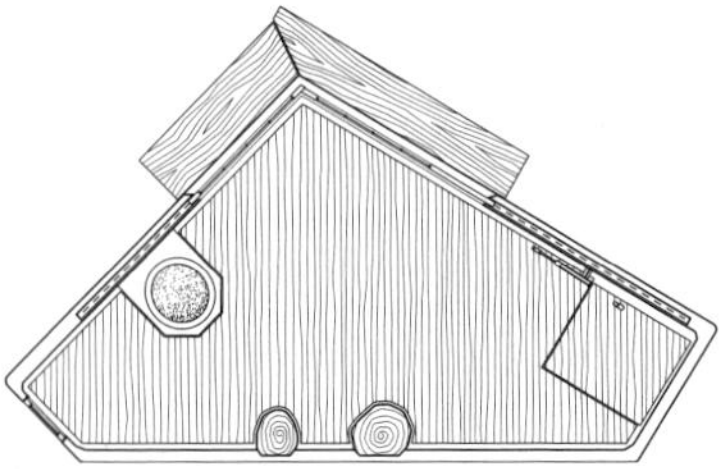

平面　S=1：100

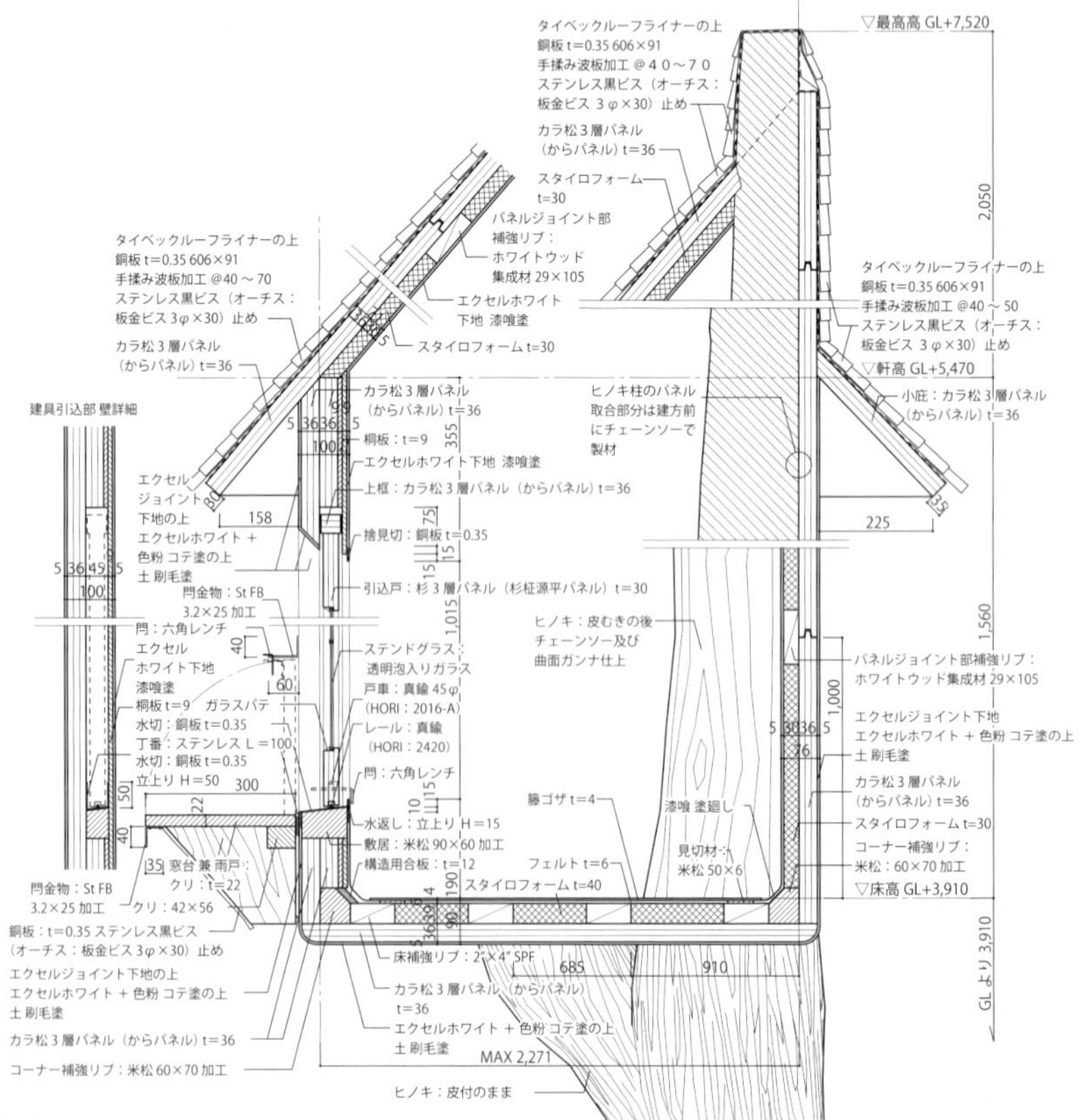

矩計図　S=1：20

茶室対談　その3

茶室空間に埋め込まれたもの

原広司×藤森照信

歴史に鍛えられる

藤森　いろいろ思い浮かべてみてわかったのは、実は茶室について、堀口捨己以降誰も本気で論じていないこと。磯崎新さんが茶室についてふれるときは、正面から言わずに、いつも奥歯に何かものがはさまったようにふれる。それで、茶室を語る相手はいないだろうかと思い巡らすと、原先生のことが浮かんで。

原　あなたのほうが茶室的でしょう(笑)。

藤森　茶室はつくっていますが、僕の場合は最近ですから。戦後活躍した建築家の世代で、原先生は第二世代ですよね。第一世代の前川國男、丹下健三ほかまで入れてもホントに茶室的なものをつくっている人は、ごく一部。その中で、理論的な話のできそうな人はいなくて、安藤忠雄さんは喋らないし、おそらく磯崎さんは韜晦《とうかい》に近いような言い方をしますよ。そうした中で、ちゃんと話をしてくれるのは原先生しかいないということで、今日はやって来たわけです。

原　僕には、茶室をつくるという意識はあまりないですね。だけども住宅をつくるときに、その背景には茶室がある。日本の文化の中で建築的に誇れるものは、茶室じゃないかと思っている。それは何というか、歴史の中での鍛えられ方が違うというかね。

藤森　命がけで鍛えられたみたいな。

原　ええ。それは大変なものです。平安から室町に至るまでの約400年間は、日本において、建築と美学が一番充実していた時期じゃないかと。

藤森　一番純化していた時期ですよね。

原　そう。だから、その鍛えられ方もそうだし、時間のかけ方が全然違う。だけど、これは茶室だけじゃなくて、能なんかの芸能も全部そうだから。結局、建築に関しては、茶室という形で残ったと考えている。

で、茶室の原点にさかのぼると、まず平安時代(末期)に藤原定家の父親の俊成がいて、その一方にアカデミズムと権力みたいなものがあったわけだけども、それが仏教を通して寺院などを建設したりして、日本の思想的な正統派というか中核をつくり上げていくわけです。それに対して、俊成は俊成なりの決意というのがあった。彼は貴族という立場で高い地位にあるわけだけども、仏教の世界を追求するのに片や正統派ではなしに、俗に徹して神髄を極めるというか、その真の思想に到達しようという、そういう決意があって、それを息子の定家がはっきりさせた。だから、武野紹鷗や村田珠光といった人々が、茶室をつくるときにも、ずっとその思想を受け継いでいく。単純にいうと「見渡せば花ももみぢもなかりけり　浦のとまやの秋の夕暮」(藤原定家)。その歌の中に秘めているものを、どうやったら建築化できるかと。つまり、な・

いということとあるということ、花ももみぢはないけど花ももみぢはあるという矛盾。それを極めるのは色即是空であって、要するに、ないものとあるもの、死んでいることと生きていることは同じであるという、そういう矛盾です。これはナーガールジュナ(龍樹)が、彼らより千年も前に到達した「非ず非ず」の論理なわけだけども、それを俊成がとにかく芸術でやってやろうと思うわけね。

藤森　それは哲学にして宗教でしたからね。宗教の境地みたいなところがある。

原　それと、いくつかの重要な契機があったと思うんだけども、一番わかりやすいのは鴨長明でしょう。『方丈記』で、火事で焼失した住居を新しくつくるのに、どうやったらいい家をつくることができるかを考えて、もとの家の10分の1の広さの住居をつくってみた。ところが、つくってみたけれど、これはどうもまずいと、100分の1のものをつくるんだよね。そしたら、鳥の声がよく聞こえ、花が咲き乱れているのが何かこう非常によく見えてきた。つまり、これは方法論として、すごくいいんじゃないかと。

僕にも、住宅しかつくっていない1970年代があるんですよ。それはちょうど集落調査なんかをやってた時期で、そのときあたりの精神というかね。他の建築家の人たちは大きなものを建てたりするわけだが、自分が住宅という、うんと小さなものだけども、そういう世界というか精神性みたいなものが重要なんだと、自分で納得しないと、精神的に持たない。それを思うときに、いつも鴨長明が出てきて……。

なんていうのかな、茶室は、具体的な一つひとつが宇宙の縮図になっているかはいろいろ論議があるかもしれない。だけども、精神史というか、仏教の流れの基本的な思想が、埋蔵されているんじゃないかと。つまり、その「非ず非ず」というのはnotの論理。notの論理とは、弁証法と「非ず非ず」で、この世には、それしかないわけだから。弁証法が垂直軸だとすると「非ず非ず」は水平軸で、多様な世界を生む論理ですよね。求心的に次から次へという進歩じゃなしに常に水平にいく。それはインド的というか、そういう世界が背景にあると思う。

藤森　要するに、建築表現における茶室の意味ということでしょうか。

原　それは、たとえば西洋でカテドラルを建てるときに、もともとバシリカの形式というのは、地中海の出口(ジブラルタル海峡)に、ヘラクレスの柱が立ってて、というある種の幻想からはじまっているんだけど、その一番奥には祭壇があるっていうこの形式を、建築化しようという、そういう方法論でも世界は埋蔵できるんじゃないかと。なにかホントに茶室はいいけれども、それ以上に歴史がいいというか、そのすごさというのはやっぱり言葉では言い尽くせないよね。だから、ホントにこういう世界を生きなくちゃいけないんだなと……。

日本建築には言葉がない

藤森　茶室のことにいろいろ興味を持っていくと、結局、日本の建築は長い歴史を持ってるけど言葉がないんですよ。だけど、西洋は言葉を持っている。ローマ以降は一度絶えたけど、ルネサンスからまた完全に持っています。で、日本において建築について言葉が発せられるのは、茶室が初めて。「わび」とか「さび」といった、日本的な言葉ですけど、はっきり美学を言うわけです。ちょうど、世阿弥が美学を言葉にするのと同じことなんですね。でも、茶の人たちがあの時期に言って以降、また言葉が消えるんです。日光東照宮は建てられたけど、建てた人たちは、何を考えているかはどこにも書いてない。原先生が言われて面白かったのは、たしかにね、「わび」とか「さび」っていうのは和歌的な美学の言葉の説明で、和歌そのものですよ。

原　和歌というのは、先行してそれが非常に充実した形式を持つものだから、歌の世界において多様な流れができたわけだけど。それを展開して、紹鷗なんかが心敬の言葉を借りて言っているのは、それを乗り越えてゆこうとしている。僕がホントにすごいと思うのは、「枯れかじけ（て）寒かれ」って言うんだよ。「最近はそのようなことを言うような輩がいるが……」と言ってるんだけどね。だけども、「枯れかじけ（て）寒かれ」なんていうのはすごい。僕はホントにすごい建築を見ると、体温がぐっと下がる。そういう空間をいくつか体験している。

藤森　先生、低血圧だし……（笑）。普通は上がると思いますけどね。

原　いや、いいのは下がるんだよ。クールな世界は下がる。今で言うクールという概念みたいなものを、茶室をつくった人たちはよくわかってた。だから、日本にいる外国の人たちにいろんな説明をしても、僕は絶望感をもってるんだよね。つまり、日本や東洋に関する知識のなさに。だけども僕は、それを悪いとは決して言わない。僕らだって集落調査でアフリカに行っても、いろんな貴重な哲学や世界観があって、いろいろなすごい集落があるけど、同じような状況だと思う。集落のほんとうの意味をわかっているわけではない。それにしても、西欧がアジアの美学的歴史をもうちょっと知っててくれないかなという思いはある。フランスの哲学者、デリダやジル・ドゥルーズが日本の思想に精通してるなんて噂が立ったこともあるけれども、自身は「何も知らない」と、どこかの座談会で弁解してて、その程度なんだよね。だから、それを説明するのはなんだけども、たとえばコラージュなんていう思想や方法、美学的な手法は、要するにT・S・エリオットなどがつくり上げた世界や手法だってことになってるけど、実は昔から日本にはあったんだよね。和歌はそうだし。

藤森　和歌なんかそればっかりですよ。コラージュのネタを上手に隠すのが高度な技術で。茶室もそうですよね。

原　だから、茶室なんていうのは、要するに彼らが言ってるのは何か落ちてきたものを拾ってきてつくれって言ってるわけで、それをレヴィ＝ストロースが『野生の思考』でブリコラージュとかいって、芸術家の中にはブリコルールというばらばらの断片を集める人と、エンジニアみたいに発見する人がいるっていうように言ったりするわけだけども、それはまさに茶室のつくり方はブリコラージュと同じで、まさにそのことなんだよね。だから、あなたの言うとおり、他の時代の建築で、こういうようにしゃべれることがあるかというと、ないんだよね。

藤森　ない。たとえば伊勢神宮をつくっていた人たちが式年遷宮を繰り返しながら千数百年以上つくってるでしょう。それにかかわった人たちが何か言語化したり、あるいは日光東照宮をつくった人たちが、数寄屋と美学がどう違うかをまったく説明していない。説明してくれていたら、今ちゃんとしゃべれる。でも結局、僕らが何かをしゃべろうとしたら、茶室しかないわけです。

穴をあける

藤森　結局、茶の世界は言葉をもっていたことともう一つ、紹鷗がこんなことを言った、それに対して、利休はこうした、と、人と作品が重なるんです。これは数少ないことです。

で、もう一つ大事なことは、重要な人たちが殺されたことなんです。芸術に殉じたかどうかはわからないけれど、少なくとも茶人として生きていることの延長上で死なざるを得なかった。利休もそうだし、古田織部もそうだし、山上宗二もそうです。その時代は、ちょうどヨーロッパでいえば、ほぼルネサンスにあたるんですよね。ミケランジェロと利休は2、30年重なっていますから、不思議な気もします。直接は関係のないところで、東西で同じ動きをしている。つまり、日本だと天皇と将軍と芸術家、向こうだと王とローマ法王と芸術家たちが血みどろの戦いをしていくっていう図式は、偶然ですけどマッチしている。

もう一つ、戦後のことで興味深いのは、そういう面白さを、丹下、坂倉、前川は意外と理解しようとしない。丹下が代表格だけど、伝統については伊勢と桂離宮と、丹下は意外と法隆寺なんですが、そのあたりですませて、茶室には一言もふれない。原先生からみて、どうして上の世代の人たちは茶室を避けたんですかね。

原　丹下先生の時代の人たちは、つまりモダニズムを信奉した時代の人々は、たとえば縮小の世界を知らなかったということか。

藤森　かもしれないですね。おそらく一般的な戦後の流れでいうと、万事革新の時代だし、ガアーっと行け行けっていう時代ですよね。

原　だから、なんていうか自分たちの美学として、丹下先生も、あれだけ伝統、伝統と語っているけど、茶室はふれないよね。

藤森　丹下は、基本的には桂か伊勢ですよね。世界を見るとミースたちの世代は、実は日本からの影響を相当受けている。グロピウスもライト経由で受けてる。あの1920年代のバウハウスをつくった人たちが日本建築の影響を受けていたということは間違いないけど、茶室はどうも関係ないようです。茶室は変なおもちゃか、和菓子みたいに思われてたみたいで。で結局、実際に茶室もつくり、茶室への言及がはじまるのは丹下世代が終わって、磯崎さんや原さんたちの世代になってからなんです。それはやはり時代の流れと何か関係があるんでしょうか。

原　それは何ていうか、私たちは近代建築をそのままやっても大丈夫かしらという疑問を当初から持った世代でしょう。そうした世代が茶室に関心をもった。磯崎さんも言うかどうかは別にしてね、やっぱり関心は持っていますよ。

藤森　磯崎さんにも強くある。日本で、丹下以降を考えるとしたら、おそらく茶室だろうと。磯崎さんのお墓は大徳寺ですからね。利休と同じところに眠るわけです。それにこれもまた面白いんだけど、磯崎さんの茶室の見方って磯崎流で、現代の様子を茶人と茶室に当てはめてみる。当時、キャラクターがいっぱい出るでしょう。わけのわからない面白い人たちが。そうしたキャラクターを現代に当てはめてみる。

じゃあ、現代の全員が茶室に関心を持つかといえばそうでもないんですよ。やはり、特殊なところがあって。原先生は、小さな空間への関心ってずっとありますよね。以前、軽井沢の「田崎美術館（1986年）」を案内してもらったとき、奥を見たらね、とても地味な、小さな4畳半ほどの畳の部屋があったんですよ。どうしてここに、畳を敷いた4畳半があって、それも黒い縁なのかと、びっくりして聞いたら、奥様の原若菜さんが「原の中には4畳半が、小さい畳敷きの部屋が抜きがたく染み込んでいる」って言われてね。それはどういうことですか。

原　それはね、なんていうか日本の空間には、畳の風景っていうのがありますよね。要するに畳が敷いてあって、縁側があって、濡れ縁があって、庭があって、塀があって、隣の家があって、山が見えて、その向こうに青い空が見えると。つまり、その空間の連続性が基本的にあるんですよね。ところが、茶室にはそれが珍しくないんだよね。

藤森　閉じますからね。

原　閉じる。それから、僕は岸田（日出刀）先生に教わったんだけど、「日本建築では畳の数の3倍の部屋を、スペースを用意しなさい」と。「あなたたちはこれから設計するかもしれないけど」。僕は、前にも話したことがあるかもしれないし、みんなによく話すんだけど、岸田先生から教わったことは、たいがいのことは非常に正しい。だけども、現実にはできないですよね。そうすると一体、境界があってないような世界を構築できないとすれば、どういうつくり方があるかというと、やはり茶室のつくり方というか、ある種仮設的なつくり方というのがある。それを具体的にいうと、寸法がないところでも対応できる工作なんじゃないかと思っているんですよ。だから、借景だとか間とか奥だとか、そういう日本的、あるいは東洋的な空間概念みたいなものがある中で、やはり茶室というのは非常に現実的というかね。もともと僕は閉じた空間というところから建築を発想してるから。つまり、閉じた空間に穴をあけることが建築なんじゃないかと思っているんですよ。

藤森　有孔体理論ですね。

原　そう。だから茶室についても、誰の、どの茶室が好きだとかなんていうことが何もないんだよね。

藤森　むしろ、茶室の中にある世界の概念というか、茶室がつくり上げた世界像みたいな……。

原　それだからね、茶室が出てくるときには、ひとつの閉じた、完璧な作品としてのものは出てこないんだよね。茶室というのはいつも断片でしか出てこない。ある風景というか。本当に見たのか、写真で見たのかよくわからないけれども、そういうもののシリーズというか、それはもうディテールにわたってありますよね、頭の中に。

藤森　断片がいくつかある。

原　それが何ていうか、最初にも言ったように、精神史というようなものの何か断片集として、あるいは論文集みたいな感じであるんですよ。

茶の湯東遷説

藤森　利休はいろいろ茶室をつくっていますが、小さなもので最初にやったのは、堺のお寺の軒先につくったものです。それは「囲い」と呼ばれた。だから、江戸時代にはけっこう茶室のことを「囲い」と言っている。茶室という呼び名はごく新しいですから。縁側と軒の間にあって、しかも茶室の天井は屋根を斜めにするでしょう、化粧天井ふうに。あれはそこからきた可能性がある。それと先生が言われたように、戸板のような断片を持ってきて、なんかこう集めて囲ったという感じですよね。2畳ちょっとくらいで相当狭くて。にじり口は、紹鷗がはじめて、利休が完成させるんですが、にじり口って雨戸の角を切ってある。今でもにじり口は桟を全部回さずに、片方だけに桟を付ける。一番大事なところはガタガタしてしまうから桟を回す。それは雨戸を切ったからです。利休が弟子に「先生どうしましょう」って聞かれたから、「雨戸もってこい」。それを自分で切ってこれでいいと。そうじゃなきゃあ、あんなもの今まで伝わらないですよ。ふつうちゃんと小さな戸をつくりますからね。それから畳も、これは中村昌生先生がおっしゃってたんだけど、畳の角を落として炉を切るんですよ。今は違いますけど、最初は本当に切ってみせたんじゃないかと。要するに、それは先生が言ったように、拾ってきたものの世界です。結局、利休は1畳台目までやったんですよ。1畳台目でつくったけど、これはさすがにだめ。それで2畳まで戻しますけどね。だから、先生の言われた、拾ってきたもので小さな世界をつくるという原理は、確かにあるんですね。

原　茶室の話で非常に驚いたのは、集落調査でイラクに行ったときのことなんだけど、イラクの北にはクルド人の住むクルド地区があって、紛争が多い地域でね。危険だから行かないほうがいいんじゃないかと言ってたけど、まあとにかく行ったんですよ。そしたら、比較的、普通の日干し煉瓦の建物っていう感じのものが多くて、あんまり面白いものはなかった。で、僕らが「家を見せてくれないか」って言ったらね、「ともかく来なさい」というわけで建物の中に入ってみたら、そこは土間なんです。土間で、壁は砂なんです。日干し煉瓦の上に砂が塗ってある。そして屋根は木造の現しで、梁が見えてて、それが6メートルはないかな、だけど空間自体は6メートル×2メートル半か3メートルの小さなもので、それが茶室なんだということがわかった。で、台が置いてあって「座りなさい」って言われて、みんな座って。あのとき調査に行ったのは4人くらいだったけども、その家の住人も含めて全体で十数人が2列で向かい合って並んだんですよ。でね、まず水が出てきて、手を洗って。

藤森　手水鉢ですね。

原　それでそのうちに、煙草が出てくるんですね。で、その煙草を回し飲みする。

藤森　昔、茶席では煙草を出しましたからね。

原　そうなの。それで、何が出てきたかディテールは覚えてないんだけど、お茶が出てくるんですよ。

藤森　紅茶系のお茶みたいな……。

原　そうだね。緑茶じゃないからね。それに、座る席がどうも決まってるみたいなの。主人とお客の席が決まってて。器がどうのとかの話はしてなかったみたいだったけど、金(かね)の器みたいなものが出てきた。

藤森　鑑賞してる?

原　いや鑑賞はしてない。そういうんじゃないと思ったけども、何しろ静かなセレモニーでね。瞑想ってわけじゃないんだけど、そんなにギャーギャー騒ぐってことじゃなしに。で、とにかくその間どのくらいだったか正確には記憶もないけど、そんなに長い時間じゃなかったと思うけどね。それで、とにかく茶のセレモニーってのは、いろいろな伝播経路の話があると思うんだけども、西側のほうから来たんじゃないのかなと。あるいは、文化ってのは伝播説だけじゃないから同時多発的に、ある段階になると似たようなものも出るんで、何とも言えないんだけども。たとえば、集落調査で砂漠を移動していると、日本の庭の、たとえば石庭なんかに見える波紋の模様があるでしょう。あれは砂漠の風紋なんですね。あの風紋が、日本で見たお寺の庭の形だなってのはある。だから何ていうのかな、いろんなものが、アジアの西のほうの乾いたところのほうからイラク・イランへと、だんだんと東遷してきてるはずだよね。だから茶室というのもことによると、何かわれわれが知っている茶とは違う話がじつはシルクロードとか何かと関係してるのかなと。

藤森　向こうも座ってお茶を飲みますからね。

原　茶室の雰囲気が似てるんだよね。納屋の感じが……。それで僕が感心したのは、お茶を飲む空間が別棟になってるんだよね。家の一角じゃなしに小屋みたいなものがいくつかある中の一つで、明らかにそれは、茶室のように茶のセレモニーをやるための棟になっている。

藤森　座って、楽しみとしてお茶を飲むということ、生活習慣が大きくバックにあるのかもしれないですね。

原　「座」っていうような概念だよね。座って、自分の位置を占めるというね。それがやっぱり日本ばかりじゃなしに西洋だって座を占めるっていうのはあるだろうけど、なんとなく茶室とあまりにも符合するので、これはいったいどういうわけなんだろうと思ったね、そのときは。だから、ある意味では、茶室はことによるとどこにでもある普遍的なものかもしれない(笑)。

藤森　明快な形をとったのは日本だけで。

原　中国なんて亭《ちん》があるじゃないですか。東屋の。あれなんかお茶を飲んだりしますよね。

藤森　お茶も飲むし、昔はアヘンも吸ってました。ただ、日本ほど形式は確立してない。もう一つ中国の場合、茶館的な美学はありますけど、その結晶化の中で、才能ある人たちが集まってぐっと歴史が盛り上がったということはないんです。やはり、盛り上がりは宮殿のほうとかに行っちゃう。でも、たしかに先生の言われたように人類にはみなあるかもしれない。

距離感の実験

藤森　それから、座ることって大事だと思っている。実際こうやって先生とテーブルを挟んで話してると、すごく気楽なんですよ。それは、腹から上しか見えないから。つまり体の上の3分の2の部分はすごく自覚的な部分ですよね、手とか顔とか。でも、座った世界は、腹から下の無自覚なところを見てるんですよ。茶の人たちも武道家もそうだけど、まず姿勢を見る。姿勢を見て、それだけで腕がわかるっていう。柔道の人たちも組めばもうわかると。で、そういう身体性にかかわる部分が芸術になった。特にお茶は禅の影響を受けてるでしょう。座禅の訓練を利休は受けてますし、他の人たちもやってますから。座禅は姿勢が大事。体が物をちゃんと言う。おまけに、お茶の場合は作法もありますから。今はそうでもないけど、昔は亭主も客も練達度を見ていた。要するに、スムーズにいくか、それは見ればわかる。日本の場合、身体的トレーニングを精神的トレーニングと重ねるでしょう。心の鍛錬、つまり武道がそうですけどね、そういう精神がお茶の世界には流れていて、それは今、先生が言われた話を聞くと、やはり座ってる世界ですよね。ずっと立ってるわけにはいかないし、テーブルを挟まず、全身を見せて座りつづける。

原　その距離感が不思議だよね。だから、何ていうか茶室のすごさのひとつに寸法体系があるでしょう。それは距離の話になるんだけど、たとえばメキシコのテオティワカンとか、ああいうところの遺跡のひとつの部屋のユニットを見ると、幅が1.2メートルくらいしかなくてね。つまり、どうやって寝たのかとか、人間が小さかったのかとかさ(笑)。つまり、身体性にかかわるところだよね。もちろん堂々とした空間は一方にあるにはあるんだけど、そういう狭小空間みたいなのが、いろんな集落に出てくるんだよね。

藤森　決して貧乏くさいわけじゃないし、貧困から来ているわけじゃない。

原　たとえば、そのテオティワカンの1.5メートルとか1.2メートルとかいう寸法体系と似てるんだけどね。ユカタン半島のマヤ文化圏のいろいろなところに行くでしょう。そうすると、40メートルくらいの高さの熱帯雨林の中に、土着の住民は家をつくっている。僕らは、その家に住んでる人がどれくらいいるのかと思って、全員に出て来てもらって写真を撮ったことがあるの。もう驚くべき数の人たちが出てくるの(笑)。ワゴン車に何人乗れるのかってCMやってるけど、あんな感じでね。よくもこんなに人が入ってたなというくらい出てくる。土地がないのかっていうとそうじゃないんだよね。全部密林で、畑は休耕しなくちゃならない畑(休耕地)だから、空き地はいっぱいある。しかも、材木なんて密林だから無尽蔵にある。それなのに、信じられないくらい小さな家をつくって、みんなはだを合わすようにして住んでいる。もうお互いに、間近に接触していないと生活できないと思われるくらいの小ささです。

藤森　犬とかは寝るときに体を寄せて寝るんですよね。それとか日本で一応、現存最古の一万年ほど前の縄文住居が、鹿児島(上野原遺跡)で出たんですよ。これは珍しく四本柱がない。円型で垂木みたいなもので成立してて、アフリカの土着建築に近い。その年代が確定できたのは、火山灰で完全に全滅したからなんですが、そこに住んでた住民も南方から来た人だっていうのもわかっている。とにかく謎の空間で、竪穴なんだけど丸い円型の中に四角く地面を彫り込んである。これだと通常は人は寝れない。先生が言われたように体を寄せて寝れば寝れる（笑）。今、我々が寝るように寝ると足と頭が出ちゃう。何か人類の古い記憶の中に、そうしたことが残っている可能性はありますよね。

原 だけど、少なからず茶室っていうのは、何かある密室的な、秘密結社的なものがあると同時に、何か対決の場でもあるわけでしょう。

藤森 お互いを読んで、見抜く。

原 そういう場所だよね。だから逆に、場合によってはえらく親密になったりする。どっちに働くかわからないですよね。しかも、相手が誰かでまるっきり変わってしまうっていう。だから、小さな空間の不思議さっていうのはありますよね。

藤森 大きいのはわかりやすいんですよ。そう言われたら、日本の人は電車に乗って体が触れても平気だけど、欧米なんかではものすごくいやがる。僕らは別にこういうもんだと思ってるけど。何か身体の持つ意味や身体が感ずることについて違ってるかもしれないですね。

原 違う何かがあるんだよね。だから、ある程度距離がないと、本当は見えないんじゃないかっていうような感じがするんだけど。僕は住居をつくるときにも、与えられた条件の中で、小さいけれども一番長い距離をとるにはどうしたらいいのかいつも考えるんだよね。だけどさ、やっぱり茶室ってちょっと精神的に違うよね。その人間のことがわかるとか、心がわかるとか、そういうことがあの距離感でできると考えること自体が。何かある種の実験みたいなもんだよね。

藤森 僕も、なにか実験してるんだと思う。おそらく利休がその実験を最初にやったんじゃないかと。茶室って4畳半が基本なんです。中世の世捨て人の庵が原型ですから。4畳半より狭くするというのは実験だと思ったほうがいい。4畳半より小さい茶室は実際には使いにくいですから。

原 2畳台目なんて入ってみるとホントすごいよね。

藤森 1対1ですもんね。おそらく利休は、空間と人間の関係、そういうことの実験をやったんでしょうけど。それはおそらく、世間や権力からするとよくない実験だったんじゃないか。だって坪ひとつの茶室っていったら畳2枚の上で、利休と秀吉が対峙したら、どんなことになるか。やはり、秀吉の側から見ると何のためにそんな無理をやるのかわからない。

原 普通だったら十分距離をとってね。

藤森 そうですよ、対面でなきゃいけない。それを縮小の実験なんかやって。普通は怒る。今ですと、天皇を茶室で迎えるなんて許されないですよ。天皇とこう向き合ってお茶飲むなんて。

死と対峙する

藤森　先生の有孔体理論で、最初に暗い閉じた空間があって、そこに窓があいて、そこから光が差し込むことで初めて空間が動くという話をされてますけど、建築の発生について、そういう説明をした人は先生以外にいない。開口部論はありますけど、あれは最初から窓を前提にしている。窓があいたものとして、どうするかと。先生は最初に、黒い、暗い、光のない空間があったっていうのはどういうところから考え出されたんですか。普通は建築の起源を、洞窟という穴のあいたものから考えますけど。

原　内田(祥哉)研にいると、その発想は、比較的スムーズなんだよね。要するに、建築はビルディングエレメントで覆われていて、そこに開口部があって成立してるって考え方があるでしょう。

藤森　ビルディングエレメント論。

原　そうそう。だから被覆がまず建築の基本にある。被覆ってのは開口部がなかったら閉じてるわけじゃない。そういう発想なんですよ。だからまあ、そういう考え方は、ある意味で茶室的だよね。茶室のつくり方に似ている。

藤森　割と素直ですよね。

原　素直ですよ。だから茶室というものと似ているなというふうに感じるのはもっと後のことで、もっと前に、なんていうか、建築を覆う境界みたいなものがあるという発想は、われわれはあの当時何か非常に素直に考えていたんですね。

藤森　お伺いしていると、寄せ集めてつくったものに孔があいているという感じですが。

原　そうではないね。先に概念があって、そういうふうに理解したのかもしれないね。わかんないけども。まあ比較的に素直。要するに、完全に閉じた空間というのはこの世になくて、完全に閉じてしまったらそれは死んだ空間だというような。それは医学をやっている人に教わってね。

藤森　まわりと関係なくなって、血も空気もなくなって、完全に閉じてしまったらおしまい。

原　体内に細胞とかそういう単位があるとしても、その単位というものが閉じてしまったらおしまいだっていう。ある意味ではわかりやすいっていうかね。死のシンボルというか。

藤森　循環が終わるってことですね。

原　だから、何かそういう小さい空間って、やはり何か「死」と接してますよね。

藤森　棺桶がそうですしね。

原　うん。たとえば、メルヴィルの『白鯨』に登場する異教徒のクィークェグは、白鯨との出会いを前に棺桶をつくって居心地を試しているね。白鯨とたたかってみな死んでゆくのだけれど。だから、利休にしても紹鷗にしても、いろいろそういう運命を辿るのは、よくわかるような気がするよね。その意味では、茶室は演劇的な舞台でもある。

藤森　利休も最初から2畳じゃないですから。今は実例も「待庵」しか残ってないですけど、とにかく2畳までいって、さらに1畳台目までいったけど、それは使えないと言って、また2畳に戻る。「待庵」は、塗り床を洞床《ほらどこ》にするんですよね。床の間の縁なんかを全部やめて土を塗り回す。あれは穴蔵ですよね、完全に閉じる。そこにずっといるとしたら死者ですよ……。あっ、そういうことか！　二川幸夫さんが若いころ、「待庵」を初めて1日かけて撮った。1日中見てたら、ここのテーマは死だと思って、背中がぞくぞくしたそうです。茶室は、死と背中合わせというか。だから小説かなんかで、利休ってのは唯一歴史上の文化人の中で面白く扱える例外的な人物なんですよ。利休は秀吉が自分を殺すように仕向けた、と言う人もいる。茶室を、死と接するところまで突き詰めていくと、その先は死ですし、でも死ぬことで茶室は完成し、かつ時代を越えて残る。

原　やはり、さっき言った決意、俗なる世界での追求というのは、結局、生きてるってことがどういう意味を持っているのか、あるいは死に対してどういうふうにかかわっていくのか、それを見極めるっていうことだよね。それを芸術でわかるように表現したのが茶室であると。だから荘厳された世界っていうか、仏様が登場するときに辺りが荘厳されて金色に輝くことと、茶室とがいかに同じであるかということを、彼らは言いたかったわけですよ。つまり、今そこであなたが見ている、囲われた狭い空間が、黄金に輝いてるんだということが言えるか言えないかっていうのが、彼らの勝負だったと。

藤森　表現の勝負ですよね。

原　表現の勝負だと。それは密室の世界におけるぎりぎりの勝負というか。

藤森　わからない人から見るとただの小屋だけど、わかる人が見ればちがう。

原　そうなんじゃないかな。だからお寺には金堂があって、茶室があるというその対比がそこで発生するんであって、それは等価なんだということを、ちゃんと言えたという気がするんだよね。

藤森　当時はその意味がわかったんでしょうね。利休は秀吉に殺されたから、普通は秀吉との関係ばかりで語られるんですけど、彼は最初信長の茶頭《さどう》だったわけです。信長が死んだから秀吉に移っただけで、信長に比べると明らかに秀吉のほうが格は落ちる。人間的にもそうだし、信長と比べると秀吉の想像力が落ちる。信長の想像力は、幻想ですが明国の先までいっていた。この時代の大きな出来事は、そういう信長の壮大な計画と安土城と利休の茶室ですよね。

原　だけど、えらいもんだね。とにかく建築なりして、大きなお寺で金堂をつくろうっていうんじゃなしに、何かやれるんじゃないかと思ってたってことは。

藤森　結局、それ以降の日本の建築の歴史に、そういうのって訪れてないですね。残念だけど。

原　それはまったくそのとおりで、彼らが考えたっていうか構想した生死の場としての建築とかは、それ以降はないんだよね。

藤森　権力者にちゃんと伝わって、彼らが「このやろう」と思ったりするような建築は生まれない。

原　やはり、レベルが違うんだよね。たとえば、ギリシアならギリシアの文化を見ても、そんなに長くは続かないけど、何かその生き生きとした瞬間というかね。その瞬間が日本ではたまたまあった。

藤森　ある安定して長く続く一つの文化のどこかに一回あればいいっていうような話なんですかね。政治と宗教と芸術がくんずほぐれつしたのは、ヨーロッパだってルネサンス一回だけ、ミケランジェロまでですよ。

原　だけども、そういう世界があったっていうのは、建築を面白くするよね。ただみんなにはわかってもらえない。わかってもらえないけども、それは非常に面白いことですよ。だから建築の形式、たとえばドゥオモみたいに、大きく覆って、中には何もない空間というのをどうやってつくるかということを考えるときに、建築の原型として、いつも僕はパンテオンを思うの。とにかく、あれはすごいと思うよね。

藤森　僕はピラミッドに対してそう思った。ピラミッドって建築の外観というものがもう完成している。そういう点でいくと、縮小方向でやっていった場合にはやはり茶室でしょうね。結晶性を見せるっていう点では。

原　やはり、なんていうのかなあ。今はもう誰も言わないけど、精神史っていうか、思想とか哲学とはいわないにしても、あるひとつの精神の歴史の過程として、われわれは生きてるわけで。われわれの建築は、とても及ばないにせよ、そういう始源にかかわりたいよね。近代建築は自然の外に第2の自然をつくろうとしたので、歴史的な遡行から離れてしまった。けれど建築は、極端に言えば、神話まで遡行する力を持っているかどうかが、鍵だと思う。その遡行力が同時に未来への遠投力になる。最初に俊成や定家のナーガールジュナへの遡行を話したけど、実はその奥にたとえば法華経があって、さらに深くヴェーダなどに限りなく続いている。その神話とのつながりが今日までの僕らを打つのですね。

人口の増加は悪か善か

藤森　でも、そういう人って実は少ない。信州出身の人くらいじゃないかな(笑)。伊藤豊雄も近年は、そういう心境ですよ。山の中で青空を見て育ったせいなのかな。やっぱりかかわりたい。いいものを見て血が下がるっていうことは、結局、精神がむき出しになるってことですからね。

原　そういう意味で茶室は、アンチシンボルみたいなものを目指しながら、実はシンボリックな世界をつくったっていうか。つまり構築性みたいなものを全部捨てるんだよね。全部捨てて、徹底的にすごく構築的な世界をつくり上げた。

藤森　精神だけで構築させちゃうみたいなもんですね。茶室って変なもので、結局、利休がギリギリまで押し詰めていった茶室の精神の世界が、現実的には強固な家元制のもとになるとは、皮肉なもんですよ。利休の茶室追求がもうちょっと広い、たとえば小堀遠州くらいの面積で止まっていたら、もっと開かれたものになっていたかもしれない。利休が徹底的に追求したがゆえに、まったく逆のものが生まれてしまった。淋しいのは、今、茶室について話せる人って少ないんですよ。

原　要するに、哲学とかの思想の没落っていうか。僕は最近思うんだけど、やはり人口の増加が影響してるんじゃないかと。つまり、コルビュジエやミースの時代は、世界の人口が15億くらいだったわけですよ。今の人口の4分の1ほど。つまり、あらゆる理論、都市の理論にしても何にしても、人口が今の4分の1しかなかった時期に敷衍していた。4分の1くらいといってもすごい大勢だけど、今ほど絶望的じゃないよね。

藤森　マスの力ですか。

原　マスの力というか。つまり、コミュニケーションするにしても、まだ伝わるかもしれないみたいな。

藤森　精神までは……。

原　ところが、今は無理なんだよね。スポーツとかのほうが、みんなに伝わりやすいんであって、今の時代は人数的にコミュニケーションが無理なんですよ。精神史的なものとか美学とかそういうものは。

藤森　微妙な識別を必要とするものは無理。

原　だけどね、ある人間が大勢いて、滅茶苦茶に多様な関心をとらえる物事があって、その中で何に関心を払うかわからないけれども、専門的な領域に関して、関心を払ったものに対しては、最近はかなり深化してるんじゃないかと。ことによると、逆に今のほうが深化ができるっていうか。つまり、その人たちは、きっとお互いに何かコミュニケートする方法をもってないと、そういう人がいるという存在すらわからないというような状態に、今なってるんじゃないですかね。だから一般的に、世界の中で、非常にポピュラリティが高いという話と、ものすごく専門的で深い話と、そういう世界が、意外にこう構築されてるんじゃないかと。

藤森　それはひとつの救いですよね。

原　今に茶室研究家なんていう、ものすごい知識をもっている専門家が出てきたりするかもしれない。

藤森　確かにそういう点では、ぐーっと深く迫っていくのに耐えられる深みを持つ建築って、茶室ぐらいですよね。あとは、みんな途中でぼやけるか壁に当たる。

原　だから、誰かが必ず訪ねてくるんですよ。その深さに対しては。

藤森　誰かがね、穴に落ちるともいいますか(笑)。たしかに利休は、「待庵」という穴を掘り、その後われわれが落ち続ける。

原　僕らは、集落を調査したからなんだけど、やっぱり、すごいものっていうのはいつか誰かが訪れてくる。僕らが集落調査で行った場所は、初めてかもしれないところばかりだけども、そういう目で行ってるわけですよね。そうすると、「よく来てくれた」みたいな、そういう印象を受ける。向こうがもちろん主賓で、向こうからすれば誰が訪ねてきたかがわからないけれども、「待ってたぞ」みたいな、そういう感じがあるんですね。茶室に関してもそうです。僕が思うに、やがて欧米の人たちも、日本史や美学、そういうものを勉強して、やがて意味がわかるようになるであろうと。

藤森　単純にいって、20世紀までの世界拡大路線が行き詰まったときは、別のベクトルへ向かうようになりますね。

原　今はもうすでに、そういう世界になりつつあるよね。やっぱり人口のせいじゃないかと。長いあいだずっと、だいたい人口って3億の人しかいなかったんだからね。人口が増えたのは産業革命以降だからね。その当時から比べたら、20倍ですから。

藤森　精神が20分の1に薄まったと思えばいいんだ。

原　だから、少なくとも20分の1しか語れないし、伝わらない。

藤森　で、20分の1しか伝わらなくても構わない人は、穴を掘って待つ。

原　ずっと待つ。それは、すごく重要なことですよね、きっと。だから、そういうものの見方からすると、成功したとか、成功しないとかそういう問題じゃないんですね。そうじゃなしに、どれくらい本当に深い世界へ到達できたかが重要で、それは必ず誰かが探しにくるよと。それは茶室があるから言えるんだよね。

極私的建築の神髄

藤森　茶室はいちおう禅宗と深くかかわってますが、禅宗そのものは宗教的と言っていいかどうか。

原　宗教と言ってもね。たとえば、利休や紹鷗らは仏教の話をしたりしているんだけど、それを仏教というか宗教としては捉えてないんだよね。哲学とか美学とか、そういうかたちでしか捉えてない。

藤森　世界は人間の問題としてつくられてると。

原　そこがすごいんだよね。

藤森　禅宗のおかげです。結局、禅宗は神様を頼るなってことですから。宗教に名を借りて別のことをやってるんですよね。師を殺し、仏を殺して、みたいなことを言うわけですから、独特ですよね。

原　歌の世界に「同心(の)病」というのがあるんだよね。同心の病って、連歌の世界と同じで、同じことばと意味(メタファー)を繰り返しちゃいけないという。だから、次はいかにはずしてゆくかを考える。茶室の連中も、何かあるひとつの形式というかスタイルのところに到達するんだけれど、同心の病に近いものがあって、ライバルたちのせめぎ合いというか駆け引きにはすごいものがあったよね。やつは何をやってるかって。歴史はよく知らないけども。

藤森　受けてはずさなきゃいけないから、大変だったと思いますよ。そのあたりのことがわかるのは、当時の、茶室の図面的なスケッチに、仕上げがどうだってことが記録されているからで、みんな競っていた。利休がどうやったとか、茶人たちが書いててわかるわけですよ。それは、和歌の世界に近く、書いて論評する。それは不思議な世界ですよ。

原　設計図ってのは?

藤森　訪れたり記憶している茶室の平面を単線で書いている。栗のなぐりだ、どうのってことを。建築としてはめずらしいですよ。だいたいお寺の設計図でも何でも仕上げなんか書いてないですからね。身体性って、こんなところにも現れるのかな。茶人たちはその場で書けないからおそらく帰ってきてから書く。要素が少ないから工夫のしがいはあるっちゃあるけど、ないっちゃないんですよ。窓の位置とか、台目だと4分の1ひっこめないといけないから、ものすごく苦労している。でも面白かったんでしょうね。先生は最近ではどんな茶室を?

原　このあいだ茶室みたいなものはつくったけどね。大江健三郎さんの中学校の隣に個人の住宅を建てたんだけど、そこに茶室っていうか、離れが向き合ってるような場所をつくってね。それは3枚のガラスを周りに立てて、その間に畳を置いて、向こうに森が見えるようにしたもので、それが何か野点みたいな感じなんだけど、畳を浮かせてみたいと思って。浮かすといっても実際には周りが黒っぽくなってるからなんだけど、何か庭の畳が浮いたように、ふっと見える。そういうのはやりましたけど、茶室っぽくないよね。

藤森　森の中の木漏れ日で地面が輝くような。

原　藤森さんはなんでひょろひょろとしたやつ(高過庵)をつくったの。

藤森　木の上の茶室は、最初は細川護熙さんに頼まれてつくったんですよ(一夜亭)。細川さんは、いわゆるお茶の世界にはまったく興味がない方だけど、お茶は好き。もうひとつは、京都のお寺に1.5メートルくらいの高さのものをつくった(矩庵)。それまで建築をつくって損をしたと思ったことはなかったのに、このときばかりはせっかくつくったものを施主に渡したくないと思った。茶室は極私的建築だと思った。なん

游喜庵（設計：原広司＋アトリエ・ファイ建築研究所）

だか、育てた子どもを人にやるような感じでね。こんなに楽しくて面白くて心のこもることを他人のためにやるもんじゃないと、自分自身のためにこそつくるもんだと思った。そんなこと思ったのははじめてですよ。茶室は、ホントに極私的です。だから、茶人たちは基本的には全部自分で茶室をやる。大工を使うけど、建築家には頼まない。先生が言われたように、連歌みたいにちょっとずつはずしながら、仲間をにらみながらやるというのは茶室の世界では常識で、けっこう歌に近かったんじゃないかな。自分でおかしかったですよ、こんな変な気持ちにさせるもんかと。

原　かなり高い境地に入って(笑)。

藤森　不思議な感覚でした。ここまで表現したのに何で、他人に渡さなくちゃいけないんだって。自分のためにつくるべきだと。茶室くらいだったら自分でできるんですよ。全部やらなくても知り合いに頼めばなんとかなる。それまで、細々だけど設計の仕事は続いてたんですが、ちょうどなくなった時期があって、やることにした。前から二川幸夫さんに言われてた。「建築家というものは仕事がなくなったら、何でもいいから自分で架空の設計をやればいいんだ」と。「じゃあ、僕は架空じゃなくて実際につくろう」と思って、信州の田舎に「高過庵」をつくった。自作の第二弾(低過庵)も考えてるんですけど、仕事がなくなったらすぐそれに取りかかろうと思って。田舎ですから、知り合いがいっぱいいるし、木もいくらでも手に入りますから。

原　小さいもんね。

藤森　原先生がつくられた水沢の茶室(游喜庵)は相当コストは高かったでしょう。しっかりしたものだし。

原　そうね。まあ、いずれにしろ、僕の場合、いろいろ住宅をつくるときには、4畳半をつくるんだけど、何しろ七難を隠すわけですよ。

藤森　なるほど。

原　施主にとっても、いろいろ予想しないこととか寒かったり何かあったり、いろいろガタガタするわけですよ。でも、和室があればそこで何とかなる。和むっていうか。和室があると思えば、いろんなことをやっても、まあまあ何とかなるという逃げ場みたいなもんで、一種の保証書ですよね。実用的には非常にいいもんね。現実的に、どんな狭い住宅でも4畳半が一つあれば何とかしのげる。それは勝手な解釈かもしれないけど。■

Part 6

イス式茶室のはじまり

ビートルズハウス 2010

きっかけはロンドンのコンペ

藤森　まず、「ビートルズハウス」をつくることになったきっかけです。向こうの美術館では小さな建物を建てたり展示したりすることがあり、キュレーターの方が「高過庵」をどこかで知ったらしく、見に来られたんです。その方に呼ばれてつくったものです。

大嶋　そうでしたね。

藤森　日本で誰かほかにいないかということで、藤本壮介さんにも頼むことになりました。小さな建物をつくってほしいということで集められたのは、僕と藤本以外に、ノルウェーやアメリカ、インドのアトリエムンバイなど、いろんな国の人たちです。

大嶋　基本は仮設ですか？

藤森　仮設ではなく、展覧会が終わった後、競売にかけてからちゃんと売るつもりだった。でも、売れたのは、僕のものだけ。

大嶋　あとは？

藤森　あとは売れないから全部壊した。藤本のは、アクリル板でつくっている。現場の人が泣いてたよ。なんとかできたけど、中に入ると危ないって（笑）。

僕にとって一番の収穫は、これがイスに座る茶室の始まりだったことですよ。狭くても大人数がちゃんと入る。座ったほうが閉塞感もはるかに感じなくなる。

大嶋　あ、こんな感じなんですか。

藤森　そう。ベンチに座って、テーブルが片側にある。

大嶋　ああ、「泥舟」みたいに大きなテーブルじゃないんですね（220頁参照）。

藤森　そうそう。ちっちゃいテーブル。人が登るときは邪魔になるからパタンと折り上げ、入ったあと戻す。

大嶋　入口が真ん中辺にくるんですね。

藤森　そうそう、奥に亭主が居て、テーブルがあって、ベンチがあるんだよ。

海外で製材するということ

藤森　これは海外で建築をちゃんとつくった最初で、やっぱり、微妙な違いに戸惑いましたね。まず、イギリスでは山の木を伐って、建築に使うことをしない。使うのは全部輸入材。しかし、どうしても伐ってくれ、伐りたいと言ったら、向こうが努力して探してくれた。ドーバー海峡沿いに、家具用の木を伐っているところがあった。その栗の木を伐っていいということで、行った。そしたらなんと、好意で、枝とか全部、すでに払ってあった。「僕はその枝の曲がりとかそういうものをあえて使う」と言うと「え？」。製材事情を調べると、全英で、家具用の製材場は5軒、建築用はない。林業がほぼ途絶えている。木はごろごろあるけど、稀にしかお客さんはいない。もっと驚いたのは、製材。太鼓落し（太鼓落し：丸太材の両側面を平行にはつり落とすこと、またははつり落とした丸太。丸太の小屋梁はふつう太鼓落しにして仕口ならびに補強金物の取付けを容易にする。「たいこ」ともいう）をどうやったと思う？バカでかい男が現れて、抱えて（笑）。

大嶋　どういうことですか？

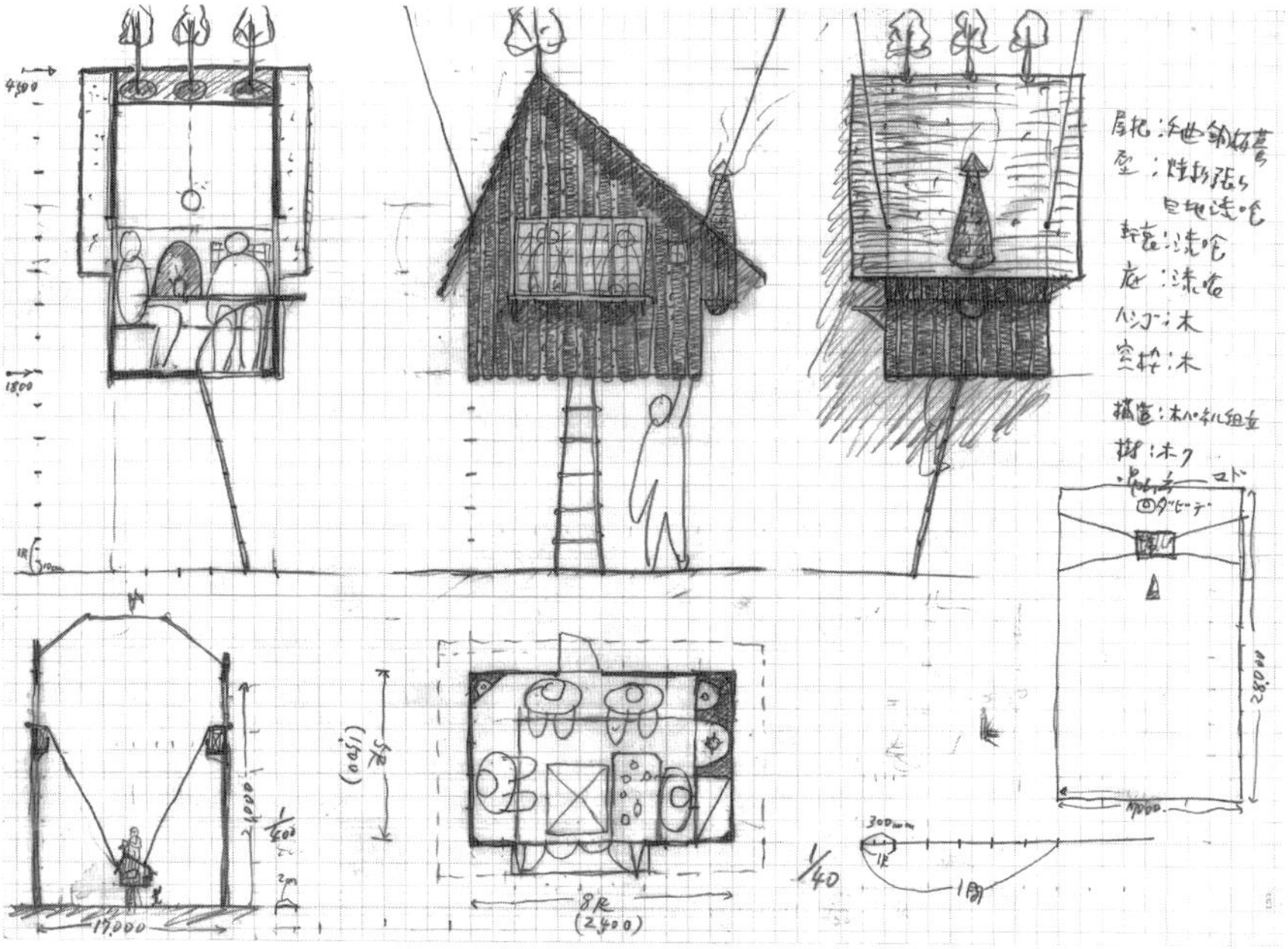

「ビートルズハウス」のスタディ（原案）

藤森　バンドリーがぐるぐる回ってるんだよ。すごい光景だったな。

大嶋　ああ、太鼓受けが。

藤森　台がないのよ、抱えて。ぐるぐる回ってる歯に押し込んだ（笑）。

大嶋　危ない（笑）。

藤森　もう一人が受け取って、引っ張って。

大嶋　作業どころじゃない。

藤森　でも、ちゃんと挽くんだよ。イギリスは板材が輸入されてるだけなの。

大嶋　特にイギリスは林業がふるわないのでしょうね。

藤森　イギリスもそうだし、フランスもそうだし、地中海側はもっとひどい。

大嶋　ドイツの方にはある……。

藤森　南ドイツは大量にある。北ドイツはない。ウィーンはもっと大量にある。ヨーロッパでも地域によって、事情が全然違う。それが面白かった。

ユニークなイギリスの法律

藤森　僕と藤本さんは最初から受かるコンペだった。2人は通すと向こうから言われていた。

　そこで、初めてイギリスの制度を知った

んだよ。梯子についての法律があるというので、見せてくれと言ったら、素人にわかるようには書かれていないという。基本的には判例にもとづいて決まっている。もともとイギリスの法律は成文法じゃなくて、判例重視の慣習法なわけです。日本の法律も同じことなんだけど、具体的な判例に従う。梯子についても判例があって、踏み面10センチ以内はだめで、上がったあと、ストレートに両側が1メートル伸びなきゃいけない。曲げようとしたら、曲げちゃだめだって言うんだよ。梯子についての規制があるって初めて知った。もう一つ驚いたのは、法律の論議が終わったあと、「ヘルスアンドセーフティ」という係の人が来た。建築基準法と全然関係なくて、大きな民間組織と国の組織には、必ずヘルスアンドセーフティという委員がいて、この建築は健康に問題ないか、安全かをチェックする。それは判例もなく、ただその人が決める。そのヘルスアンドセーフティがさ、いい加減にしろっていうくらいのことを言ってくるんだよ。「藤森さんは梯子を使います。建築基準のほうからはこれでけっこうです。でも、梯子の踏み板を、手で触ったら不衛生だ」って言うんだ。土足で上がったところを手で触ったら不衛生だが、どう考えるかって。公園の土が入ってきて、それが手につくって。ばかなこと言うと思ったけど、靴を脱ぎますって言ったら、それならいいって。

大嶋　あ、最初は土足だったんですか。

藤森　いや、靴を脱ぐ予定だったんだけど、向こうは知らないから。それで、靴を脱がない場合はどうしようかと思ったんだけど、横につかまって上がる、と答えるつもりだった。職務上、ヘルスアンドセーフティは何か指摘をしなくちゃいけない。たとえば、美術大学の油絵のところへ来て、テレビン油のにおいをなんとかしろとか、焼き物のところに来て、この埃をなんとかしろとか(笑)。

大嶋　細かいですね。

現場で手の道具を使わない

藤森　それともう一つは、大工の技術について。「ビートルズハウス」は、世界的な彫刻作品をつくっている工作所が手がけた。キーファーの作品なんて全部そこが請け負ってて、相当優秀な会社です。その木工所に行って、びっくりした。向こうは、木工をやるときはどんな作業も絶対、自動大型機で切るの。例えば、鉛筆の先くらいのものを切るときも大型の機械……。大型の機械はものすごくたくさんあるの。

大嶋　小木場みたいなものですか？　丸鋸がこう……。

藤森　いやもう、いろいろ。いっぱいある。

大嶋　手の丸鋸は使わない。

藤森　手の電動工具は危険だから使わせない。日本の大工の危険って、ほとんど回転式の電動丸ノコで起きている。労働基準法的にはそれを使うときには、全ストッパーが付いてるから事故が起きないわけです。でも、自動鋸とかチェーンソーにストッパーが付いていると、プロは煩わしいから外すんだよね。俺たちだって面倒くさいんだから。カバーが引っかかって性能が落ちるんだよ。

大嶋　ということは、現場じゃなくてどこかから、完全に加工してきた物を……？

藤森　いや、そこに備付けで、バーンと機械がある。そこに持っていって、ちょっと切って帰ってくる。それはおそらく、現場で微妙な調整をしないという考えですよ。

「ビートルズハウス」内観と４本の足に載せられた外観（右下）

日本だと現場で微妙なことをしようとするから、どうしても手持ちの電動工具が必要になる。イギリスは基本的に合板しか使わない。合板は真っ平らだから、据付けの工具を使いやすい。

大嶋　なるほどね。コンペのときは宙づり案でした？

藤森　宙づり案を出した。

大嶋　どの辺まで宙づり案でした？

藤森　向こうの提案してくれた石コウ彫刻室じゃ無理だなってわかるまで。壁に穴あけて吊るつもりが、建物が文化財なんだ。

大嶋　部屋自体も文化財だし、中には古代ローマの物が置かれた部屋もある。

計画はずっと白黒の縞で進んでたと思うんですけど、白黒から黒になったのはだいぶ後でしたよね。

藤森　白黒って、大きさがないと美的に変になるんですよ。焼き杉をあんまり細くできない。

大嶋　あと屋根。

藤森　焼き杉を張っているんだよ。室内だから、将来銅板にするということで。

オークションの顚末

藤森　結局この「ビートルズハウス」は、最初からの約束でオークションにかけられた。ほかは全部オークション未成立で、ゴミになって捨てられたけど、これだけは一応買われた。僕のものをほしいと言ってくれていたデンマークのルイジアナ美術館が、オークションで買ってくれればよかったのだけど、アメリカのどこかと争ってアメリカが落としたんですよ。ところが、誰が落札したかを教えてくれない。売れたお金を折半するという最初からの約束があった。アメリカに行ったというのも、つくった製造会社がこれを解体して梱包して、行き先がアメリカだった。だからアメリカに建っているのか、そのまま置いてあるのか、個人が所有しているのか、何もわからない。

大嶋　焼き杉はどうしたんですか。日本で焼いて持って行ったんですか？

藤森　いや、向こうで松を焼いた。世界中に松だけはあるから、松は杉よりも焼くのは楽。風合いも杉とあまり変わらない。

編集部　これは実際にご自分で焼くっていうわけじゃなくて……。

藤森　向こうで職人たちにガンガン焼いてもらった。

大嶋　田舎に行って？

藤森　いやいや、郊外の工場で焼いてもらった。

大嶋　さすがに、ロンドンの中心じゃ焼けない。足も焼いたんですか？

藤森　足はバーナーで。向こうのいろんな人たちが面白がって手伝ってくれた。

大嶋　床はどうしたんですか。

藤森　漆喰を全部塗ってある。

大嶋　床も漆喰ですか。じゃあ床でも土足だから……。

藤森　土足じゃないんだけど、人が大量に入りすぎてけっこう汚れるんですよ。私が行ったときも、ものすごい人だった。

補註：なお、この対談より後になり、「ビートルズハウス」はアメリカのシリコンバレーに移築されていることが、偶然判明した。所有者を明らかにしないという条件で一度、訪れているが、ちゃんと移されていて、安心した。■

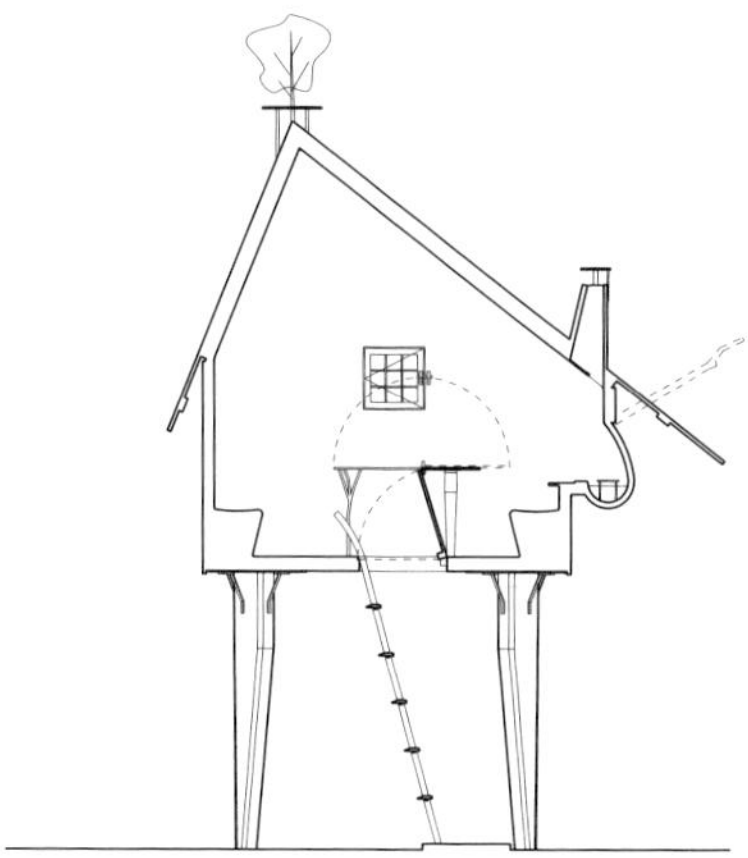

断面1　S=1：100

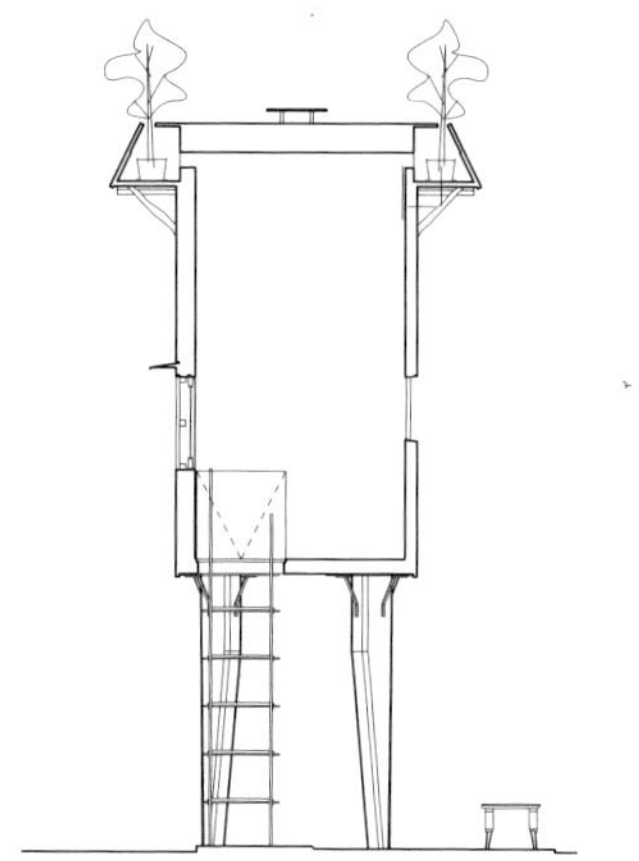

断面2　S =1：100

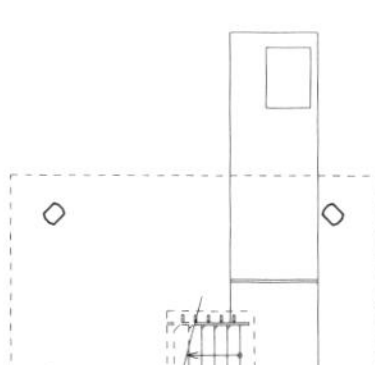

地上階平面　S =1：100

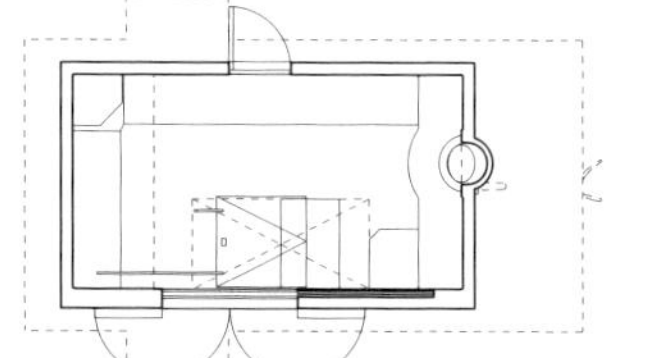

1階平面　S =1：100

Column

「ビートルズハウス」の顚末記

速水清孝

「ビートルズハウス」は、ヴィクトリア・アンド・アルバート博物館（V&A）で2010年6月15日～8月30日まで行われた「1:1 Architects Build Small Spaces展」のための茶室である。7人の建築家が原寸大の小建築をV&A内にそれぞれつくるこのプロジェクトに向け、僕がフジモリ先生に呼ばれたのは、前年8月2日。

方針はあらかた決まっていた。「中空の茶室をつくる。窓枠に枕木を渡して、そこからワイヤーで吊る。壁は限りなく薄く、合板一枚で。イギリスだから、紅茶（ブラック・ティー）の茶室。だから仕上げは黒く、焼杉で。杉はないかも知れないから、松か何かで」

こう具体的になっていたのは、企画が、2年前キュレーターのローリー・ニューウェルさんが『藤森照信建築』（TOTO出版）を見て来日したときに始まり、建物間にワイヤーを渡して茶室を吊る案が示されていたからだろう。以後、彼女の懐妊で担当が代わり、特命がコンペになってここに至っていたのだった。

まずは、実現の可否を探る必要がある。合板をどう接合して美しい一枚壁をつくるか？ どう吊るか？ そして何より、重要文化財V&Aにワイヤーを渡して吊ることは許されるのか？

17日、締切に向け、スケッチやパース・模型といった素材が揃う（①②、コンペ原案は167頁参照）。ふとスケッチに目をやれば外壁が合板一枚にしては厚い。先生に尋ねると、「やめた。モノコックにした」。また「チューダーの国だから、仕上げは木と漆喰のボーダーで」

10日後、受領の報。反応は上々。ただし案は、代案に添えた脚付きで、となる。こうして一枚壁に続いて、吊る案も消えた。

以後、どうつくるかを検討するなかで、日本でつくって運ぶ案が浮かぶ。運送会社に聞くと、コンテナに入れば安いが、入らないとかえって高くつくという。

①内観透視図
（画：武田光正、copyright：Victoria & Albert Museum）

②模型
（copyright：Victoria & Albert Museum）

説明に赴いた先生が尋ねた際の反応も、「建設業保護のための障壁が多く困難では?」だった。建設市場が閉鎖的なのは日本だけではないらしい。やむなく現地でつくる道を選ぶが、極薄の壁も吊りも輸出もなくなったにせよ、そろそろ詳細を詰めたい。そこで12月、茅野で強度実験。40ミリ角《かく》の桟木を9ミリの合板で挟んだ長さ1間のパネルは、なんと1.5トンも耐えた(③)。構造を心配するV&Aに「モノコックだ」と言うと、施工を担当するMDM Props(MDM)のジョン・モリスさんが「なら大丈夫」と太鼓判を押したのも納得である。床はともかく、壁はもっと薄くできる。

構造といえば、V&Aが執拗に求めてきたのが木の接合部の強度。「すべて計算して、保証せよ」である。これがどうやら素人ゆえのことと気づくのは渡英後で、この時はただただ戸惑うばかり。そのほか指摘は多方面から飛び、細部に及ぶ。なるほどと思うものもあれば、なかにはこんなものまで。「炉の炭を子供が触ると角《かど》で怪我をする」

宙吊り案から脚が生え、角《つの》も生えて、名前が「ビートルズハウス」となっても残っていた外壁のチューダーは、ここに至って取り止めとなり、全面真っ黒となる。こうして名実ともにビートル(カブト虫)になった。

年が明け、実施設計を上げ、2月、工程表を提出。ここで、日本での経験に加え、2009年の秋のメルボルン(Shelter: On Kindness展、MRIT)で自信を深め、「1週間もあればできる」と先生。王立美術学校(RCA)の協力が得られることが頭にあるらしい。それでもまさか、と首を傾げるなか、送られてきた写真には、すでにパネルができ、仮組みされた姿があった(④)。「終わったようなものだ」と勢いづき、結局、10日いて観光に3日充てるという先生と、安全を見て3週間いるとした僕の2つの旅程ができた。

そして**5月8日**、いよいよロンドンである。もっとも先生は翌日から。その前月のエイヤフィヤトラヨークトル火山(アイスランド)の噴火で、一時は軒並み封鎖されたヨーロッパの空港もどうにか元に戻り、定刻に着く。在英陶芸家の松永直さん、藤森研出身の篠原明理さん、RCAで教えるサラ・ティーズレーさんとテムズ川の南、ブリクストン駅から少しのMDMへ。工房では社長のジョンさんと担当のデイヴィッド・ジョーンズさんが迎えてくれた。中に入ると、何と本物の戦闘機が。モノコックを理解できたのも当然だ。

肝心の作業は、デイヴィさんとマーク・ネーダーさん2人のこの3週間の成果である。意外にも、噂に聞くイギリスの仕事とはほど遠い。それを見て取ったか、「丁寧さではロンドン屈指」とサラさん。その言葉に誇らしげなジョンさん。どうやらこれは、丁寧が売りのイギリス人と野蛮が売りの日本人という奇妙なタッグになりそうだ。

ところでMDMは社員40人、うち技術職28人。彫刻家の下請

③パネルの載荷試験

④5月初頭、MDMから送られた写真
(copyright : MDM Props Ltd)

だったジョンが、不景気の90年代に、展示のセットを手がけたのを機に急成長したという。

担当の2人、デイヴィは家具職人、マークは画廊も営む画家で、ともに30歳前後。その彼らが象徴するようにここには若い人が目立つ。たいてい美大を出ており、次に向けたステップの場と捉えているらしい。

それはともかく作業を見れば、外壁に使う焼き板も済んでいて極めて順調。しかし問題がないわけでもない。煙突効果を利用する焼き板は、板を筒状に組んで焼く。問題はどうやって筒状に組んだか、である。何かで縛るなら、ほどけばそのまま使えるが、どうやら板同士を釘で止めたらしい。とげとげしく飛び出たおびただしい釘を抜くのは厄介な作業になるだろう。これからここであらかたつくってV&Aに運び、仕上げて、開会を迎える。慣れない土地でのこと、余裕があるに越したことはないが、搬出を確認すると24日だという。先生の帰国は21日。となれば設置した状態を見ずの帰国となってしまうではないか。


10日。オリンピックに向け改造が進むロンドンは、そこここで工事中である。昨夜着き、早朝のハイドパークを気持ちよく歩いて、さて地下鉄にと思いきや工事で駅が閉鎖中、と影響をモロに被り予定より遅れて工房に到着した先生が、ざっと見渡したのち、「やれることからやろう」と発して、学生を漆喰を塗る班とその他に分け、いよいよ作業の開始である。漆喰班はまず、食いつきがよくなるようにエクセルジョイントを混ぜることから。糊のテカリを嫌って漆喰は石灰に換え、それぞれを等量混ぜて塗り、室内の壁と天井があっという間に終了⑤。その他の班は外壁の防水紙張り、母屋のペンキ塗り、窓まわりの銅板焼きだが、銅板焼きは、面白い半面、臭いが難で、皆にことごとく拒否されて、僕の仕事として手元に残った。

前日までと異なる気配に包まれた工房では、その源である僕たちに自ずと目線が集まる。その一人で様子を見に来た事務のマーマラさん、炉の切り欠きを見るや「便器だ」と吹き出した。予想外のものになぞらえられて先生も慌てた風だが、以後マーマラさんが訪れては、「トイレよ、トイレ」と笑う日が続く。

夕刻、先生はティーセットの打合せのためRCAへ。3月に届いた学生のプロポーザルは、実物がなぜかCGに見えたり、露骨にフジヤマ・ゲイシャ風だったりとユニークだ。その中から選ばれたのがマレーヌ・ハートマンさんの作品で、選者としての先生が記念に求めたのも納得の逸品である⑥。

やれることがなくなった空気の漂い始めたころ、学生は三々五々帰宅。気を遣うでもなく自分の判断で帰っていく。6時過ぎ、やれることがなくなり、終了。

12日。せっかく塗った壁に、合板のアクで染みが出た。じつはアク止めは事前に塗っていたのだが、止まらないのだ。二度手間は避けたいけれど仕方がな

⑤漆喰を塗る

⑥ティーセットとスツール

い。再びアク止めを塗ることからこの日は開始である。続いて、前日始めた焼き板を外壁に張る準備を再開。板から釘を抜き、スソが不揃いになるように並べ、順を決めて切り、小口を焼き、ビスで止める手順だ(⑦)。と、決めた順に板を切ろうと据え付けの丸鋸を使おうとした矢先、機械の使用は社員だけ、と止められる。失礼ながら驚いた。日本と同じだ。また、道具は担当2人の物以外、使用不可とも。これには困った。工房での作業だから借りればいいと甘く考えていた。道具さえあれば他愛のないことも、果てしない作業になってしまう。

　ふと、切った板の小口を焼くマークに目をやると火の勢いが違う。溶接用のアセチレンである(⑧)。あっという間にボンベが空になるが予備はない。こうして作業は自ずと遅れ、6時には終了の声が掛かる。「残業したい」との申し出はにべもなく却下され、悪循環に焦れるなか、パリから藤森研OBの佐々暁生さんの到着である。力強い助っ人の登場、これで少しは状況が変わるといいのだが。

13日。木の伐採は困難と言われるイギリスで、MDMが探し、先生が選んだ脚用の木は栗。長さと径を設計と照合したのち、加工に入る。デイヴィはチェーンソーで(⑨)、先生はタガネ(⑩)で。石器でこそないが、さながら現代人と原始人の共演。

17日。日本から送った荷物は3つ。2つはすぐ届いたものの、残りの1つ、炉と曲面鉋(がんな)が入ったのが一向に届く気配がない。鉋の到着を待って脚の仕上げに取りかかりたいのだが。追跡すると、噴火の影響で遅れたもののイギリスには着いた。が、その後はわずかに動いては止まるの繰り返しである。V&Aの威信をかけた探索で、税金がかかり止められていると判明。これ以上の遅延は困る。支払ったついでに窓口で受け取ると申し出るが、敵もさるもの、胸を張って、「届けるのが私たちの仕事だ」と言ってのけた。こ

⑦焼き板を張る

⑧アセチレンガスで、板の小口を焼くマーク

⑨チェーンソーで脚を削り出すデイヴィ

⑩タガネで脚の削り出し

れは滞在中には完成しないかも。
夕刻、ローリーさんの母で陶芸家のアリソンさんの家に招かれ食事会(⑪⑫)。生活感にあふれた住まいを見るのは楽しい。イギリスは豊かだ。いっとき焦りを忘れ、満ち足りた心持ちになった。春先とはいえ冷えるロンドンに、先生が道すがら買ったスウェットの胸には「I♡LONDON」の文字が躍る。

18日。鉄の梯子を担当するチャールズ・オーギルヴィーさんが打合せのため工房に。14日にバタシーのRCAで打合せた際、「梯子は木造のディテールで」と切り出すや、我が意を得たりの様子で先生を「さすが」とうならせた学生である。すべてをロートアイアンでとの求めを退け、ステップは板でとコストも考えた提案には感心するばかり。ずっと手探りだった梯子はここにきてやっと詳細が決まる。これをはじめ室内は設計からずいぶん変わった。

19日。室内の仕上げに貼る炭を焼く作業は、14日以来、連日続いている(⑬)。割る、焼く、で、数人がかかりきりである。作業を見に来た芸術家のリチャード・ウェントワース(⑭)が、ひたすら焼く姿に「キープ・バーニング(笑)」とエールを残して去った直後、奇跡が起こった。荷物が届いたのだ。あきらめて変更を求める僕に、「明日には来るかも」と言い続けた先生の粘り勝ちである。急いで取り付け、土を混ぜたモルタルを塗り、ハケ引きで仕上げる。あっと言う間である(⑮)。これまで焦れていたのが何だったのかと思うほど。同じく届かずにいた銅板もようやく届き、直ちに窓枠を加工して取り付けに至る。明日、この周囲を仕上げれば壁は終わる。午後、リフトで茶室を上げ、脚を付けて上棟。安堵。先生も「子どもは喜ぶなぁ」とご満悦だ(⑯)。

20日。ブリクストン駅近くのピザ屋で昼食(⑰)。「食物などにこだわっていたら、七つの海は制覇できなかったはず」と先生が冗談めかして言うイギリスの

⑪アリソン邸

⑫アリソン邸での1コマ。暖炉に薪をくべる先生

⑬室内の仕上げに使う炭片の製作

⑭リチャード・ウェントワースの表敬訪問

⑮届いた炉のパーツの取り付け

食も、近ごろ改善著しい。わけても際立ってと松永さんの言う通り美味。だがこの変化、果たしてどう見るべきだろうか。

　夜は先生のお招きで会食。自然と仕事の評が口をつく。「他の建築家はたまに来て文句だけ言い、なぜそうするかの説明もないが、今回は意図がよく伝わる」とマーク。ジョンは「フジモリはアイデアだけでなく、現実の世界をよく知っている」と。

21日。やっと届いた曲面鉋も、肝心の脚を削る前に釘を咬み歯が欠け、やむなく脚はチェーンソーでとなった。つまり機械を使う作業だが、デイヴィもすでに見て見ぬふりである⑱。

　その間、松永夫人でイラストレーターのせきなつこさんが照明の傘を制作。和紙のような柔らかい紙を、滞在中通い詰めたパン屋のジュース瓶に糊づけしただけの傘だ。建物にいろんな物語を込めるのがフジモリ流、と見ればこれも立派な物語の断片である。脚は「焼いておいて」と残し、夜の便で一路成田へ。

24日。今日は荷積み。脚を外して、茶室を地面に下ろし、パーツに解体、梱包してトラックに積み込む。ここで獅子奮迅の働きをしたのが、かつてレノックス・ルイスと拳を交え、レノの愛称で呼ばれるヘビー級の元ボクサー、マイケル・シムウェルさん。今でこそモップ係だが、2メートル超の彼にかかると、大きく重くなったパネルも軽々としたものである。

　梯子をはじめ届かないものも残るなか明日からV&Aである。

25日。展示場所となるギャラリーは、この企画に合わせて完成した新しい展示室だ。中世の木工品に囲まれ、一面に渡した天窓からは光が降り注ぐ。「ビートルズハウス」にはふさわしい場になるだろう。

　当の茶室はすでに壁まで組まれ、しばらくして屋根も。その上には月桂樹も植え込まれた。しかし順調なのはここまで。博物館内でもあり、音が出る作業や搬入は開館前のわずかな時間のみ許可という縛りも大きい。

⑯愛娘と上棟した茶室に上がるローリーさん

⑰ロンドン一と評判のピザ屋、フランコ・マンカで

⑱チェーンソーで脚を削る

⑲V&Aでのリフトアップ作業

やるにやれない作業が山積みである。

26日。今日はまず、脚を据えるため、手漕ぎの機材で茶室をリフトアップすることからである⑲。四人の漕ぎ手が息を合わせての作業ゆえ、集まった観衆の期待ほど派手には上がらない。そうかと思うと急に「しばらく静かにしろ」と言われたりもして、何ともやりにくい。

そんななか、「会期中に茶会を開きたい」と先生からメールが。V&Aのエリザベス・ケイポンさんに諮ると、「展示室内での飲食はそもそもダメ」という人から、「面白いねえ」という上役まで様々。その傍らで、設計からガラリと変えた室内に安全面での指導が入る。動くものを適切に動かして使えば問題はないのだが、動くものをすべて動かさないことになったから、と言うのだ。想定外の判断である。この種のことはここにきて一気に増えた。

念入りなチェックが繰り返されるなか、脚が据えられ自立。

28日。僕の滞在も今日まで。作業は予想を大きく遅れ――それでもきっと彼らとしては至極順調で――完成を見届けるには至らなかった。残った課題を持って帰国すると衝撃の一言、「脚の仕上げ方が違う」。「焼いておいて」は、ただ一様にでなく、グラデーションをつけて焼くだったのだ。無垢の木を使ったことを見せたかった、と。手は尽くしたものの制約の前に敗れ、展覧会は幕が開けた。

そして**10月1日**。「閉会後はオークションに」との方針で落札者が決まった。アメリカ人だという。

その夏、茅野市美術館に建った「空飛ぶ泥舟」は、ここで幻に終わった中空の茶室のリターンマッチに違いないが、ともあれ、脚の生えた「ビートルズ・ハウス」はこうして建った。思うに任せぬなかで残った悔いは、企画を立ち上げたローリーさんの言葉が打ち消してくれた「7つのうちで一番気に入っているのは、ビートルズハウスよ」■

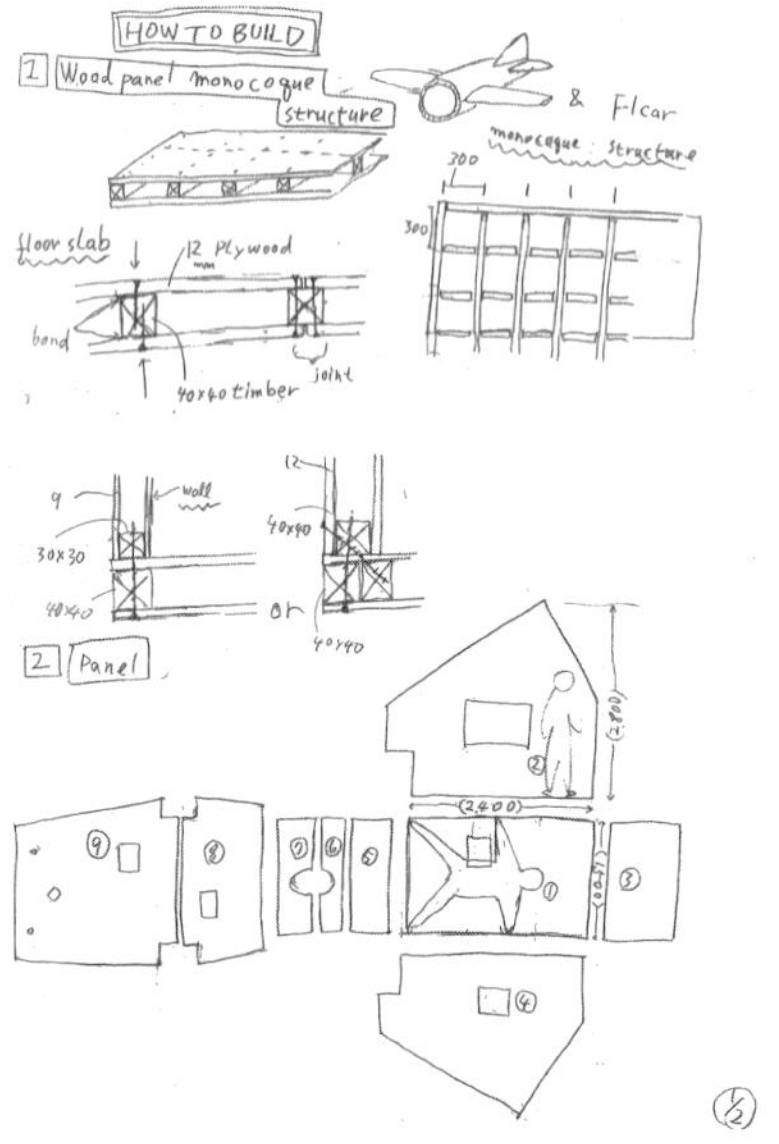

組立て方 1（How to build 1）

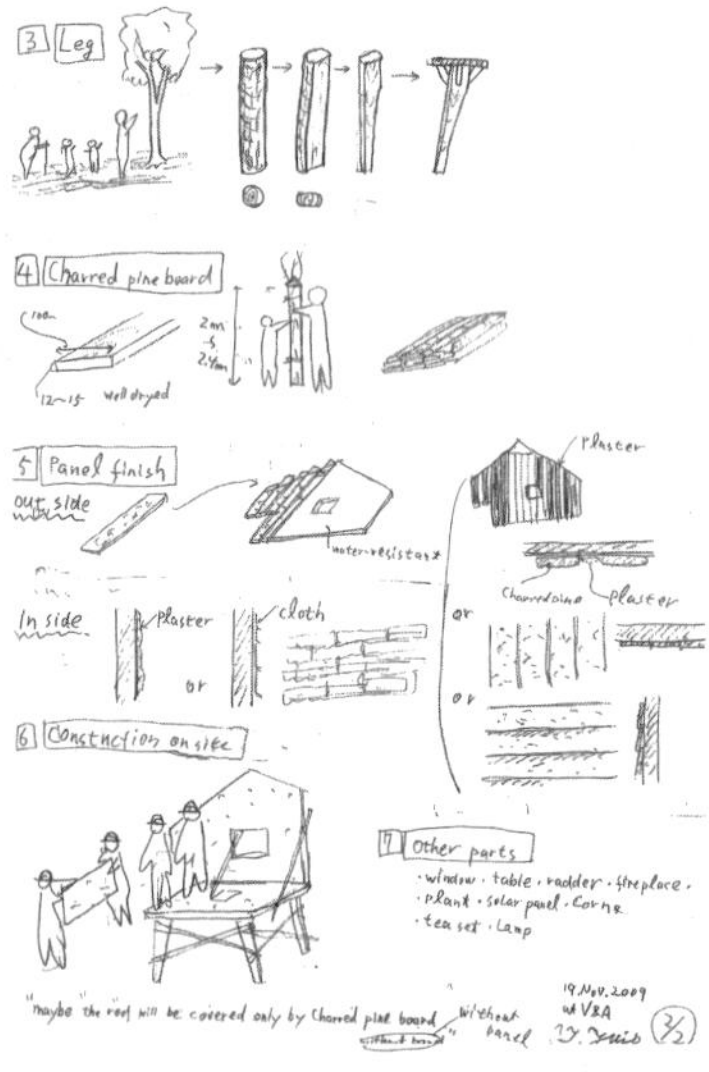

組立て方 2（How to build 2）

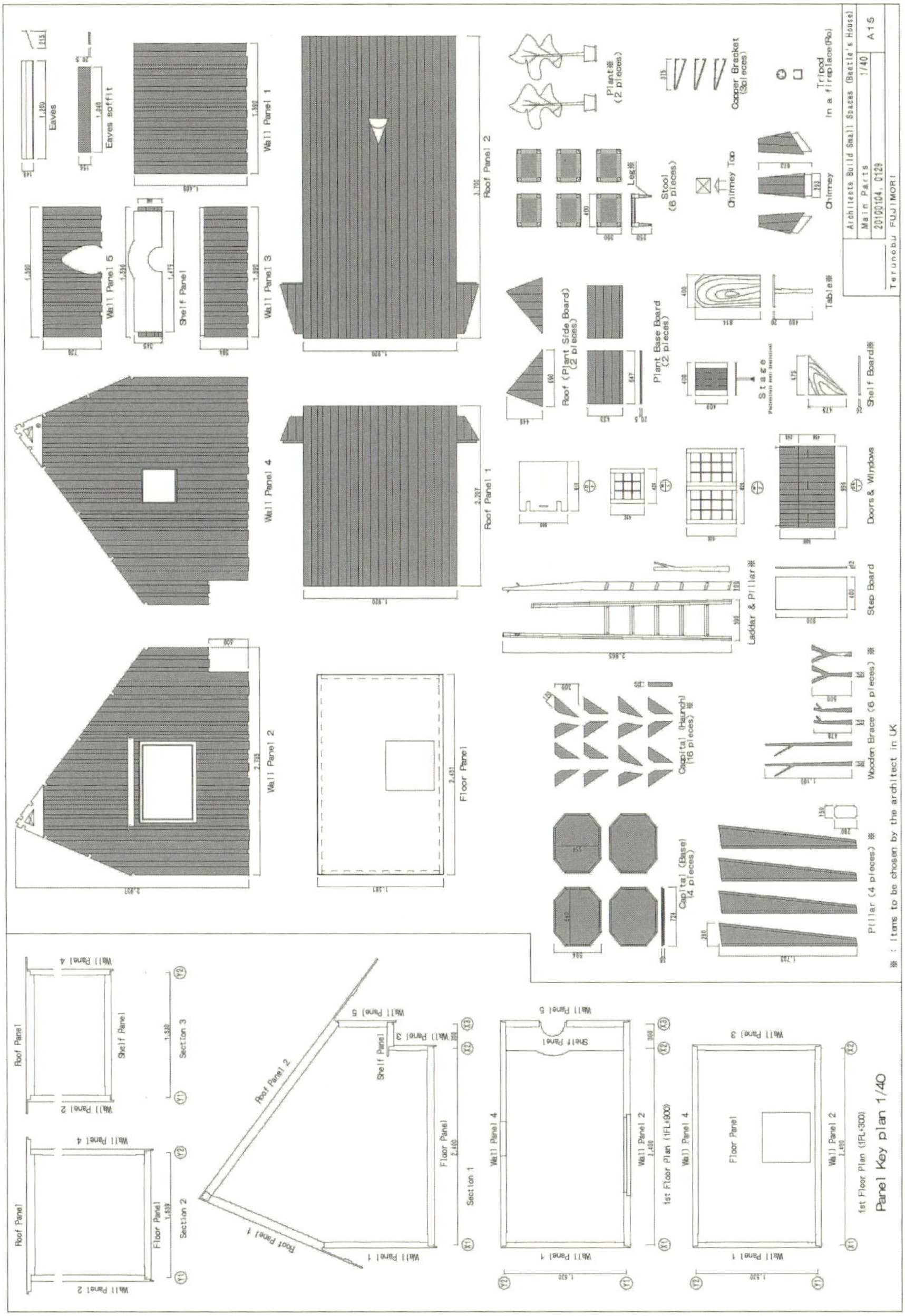

「ビートルズハウス」に使われる部材をすべて 1/40 のスケールで 1 枚のシートにまとめたプレゼン資料

Part 7

漆喰の白と炭の黒

妙観《みょうかん》(チョコレートハウス)2009

本格的な構造計算

大嶋 「チョコレートハウス」は、本格的な構造計算にもとづく最初の茶室です。これまでは、防火、準防火地域外で10平方メートル以下の増築・改築扱いとか、茶室扱いだったので。

藤森 経験的に大丈夫だとわかってたんだ。

大嶋 茶室の持ち出し部分だけは、本格的な構造計算で確認して、建築確認を通さなきゃいけなかった。どうしようかと東大の腰原幹雄先生に相談しました。厚さ36ミリのJパネル(杉3層クロスパネル)のジョイント部分には、小口中央にスリットを入れて、2.3ミリ厚の銅板を挿入しています。基本的には、剪断の力を伝えるわけで、そうするとビスが二重で効くから、剪断で持ち出していくという。いわゆる、ウォールガーター(長い壁面を梁として機能させる構造形式)です。ただやっぱりね、剪断はこれで大丈夫なんですけど、建築だとやっぱり問題は、たわみなんですよ。茶室はふつう、だわんだわんしてもいいんですけど、この「チョコレートハウス」はそういうわけにはいかない。こんなゴツくなくてもと思うぐらい、米松の120×60ミリで補強しています。

藤森 それは、変形を避けるために?

大嶋 これが一番効くのはたわみ防止ですね。で、床は90×90ミリが入っているので。これは床のたわみ対策なんですよ。だから、たわんでいいんだったら、こんなに太い部材はいらないんですけど。「チョコレートハウス」は3階の床と茶室のレベルが違うので、カンチレバーのようには茶室の床を持ち出すことができない。という意味では、逆にこの床は壁(ウォールガーター)から吊ってる床なんですよ。

炭を使った白黒の内装

藤森 炭を使ったのはこれが先かな、「ビートルズハウス」かな。

大嶋 「チョコレートハウス」が先だと思います。

藤森 初めて内装に炭を使ったんですよ。

大嶋 まず、焼き桧。桧の切れっ端を現場で焼きました。これも、けっこうぎりぎりに決まったんですよ。というのも最初は、バーベキュー用の炭を買ってきたのですが、中まで炭なので、フィニッシュ針が効かない。針打ち機で打つと、炭がパーンッと割れちゃうんですね。表面だけ炭で、中に木が残っているものを使うには、自分たちで焼かなきゃいけない、ということになった。

藤森 なんで、炭をやろうと思ったのかな……。

大嶋 それは知りません(笑)。

藤森 炭はこれまでも、外壁や柱にはちゃんと使っているわけですよ。

大嶋 そうですよね。

藤森 焼き杉を使った炭の内装をやろうと思ったのかな。

大嶋 内装の白黒っていうのは、昔から先生、言ってたんですよ。例えば、細川さんの例の工房に、墨でこういうふうにやりたいという案には、細川さんが、なかなか首

チョコレートハウスの壁を突き抜けた「妙観」を見る

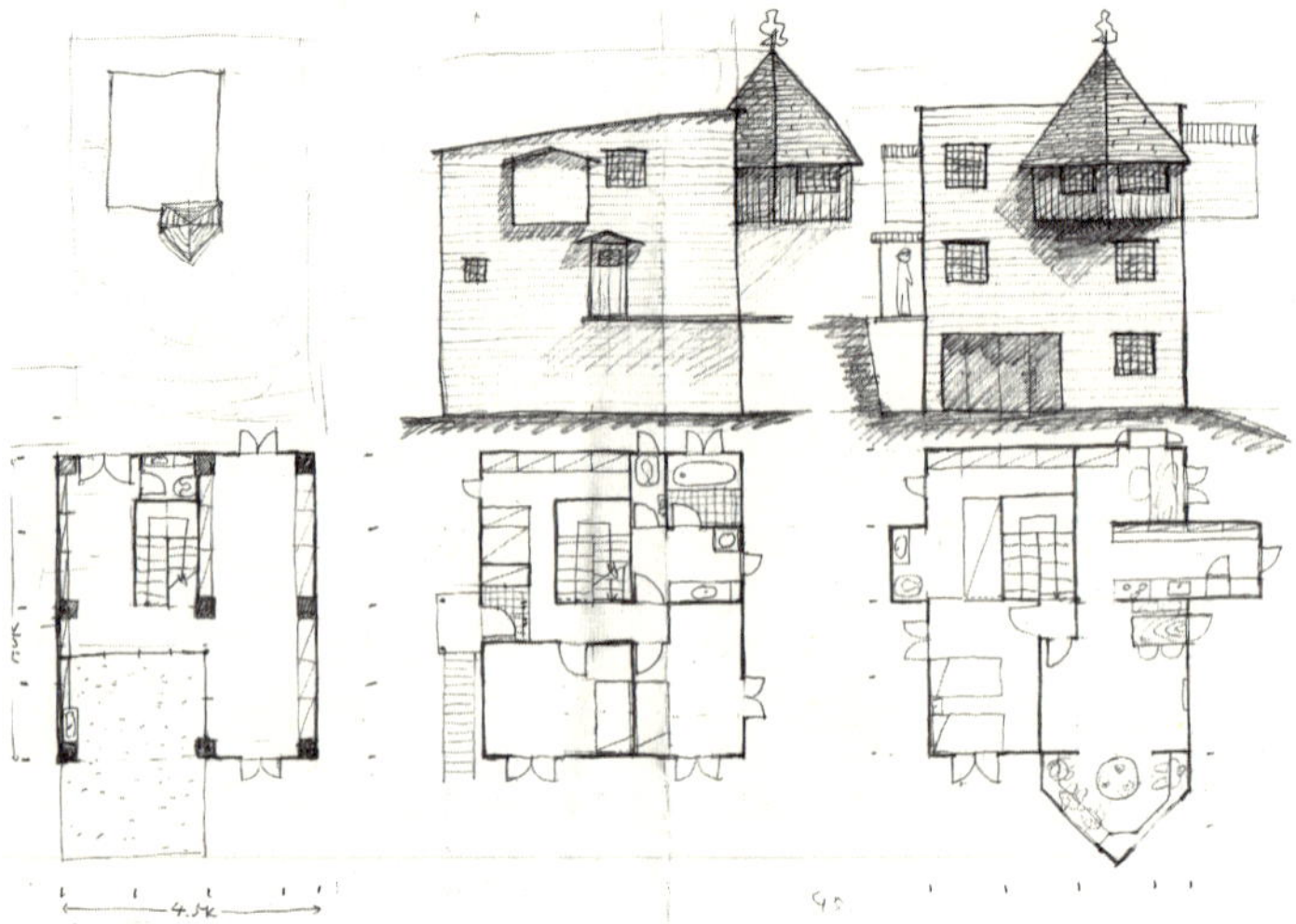

ほぼ基本構想がまとまった段階のスケッチ

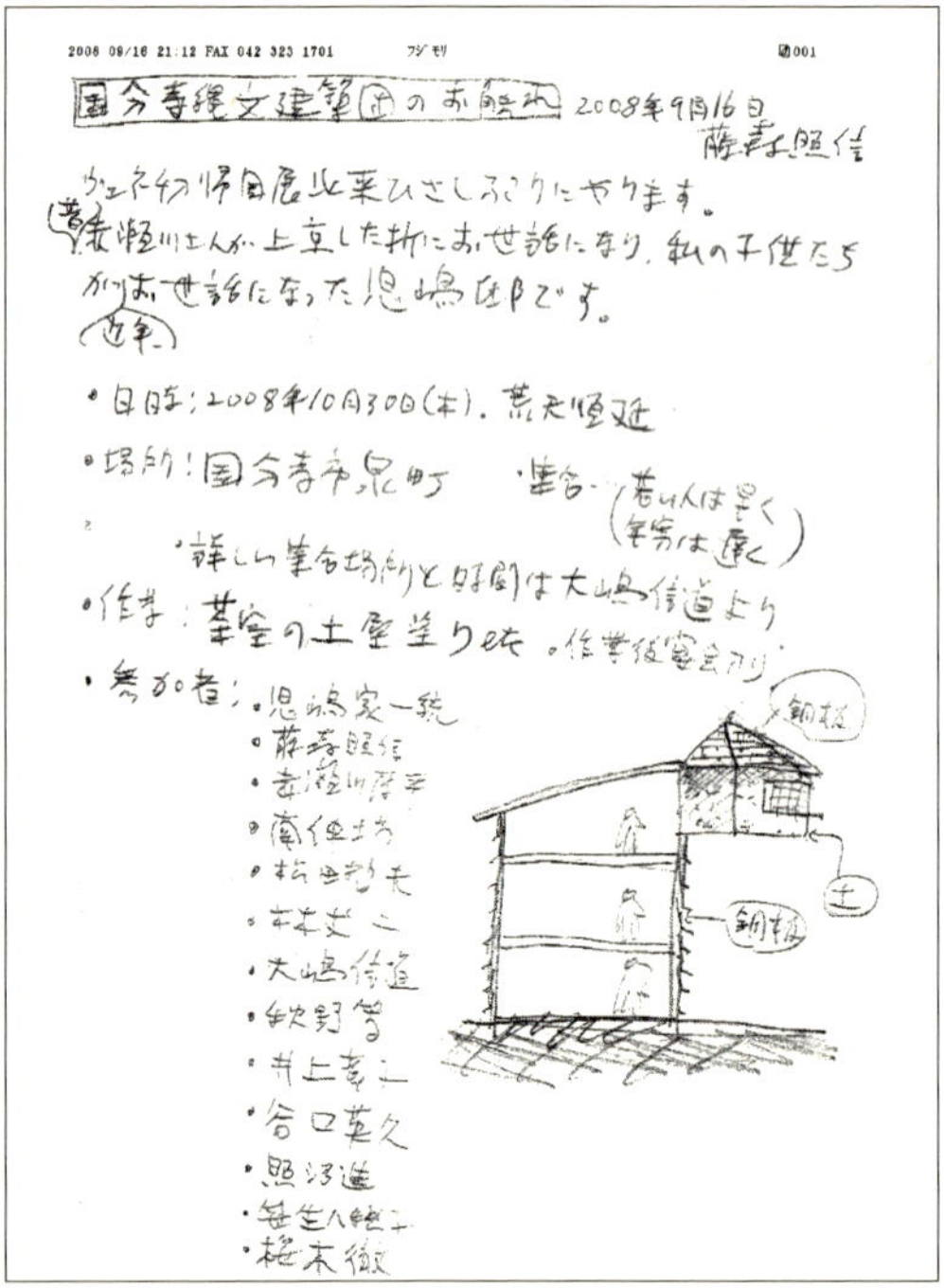

2008 09/16 21:12 FAX 042 323 1701　フジモリ　001

国分寺縄文建築団のお触れ　2008年9月16日
藤森照信

ヴェネチア帰国展以来ひさしぶりにやります。

(昔)赤瀬川さんが上京した折にお世話になり、私の子供たちが(近年)お世話になった児嶋邸です。

・日時：2008年10月30日(木)、荒天順延
・場所：国分寺市泉町　・集合…(若い人は早く 年寄は遅く)
・詳しい集合場所と時間は大嶋信道より
・作業：茶室の土壁塗り他　・作業後宴会アリ
・参加者：・児嶋家一統
・藤森照信
・赤瀬川原平
・南伸坊
・松田哲夫
・林丈二
・大嶋信道
・秋野等
・井上章一
・谷口英久
・熊沢遥
・笹生八絵子
・柿木徹

FAX通信　(藤森→縄文建築団)
2008年9月16日に発信された"お触れ"

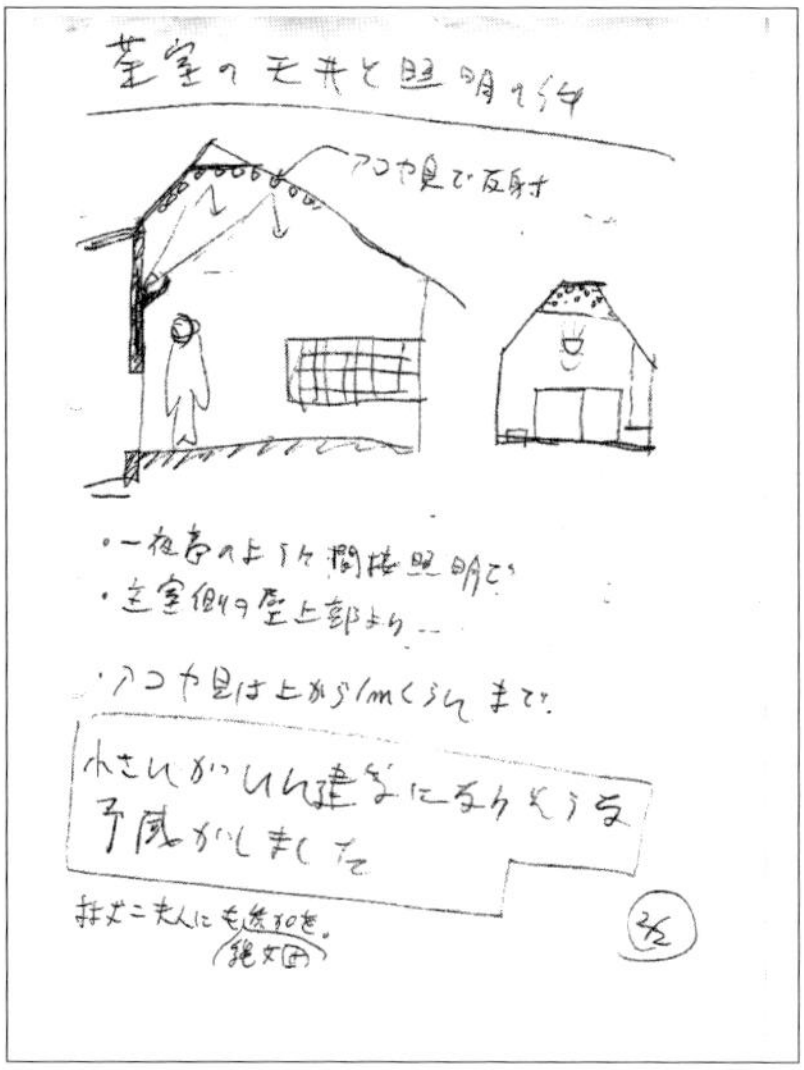

① 2008 年 10 月 4 日

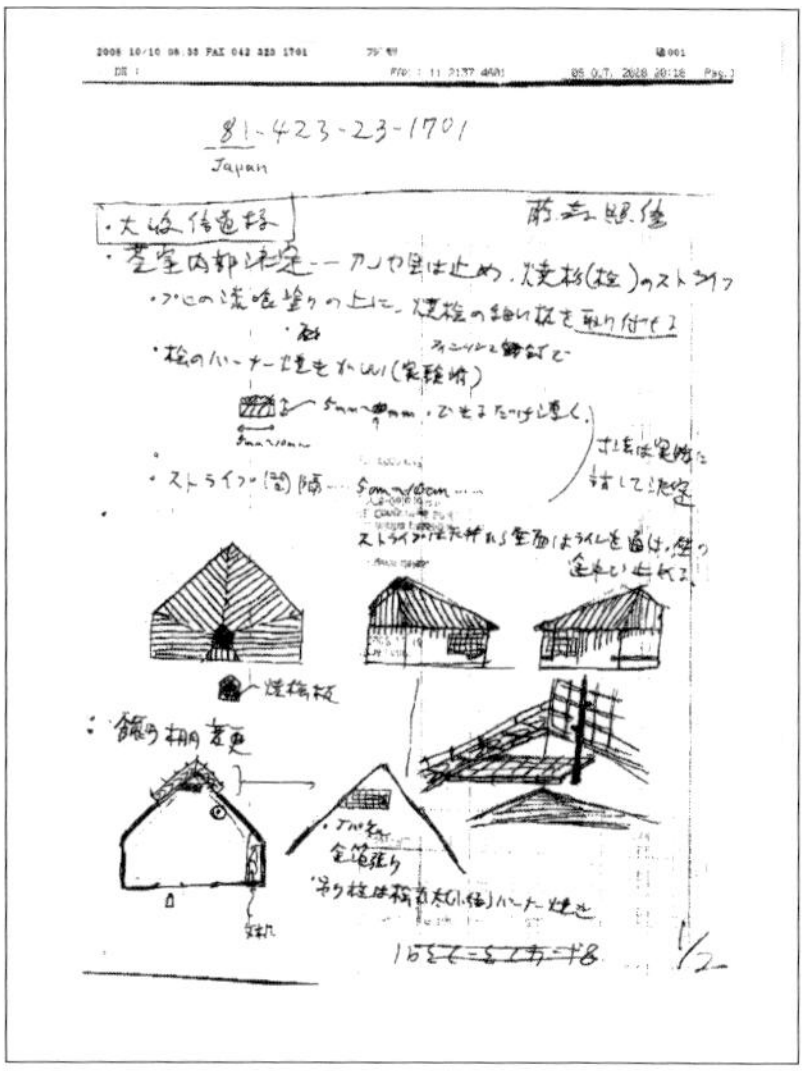

② 2008 年 10 月 10 日

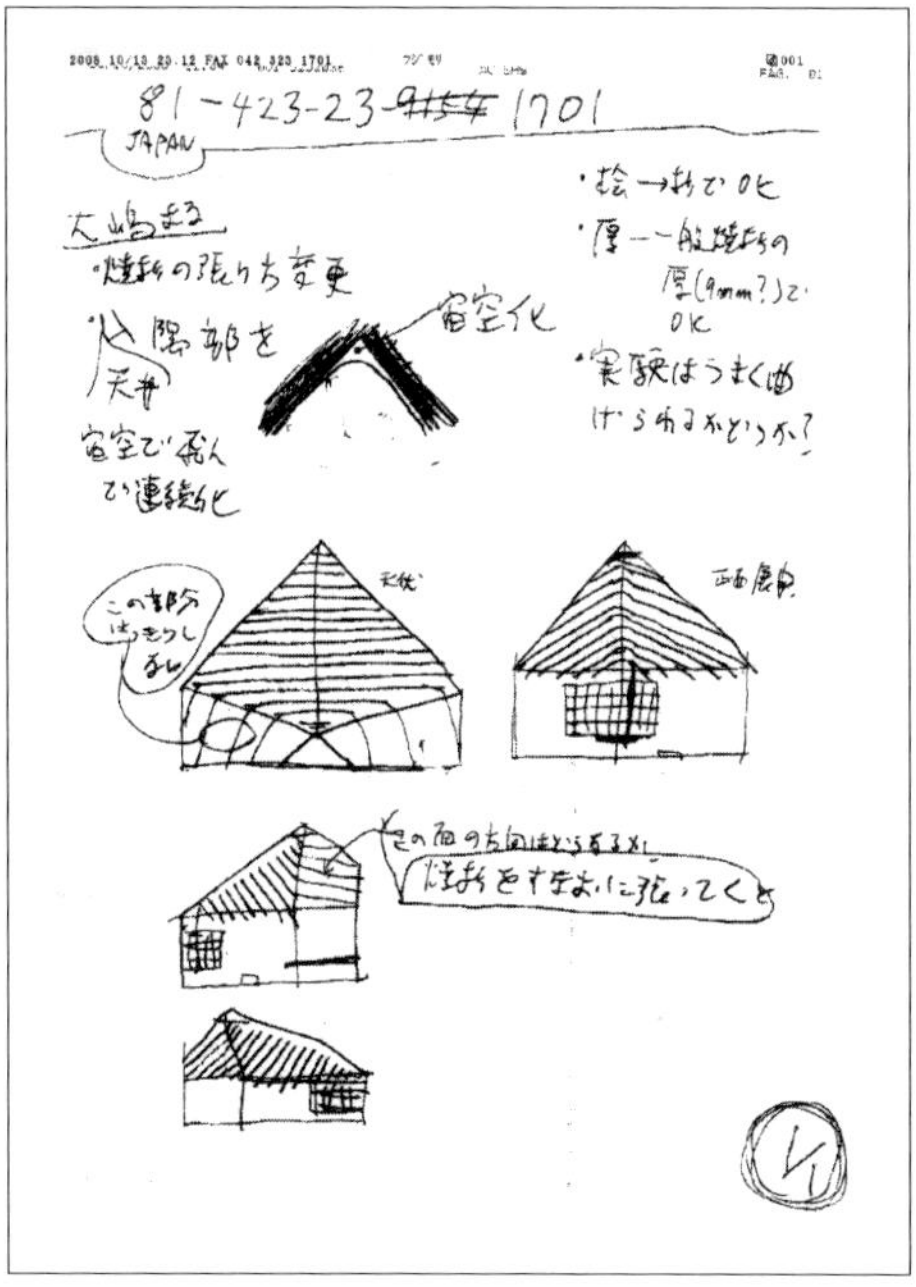

③ 2008 年 10 月 13 日

FAX 通信　(藤森→大嶋)

茶室の内装仕上げのやりとり。
①の時点では、アコヤ貝が検討されたが、②の時点では焼き杉のストライプ案に変わり、③の時点で焼き杉の張り方が変更された。

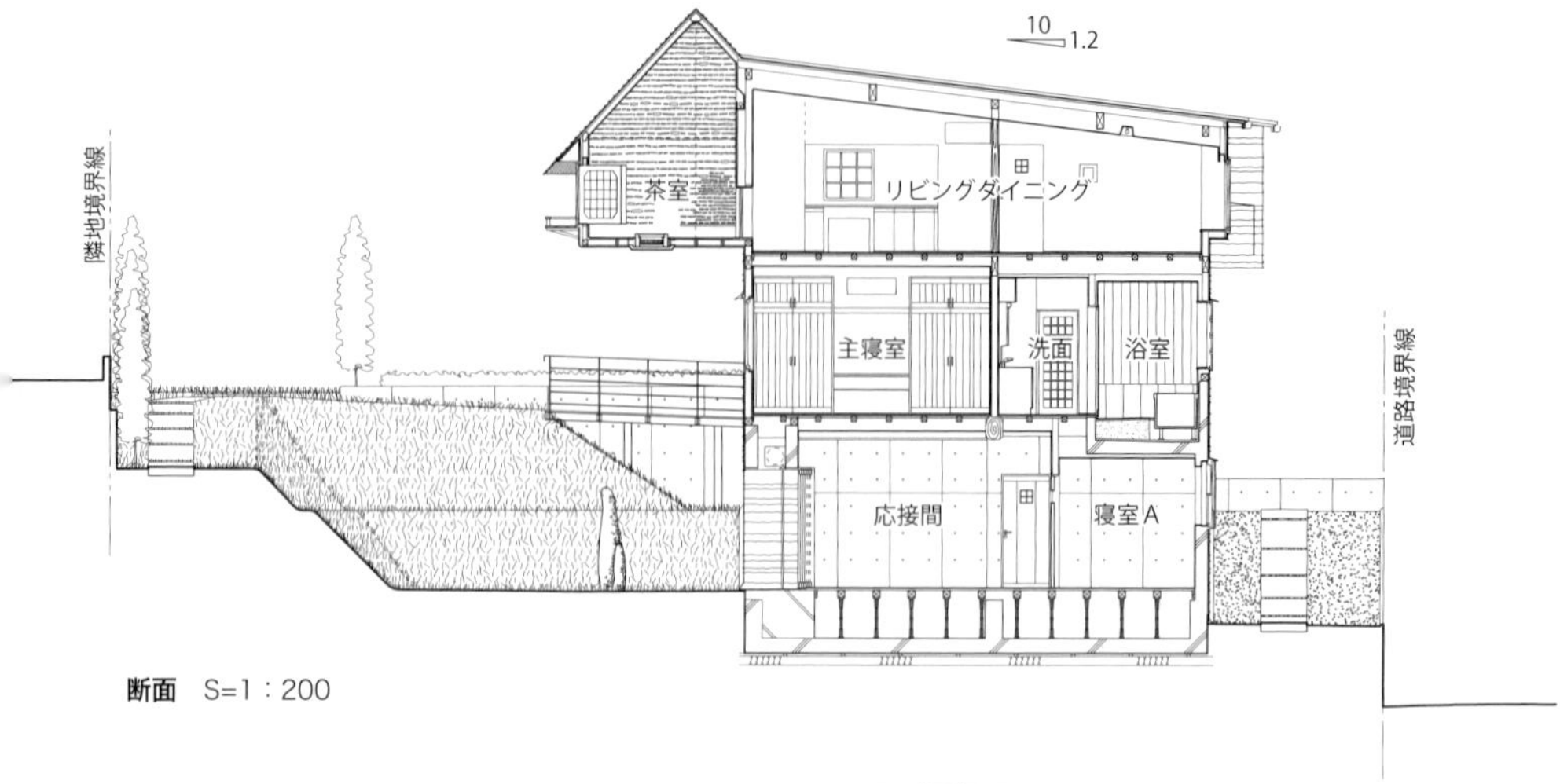

断面　S=1：200

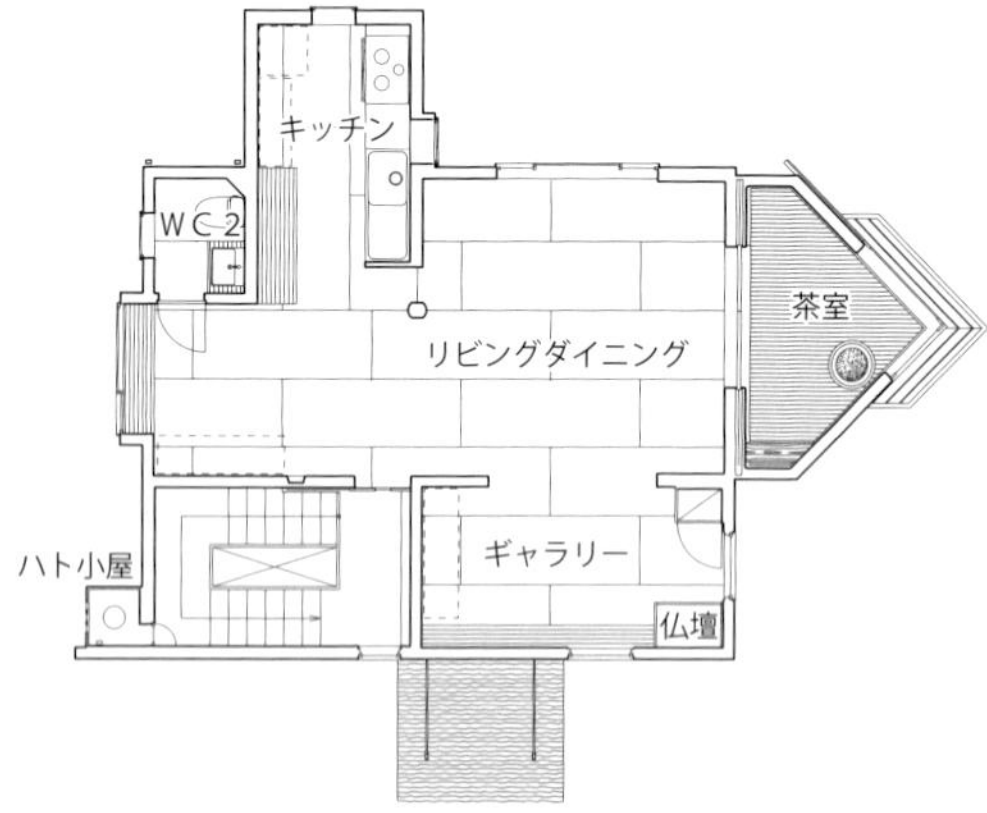

3階平面　S=1：200

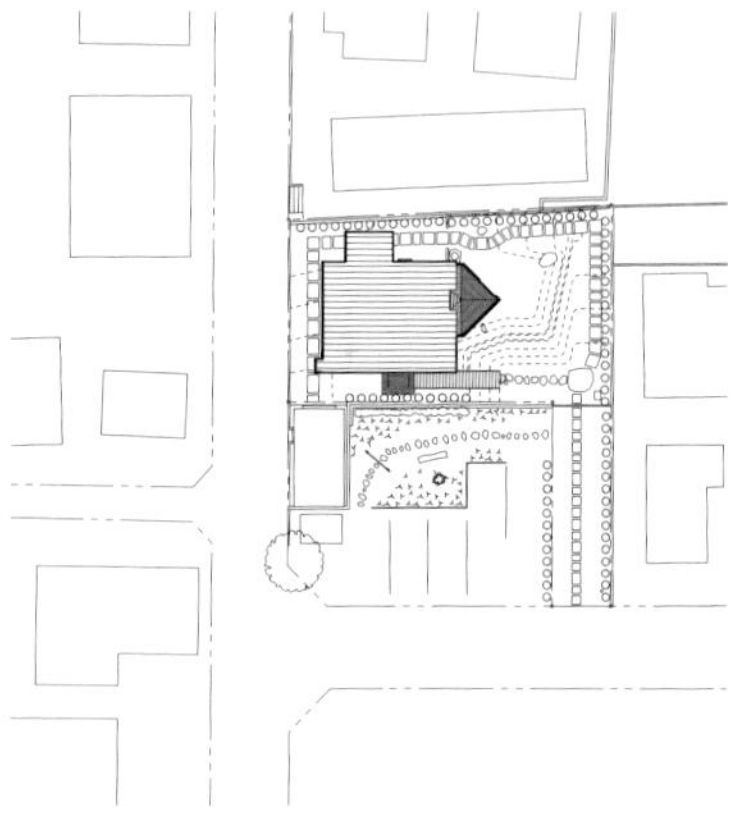

配置　S=1：1000

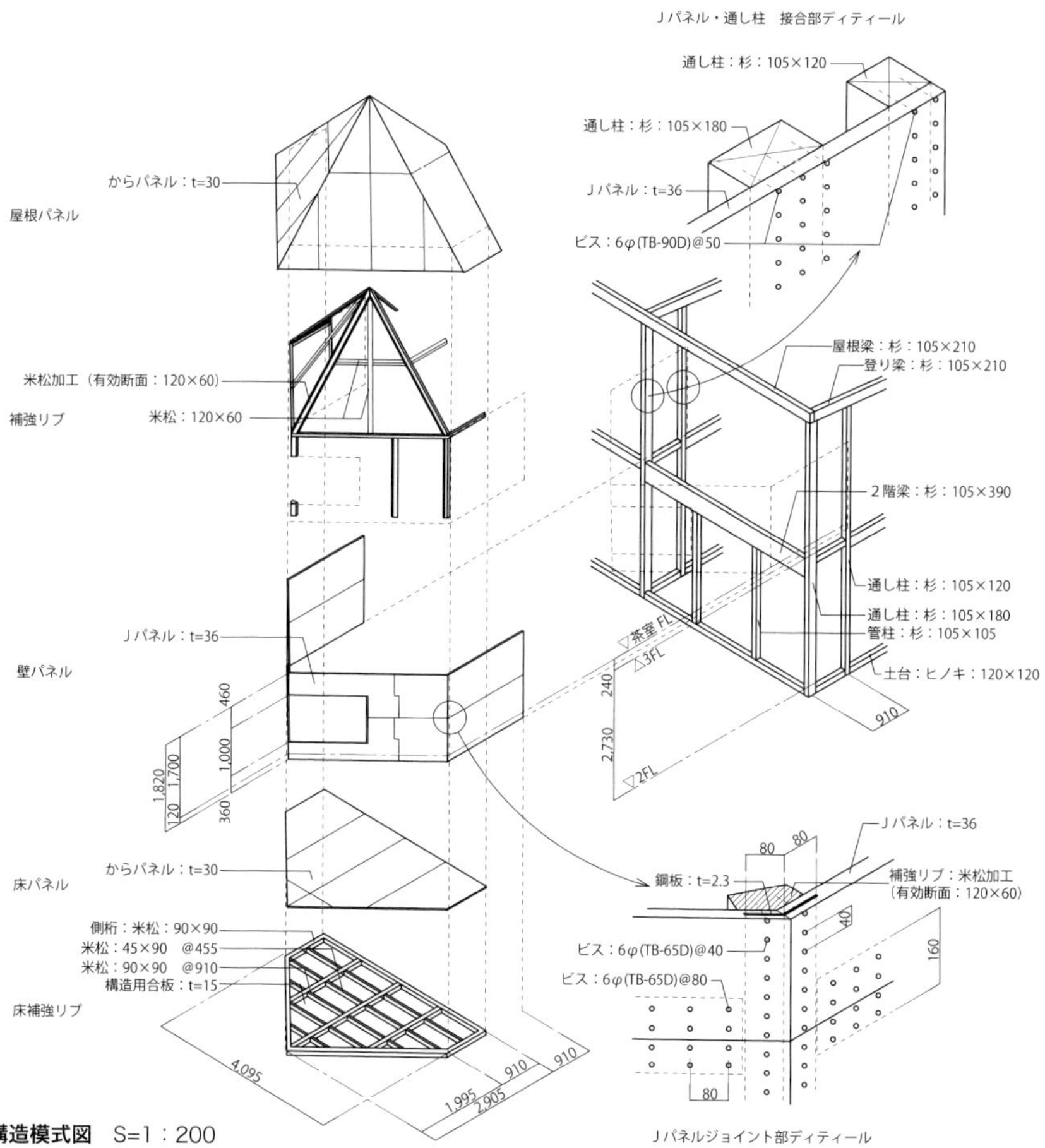

構造模式図　S=1：200

チョコレートハウスの茶室の構造は、厚さ36㎜のJパネル（杉3層クロスパネル）を、壁の高さ1,820㎜を成とするウォーガーターを片持ち梁とみなし、床および屋根の荷重は、ウォールガーターに負担させるというかたちで解析している。床部分は自身のたわみを考慮するだけでよいので薄くでき、自重的にも、視覚的にも軽くすることができた。

ウォールガーターの根元は、4本の通し柱に構造用ビスで緊結し、基礎である1階RC壁に直接荷重を伝える。Jパネルの折れ曲がり部分には、小口中央に切り込み後、2.3㎜厚の鋼板を挿入し、パネル表面から構造用ビスを打込む方法により力学的に一体化させている。（大嶋信道＋一條典）

コーナー部にとった明るい開口部

を縦に振らなくって……。「ザ・フォーラム」の階段も最初は墨ではなかったですか。最終的には土を塗ったところに、墨を塗ろうかって。

藤森 そうかもしれない。

大嶋 たまに先生が言っているので、私もえーっと思ってて、南伸坊さんも「これは……」と反対してて。

藤森 あ、そうそう！ 細川さんの工房（不東庵）のときに、南（伸坊）が反対したんだ。われわれの努力を無にするのかと、現場で、本気で怒った。刷毛で墨を塗ろうと思って、仕事部屋の壁内で実験してその後、細川さんの工房でやろうとして、南に反対されて止めた。

大嶋 あんなイメージだったんですよね。チョコレートみたいに白の中に炭がポッポッポッポッてあるじゃない。

藤森 墨汁を塗ろうと思ったんですよ。帯状に、縞に塗ろうと思ったんじゃないかな。

大嶋 私も南さんほどじゃないけど、ピンとこなかった。なぜ内装を白黒で？ みたいな。

藤森 白黒をやりたいとはずっと考えてた。

大嶋 ずっと伏線みたいなのがあって、外装については、最初、養老孟司さんの「養老昆虫館」の外装を白黒にしようという案もあったんですけど、葬式の鯨幕みたいになるというのでやめた。でも「ラムネ温泉館」でやってみたら、そんなふうには見えなかった。内装については、最初に白黒をやったのは「チョコレートハウス」の茶室です。

藤森 これだったら素晴らしいですよ。通の人には、相当評判いいです。ふつう、白黒の内装ってないでしょ。

編集部 ないですね、あんまり聞かない。

藤森 ちゃんとした炭は、やっぱりいいですよね、漆喰と合う。あんなに合う物はないんじゃないかな……。

大嶋 よく見ると、やっぱり炭が手に付いたりして漆喰も汚れてるんですけど、全体として気にならないです。パッと、白黒のコントラストが強いので、あんまりわからないですよね。

藤森 大体、本当の炭を前にすれば、汚いとか、文句を言う人はいないですよ。

大嶋 そうですよね。

藤森 最初から真っ黒よ。

大嶋 一応考えて、あんまり下まで炭を使ってなくて、肩の触れる上ぐらいまでにはしてるんですけどね。頭をぶつけたりなんかもけっこうするんで。

「忘筌」を意識した入り口と空間

大嶋 けっこう広いんですよ。これまで3畳ぐらいだったんですけど、4畳以上はある。

藤森 広いんだ。

大嶋 面積としては。こういうかたちなので、そんなに広い感じはしないんですけど。

藤森　特にね、この入り口の感じは、とても好き。なんて言うか、日本の茶室にない感じ。この不思議な、大袈裟に言うと、遠州の茶室「忘筌《ぼうせん》」の入り口みたいな。ちゃんとした建築のような茶室のような、中途半端な高さのところに入るでしょ。あれいいなと思って（**32頁参照**）。

大嶋　ふつうの窓で、障子なのかなと思っててずっとやってたんですけど、設計が進んできたときに現場で先生が、「忘筌」のあの感じって言ったんです。なおかつ、

網戸ごしに「妙観」のインテリアを見る

「忘筌」はもっと高いでしょ。にじり口の高さで、横長の、こんな感じで開けるという。それは、壁を立てるだけなので、なるほどと思って。

藤森　室内で、近いところにありながら、ちょっと閉めると感じが全然違うし、開けておいても、妙にゆとりを感じる。うまくいったなと思う。

大嶋　やっぱり、あっちは日が入るほうだから、メインのこっちのつなぎの部屋も暗くないし、これ越しに桜が見えて、フレームと切れて、雰囲気がすごくいいんですよ。

藤森　室内との関係はうまくいった。

大嶋　そこでもうひとつ、網戸の問題がずっと解決できなかったんです。生活の場だったら、茶室でも網戸がいるんですよ。ふつうは茶室には網戸がないんですけど。その「忘筌」案が出たときに、兒島さんに、ここに網戸が付けられないかと。もし蚊が入ってきたら、ここで網戸閉めてくださいって言って。たいこの障子と網戸が二重に、全量引き込みで、ここに入ってるんですよ。

藤森　通風は蚊を防ぐんだよ。

大嶋　そうなんですよ。あとは、蚊取り線香を中で焚いてもらったり。網戸を閉めた風情がまたいい。

藤森　中にニワトリが居そうな感じ（笑）。中に人がいると犬みたいで、面白かった。

大嶋　また風情が違うんですね。たいこの障子から光が入ってくるので、その桟が浮いてる感じもいいんですけど、やっぱり、網が入って、茶室が見えてるっていう経験がないから。

藤森　網戸の向こうにちゃんとした部屋があるという経験がないですよ。網戸は効いたね。御簾《みす》みたいだ（**写真上**）。

大嶋　何が問題かというと、網戸がある限り、コーナーの柱をやめることができないんです。網戸のガイドとか戸渡りがいるので、網戸がないことで初めて、ここが開放できたんですよ。散々エスキースやってたんですけどね。

藤森　網戸がある限り、必ず枠が必要となる。

大嶋　戸渡りが必要になるんです。

藤森　プリーツ網戸でも必要だからね。

大嶋　それだとみっともないことになるんですよ。真ん中にあるんだったら、もう引っ込んじゃえば、いろんなところでやってるんですけど。■

Column

アートとしての茶室

藤森照信

茶室が現代の建築という体制からズレた存在であることを思い知らされたのは「茶室 徹」が完成したときだった。地元の市役所の建築主事がやってきたときの応答。

「これは建築ではありませんネ。芸術作品ですよネ」

「ハイ、もちろんです」

現在の建築基準法でも、10平方メートル以下の面積であれば建築確認は不要だから4畳半までの茶室をつくることはできるが、そうした法的なこととは別に、実際に手掛けてみると建築からズレるところがある。

この点をいみじくも指摘してくれたのは赤瀬川原平さんで「新軒」について、「日ごろ自分では使わず、友人が来ると見たいと言うから見せている。まるで人が中に入れる彫刻のような存在だ」。

つくる方にとっても異例な建築で、「一夜亭」を初茶室としてつくり、引き渡すとき、思わぬ気持ちが湧いて驚いた。「渡したくない」。そんなヘンな気持ちになったのは初めてだった。「つくった」というより「育てた」ような気持になっていたのだろう。

美術館からの依頼もある。清春白樺美術館の「茶室 徹」。ロンドンのヴィクトリア&アルバート美術館の「ビートルズハウス」。茅野市美術館の「空飛ぶ泥舟」。メルボルンのRMITギャラリー「ブラックティーハウス」。ミュンヘンのヴィラシュトゥックの「ウォーキングカフェ」。台北の総合文化施設である崋山1914文創園区の「森文茶庵」と「望北茶亭」。宜蘭の羅東文化工場の「老憧軒」。こう数えあげてみると、美術館のために“中に入って使うこともできる彫刻”としてつくった茶室が過半数を占める。

極小空間、建築の結晶、空間の基本単位、という私の性格づけとは異なり、社会的には巨大彫刻というか環境造形というか、アートの一つとして扱われているらしい。

近年、ヨーロッパの建築界では、「スカラプチャー・アーキテクチャー」という概念が生まれているらしい。彫刻にして建築。

少し前、磯崎新さんを「高過庵」や「チョコレートハウス」の「妙観」などに案内すると、

「スカラプチャー・アーキテクチャーというよりアート・アーキテクチャーだナ」

とおっしゃられた。

私としては、建築と取り組んでいるつもりであるが。■

茶室対談　その4

茶室の中に隠されたインチキ、そして近代批判

隈研吾×藤森照信

ポストモダンとともに消えた教養主義

藤森　建築家と茶室に関していろいろ話すとしたら磯崎新さん、原広司さん、隈さんしかいない。隈さんくらいの年代までなんですよ、歴史の教養を持ってる人って。

隈　やっぱりポストモダンが終わったときに、教養も一緒に否定されたんじゃないかという気がするんですよ。

藤森　ポストモダンが終わった後に。

隈　歴史主義を否定したときに、教養も同時に否定してしまった。

藤森　ポストモダンのデザインの中に、歴史もどきがいっぱい入ってましたからね。教養にも歴史が入っていた。

隈　ポストモダンの後に一緒に教養も、もうああいうものは必要ないんだって、否定していたような気がするんですよ。ポストモダンのときって、教養的にお勉強することはいいことだっていう風潮があったじゃないですか。

藤森　歴史的なディテールとか造形を。

隈　だから、僕らの大学院のころくらい、歴史を一生懸命勉強したことはなかった。

藤森　建築家は、ヨーロッパならギリシャ・ローマ以降、日本だったら伊勢神宮以降のことは知ってるっていう、暗黙の了解があった。

隈　今は全然そんなことはないですよ。そういうのを勉強すること自体を否定している。そんな気がする。やっぱり、80年代後遺症じゃないかと僕は思うんだけど。

藤森　そうか。言われてみると、若い世代は言及しないね。

隈　全然言及してないというのは、意図的に勉強を否定しているんだと思う。

藤森　意識的に勉強はいらない、余分なことだと。寂しいけどね。

隈　だから藤森さんは、野生児だけどその奥には教養があるってことを、みんな知っていながら、その事実には目をつぶって、野生児の部分だけ見ようとしてるんじゃないかと。

藤森　隈さんも歴史的な教養とは無縁と思われてるかもしれないよ。注意してみると、隈さんもタウトとか禅について言及してるけど、そうは思われてないかもしれない。もうひとつ、日本の戦後の建築家たちが、モダンデザインを展開するときに、伝統はいつも言及対象としてあったわけですよ。丹下健三は桂と伊勢、特に伊勢を、白井晟一は縄文を重視する。当然、吉村順三とかレーモンドもそうだけど、前川國男もその背景には歴史があった。ただ、その中で、意外なことだけど、みんな茶室にはふれない。

隈　あるときからふれるの？

藤森　昭和初期に堀口捨己がふれる。でも、堀口捨己以降は誰もふれない。なぜなのか不思議なんだけど、たとえば伝統論争のとき、誰も茶室に言及しないんですよ。

隈　どうしてなんですかね。

藤森　それが謎で、ある人によると、堀口捨己がいたからって。堀口さんは分離派ですよ、大正期の。その堀口さんが、茶室の研究を初めてするわけです。建築界初というだけじゃなくて、日本の知識人で初めてするわけです。茶の世界って今でもそうだけど、茶室を変なものとしてとらえている。茶の世界での茶室は、語られざる対象です。作法とか道具とかの話は語られるけど、茶室という建築については言及しない。茶道具とか掛け軸のことについて、何か話をしなきゃいけない。だって、客を迎えるためにそれを選んでるわけだから。だけど茶室には言及しない。だから「この床柱は」とか、「この壁は」とか、そういうことは言わなくていい。茶の世界の教養の中で茶室はすっぽり抜け落ちてる。もちろん中村昌生先生が、堀口捨己の跡を受けて茶室の研究をやってるんだけど、お茶の世界の人たちは茶室に言及しない。

隈　それは、いわゆるお茶席の会話に必要のない教養だったんでしょうか。

藤森　必要ないか、あるいは江戸時代の安定期にわからなくなってしまったのかもしれないですね。

隈　たとえば「待庵」とか「如庵」とか、そういう言葉すら茶の世界では話題にならなかった？

藤森　「残月亭」の写しってたくさんあるわけですよ。写しってことは、お客さんは「ここはちょっと変わってますね」と見抜かなきゃいけない。主人のほうはそれを喜ぶ。だけど、そういう会話は行われない。だから中村先生なんか寂しいと思う。あれだけいろいろつくっても、茶室に入った人たちがもっぱら道具やお菓子、軸についてしかしゃべらない。

隈　日本人ってすごく建築論議が好きな国民性なのに、その中でも茶室なんて日本人好みの話題だと思うんだけど、それが議論されなかったっていうのは、不思議なことですよね。

藤森　さっき言ったように、戦後のモダニズムは茶室にふれない。茶室は伝統建築の中で、不思議な位置にあるんだよ。

隈　あるとき磯崎さんとかがふれるじゃないですか。あれって突然変異なのかな。

藤森　突然変異というより、あれはやっぱりモダニズムの終わったときでしょう。一番のポイントは磯崎さんです。磯崎さんは堀口捨己を精神的に深く認めているし、大徳寺にお墓がある。だから、利休と一緒に眠ることになってる。だけど、茶のことをこれまで言わない。茶について深く考えてきているはずなんだけど、正面から言わない。茶室論は書いてない。考えつづけているけど、真正面からは出さない。（注：この対談の後、磯崎は茶室について語り始めた。）

隈　僕はね、磯崎さんの言説において、茶室のことってじつは重要なポジションにあったんじゃないかと思うんですよ。いろんな言葉の端々に出てくるじゃないですか。彼の建築の本質と深くかかわっている。だから、磯崎さんが茶について膨大に語っているような気にさせられる。

藤森　まとめて語ってはいない。聖域観があるのか、もしくは論ずることに躊躇があるのか。あの関心のありようはすごい。

堅気の世界にインチキを持ち込む

藤森　茶室について考えた場合、戦後モダニズムの主流っていうか中心で、茶室をうまく位置づけられない。だけど、磯崎さんや原さんは茶室に関心がある。あれは不思議な状況です。面白いことだと思う。戦後のモダニズムは基本的に、プライベートというよりもパブリックです。それは公共建築であり、都市の中の住宅はどうあるべきかってことでしょう。基本的には社会の問題ですよ。

隈　そうか。それでやっと納得がいった。あの人たちは基本的にパブリックな人たちなんだ。

藤森　そうそう。戦後だから、社会のあり方とか政治のあり方を真正面から当然考えたわけで、丹下さんは、そのまま突き進んだ。

隈　ただ実際は、磯崎さんにしろ黒川(紀章)さんにしろ、頭の中ではもう公私の区別がない、パブリックも私《わたくし》も境がないという世界をいち早く感じ取った人たちで、あの二人はそういう意味では茶室について、公式的には言えなくても言外にはめちゃめちゃ深い情熱がある人たちだと思いますよ。

藤森　黒川さんだって茶室つくってるし、磯崎さんも深いですよ。

隈　そのとき、磯崎さんには、アートっていうもうひとつの文脈があったと思うんですよ。アートを通じてパブリックから抜け出そうとした。

藤森　現代美術でしょう。

隈　現代美術というのは、要するに、なんだかんだ言っても商品だと思うんですよ。わかりやすくて、高く売れるっていう、ものすごく単純なコンセプトが凝縮した究極の商品です。これこそが、茶室の世界の本質だと磯崎さんは見抜いた。そういう「商品としてのアート」という概念を、初めて建築の世界に突っ込んできた人が磯崎さんです。その人が茶室に関心を持つっていうのは、ごく自然な流れじゃないかと。

藤森　たしかにアートの文脈でいくと、日本において唯一歴史上権力と正面から闘った表現者が、利休であることは間違いない。個人のセンスをガーッと出してしまって、行動においてもそうだし、実作においてもそうでしょう。たしかに前衛なんですよ。

隈　そうだと思う。要するに、積み上げでは値段がつけられない商品を利休が発明した。生産において、どれだけ労働価値を付加したとかは関係なく、個人のセンスだけで無限に値段が跳ね上がるというシステムを、初めて考えたのは利休といっていいんじゃないですかね。

藤森　そうですよ。その辺の飯茶碗みたいなのを拾ってきて、茶碗に格上げする。とんでもない値段のシステムを生み出したわけだから。たしかに現代美術だ。

隈　デュシャンなんかの先がけですよね。

藤森　拾ってきて、これが利休の好みですっていう。そういわれてみると、赤瀬川原平さんが『千利休　無言の前衛』(岩波新書)という本を書いてる。たしかに利休は前衛的な美術の最初の人かもしれないね。

隈　世界でも、あんまりほかに出てないいんじゃないかな、あんな時期に。

藤森　時代としては、ミケランジェロと重なる。ミケランジェロよりちょっと若いくらい。ちょうどルネサンスの後半、マニエリズムくらいが利休の時代。

隈　ミケランジェロもダ・ヴィンチも、利休みたいなインチキっていうか、そういう商売してないじゃないですか。

藤森　一応大理石をちゃんと彫って、お金をもらう。利休はその辺のものをピックアップして、「これがいい」と、高い値をつける。そういうことか。磯崎さんは、そういう現代美術ルートから利休に近づくこともできたんだ。

隈　誤解をおそれずにいえば、磯崎さんは、インチキという方法論を建築の世界に持ち込んだパイオニアだった。要するに、磯崎さんがモダニズムという堅気の世界に持ち込んだものっていうのは、そのインチキだったような気がする。

藤森　現代美術のインチキ性を持ち込む。それはじつは過去に探すと、利休がそうだったと。なるほどね。

空間に間をつくる装置

藤森　ところで隈さんは、どういうところから茶室に興味を持ったの?

隈　ニューヨークに行ってからですね。30歳のときに、コロンビア大学の客員研究員という立場でニューヨークに行ったんですが、とにかくひまで、家にアメリカの友だちを呼ぶときに茶室があると、間がもつなと思ったわけです。というのは、外国人としゃべっててもなかなか話題が広がらないじゃないですか。でも茶室っていうのは、それをきっかけにしていろいろと話せるから、うちに茶室があったらいいなと突然思って、さっそく畳を2畳、八方手を尽くして探してもらった。ニューヨークには売ってなかったんですよ。畳って和食料理屋でも使わないから。障子や布団を売っているところはあるけれど、畳はないんですよね。たまたまカリフォルニアの大工が、日本から持ってきた在庫が残ってるからって、それを2畳分売ってもらって、フローリングの床の上に敷いて、茶道具も日本から簡単なのを運んで、見よう見まねでやってると、わりと間がもつんですね。この道具は何かとか、2畳にはこんな意味があるとか説明できる。茶のまわりに情報量の密度が、すごくあるわけですよ。

藤森 たしかに、たとえば細川護熙さんの茶碗は高いわけですが、なるほどと思ったことがある。知り合いがお茶に招いてくれて、もちろん、こっちがちゃんとしたお茶をやらないことを知ってて招いてくれるから安心なんだけど、「これ細川さんのものですね」って言うと、それで話題が広がり、間がもつ。特に細川さんは利休の愛弟子(細川三斎)の子孫ですから。道具が共通の会話の糸口になる。茶室は芸術と工芸品について語る場なんですよ。世界を見ても、芸術や文化を語るための専用の空間ってないよね。

隈 そうですね。たとえば、油絵1枚を前にして何か語ろうっていったって、そんなにたくさんは語れるもんじゃない。ホントにその絵について研究している者同士だったら語れるかもしれないけど、ふつうの人が油絵1枚を前にして語れって言われてもなかなか大変で、すぐ気まずくなってしまう。そういう意味でお茶の世界って、ネットワーク的だから……。

藤森 言ってみれば道具だからね。

隈 道具だし、日常の道具だから誰でも語っていいっていう資格があるし、そこが油絵みたいなファインアートとは違うわけだし、しかも深さがあるから掘り下げていけばどんどん掘れる。そういう幅と深さのあるネットワーク的なところがいい。

藤森 それと、たとえばヨーロッパだと美術品っていうのは絵や彫刻が基本。茶道具のような工芸品は格下。イギリスの住宅で、北側にギャラリーが発達したけど、中でウロウロ歩きながら運動するためのものだったらしい。そこに先祖の絵なんかをかけて、お客さんが来ると自慢してた。ただ、それが大規模になると、美術館で絵を語るようなもんで、討論会になってしまう。狭い空間で、こぢんまりとやるっていうことが重要ですよね。そういう場として、お茶室は語られてはいないけど、大事な機能だ。

隈 僕はお茶室の、その情報のインターフェースとしての機能性を直感的に感じた。

藤森 感じたんだ。それで効果はあった?

隈 あった。しかもね、客を畳の上に座らせると、まず優位に立てるわけですよ(笑)。そうじゃないと、彼らのほうが英語もうまいし、なかなか優位に立てないじゃないですか。ところが、畳がそこに2枚あるだけで、「ここに座れ」って言ったら、もうそこで優位に立てるわけですよ。座り方を知ってるだけでね、彼らはすごい尊敬しちゃうわけで。これはいいなと思って、うちに来てもらうたびに、そこに座らせて食事の後にお茶を飲んでもらって。そういう生活をしたのが、茶室に関心を持った一番最初のきっかけですね。

藤森 たしかに欧米の人たちは、お茶のことはみんなどこかで聞いてるんですよ。日本では変なことやってるらしいと。だけど、本当にお茶を体験した人って意外といない。京都へ行っても、お寺で超略式の抹茶を飲むだけ。それともうひとつ、けっこう時間がかかる。お茶を点てたりとかすると、たしかに間はとれる。

隈　滅茶苦茶時間かかりますよね、正式にやると。

藤森　本格的にやると4時間くらいかかるでしょう。そのあいだに懐石料理が入るし。

隈　そうそう、間がもちすぎるくらい。

藤森　話はいろいろ広がるしね。その重要性はあまり茶室論の中では論じられていない。日本人にとっては、おそらく当たり前のことだったんだと思う。それを誰も言語化しないうちに、会話の場という一番大事な機能が失われてしまったのかもしれない。

隈　間がもつって、人間の生活にとってすごく大事なことだと思う。特に空間をデザインするとき、間がもつかもたないかって、すごく大事なことのような気がするんですよ。

藤森　たとえば教会に入って、そこでボーッとしているときでも、何か見たりしてるわけでしょう。ステンドグラス見たり。

隈　教会だったらその中で一人で黙って立ってても、そんなに変なことじゃないから、じーっとしててもいいわけだけど。たとえば、教会じゃない空間で音楽も何もないところで、二人でいてお互い黙ってたら変ですもんね。そういう意味で、間がもつっていうことは建築デザインのかなめかもしれない。

藤森　茶室の場合、それ自身が特殊な空間でしょう。狭くて外に開かないから、基本的に内向的でしょう。どうしても何か話すことになるのね。おまけに、小さいテントの中にいるみたいな感じだから、みんな中に入ったら話さざるを得ないしね。

隈　でね、ニューヨークでお茶を出したとき、遊びに来ていた一人にエディソン・プライスって照明家がいたんですよ。20世紀の建築照明デザインの父みたいな人で、シーグラム・ビルのトラバーチンのコアの壁面をきれいになめるような照明をやった人です。初めてコンピューターを使って反射板のカーブを計算してデザインした。ミースもすごく喜んだらしい。ルイス・カーンのキンベル美術館の、屋根の頂部から光を採り入れてアルミのパンチングメタルに一度反射させて、天井をきれいに光らせながら光を拡散させる手法も、彼の発明ですね。フィリップ・ジョンソンのニューヨークのタウンハウスで、中庭に水が張ってある家があるじゃないですか。その水と照明を組み合わせて、水面がチラチラと光るような照明も彼のデザインで、そういう20世紀の新しい光の演出みたいなことをほとんど発明した照明家で、今のダウンライトの原型も彼がつくったといわれている。その彼が畳2枚の茶室を気に入ってくれて、ほしいって言うから帰国するとき、道具も畳も譲ってきたんですよ。そしたら彼が最期に、その畳の上で亡くなった。

藤森　知ってたのかね、畳の上で死ぬって意味？

隈　知らなかったと思うけど、なぜか畳の上が気持ちよくてベッドとして使ってたらしい。それを彼のお嬢さんから聞いてね、うれしかった。

元祖インスタレーション

藤森　茶道に関心を持って、茶室をつくる建築家がこのごろ現れた。

隈　ある意味、茶室を現代アートとしてデザインするという行為が、僕らのころから建築の表現手段として一般化した。要するに、クライアントがいるわけでもなく、展覧会みたいな形式で、イベント用のものとして建築家がつくるっていう。それも、磯崎さんがたぶんはしりだと思うんだけども、下々まで敷衍させていったのが、僕らの時代の性格を象徴しているんじゃないかと。

ニューヨークから帰国してすぐに、ダンボールで「段庵」という茶室をつくったんですよ。友だちが丸紅のダンボールのセクションに勤めていて、ダンボールをいくらでも提供するからダンボールの宣伝になるようなものをつくってくれと言われて。ダンボールを積層してダンボールの塊みたいな茶室をつくってみたんです。スポンサーのある展覧会みたいなかたちで。そういう形式の仕事は、その後も継続していて、今でも僕の全体の仕事の中で、かなりの割合を占めてるんですね。アートと建築の中間に位置してて、自分の建築の方法を伝えるために、茶室って一番いいメディアじゃないかと思うなあ。

藤森　たしかに、共通言語になってるから、わかりやすいでしょう。茶室はいいメディアだ。施主にも茶室って言ったら、わかりやすいでしょう。インスタレーションって言ったらもう訳がわからない。茶室って言ったら、一応はこのくらいの大きさで、中でちょっと座ってお茶を飲むくらいのことがわかる。日本に生まれてよかったなあと思うのは、極小空間をつくるときに、施主や建設会社に「茶室です」と言うとわかりやすい。ふつうのものじゃないなってわかる。ヨーロッパの人たちが何か小空間をつくろうとするとき、おそらく瞑想の部屋とかを考えるだろうけど、そう言うと宗教のものになっちゃう。その点、茶室は助かります。すぐにみんなが事態を理解できる。だから、隈さんの言ったインスタレーションも「何とか庵」って、「庵」をつけたら茶室ってわかるから、すうっと入れる。それは伝統のありがたさっていうか。

隈　そういう茶室という形式を、教養のあるなしにかかわらず、社会全体で共有してるっていうのは、すごいことなんです。前衛なんだけど伝統に根ざしてるみたいな。芸当も、その前提のうえに可能になる。変なものでも、なんとか正当性を感じてもらえる途がある。

藤森　ありがたいですよね。ちょっと楽しみになるでしょう。「茶室かあ、何やるかな」っていう。利休のおかげだよね。

隈　利休以前は、そういう空間的遊戯を前提としたゲームは存在しなかったわけですからね。

藤森　利休以前は、事態がもっとオーソドックスでしたから。利休がああいう2畳とか、1畳台目（1・75畳）とかいう、とんでもない実験をして、それ以来、金の茶室もそうだけど、自由な方向に向かった。野外用の仮設的茶室もつくるし、秀吉の朝鮮出兵のときにも茶室をつくるんですよ。発掘によって、唐津の名護屋城に竹の茶室をつくったことが確認されている。いわゆるインスタレーションですよね。利休が、そういうオーソドックスな建築でない茶室をやったのは、堺の縁側と軒先に、その辺にある、あり合わせのものを拾ってきて立てかけてつくったのが初めで、おそらく畳と障子と雨戸を外せるものだったと思う。プランは残ってないけど、そういう記録は残っていて、どこのお寺かもわかっている。それを当時は「囲い」と言いました。要するに「軒先の囲いである」と。軒先に仮設でつくれるものって可動物だから、畳と障子と雨戸なんですよ。おそらく、そこから来たと思うけど、にじり口っていうのは雨戸の隅を切るんですよ。

隈　雨戸の隅を切る……。

藤森　雨戸の隅を切って使ったから、桟は二方向にしかつけない。見るとわかりますよ。雨戸の桟が切ってあるから桟のない辺はペラペラしてる（41頁参照）。「囲い」をつくったときに、そういう工夫が出たんだと思う。江戸時代には茶室って、「数寄屋」って呼んだり「囲い」って呼んだりしている。一種のインスタレーションだよね。隈さんのやってるようなことも、もともとは利休から来ている。それは面白い問題です。

隈　さっきの磯崎さんと現代アートに共通するインチキの話に戻るけれど、利休はある意味、すごく手を抜いて簡単につくったものに正当性を与えるとか、付加価値をつけるとか、そういう仕掛けに関しては天才的です。それはただ、いい加減にインチキをやってるわけじゃなくて、計算され抜いたインチキですよね。

パフォーマーとしての利休

藤森　中村昌生先生に教えられて、おっと思ったんだけど、「待庵」の炉って畳の隅を切ってつくってるでしょう。あれも考えてみたらものすごく変なことで、畳って空間の基準となるもの。要するに、本来なら基準に手をつけちゃいけないわけですよ。基準に手をつけるとどんな変なことが起きるかっていうと、僕は山田守の自邸で体験したんだけど、本来、畳の縁《へり》って考えてみると、変な線なのね。場所によって2本重なったり、1本になったり、線がなかったりと。山田守はそれをいやがって、縁《へり》に手を付けた。

隈　そうすると、2本の縁が重なる場所とかはないんですか。

藤森　ない。だから図面上で敷いた後、決めてるわけ。それもあの幅がいやで、もっと細くした。初めて見たとき、足が踏み込めなかった。気持ち悪くて。要するに、空間の基本に手を入れるってことは、やっちゃあいけない。それが証拠に、堀口捨己もあれだけ和風をやりながら畳には手をつけてない。つまり、手をつけていいのは縁の模様までで、それ以上はふれちゃあいけない。だから茶室の炉に関しても、畳の隅を切るってことは、とても変なことです。

隈　それはすごい暴力ですよね。

藤森　暴力ですよ。ちゃんと切って、板を嵌めればいいのに、一部を切る。僕の想像では、きっと利休は、「待庵」をつくったときに畳を持ってこさせて、自分で鋸で畳を切ったんじゃないかと。

隈　現代アートも真っ青な、すごいパフォーマンスですよね（笑）。

藤森　で、みんな、ぎょっとして。雨戸も持ってこさせてにじり口の戸をつくって。

隈　利休ならそのくらいやりかねない。

藤森　やりかねない。「囲い」って言い方はそこからはじまるわけで、利休はけっこう危ない人だった。でもね、利休がなんでそういうことをやったのか、いよいよそこからが謎で、たとえばルネサンスだったら、建築においてもいろいろ基本理論がある。きちんと美術史で体系づけられている。でも利休って、そういうかたちでは体系づけられてないんですよ。利休はとにかく前衛的な人で、ある意味では困った人で、結局切腹させられてしまった。秀吉と美的な対立説もある。利休がなぜああいう無理なことをしていったのかというのはわからない。

隈　個人的動機はともかくとして、時代的にいえば、商業という原理が時代の中心に登場した時代ですよね。商業の本質とは労働をどのくらいかけたかとは無関係に、交換の原理だけで値段が決まっていくことです。近代の商業の原理でドライブされる資本主義の先取りだったわけですよね。

藤森　堺の商人ですからね。

隈　茶人とかアーティストとかいう側面だけで見ていくと、彼の中のそういうスーパー商人的部分を見逃しちゃう。個人的な動機で彼がどうして、ああいうことをあえてやったのか。ただ単に、金儲けのためにやったっていうわけではないでしょうし。

藤森　それはないと思う。それで死ぬまではしないでしょう。

隈　大きな時代のうねりの中で、彼のポジションは説明できるけれど、やっぱり彼をホントに突き動かした個人的なドライブが何だったのか、僕はすごく不思議な気がします。

藤森　そこがわからない。ふつうは芸術的情熱みたいに言われてるけど、一般的な芸術家の自由とは違うと思う。
　僕自身、茶室に興味がわいたのは他律的な動機です。赤瀬川さんに小さい部屋をつくってほしいって言われて、「ニラハウス」に茶室（薪軒）をつくった。でも、茶室への意識は特別なかった。面白い場所をつくろうっていうぐらいで。やはり意識したのは、細川護熙さん（一夜亭）と徳正寺の茶室（矩庵）で、特に細川さんの場合は、つくって引き渡すときに、「渡したくない」と思った。あんなこと初めてです。損したような気がした。これを渡すのかって。それで、はたと思った。茶室は他人のためにつくるもんじゃない。自分のためにつくるもんだと。それで、「高過庵」をつくった。ホント、極私的っていうかね。

隈　建築物という大きさがあるくせに、茶碗と同じようなオブジェクト性というか、一種のモノとしての、交換可能性、所有可能性、移動可能性がある。

藤森　そうそう。だから、わかりやすくいえば服みたいなものです。自分の服をつくって、それを人に渡すみたいな。茶室の設計って、建築家たちはやらなかったわけです、長らく。利休の時代もそうだけど、設計は大工たちにも任せないで茶人が手がける。利休がやったり、織部がやったり。それが近代までずっと続くわけです。建築家がつくった茶室の第一号は、藤井厚二の実験住宅第一号（1915年）の中の茶室ですから。大正時代まで茶室は、建築家にはアンタッチャブルだった。明治期に武田五一が『建築雑誌』に茶室論を書きますけど、茶室はつくってない。これも面白いんだけど、武田五一の茶室論と伊東忠太の法隆寺研究の公式報告はほぼ同じ時期に出るんですよ。

隈　偶然なわけですね。

藤森　偶然だけど、そこには何かあるんですよ。伊東忠太が法隆寺を一生懸命調べて論文を書いてるときに、武田五一は茶室を調べていた。

隈　武田五一の動機は何だったんでしょうか。

藤森　武田五一はその後、茶室から離れちゃうんだけど、イギリスへ留学してマッキントッシュの影響を受け、ウィーン・セセッションにも目覚める。いわゆるデコデコの装飾じゃなくて、近代的な初期モダニズムの持ってる装飾性に。

隈　彼はなんで装飾に。

藤森　天性の素質じゃないかと思うときがある。彼の建築を見ると、なんかこうペタペタしてるの。ヴォリュームがない。法隆寺とか、ヨーロッパの石の建築って基本的にはヴォリュームでしょう。教育としてはヴォリュームの教育を受けたけど、どうも俺はいやだと思って、そうこうするうちに茶室を発見して、ヨーロッパに留学して、マッキントッシュやウィーン・セセッションを発見して、日本に帰ってきた。そういうタイプの人だった。

隈　あの辺はペタペタですよね。それで、あっ俺がわかる西洋があったんだと。

藤森　それで、今度はアール・ヌーヴォーをやるわけです。ホントは帰ってきて茶室をやればよかったんだけど、日本で最初のアール・ヌーヴォーのデザイナーになる。僕が、武田五一でうれしかったのは、彼がアール・ヌーヴォーをやる前に茶室の論文を書いてたということ。それがわかってうれしかった。だからアール・ヌーヴォーに内的に近づいてるんですよ、自分の中の必然があって。

隈　その必然というのは、イデオロギー的というよりは身体的に。

藤森　ペタペタが好きで、結局、孤立的に終わってしまう。その後、武田に呼ばれて京大の教授になる藤井厚二が初めて自宅に茶室をつくるけど、研究まではしない。ちゃんとやったのは堀口さんで、堀口さんは茶室を研究して、利休に行き着くわけです。利休は建築家としても最高だったというところに行き着く。しかも、利休のつくった茶室の中にはモダニズムと同じ原理があるということを茶室論の中で書くわけですよ、戦前の段階に。でも、そこで茶室研究は止まってるんです。

隈　止まってるというか、堀口さん一人しかいないじゃないですか。

藤森　堀口さん以前、茶室はきちんと研究されてなかった。どれが古いかもわからなかったし。そういうことをちゃんと調べたのが堀口さんで、あれだけの文化人だったから、茶室論を書いて、ドーンと世の中に知らしめることができた。

茶室とインスタレーションを分けるもの

藤森　堀口さんに関しては、興味深い問題があって、堀口さんは、茶室を変えようと思ってたんですよ。戦後、「美似居《びじきょ》」っていうのをつくって、松坂屋で展覧会用に展示した（**19頁参照**）。一時、茶室って、戦中・戦後と人気がなかったんだけど、それがもう一度息を吹き返すときの展覧会なんですね。美似居ってビニールのことで、ビニールを使った茶室をつくった。おそらく、堀口捨己は何かをやろうと思ったんですよ。おそらく利休がやったようなことを。

隈　インチキインスタレーションを。

藤森　そう、しかもビニールで。でも、それでやめちゃうんですよ。その辺のことを中村昌生先生に聞いたことがある。中村先生は堀口さんに「将来の茶室」のあり方について何度か聞いたそうです。「美似居」に感動して、堀口さんが新しい茶室をつくろうとしていると思って、いろいろ聞いたんだけど、ついに答えなかったって。

隈　中村先生に対する応答以外に、何も残してないんですか？

藤森　残してない。結局、堀口捨己はそれ以降、いわゆる新しい茶室を試みない。やっぱり、伝統的な茶室をずっと手がけていくわけです。戦前にも茶室はちょこちょこやってるんですけど、結局、伝統系の茶室をどうするかっていうことについて、その先は答えずに伝統的な茶室に帰っていった。もちろん、いろんなことはやりますけど。

隈　やっぱり磯崎さん的な、ある怪しさっていうか、山っけがない人はその先に行けないんじゃないかなっていう気がする。

藤森　特に堀口捨己の場合は、精神性が抜きがたくあるわけです。お茶の形式の中で精神性をいったら、もう利休から抜け出せない。その難しさは相変わらずあるんだと思う。堀口さんがビニールを使ったのは、隈さんに通じますね。

隈　今聞いて、たしかに「美似居」って名前は記憶してて、ヴィジュアルも見た気はするけど、それがどういう茶室かは全然イメージが浮かばなかった。僕がビニールを使ったのは、ダンボールの後でね。そのほかにもプラスチックとか人工皮膚とか、いろいろやってますけど。でも堀口先生のビニールはピンとこなかったなあ。やられてたんだ。

藤森　茶室に建築家が素直に入っていくと、何か変なものに突き当たる。インスタレーションとか、とんでもない材料を使うみたいなところにね。

隈　だからこそ、精神性みたいなものとインスタレーション的なインチキ性みたいなところが両方ないと。利休にはその両方があったような気がする。それが共存してないと、インスタレーションのほうだけだと、先がないような気がするんですよ。

藤森　学園祭みたいに。

隈　そう、茶室って無限に自由じゃないですか。そこが問題なんです。無限に自由でとどめようがない。だからインスタレーションだけだと、たちまち学園祭になっちゃう。それはいつも感じてて、これって結局、僕が昔学園祭でやってたことと同じじゃないかって、よく思うんですよね（笑）。

藤森　余談だけど、ヴェネチア・ビエンナーレ（２００６年）に参加したら、他の国は学園祭になってんの。日本館はあんなに一生懸命にやることなかったと、がっかりした。本気で勝負しようと思ったら、まわりが学園祭で。現代美術の影響だと思うけど。

隈　ヴェネチア・ビエンナーレは完全にそういう場所です。精神的コアと教養のない人が現代美術の影響を受けると、単なる学園祭になるという。

藤森　ヴェネチア・ビエンナーレについていうと、現代美術の人たちが手がけた建築はよかった。ロシアとハンガリーの現代美術の人たちがつくった建築や、アイスランドの照明デザイナーのオラファー・エリアソンのとか、いいのはみんな建築に興味のある現代美術の人たちの作品だった。フランス館のように建築家が現代美術の影響を下手に受けると学園祭化するということがわかった。学園祭で茶室をつくっても茶室にならない。

隈　やっぱり教養と精神性だと思う。それは、そんなに短期間では身につかないし、時間がかかるものです。藤森さんも僕もそうだと思うけど、一定以上時間の蓄積があって、これは作業としてブレないという信用ができて、初めて学園祭から抜け出せるんじゃないかと。

藤森　少なくとも教養を身につけるには時間が必要だし、既存のものをたくさん見て、たくさん考えるということですよね。精神性はまたちょっと違う。

隈　精神性もやっぱり時間がかかると思う。だから、どんなに優秀な学生でも、学園祭は学園祭で、傑作はつくれない。数十年経って、流れがつくられたあとで初めて、「ああ、あれも彼の作品っぽいね」みたいに事後的に認められる。

極小化に精神性は比例する

藤森　茶室の、仮設性、パフォーマンス性、インスタレーション性は、利休のときから一貫してあるんですよ。利休の場合は、そこにあらゆるものを入れたでしょう。道具から花、掛け軸、身体まで。本来のインスタレーションですよ。そこでは精神性の問題が一番難しい。宗教建築が精神性を持つのは当たり前で、それがないと、あの大空間は成立しないわけだけど、茶室みたいな小空間で、しかも拾って集めてきたような空間の中での精神性って、いったい何だったんだろうと。お茶を飲むプライベートの空間として、茶室は4畳半に行き着いたところで安定するわけです。それを本格的に崩すのは利休で、そのやり方は、ひとつは仮設的なものを使うこと、もうひとつは狭くしていくこと。もしかしたら利休は、狭くしていくことの中で、インスタレーションを行いながら、一方で違うことをしていたんじゃないか。

隈　狭くしていくという方向性は、それまでの日本にはあったんですか？

藤森　最初の日本の部屋は三間四方です。九間《ここのま》というのが中世に成立する。さらに、六間《むつま》を経て、最後は4畳半に行き着く。要するに日本の建築って、プライバシーの空間をつくるために、どんどん小さくなるわけ。建物全体じゃないですよ。主人が好きでいられる部屋というのが小さくなる。それが4畳半で止まる。4畳半って「庵《いおり》」ですよ。お客さんが1人来れば2人で寝ることができるし、昼間だったら4、5人入れるくらいのもので、『方丈記』の「方丈」は建築平面的には4畳半という意味です。そこで安定する。今でも基本は4畳半でしょう。それを利休が破っていく。利休はいろいろ変なことをやるけど、結果的には1畳台目までいくわけです。でも、つくったはいいけど、うまくいかなくて、また2畳相当に戻す。それが畳2枚相当の面積。それが、利休が到達した極小空間になるわけです。

隈　4畳半にまで縮小するのは、個人主義とかプライベタリーゼーションとか、そういう近代の理屈で説明できるじゃないですか。しかし、それより小さくするっていうのは、理屈を超えてますよね。

藤森　そうそう。だから、そこが利休にとっての精神性だったのかなあって。空間を狭くすることで何かを求めたんじゃないか。

隈　ベクトルとしては近代主義のベクトルにそって小さくしていったんだけど、その先の、合理性を突き抜けちゃって、奇妙な世界に入り込んでいく。どうしてなんでしょうか。

藤森　面白い問題なんですよ。

隈　たとえば宗教空間だと、どんどん垂直に伸びて、ゴシックのカテドラルに到達する。宗教空間なら、最初から合理性と違う方向にいってるから、あの極端に縦長の空間もわかるんだけど、合理性のはずだったのが突然ある線を超えていくというのは、ほかにはあまり例がない。

藤森　ヨーロッパだと狭い空間って、修道院にあって、瞑想の部屋と呼ばれるものでしょう。物思いにふける。ただし、それは一人の部屋で。やっぱり利休が変なのは、茶室に人を入れて、あくまで一対一を想定することですよ。瞑想じゃなくて。そういうところが不思議でね。

隈　中国でも、お茶を飲む空間とか茶の文化とかは、ああいうかたちで濃縮されることはなくて、スカスカで気の抜けたものしか残ってない。

藤森　茶館ってそうですよね。

隈　茶の文化の発祥地のはずなのに、間が抜けちゃってて、精神性のかけらも感じられない。

藤森　茶館はあれで楽しいけど、喫茶店みたいなもの。庭の片隅でちょっとお茶を飲むような感じで。

隈　利休の名前のもとになった陸羽という人が最後に庵を結んだ杭州（中国浙江省）の郊外に、彼が使った泉（陸羽泉）があって、その脇に庵が再現されてるんですよ。その庵というのが、ディズニーランドにあるただの小屋みたいで、元祖の泉のはずなのに、どこが精神性なのって感じなんです。茶室の空間における精神性というのは、日本人の特技かなという気がしました。

藤森　ただ単に狭けりゃいいってもんじゃない。狭くて、なおかつ、ちゃんと空間を成立させることが大切だからね。

作業を通して精神性に至る

藤森　隈さんがつくった人工皮膚の茶室（Tee Haus）はどれくらいの面積なの？

隈　あれは外観は大きいんです（写真）。ただね、二重の空気膜にしてて壁が厚いから、中の人間が入れる空間は洞窟。リニアな洞窟で、一番最後の奥まったところに電気仕掛けの給茶器が置いてあるんだけど、そこの給茶器の前のスペースは本当に小さい。やっと通れるくらいのスペースで、おまけに給茶器から紙コップでお茶がボコッと出てくる(笑)。

藤森 狭くするということが、茶室を成立させるための大事なポイントだと思います。モダニズムの時代、「最小限住宅」ということを、みんな考えてきたわけだけど、茶室の存在はそれを破っちゃう。だからモダニストたちは、茶室にふれないようにした。

隈 ただ単に縄文への回帰みたいに説明する人もいるじゃないですか。

藤森 たしかに、狭い自閉的空間という点では竪穴住居に似ている。茶室論の中には大きく欠落しているものがあるんですよ。茶室論って基本的には、面積と床の間の話なんだけど、炉の問題は論じてない。僕が茶室をつくるようになってから目覚めたのは、小空間、極限空間に火があるという問題で、それは大事なこと。いつ炉が入ったか調べてみると、紹鷗《じょうおう》や利休たち以前は、召使いが別の部屋でお茶を点てて持ってきた。

隈 炉がなかったんですね。

藤森 そう。それで、お茶を点てて持ってくるのは当時の食事習慣から来てるわけですよ。要するに、お寺に行くとわかるけど、正式な場所はちゃんとした座敷で、台所は民家のつくりになっている。つまり台所は作業空間で、格下なわけ。調理というのは作業だったから、格の下の人たちに料理をつくらせて、それを運ばせたわけです。お茶もそう。それを利休の先生の世代が、初めて自分たちで茶を点てる。それは大事なことで、亭主が作業を人の前で行うことで、空間の身分制が崩れるわけですよ。

隈 禅の基本的な精神と関係があるのかも。作業の中に精神性があるというのは、禅の中の基本的なテーマですからね。

藤森 作務《さむ》ね。

隈 鎌倉時代、道元が中国に行ったとき、給仕係みたいなお坊さんが禅宗の中ではものすごく大事にされていて、道元が給仕のお坊さんに「あなたはこんな年までずっと給仕だけやってるの」って同情して聞いたら、「いや、お前は全然わかってない。厨房の中で料理をつくること、これこそが禅なんだ」と逆に教えられて、道元がそのとき禅がわかった気がしたっていう逸話があるんですよ。

藤森 なるほど。もちろん、お茶は禅宗の中で成立するしね。珠光《じゅこう》も、利休もそうだけど、大徳寺で修行していますから。結局、お茶は身分制を超えちゃう。たとえば、秀吉がもし利休を茶に招いたとしたら、秀吉は作業をするわけです。弥生時代以降、身分が上層化していくにつれ火から離れていく。火は野蛮なものだから。縄文住居との関係でいうと、茶室と

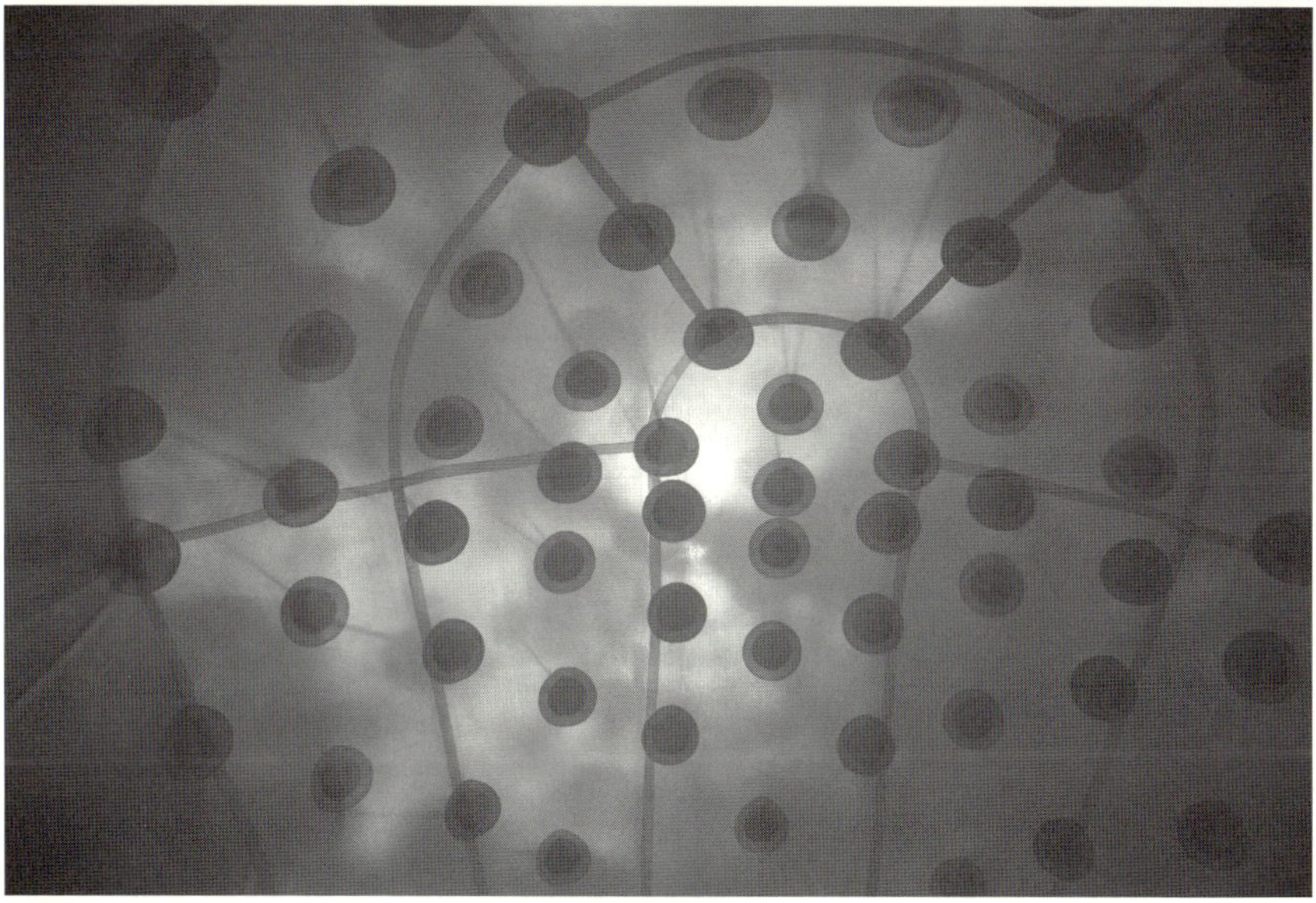

Tee Haus ／隈研吾建築都市設計事務所
展示会場：フランクフルト美術工芸博物館
展示期間：2007 年 7 月
呼吸するように何回も膨らんだり縮んだりするラナラという膜を用いた茶室。
膜の間に空気を入れた二重膜構造となっている。内部には、畳を敷き詰めて茶会のスペースとした。

いう小空間の中心に火があるのは、原型性につながると思った。住宅の全体像でもあるんですよ、神殿とかそういうものじゃなくて。

隈　ある種の全体を暗示できるというのはすごいことですよね、生活の全体とか人生の全体みたいなものを。要するに、人間は食事を食べてるから生きてるんだという、人生の全体像を、小さな空間の中で暗示するために、あの炉に火があるというのは意味がある。

藤森　人類史的にいうと、人間しか火をつくれなかった。人類史の原点でもある。茶室の中に火があることの重要性を、僕は学んだわけだけど、それは机の上で学んだわけじゃない。現場で学んだ。徳正寺の茶室をつくったとき、当然のように炉を切ったわけです。そうしたら工事中、床だけできたときに、徳正寺と親しい小川流の小川後楽さんがいらして、「じつに面白い。私が茶室開きをします。ついては炉を埋めてくれ」って言われたの。後で、「何でですか?」と聞いたら、「炉は千家のものだ」と。炉というのは、抹茶の世界のもの。いわゆるお茶の世界には、茶の湯という千家の茶(抹茶)と、文人の茶(煎茶)があるわけですよ。

隈　煎茶の場合は炉は切らない。

藤森　中国式に行うそうです。ボーフラ(湯瓶)と呼ばれる小さな置き炉を持ってきてお湯を沸かす。だから、炉は切らない。中国では、お茶が禅宗の影響を受けていないから、自分でお茶を点てたり、部屋の中に火を持ち込んだりしない。別室か外で使用人が点てる。

隈　中国の人って基本的に、実際に体を使って作業することを軽く見る。

藤森　儒教の悪影響ですよ。

隈　極端なことを言えば、えらい人は、部屋を出ていくときに、手を動かして椅子を片付けてから出ていくなんてこと、しちゃいけないっていうのが儒教ですよね。そのくらい人間が作業をするということを下に見る。

藤森　韓国もそうです。基本が儒教だから。天下国家のあり方を語るのはインテリだから、手を使って作業するようなことはしない。

隈　文人茶は、その儒教の構造がわからないとその精神性を理解できないかもしれない。儒教の精神性って、いわば、抽象性みたいなものじゃないですか。だから、生活の具象的なものを使って精神性に到達するというのは、日本のすごい発明なんじゃないかな。

藤森　なるほど。たしかに、韓国の儒教系の空間で一番よく残っているのは、儒教の私学校ともいうべき書院なんです。全面オープンだから景色が見える。書院に行くとわかりますけど、「あっ、これが韓国の人たちのいう精神性なんだ」と思いました。座って眺めるってことなんです。

隈　抽象的で頭でっかちなんだ。

藤森　そこでお茶を飲むとか作業をするということは重視されない。だいいちお茶を飲む習慣もないし。ただ座って眺める。火を入れて、その中で作業して、なおかつそこに精神性を求めるというのは日本独特のものです。でも一般に、精神性って座って眺めたり考えたりすることだよね。

隈　だからこそ、作業をしながら精神的なものに到達するということはすごいことなんですね。

藤森　本来、芸術家の精神性ってそういうもんだよ。

隈　そういう意味では、儒教の抽象化というのは近代主義のはしりみたいなものですね。肉体を使うことを排除して、精神的なものに到達できるというのは、近代そのものです。儒教は紀元前にすでに、近代主義のはしりをやっていた。

藤森　近代的建築家というのもそうだよ。建築家って建設作業をしない人たちのことでしょう。

隈　そうか。でも、藤森さんのされていることって、まさに作業を通して、近代主義より前に戻ることなわけでしょう。

藤森　部分的だけどね（笑）。とても全体が戻れるとは思わないけど、ちょっとは戻りたい。隈さんの言葉を我田引水的に使うと、利休がやったように、実際の作業を通して精神性を求めてるといえなくもない。自分でいうことじゃないけどね。僕らみたいに、本当の職人でない者が作業できるのが茶室ですよ。

身体と精神が交わるところ

藤森　作業を通しての精神性というのは、面白い課題でね。たとえば、文学者のフェルナン・プイヨンは手の問題を考えていて、ロマネスクの工人たちの手について取り上げる。シトー会のル・トロネの修道院のようなロマネスクの精神性の高い建築を生み出したのは手の力だって書く。たしかに、作業を通しての精神性が明快なかたちで出るのはロマネスクだけでね。ゴシックは、作業を通してはいるけど、手の痕跡があまりにもなくなってしまった。だから、もしかしたらラスキンやモリスも、その辺を感じて、中世に戻れと言ったのかもしれない。

隈　プロテスタンティズムって、基本的には肉体軽視で抽象的なほうにいくわけじゃないですか。それに対抗した反宗教改革の旗手であるイエズス会は、僕自身がイエズス会系の学校の出身なんですけど、要するに、作業をしろとか体を動かせとか、すごく厳しく言うんですよ。

藤森　修道院の考え方だよね。

隈　ザビエルがイエズス会に所属していて、日本までやってきて、利休やお茶の世界と近い位置にいたというのは、けっこう大きな意味があるかもしれない。作業性とか具象性みたいなものが茶会と密接に結びついたのは、イエズス会の影響かもしれない。

藤森　袱紗《ふくさ》さばきの共通性をいう説があって、お茶の袱紗さばきと同じような行為が、イエズス会にもあるそうですね。

隈　本当にそっくりでしょう。僕ね、ずっと教会でミサを受けてたからわかるけど、そっくりだと思う。それから、聖体拝領のぶどう酒の拝戴の仕方も、お茶の飲み回しとホントそっくり。

藤森　イエズス会が利休に、影響を及ぼしたのかもしれないね。

隈　検証のしようはないけど、かなりの確率でそれはあるんじゃないかという気がする。僕はイエズス会系の高校に通っていたとき、黙想の家というところで修行したんですよ。上石神井に修道院があって、そこに3泊4日こもって。一言も口を利いちゃいけない。小さな部屋にスチールのベッドと小さな机だけあって、ただただ歩き回れって。1日に何回か、神父の講話があって、地獄の話を聞くんですよ。人と一切口を利いちゃいけないから、とにかく修道院の廊下とか庭を歩き回るしかない。

藤森　牢屋との違いは修道院の廊下を歩き回れること。それで修道院の廊下の空間って、あんなに充実してるのかなあ。庭と回廊が一番充実してますよね。

隈　実際に聖書を持って、修道僧が修道院の中庭を歩いてる風景ってよく描かれてるじゃないですか。あの廊下はそういう意味で、すごく体を使う場所だと思う。要するに、体を使わずに景色を見ながら抽象的に考えるんじゃなくて、体を動かしながら考えることがすごく大事なんです。

藤森　なるほど。精神と身体の問題だね。身体が精神にとってどう意味があるのか。

隈　それは相対するものではなくて、一緒に合わさったときに本当に初めて、深い精神性に通じるという考え方が、イエズス会にも禅の中にもある。

藤森　残念ながら、僕は茶室の設計をしてるときも、自分で施工してるときも、そう思ったことないんだ。いずれ、そう思える瞬間がくるといいな(笑)。

隈　それをあんまり露骨にやっちゃうとわざとらしいけど、藤森さんは、その精神性をうまく照れ隠しをしながら、露骨さが匂わないように微かに隠し味にしてやってるところがすごい。

藤森　作業を通しての精神性は、別のときに考えたことがある。岡山の閑谷《しずたに》学校へ行ったとき、講堂の桧の床が磨かれてピカピカなの。精神性を感じた。何でそのピカピカの床に精神性を感じたかというと、道場のことを思ったんですよ。剣道の道場って、まず最初に拭き掃除をさせるでしょう。あれはただ作業させてるわけじゃなくて、心の訓練をまずやった後に、剣道の稽古をやるっていうこと。閑谷学校の拭き掃除も、もちろん生徒たちがやるんだけど、作業した後に座って儒学を学ぶってことですよね。閑谷学校の精神性は、作業で保障されているんじゃないかと思った。

隈　床だっていうところが、なんとなくいいですよね。壁じゃなくて、まず床をきれいにするという。なんかその床の持ってる身体を支える機能みたいなものの中に、一番深い精神性があるんだぞって、暗に教えてるような気がする。

藤森　基本ですよ。建築の中で、身体がさわれるのって床だけで、あとは見てるだけ。

隈　ほかの部位って抽象的なんですよね。壁って具体的なものでありながら、じつは抽象的だと思うんです。でも、床って具体的ですよね。だから僕は、まず床を最初に考えるんです。そこから設計をはじめる。

藤森　下手なことすると痛いしね。棘がささるし（笑）。そういうことを含めて、利休の茶室は、火の問題にしろ身体の問題にしろ、ものすごく重要な問題をはらんでいる。茶室を通して回復できるものがあるかもしれないね。

隈　一種の近代主義批判みたいなものが、茶室を通してできるんじゃないかと思います。近代の抽象的思考法を批判できるきっかけになるかもしれない。そういう実践の場になり得るんじゃないかなあ。

藤森　そうだよね。大して面積いらないし、10平方メートル以内なら建築基準法の適用外ですしね。建築基準法を適用したら茶室はできませんから。■

Part 8 台湾の茶文化との遭遇

入川亭《いりせんてい》・忘茶舟《ぼうちゃぶね》 2010

「香り」を味わう台湾のお茶文化

藤森　2007年4月にヴェネツィアビエンナーレの帰国展をやった。それを見た台湾のグループが僕に茶室を頼みたいと、2008年11月に日本へ来たんです。

台湾はお茶を飲むけれど茶室がない。自分たちはお茶が好きで、茶室をつくりたい。日本の茶室は見ているが、日本の抹茶の茶室にはしたくない。台湾のお茶は作法が違うから、独自に茶室をつくっている人が誰かいないかと思って僕を訪ねた。それで、飲み方から産地まで、台湾のお茶を見せてくれた。お茶といっても台湾と日本では本質的な違いがある。向こうは、基本的には味よりむしろ香り。日本のお茶は緑茶にしろ抹茶にしろ、発酵は絶対させない。すぐに熱して、乾燥させるので、酵母菌が働いてない。紅茶は完全発酵させるから、酵母菌の活動が終わってしまう。ところが中国のお茶は半発酵。酵母菌が働いたところで熱をかけて、いったん殺す。それでも、残ってるから、ワインと同じようにずっと発酵が進む。

大嶋　それは1回熱をかけて、酵母菌が死んだら、新しくまた酵母菌が付くんですか？

藤森　酵母菌は空中、身の回りにいる。空中の酵母菌がお茶に自然に付くので、ほっとけばいい。発酵の力で、味のバリエーションが出る。香りは半発酵だから、どう変わるかはっきりしないところがある。いろんな条件で酵母菌の種類も違ってくる。一番驚いたのは、珍しいお茶を、いろんなやり方でずっと飲み続けていること。お茶をどこへ飲みに行ったと思う？　それがなんと骨董屋。骨董屋のおやじが100年以上前のお茶を出してくれて……。

大嶋　清の時代？

藤森　清末。虫が巣をかけているのを、においを嗅げという。古屋のにおいしかしないんだ。お茶を飲めと言うけど、においが鼻につくんだ。向こうの人は、そのにおいを感じない。彼らは、古屋のにおいは、頭で捨象して、その奥にある発酵のにおいを嗅ぐ。あの香りでいいとか悪いとか、それは文化の差だと思った。反対に、日本の緑茶をまったく飲んだことがない人が飲むと、草のにおいがするという。僕らも、知らぬ間に草のにおいを捨象しているんですよ。彼らは、お茶を飲む前に、まず嗅ぐ。散々飲んだあと、また嗅ぐ。それで、お茶を飲み終わったら、茶碗を嗅ぐ。だから、香りというのが味の究極だとする説に従うと、中国の人たちは味覚系で究極まで行ったんだよ。それ以外は発達させなかった。台湾は茶碗の中身を発達させた。日本は、茶碗の液体の外側を茶碗から部屋まで発達させたんです。日本のお茶の世界では、茶の味自体についてはあんまり言わない。

大嶋　形式的に聞くだけですよね。確かに「けっこうなお点前で」とは言うけれど、「けっこうなお味で」とは言わないですよね。お点前に味も入っているとは思うんですけど、メインは雰囲気を含めた、点てる行為ですよね。

入川亭外観

入川亭内観

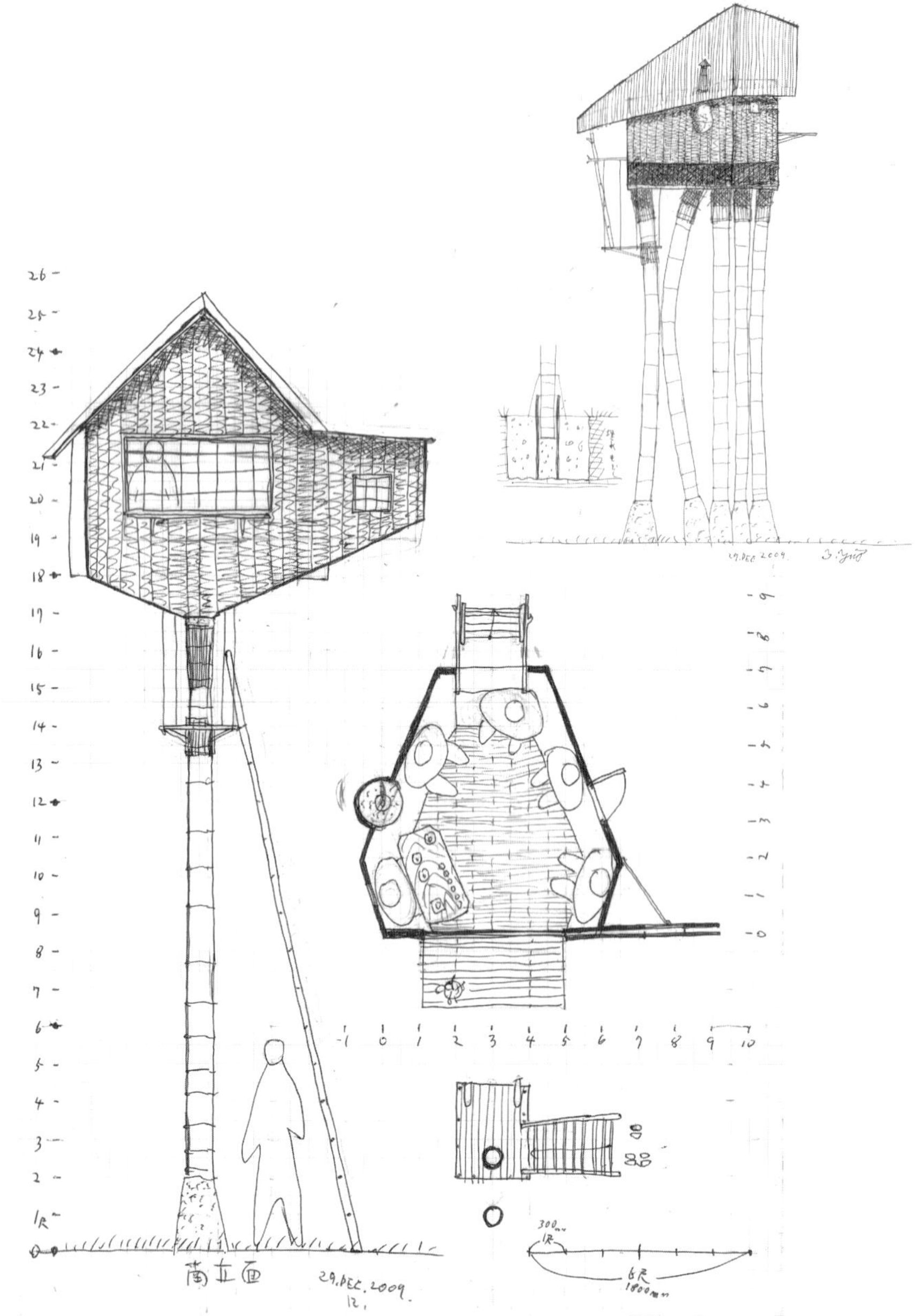

「入川亭」スケッチ（2009 年 12 月 29 日、改 2010 年 1 月 2 日）

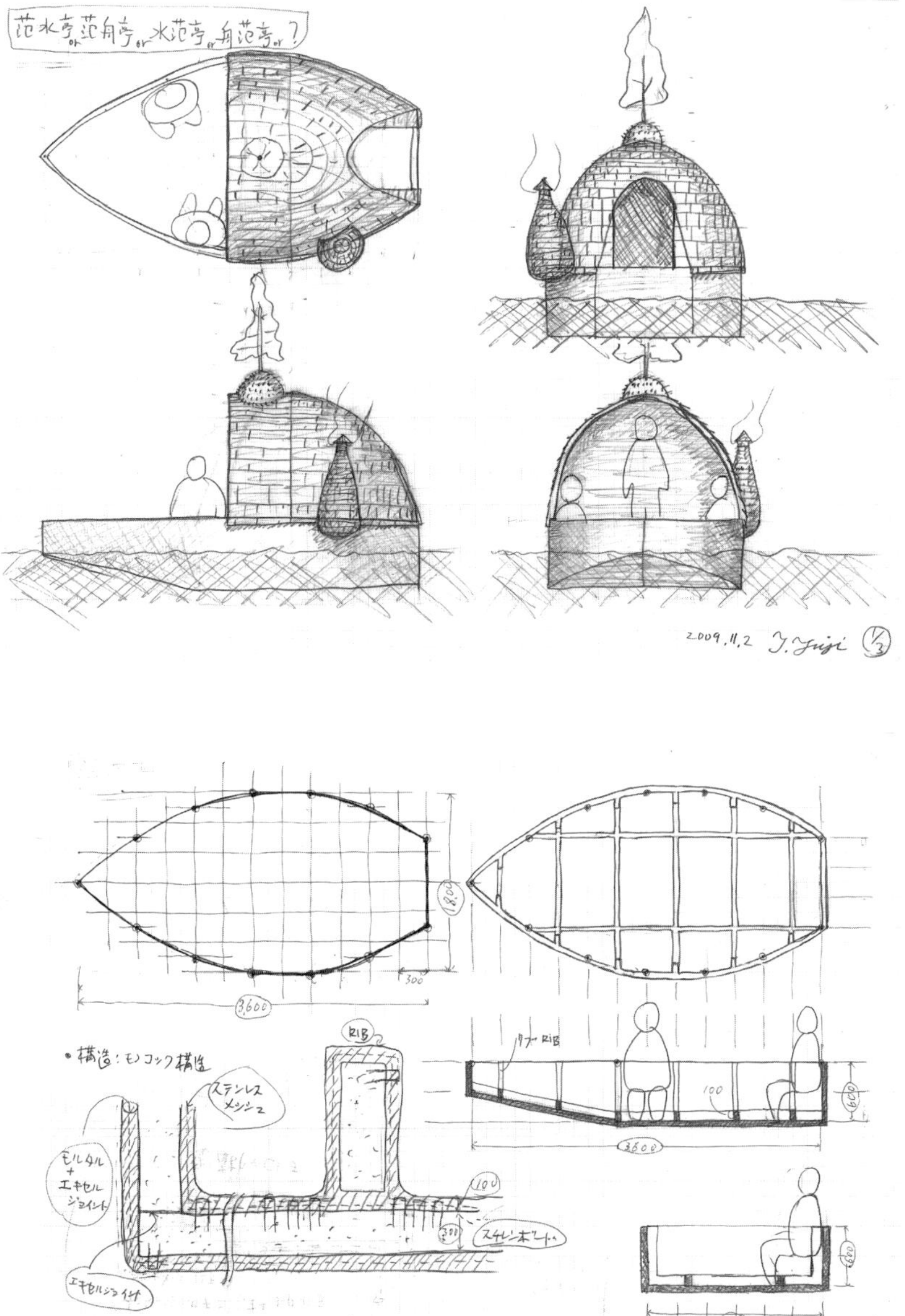

「忘茶舟」スケッチ（2009年11月2日）

藤森　日本の茶道は、行為と、部屋まで含めたその外。

「入川亭」の2つの構造的な試み

藤森　それで台湾に茶室をつくることになりました。構造的な実験をやりたいと思ってて、ひとつは、巨竹を建築で使った例は世界にないので、ぜひ使いたいと思った。この巨竹の高さは、「高過庵」より高かった。

大嶋　7メートル。

藤森　「高過庵」は6メートルだから「高過庵」より高くと言われりゃしょうがない（笑）。

結果的には、巨竹を5本使いましたが、5本あれば、ちっとも揺れない。だから全然、高さを感じない。「入川亭」というのは、この5本の巨竹を横から見た形が入川という字に見えるので、それで名付けたものです（212頁参照）。

コンクリートでつくる舟「忘茶舟」

藤森　もうひとつの構造的な実験は、茶室を湖の上に浮かべるということ。湖を使っていいっていうからね。一般にフランスのモニエが鉄筋コンクリートを発明したと言われているけれど、あれは間違いで、正確には、建築用の鉄筋コンクリートをモニエが初めてやった。その、1年前に船用の鉄筋コンクリートの特許がすでにとられていた。フランスの特許は用途ごとで違う。モニエのほうが遅れている。コンクリート船ってじつはずっと生き延びて、第2次世界大戦中は日本もつくっている。今では、中国でだけ農民が自分でつくっている。

大嶋　やっぱり鉄筋を入れてですか？

藤森　鉄筋を入れて。だから、一番つくりやすい船。ただ、コンクリート船って戦後につくった人がいない。大成建設が一度、関西空港の仕事を取るためにコンクリートで、でかい箱をつくったことはあったけど。

大嶋　メガフロート（大規模な浮遊式の海洋構造物）みたいなものですか？

藤森　そうそう、メガフロート。コンクリート船づくりは、やってみるとけっこう面白かった。素人でもちゃんとした船がつくれる。しかし、重くなるんですよ。今、船には、ふつうFRP（繊維強化プラスチック）を使うわけだけど、FRPで船をつくると建築の感じがしない。

コンクリートで船をつくると、建築をつくっている気持ちになる。FRPだと軽いので、人がちょっと力を加えると、がーっと動く。それに対し、コンクリート船は重いから、とても安定している。茶室向きです。だけど、重いのよ。

大嶋　はいはい。

藤森　本当はコンクリート船ともちょっと違ってて……芯はスタイロフォーム。で、ここに、ステンレスのメッシュと、モルタルを塗っています。

大嶋　樹脂モルタル系のものですか？

藤森　いや、ふつうのモルタルをやってる。

大嶋　下地をつくって、あとは普通のモルタルを使うってことですね。

藤森　発泡スチロールを芯に持つ本当のモノコック構造なわけ。世界のコンクリート船でもやらない。断面で説明すると芯にスタイロを入れ、両側にステンレスメッシュをエクセルジョイント入りモルタルで付着させて、モノコック構造にしている。

この仕事が海外から頼まれた最初なんですよ。これ以降、台湾の仕事がずっと続いている。これを見た人たちが茶室をつくってくれって。

忘茶舟

安定しているが……

大嶋 このときのことを聞きますけど、スタイロは何ミリくらいですか?

藤森 普通の30ミリ。

大嶋 それに、どれくらい塗って……。

藤森 ステンレスメッシュ入りの15ミリ、いや……20ミリか。

大嶋 船底は、平底なんですか?

藤森 平底、全然大丈夫よ。過剰に強いよ。最終的には灰色のセメントの上に白のFRPを塗って仕上げている。

大嶋 防水ですね。

藤森 セメントにはFRPを塗ってる。

大嶋 それで、スタイロ芯のコンクリート船の上の屋根は?

藤森 合板を切ったもの。台湾では、垂木にも合板を使います。全部、合板。

大嶋 28ミリそのままですか? もっと厚いもの?

藤森 もっと厚い。垂木を合板でつくると完璧。合板の厚いものを切っているだけ。

大嶋 じゃあ、銅板が裏から見えているんですね?

藤森 そうそう、見えている。船には、モーターを付ける予定です。

大嶋 船外機?

藤森 そう。取外しできるもの。風の中で船を動かすのは大変なんです。「忘茶船《ぼうちゃぶね》」って名前にしました。弓の名人は最終的には弓を忘れるという考えがあって、そこから、お茶を忘れるほど楽しい茶室、「忘茶船」って名づけた。それはよかったんだけど、風が吹くと薮の中へだーっと突っ込んじゃう。もう、お茶を飲むどころか、漕がなくちゃいけない。本当の忘茶舟(笑)。

大嶋 風を受けちゃうんですね。

藤森 受けちゃう。ヨットをやってる人なら気がついたと思うけど。

大嶋 普通ヨットって、長いフィンがあるじゃないですか。それがなくても安定しますか?

藤森 湖は風が強くないから安定してるよ。

大嶋 これは単に床受けですか?

藤森 リブ。

大嶋 いわゆる補強リブですね。

藤森 いらなかったと思うけど。

大嶋 同じようにやっぱり30ミリの100ミリ……?

藤森 いやそれは、モルタルを。ステンレス網に塗ってるだけ。

大嶋 芯無しで?

藤森 芯無しで。この上に板を置いて、水が入ったらこの下に溜まるから。これだったら必ず水が入るので。

大嶋 じゃあ、その板の一部は開けて排水するような感じですか。

藤森 そうそう、外してね。

巨竹と組み合わせた建築のコツ

大嶋 焼杉は普通の杉板ですか?

藤森 杉板。全部輸入ですよ。

大嶋 そうですか。杉っぽいですけどね。あと、最後クレーンでこれを乗っけたじゃないですか。どんなジョイントになってるんですか。

藤森 ジョイントは、ビスと金物。何が大変だったかっていうと、ジョイントするとき、ボンドを塗って、上に乗せると滑る。慌てて押さえるんだけど、わずかな傾斜で滑る。押さえてる間にビスで止める。このままいったらおしまいかと思ったよ。クレーンで吊ってるとはいえ、クレーンを緩めると、ずーっと滑る。手で押すと戻るんだよ。ガラスとガラスの間に水を入れると滑るのと同じ。

大嶋　ボンドは液体ですからね。それでヒヤッとしたんですね。

藤森　ヒヤッとした、怖かった。

大嶋　こっちの上の主構造はなんですか。

藤森　茶室の主体は合板のモノコック。軽いですよ。

大嶋　それに漆喰を塗って、中は断熱入れました?

藤森　中は断熱してない。

大嶋　そうですか。じゃ、そのまま漆喰塗って。では、床も漆喰ですよね。

藤森　漆喰の下地のエクセルジョイントは大量に塗りましたね。

大嶋　小さいんですよね。

藤森　小さいよ。2畳ちょっとくらいです。でも4人くらい入れます。

大嶋　じゃあ、藤森さんの茶室の中では一番小っちゃいぐらいですか。

藤森　そうですね。巨竹を建築にまだ使った人もいないのに、強度実験もせずにやっているわけだから、不安もありましたよ。

編集部　巨竹って一般的に何に使う……。

藤森　いや……台湾の人たちでさえ知らない。巨竹情報はどうやって入ってきたかっていうと、僕の古い台湾の友だちの郭中端が直径1メートルの竹が台湾にあると言うから、そんなの嘘だ、そんな竹があったら、世界的に知られていないわけがないというと、見たことないけどあるって話は聞いたって。それで、行ってみたら、直径と円周がごっちゃになってて、円周が1メートル(笑)。

大嶋　巨竹のことは、知る人ぞ知る、みたいな感じなんですか?

藤森　全然知られていない。もともとマダガスカルにあったものを、1945年以降、台湾の国会議員がもらってきたらしく、育ったけど使う用途がない。タケノコが人の身長くらいあって、これでシナチクをつくる。大量にできるんだって。台湾の人は、巨竹のシナチクは固いから食べないが、日本では、食べる。日本のラーメンにのってるのはこれ(笑)。

編集部　それは知らなかったなぁ……。でもそれ、なんかいやですね(笑)。

藤森　僕は、身長丈あるタケノコは見てない。

編集部　タケノコじゃないですよね、それは。

大嶋　それを取り寄せたんですね。屋根を瓦棒にしたのには、どんな理由が……?

藤森　壁はモノコック、上は13ミリ合板と極力軽量化した。

大嶋　下地材(エクセルジョイント)を3ミリ塗って、その上に漆喰仕上げ。この組合せが一番軽いです。ただ、暑いでしょうね。

藤森　暑いけど、風が吹くから大丈夫。

大嶋　なるほど、高いところだから、風が吹く。ところで、この2つの茶室づくりの作業は並行していたんですか?

藤森　一緒に進めました。

大嶋　結局、着工から完成までどれくらいかかりました?

藤森　2年です。かかわった人は素人に近い。現場でいろいろ手伝ってくれた地区の出入りの土建業者も、建築の知識を持ってはいるけど、土木の人。

大嶋　完全に素人だけで施工するっていうのは向こうの意向でもあったわけですね。

藤森　考えてみたら、よくやったなと思います。しかも、ちゃんとできた。■

忘茶舟

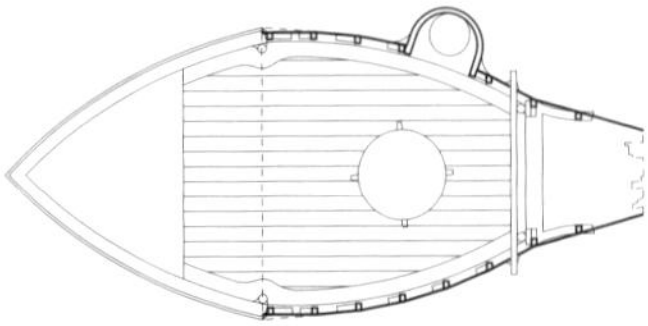

平面　S =1：100

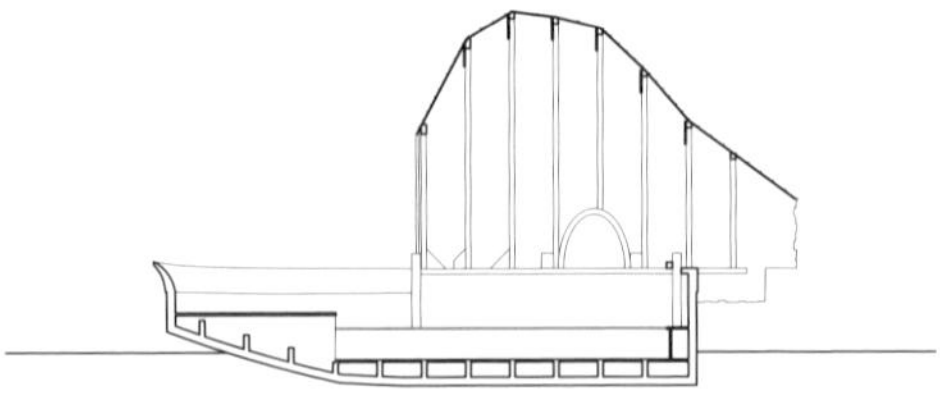

断面　S =1：100

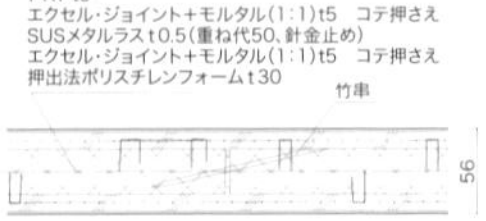

躯体断面詳細　S =1：10

入川亭

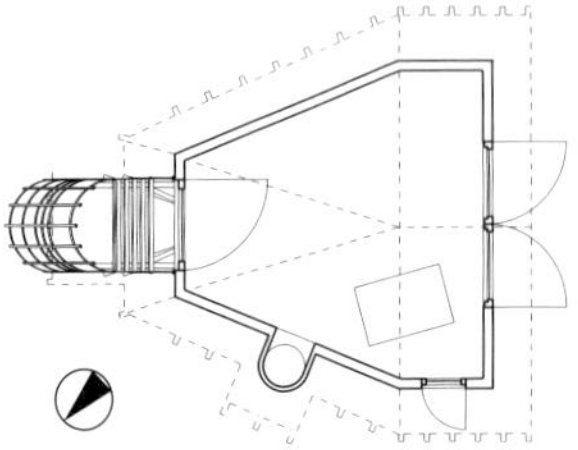

平面　S =1：100

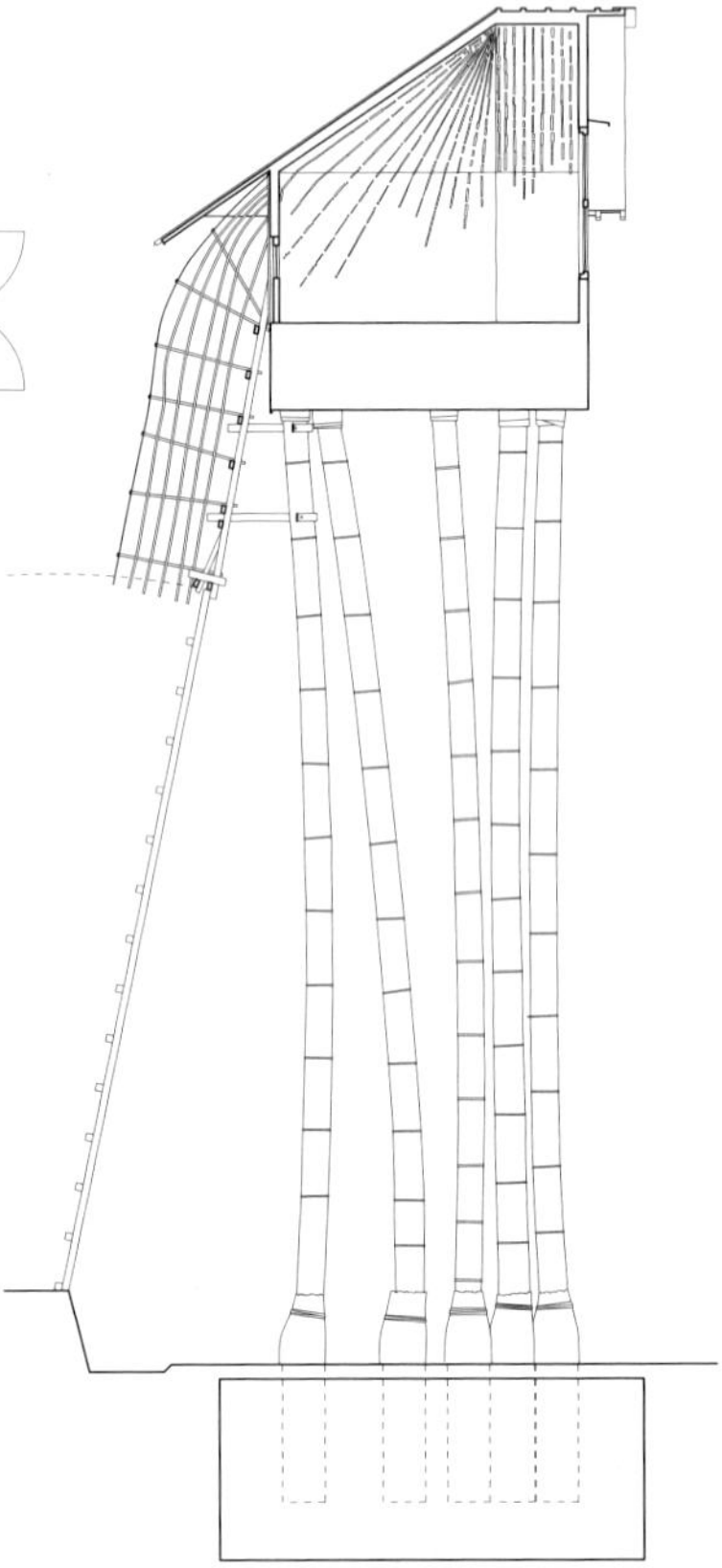

断面1　S =1：100

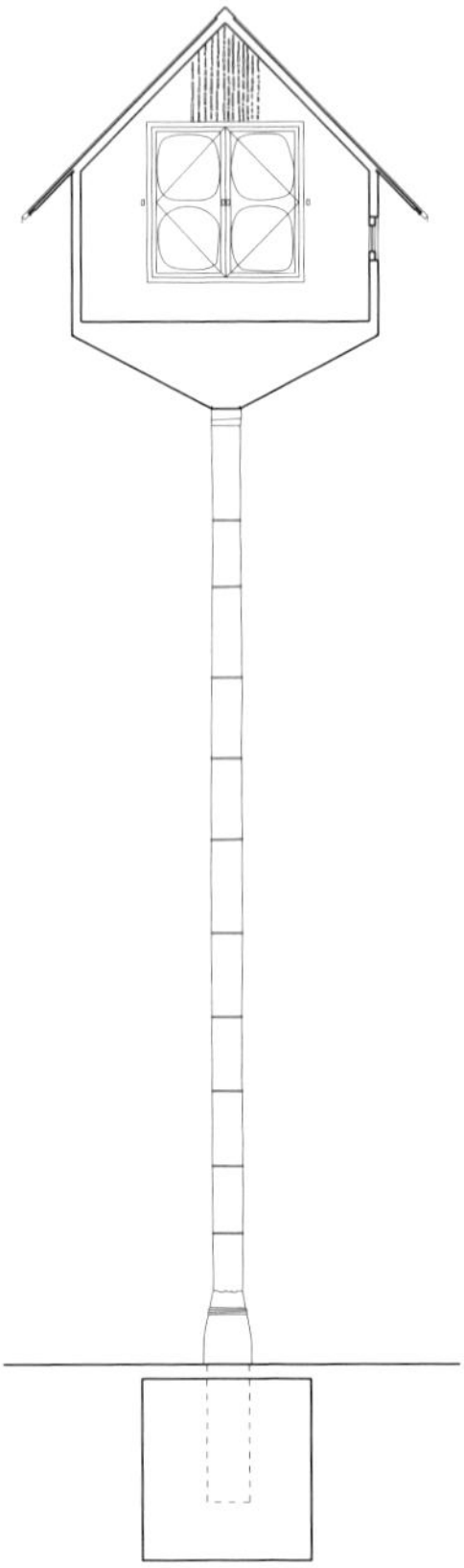

断面2　S =1：100

なぜ空中に

藤森照信

名の通り「空飛ぶ泥舟」は宙に浮き、「老懂軒」は宙から吊り下げられている。それほどではないが、「高過庵」も「茶室 徹」「入川亭」も「ウォーキングカフェ」も、地上より少し高い位置に持ち上げられている。

初めて意識的につくった「一夜亭」と「矩庵」の2つも、地面より少し浮いている。一夜亭は斜面につくったから必然的に下側が浮くことになったのが事の始まりだが、上側も一尺浮かしたのは、意識してそうした。矩庵はもともと外便所のあったところにつくったから、過去の記憶から離れたかったからだが、設計の途中からは浮かすことに興味が移っていた。

こう思い返してみると、地面にせよ床面にせよ、普通の茶室のように素直に従った例は1棟もない。

理由の1つに、高さのもたらす〝にじり口効果〟がある。狭い入口を身を屈して滑り込むとき、意識はその動作に集中し、外界を忘れる。その結果、入った先の茶室の内部は外とは別の壷中天に感じられる。高いところに梯子で登るとき、にじり口以上に動作に集中し、あたりに目をやる余裕はなくなる。

こうしたにじり口効果がまずあったのは間違いないが、空中化の元を辿ると茶室設計よりはるかにさかのぼり卒業設計の「橋　幻視によってイマージュのレアリテを得るルドゥー氏の方法」までいたる。仙台市の広瀬川に架かる橋を建築化し、未来主義的な姿にして宙に浮かせようとした。同時に、既存の醜い仙台市街に広瀬川周辺の樹や草が襲いかかり壊し始めている。

空想的計画に違いないが、宙空への好みは私にとっては建築を目指したときからの習いだった。

しかし、45歳以後設計を始めたとき、「神長官守矢史料館」に代表されるように建築界でも世間でも〝縄文的〟〝土着的〟と見なされてきた。

でも、隈研吾はちがい、神長官を、土着的であれば見たことはあるはずなのに、「見たこともないのに懐かしい」と評した。「秋野不矩美術館」の竣工したとき、伊東豊雄は「土から生えたように見えるかもしれないが、本当はどっかから飛んできて着地した建築」と言った。

鋭敏な2人は、私の中に隠れている宙空好みに気づいたのである。

地から生えて宙に浮きたい、のが好みかもしれないと今は思っているが、なぜ宙に浮きたいのかは目下思案中。■

Part 9

揺りカゴのように揺れる茶室

空飛ぶ《そらと》泥舟《どろぶね》 2010

吊ることで実現した空飛ぶ建築

大嶋　ヴィクトリア&アルバート美術館で展示した「ビートルズハウス」は吊ることはできませんでしたが、今回は吊ることができましたね。

藤森　「ビートルズハウス」を吊ろうと思ったけど、実現できなかった。アイデアの元は卒業設計までさかのぼるんだけど。

大嶋　例の橋の案からの。

藤森　構造の人にしかわからないけど、吊るのは、すごく合理的なんですよ。長大な建築をつくりますよね。両端で吊ると、ものすごい曲げがかかって、不可能。だけど、吊り橋の原理だと、スパン100メートルの建築ができる。吊れば、曲げがかからない建築がつくれると、卒業設計のときに気づいた。

大嶋　「ビートルズハウス」も、単につないである吊りの設定だったんですか？

藤森　あれだと角を吊っても大丈夫だと思う。「高過庵」をつくった連中がみんな参加してくれて、プロと素人で一緒になって、この空を飛ぶ建築ができたんだよ。

大嶋　最初は、クジラでしたっけ。

藤森　最初はクジラの形で2間で考えたけど、リブを並べたときに、これは落ちると思った。

大嶋　最初はこれくらいな感じ……で、そしたら予期せぬかわいい形になったという。

藤森　僕は、こういう構造について、プロには頼まない。プロって、やっていないことに対してとても慎重になるから。おそらくプロに頼むと木材の断面は3倍くらいになりますよ。大丈夫だろうなとは思ったけど、2間でやったらこれは無理かもしれないと思って、1.5間に変えた。テーブル式の一番の問題は、狭い空間なのに、テーブルの板の位置で空間が分断されてしまうこと。狭い空間でありながら、茶室がひとつのいい空間として見られるのは、分断するものがないからです。ところがテーブルが付くと、上下に切れちゃう。狭い空間が上下2つに分かれてしまう。それでどうしようかと思って、テーブルをぎりぎりまで広くした。テーブルから上だけになると、下のこと考えなくていい。だから、テーブルは過剰に広くしたんですよ。過剰に広くしたら、それがすごく良かった。

大嶋　空間としては繭状に包まれた感じがします。

藤森　そうそう、上しか感じないから。外から見ると下半分もあるけど、中に入ると上だけ。

大嶋　テーブルとベンチ式のイスの形が有効に活用されてる感じなんですよね。

藤森　外観については、不満がある。悪い言葉で言うと、明らかに、女、子どもは喜ぶというか。

大嶋　いいじゃないですか、愛されて（笑）。

藤森　実際、子どもはえらく喜ぶよ。でも、喜んでもらえるのはうれしいけど、遊具をつくりたいわけではない。これは建築とは違う方向で、宇宙船化してる。

大嶋　僕はよくわからないなあ。愛された

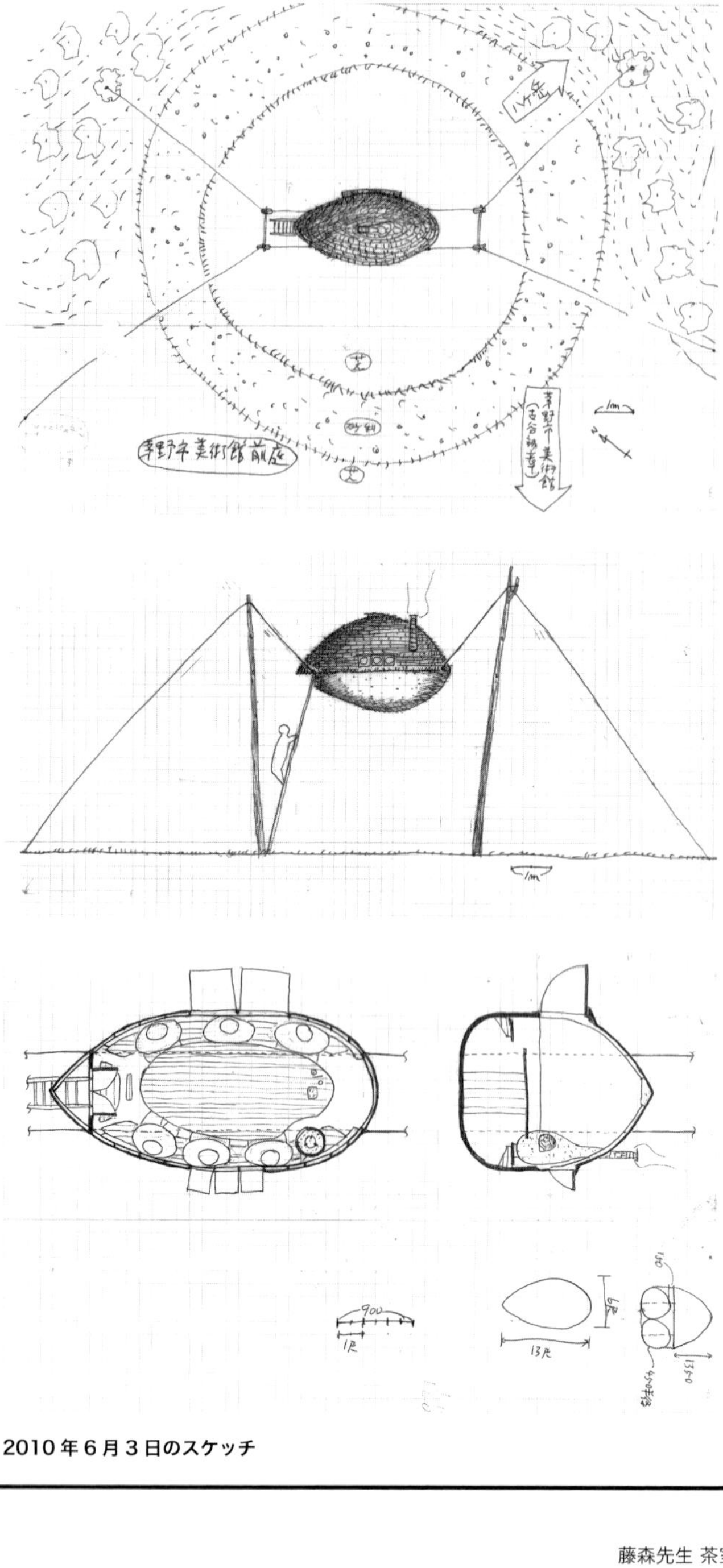

2010年6月3日のスケッチ

らいいじゃないですか。

藤森　……。昼間にふと見たら、真下に影が落ちてる。建築の影って意識したことある？　表現の問題として。

大嶋　ないですね。

藤森　カメラマンも明かりと暗さは意識するけど、影って意識しない。地に落ちた影を意識した写真を撮るカメラマンっていないでしょ。この「泥舟」で初めて、建築の影を意識した。真下に出る影によって浮遊感が強まる。感動したんですよ。

がんがん燃やせる炉

藤森　初めてちゃんと燃える炉をつくった。がんがん燃やしても大丈夫。でも燃やせど燃やせど煙が見えない。残念だった。

大嶋　芯はメッシュだけでしたっけ。

藤森　メッシュ。茶室づくりに参加した市民の人がメッシュにモルタル塗るのに苦労してたよ。

大嶋　外を塗るのも、中を塗るのも大変だったんじゃないですか？

藤森　だから、炉の外を塗って、中を塗って、しかし落ちて、また塗ってを繰り返しつくってくれた。今はこの手の炉の新しいつくり方を開発しています。素人でも、二、三度やれば、炉に関してはだいたいのことはできるようになりますよ。

大嶋　あとは純粋なJパネルのリブ構造ですよね。桧でしたっけ。

藤森　桧のフローリング材。でもこの外観には、僕はちょっと不満がある。中はいいですよ。ちゃんとした建築になってる。

大嶋　これまでの茶室は、床にハッチを付けて、にじり上がる入口が多かったですが、「泥舟」は、両開きの小さい入口を開けて入りますね。

藤森　実に入りづらいの。

大嶋　宇宙船にありそうな、ハッチみたいな感じの……。

藤森　両開きって、閉めるといいんだよ。建築って、産業用や大型店舗などを除けば、日常的な建物に両開きはない。

大嶋　僕の体験では、韓国の家の窓が、掃出しでそんな感じでしたね。韓国とフランスだけが両開きで出るみたいな感じで、日本にはないですね。

これぞ未体験の吊り構造

大嶋　「泥舟」を吊るステンレスのワイヤ

は塩ビ管の中に入れてあります。

藤森　やってみて初めてわかったんだけど、建物の水平が出ないんですよ。前方に、炉が載ってるでしょ。前が重いんです。ワイヤが滑ってて、必ずちょっと前傾する。

大嶋　安定したところまで滑っちゃうわけですね。

藤森　そうそう。やれどもやれども……。最初はいいがそのうち前傾する。

大嶋　で、戻してもまたこうなって。

藤森　それでわかった。重心が中央にない限り、ちゃんと理論通りに滑ってるわけ。いつの間にか前屈みに……（笑）。

大嶋　重心は人の体重で変わりますから、おもりをやっておけばいいってものじゃない。

藤森　入口から入るとき、重心が変わって滑ってる。構造的には面白かった。意外と、モノコックとかコンクリート構造、船とか吊り構造の建築ってないんですよ。建築の吊りってすべて吊り屋根なんです。これまでの、吊り構造ってすべて、吊り下ろしてるんです。泥舟のように下から吊り上げるっていうのはないんですよ。

大嶋　それでびっくりしたのが、ここの基礎がすごい簡単ですね。仮設のときはコンクリートを一切打たずに、水で締めただけ。

藤森　今のはもっとだよ。一切拘束するなって言われて。基礎に砂利が入って、置いてあるだけ。砂利を入れたのは雨が来たときに、抜くため。大丈夫なのかって幼なじみの藤森クレーンに聞くと、これだけの重さが砂利にかかっていれば、大丈夫。支柱が少し傾いて立ってるものは横からの力がすごいから、これがずれるなんて滅多にないんだって。

大嶋　なるほど。何も必要ない。

藤森　ない。何かするとかえって腐る。

大嶋　じゃあ、耐久性と安定性を兼ねている。

藤森　そうそう。

大嶋　移設前の舟は掘建てでしたもんね。単に土掘って、埋めて、水で締めただけ。

藤森　〝水締め〟なんて言い方してたけど、ただホースで柱の穴に残土を詰め、次にどぼどぼ水を入れてるだけ（笑）。

大嶋　まあね。でも、締まりましたよね。

揺れる前提でつくる

藤森　「泥舟」は半年くらい展示して、「高過庵」の下に移設しました。

大嶋　角度も適当なんですか？

藤森　適当。あれはね、僕はもっと離して移設したかった。クレーン屋のみっちゃん（藤森三雄）が、不安だと言って、近づけちゃった。こうやってよかったと思ったのは、結局柱の傾きを利用して柱の防水をしたんですよ。これだけで、雨に当たらない。

大嶋　裏側は？

藤森　そう。グルリと回せばいいんだけど、そうすると木の柱かどうかわからない。ほとんどの雨は垂直に落ちてる。時々雨がかかる程度で、それならそんなに怖くないというのは知ってた。少し傾けてあるだけで片側にだけ雨がかかる。反対側は濡れない。

大嶋　びっくりしたのが、並んで建っているので、「高過庵」にも行くじゃないですか。どちらも揺れるんですけど、揺れ方の質が違うんですよ。

藤森　「泥舟」は誰も不安がらない。

大嶋　本当に怖くない。ゆりかごの揺れ方。

藤森　「高過庵」は上が揺れるから、ほんのわずかな揺れなんだけど、こぼれ落ちる感じがして。

大嶋　揺れ方の質があるんですよ。怖い揺れと怖くない揺れがあって、赤ん坊的な、動物的な記憶でしょうかね。「高過庵」に上ってから「泥舟」に上ると、本当によくわかります。

藤森　みんな「泥舟」は平気。体感する揺れの質がいい。たとえば、超高層ビルの揺れっていいやな揺れなんですよ。こぼれる揺れ。

大嶋　超高層でも吊り構造だったら、揺れても怖くないんでしょうか。

藤森　茶室のつくる空間の問題は、いろんな実験がしやすい。

大嶋　建築基準法では、揺れによる変形は300分の1のような規定ががっちりあるので、揺れるのが前提の建築はありません。超高層ビルも法律的には許容範囲だけど、実際はめちゃくちゃ揺れると、今大問題になっている。300分の1だけど累積したら何メートルも揺れるじゃないかと。「揺れる前提」で、違う建築の基準をつくってほしいと思うんです。

藤森　最終的に、1軒の家を吊りたいと思っています。■

「泥舟」の内観。初めて取り組んだタマゴ型の燃える炉がある（246頁参照）

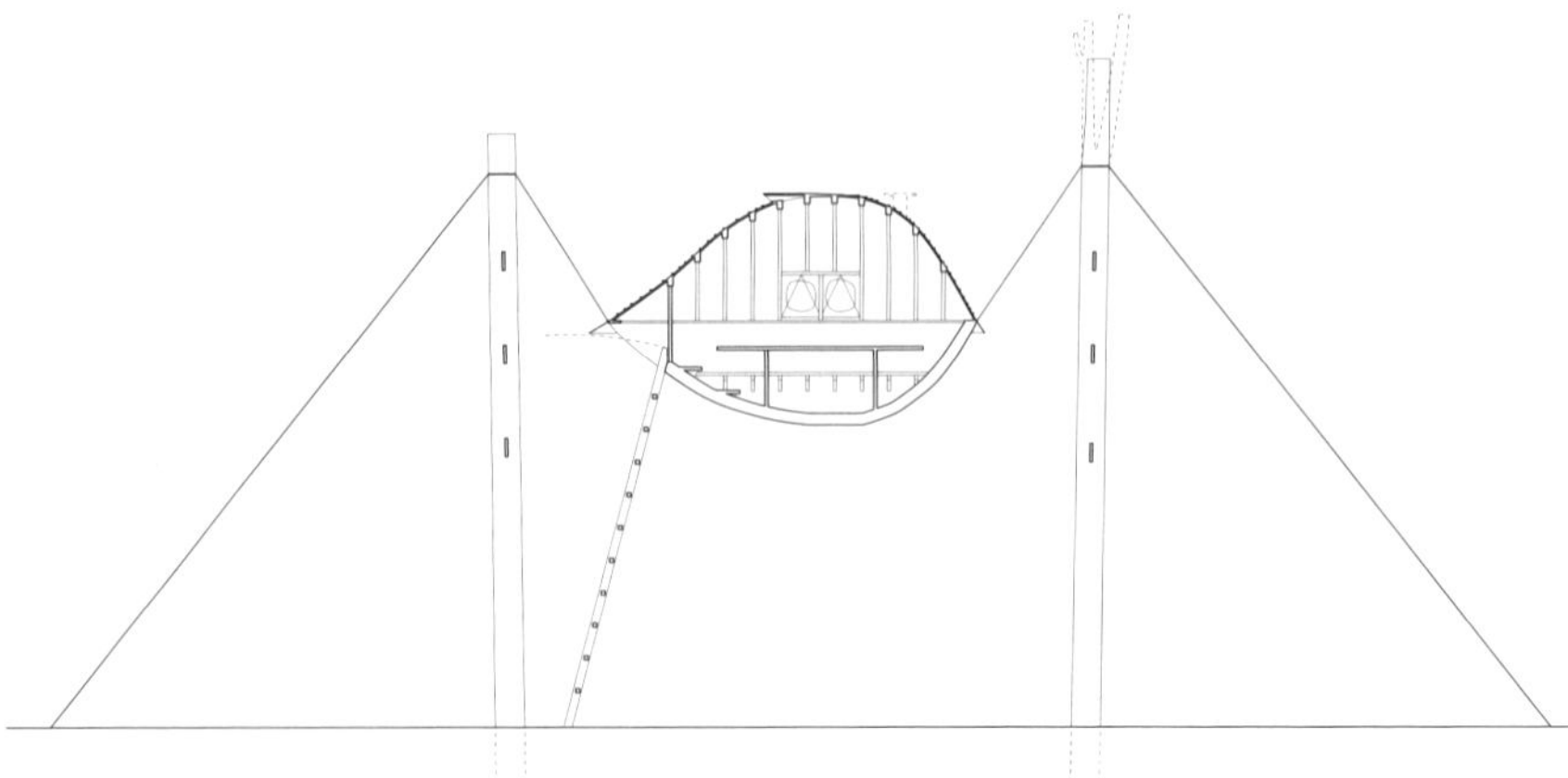

断面 1　S =1：150

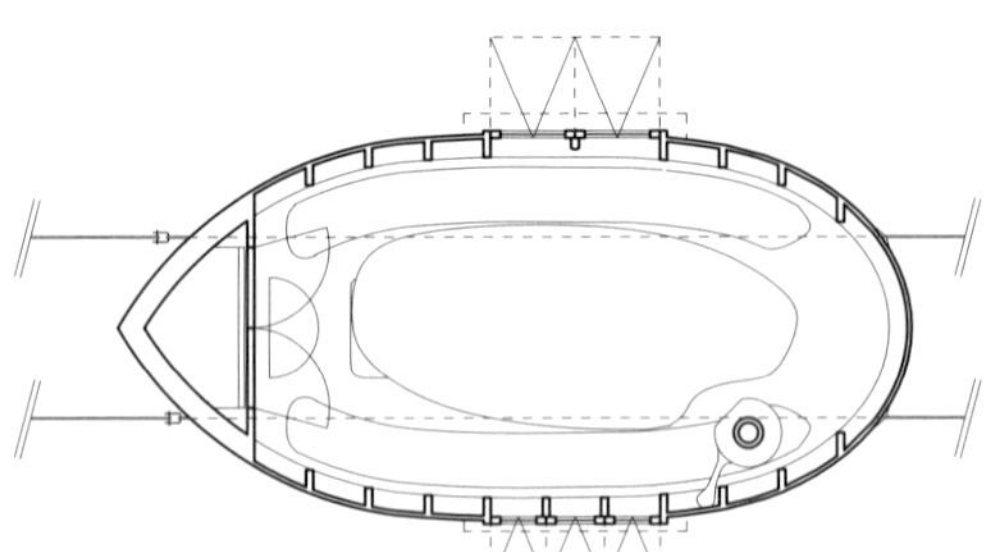

平面　S =1：75

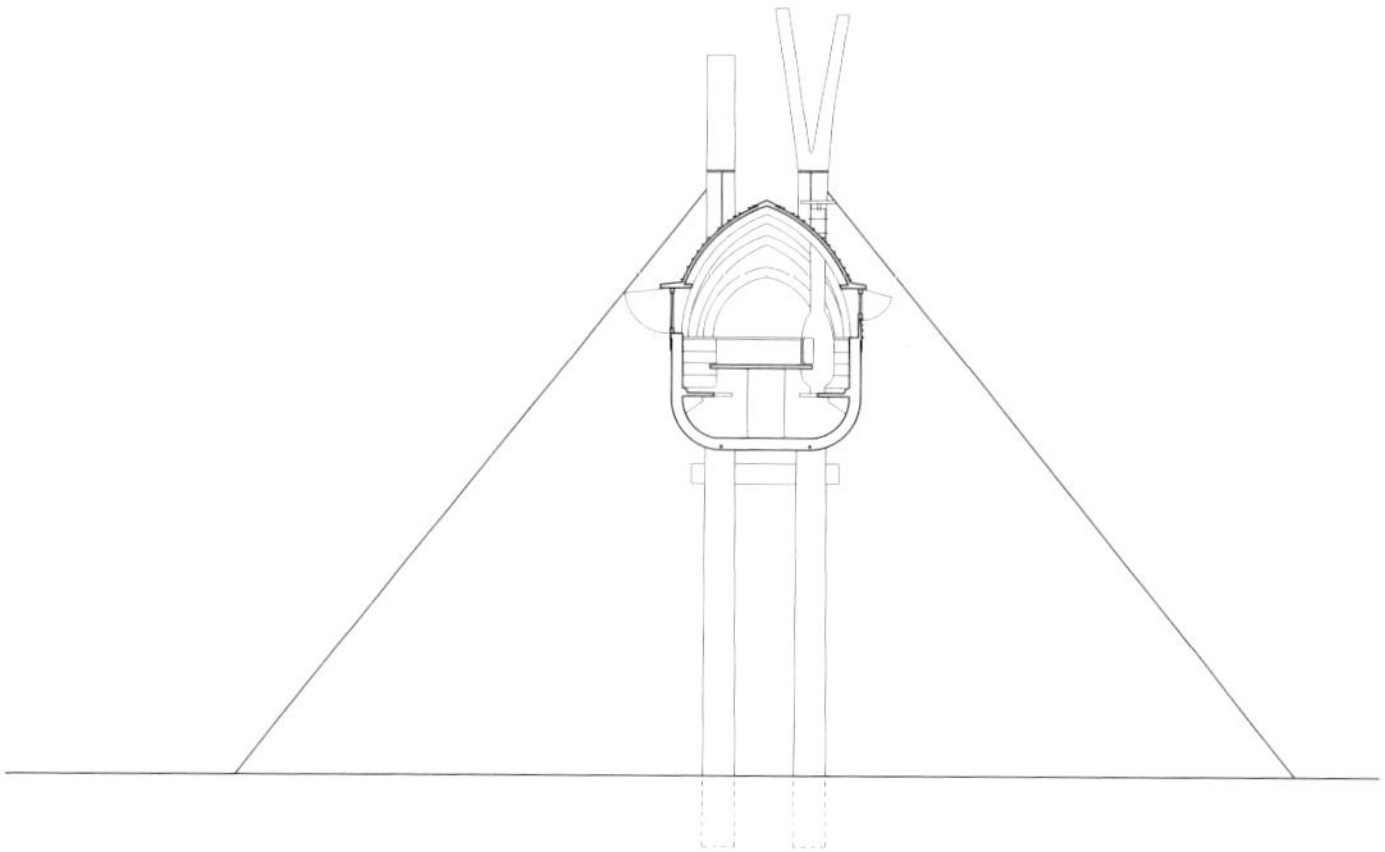

断面 2　S =1：150

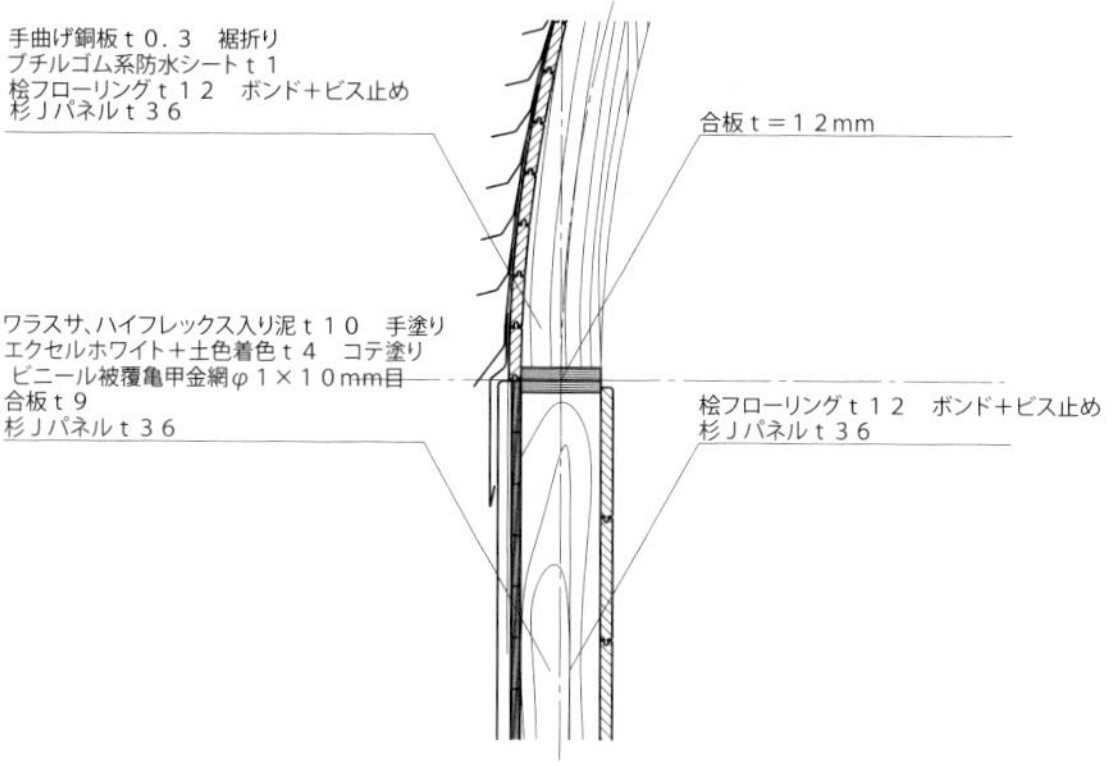
手曲げ銅板ｔ０．３　裾折り
ブチルゴム系防水シートｔ１
桧フローリングｔ１２　ボンド＋ビス止め
杉Ｊパネルｔ３６
合板ｔ＝１２mm
ワラスサ、ハイフレックス入り泥ｔ１０　手塗り
エクセルホワイト＋土色着色ｔ４　コテ塗り
ビニール被覆亀甲金網φ１×１０mm目
合板ｔ９
杉Ｊパネルｔ３６
桧フローリングｔ１２　ボンド＋ビス止め
杉Ｊパネルｔ３６

躯体詳細 2　S =1：15

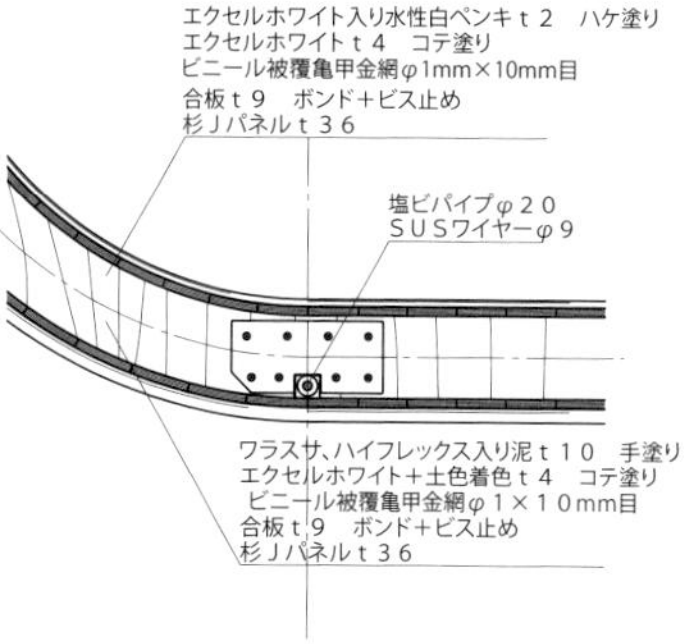
エクセルホワイト入り水性白ペンキｔ２　ハケ塗り
エクセルホワイトｔ４　コテ塗り
ビニール被覆亀甲金網φ1mm×10mm目
合板ｔ９　ボンド＋ビス止め
杉Ｊパネルｔ３６
塩ビパイプφ２０
ＳＵＳワイヤーφ９
ワラスサ、ハイフレックス入り泥ｔ１０　手塗り
エクセルホワイト＋土色着色ｔ４　コテ塗り
ビニール被覆亀甲金網φ１×１０mm目
合板ｔ９　ボンド＋ビス止め
杉Ｊパネルｔ３６

躯体詳細 1　S =1：15

Column

施工現場の縄文建築団

大嶋信道

　工事現場では、施工者である元請の建設会社が、工事の安全管理を行う。現場には、さまざまな協力会社の職人が出入りするが、もし事故が起き、怪我人が出ると、元請の責任となる。

　以前、私が建設会社で現場監督をしていたときは、作業現場を巡回し、安全足場をチェックし、面倒だと嫌がる職人にヘルメットを被らせ、職人たちが現場に持ち込んだ電動工具の安全装置がちゃんと動くかどうか確認して、検査済シールを貼るのも重要な仕事であった。〝安全第一〟は、単なる標語ではなく、戦後の日本の製造現場に浸透した〝思想〟である。おかげで、建設現場での事故率は、世界的にみて極端に少ない。

　そのため、素人の集団が現場に入って作業を行うことは、想定外のことで、基本、元請はいやがる、というか拒否される。最初のころ、縄文建築団が工事現場での作業の許可を得るため、現場監督を説得するために強調したことは、次の2点。

1 作業員の安全上の管理は、自分たちで行う。元請には迷惑をかけない。

2 工事で使う工具、材料は、自分たちで用意する。

　2について補足すると、プロの職人は、自分の道具を人が使うのを嫌がるし、まして素人には貸さない。材料を手配するのに現場監督の手を煩わせないのは、縄文建築団の作業が建設会社の請負工事外であることを明確にするためである。

　「ニラハウス・薪軒」（1997）から始まった縄文建築団の活動は、工事範囲としては、木工事、左官工事、造園工事あたりから始まり、その後、石工事、屋根・板金工事、金属工事、建具工事、家具工事、屋上緑化工事へと、職種を広げていった。それに用いる道具や電動工具は、縄文建築団出動のたびに、徐々に増えてきて、茶室や小さな小屋程度なら全部手持ちの道具で出来るまでになった。

　独立した茶室なら、元請の建設会社なしで工事を行うこともできる。私が携わった「一夜亭」（2003）と「茶室 徹」（2006）は、メインが縄文建築団の施工で、仮設足場、基礎のコンクリート打設、クレーンなどは、そのつど、業者に発注する分離発注方式を採用した。

　縄文建築団の工事費の内訳は、材料代、新しく買った工具代、団員（参加者）の交通費（遠隔地の場合のみ）、食事代で、団員の作業自体はすべてボランティアである。それらを集計して工事完了後に施主に請求する。

　縄文建築団も実績と信用を積んできたので、始めたころに比べ、現場作業についての元請の理解や協力が得られやすくなった。また、万が一の事故や怪我に対する工事保険についても、いまでは、引き受けてくれる保険会社が見つかった。縄文建築団が作業を行うときには、保険契約を結んでいる。■

藤森流茶室

全21作品クロニクル

① 薪軒(ニラハウス)1997

隠れ部屋がほしいという赤瀬川原平さんの要望から生まれた茶室。約5畳とやや大き目のスペースに炉が切ってある。タガネで割ったエゾマツの薪ヴォールトの天井をつくり、薪と薪の隙間から光が木漏れ日のように落ちてくる。茶室の壁面は硬めの漆喰を、コテを使わずに手で塗った。この茶室の肝所は、畳と障子は使わず、床の間はつくらないこと。畳と障子は和のシンボルのかたまり。それを見たとたん、「伝統だからすばらしい」と思考が止まる。それは避けたい。

茶室のインテリアを自分たちで初めて全面的につくった。当時、東大の私の研究室の学生だった奥富利幸君が手伝ってくれた。彼は、建築家の大江宏さんの事務所にいたことがあり、伝統建築にくわしかった。かれが、驚くべきことをいった。この茶室をゼネコンに見積りをとると、おそらく、2000万円ぐらいにはなる。茶室は手づくりの塊。プロが部材をひとつひとつ拾っていくと、思いがけない額にふくらんでしまう。

DATA

1997年2月竣工
建築主:赤瀬川原平
所在地:東京都町田市
設計:藤森照信+大嶋信道(大嶋アトリエ)
施工:縄文建築団
床面積:9.64㎡
構造:木造

1997年1月1日　ニラハウス　赤瀬川スケッチ

②炭軒（ザ・フォーラム）1999

リゾートホテル「ザ・ネスト」の1、2階部分にあるミーティング部分に設えた茶室。「縄文梯子」と呼ぶ、チェーンソーで刻んだ階段をにじり上がると、竹でつくったリブにエクセルジョイント下地の上に漆喰が塗られ、炭が貼り付けられたヴォールト天井の中に入る。

素材としての炭には以前より引きつけられてきた。たまたま、ホテルの社員に炭焼きを本業とするおじさんがいたから、炭焼きを依頼する。長さ30センチぐらいの炭を得るためにはその2倍の長さを必要とし、体積は当初の1／8となる。炭の種類には高温で焼き締める白炭と通常の黒炭がある。おじさんは、白炭を使えという。焼きあがった炭を水で洗うと、表面にだけ水が侵入して膨張し割れてしまう。炭の表面を水拭きしました。

竹の表面に漆喰を塗れたのは、エクセルジョイントという下地材があったから。これも、熊本で大学寮を設計したときの経験が役立った。

DATA

1999年12月竣工
建築主：新井リゾート開発
所在地：新潟県妙高市両善寺1966　ARAIマウンテン＆スノーパーク内
設計：藤森照信＋桑原裕彰（竹中工務店設計部）
施工：縄文建築団＋竹中工務店
床面積：12.7㎡
構造：竹造

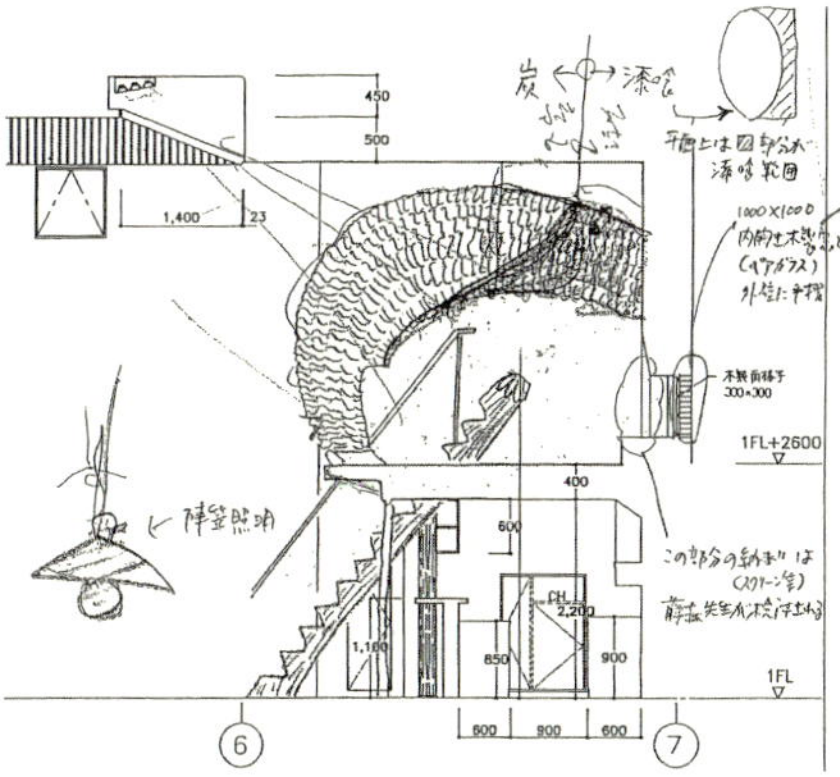

③一夜亭 2003

細川元首相の「不東庵工房」の中庭を挟んで、向かい側の斜面に立つ茶室。フランスのシラク大統領の来日に合わせ1か月で完成させるため、ナラの掘っ立て柱の上に俳優座の劇場舞台美術製作のパネルを組み立てるプレハブ工法を採用。俳優座の大道具の人たちによってたった1日で上棟したことから、施主の細川さんにより「一夜亭」と名づけられた(シラク大統領の来日はイラク戦争のため中止となった)。

内外の仕上げと屋根の杉皮葺きは縄文建築団。金物にもこだわり、既存のものを使わずに手づくりとした。銅を金づちで叩いてもうまくいかない。そこで、バーナーであぶって、銅をやわらかくして加工した。素人だから込み入ったことはできないので、蝶番はとてもシンプルなつくりだ。ただ、金物まで手づくりというのが、われわれ縄文建築団の心意気。

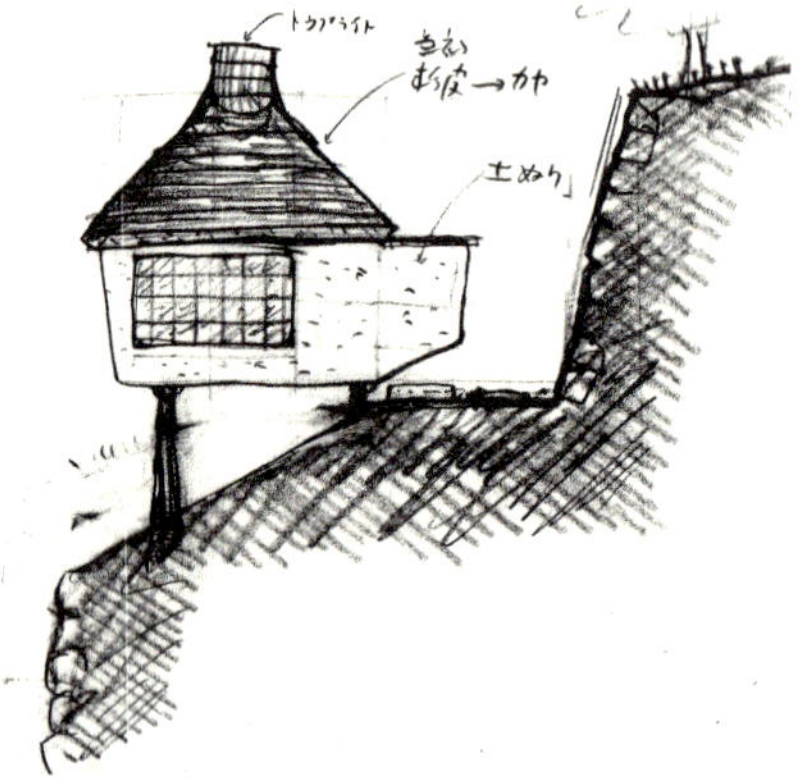

DATA

2003年4月竣工
建築主：細川護熙
所在地：神奈川県足柄下郡湯河原町
設計：藤森照信＋大嶋信道（大嶋アトリエ）
施工：縄文建築団＋俳優座劇場
床面積：6.4㎡
構造：木造（パネル工法）、一部アルミフレーム

④ 矩庵 2003

京都の徳正寺の庭に立つ煎茶用の茶室。三角形平面が三つ又のクリの木の地上から1.5メートルの高さに持ち上げられている。工事は徳正寺の住職、秋野等さんがほぼセルフビルドで行い、仕上げに縄文建築団が参加した。

建仁寺の近くの寺の土塀に大きく穴が開いていて、中に簡便な食堂が見えた。路上観察中に得たこのイメージによって、アイデアがまとまる。ステンドグラス窓は、土塀に穿った大きな穴。その先に、異界が広がっている。湿気が多いため、茶室を持ち上げている。ハシゴをのぼり、床下から客入りする。

イメージを膨らませてかたちにすることと、材料のイメージから発想することの大きく2つのアプローチがある。「矩庵」は前者の代表例。後から振り返ると、茶室を浮かすというアイデアが、「一夜亭」「高過庵」へとつながっていく。藤森流茶室の原点。

DATA

2003年5月竣工
建築主：徳正寺（秋野等＋井上章子）
所在地：京都市下京区富小路四条下ル徳正寺町
設計：藤森照信
施工：秋野等＋縄文建築団
床面積：5.38㎡
構造：木造（2×4工法）

⑤ 高過庵 2004

諏訪の実家の畑につくった私のための茶室。長さ8メートルのクリの木を2本、山から伐り出し、1.5メートル掘った穴に立て、地上6.5メートルの高さに床を組んだ。全高約10メートル。「高過ぎ床住宅」から「高過庵」と名づけた。

「高過庵」はツリーハウスではない。ツリーハウスは森の中の家であり、回り（外）を見晴らす視点は乏しい。京大の総長でゴリラの研究者、山崎寿一さんから面白いことを聞いた。ジャングルには外観はない。どこまで行っても内部が連続した空間。ジャングルを出てサバンナに降り立ったのが人間。ジャングルのサルたちは、外部がないのだ。

私は、外部がないのが嫌い。樹冠に出れば、上から眺める視点を持てる。

ツリーハウスを嫌う理由をだんだん言語化できるようになった。こうした言語化を、私は茶室を通してやり続けている。茶室のテーマは単純化できるので、建築の根本、自分の趣向を見極めるには最適。

DATA

2004年6月竣工
建築主：藤森照信
所在地：長野県茅野市宮川高部
設計：藤森照信
施工：縄文建築団＋藤森三雄＋立石公勇＋中村孝＋飯田安哉
床面積：6.24㎡
構造：木造（パネル工法）、一部トラスフレーム

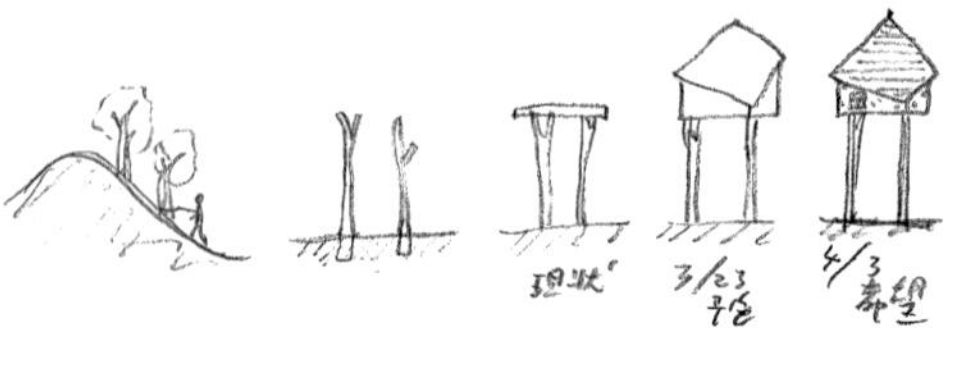

⑥低過庵【計画案】2005

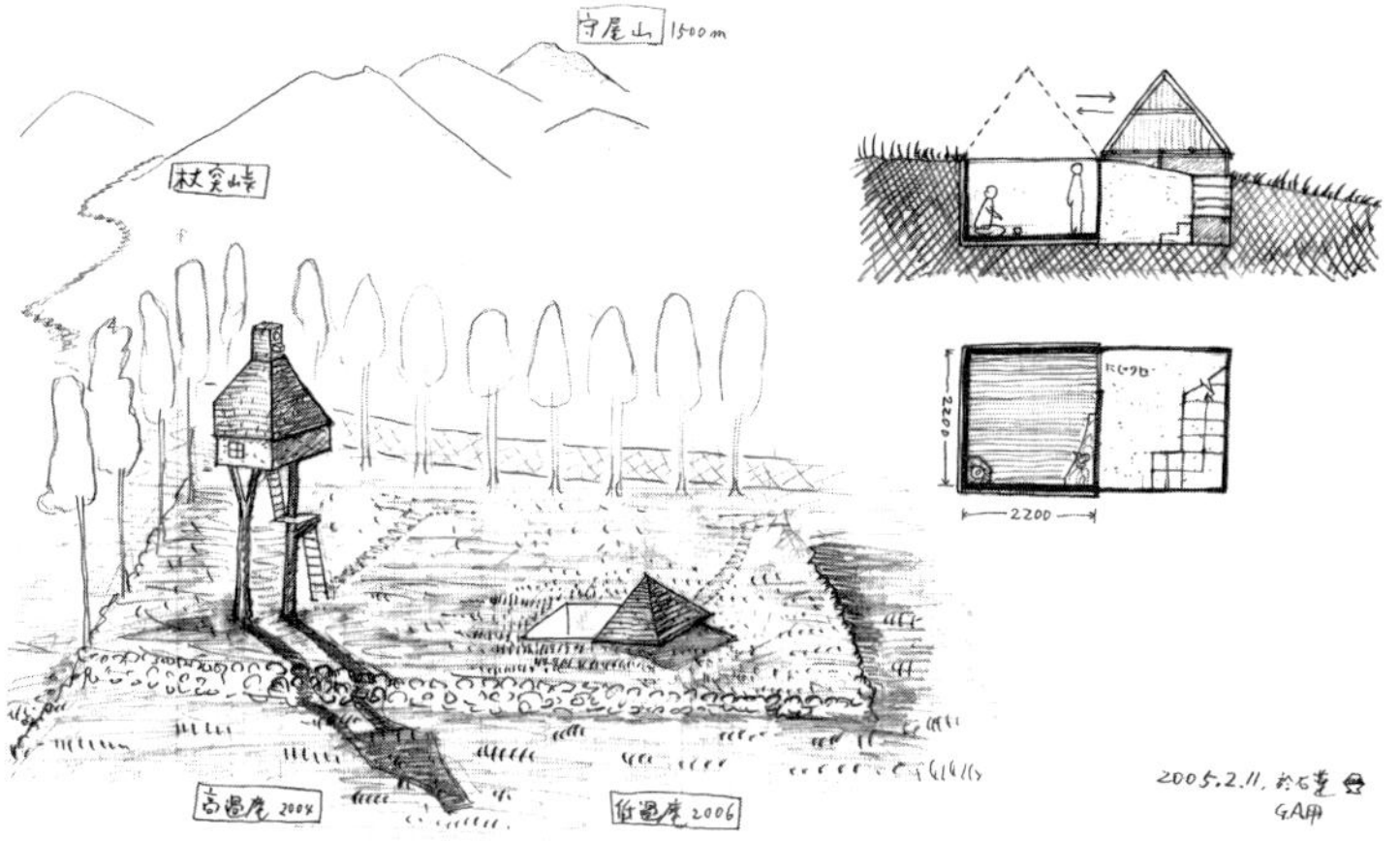

「高過庵」の立つ近くに計画したのが、土の中に埋め込む「低過庵」。下から見上げる茶室である。屋根はスライドして、青空が頭上に広がる仕掛けだ。上から見下ろす楽しさを「高過庵」で知り、その反対に、地面の側から天を見上げたらどうなるかと考えた。

この未完のプロジェクトを実行したくなったのはつい最近のこと。健康食品会社が茅野市で「笹離宮」という施設をもっている。この中に竪穴式住居があり、掘り下げられた地べたに座って火を囲み、空間の落ちつきを味わった。

縄文時代の住居の要素である土と火による空間で人を落ち着かせた後に、屋根がスライドして青空が望む仕掛けは、いけると思う。

DATA

2005年2月設計
建築主：藤森照信
所在地：長野県茅野市宮川高部
設計：藤森照信
床面積：4.84㎡
構造：鉄筋コンクリート造、一部木造

⑦茶室 徹 2006

桜を見るために生まれた、「高過ぎ床住宅」である。ベンチ式の平面を持ち、人は炉を囲まずに、ベンチに横並びに座って桜を眺める。この茶室の立つ地域には、桜の古木が残る。ふつうソメイヨシノは40～50年程度で枯れると言われているが、山梨県北杜市の高地にあるからか、枯れの原因となるウィルスの発生が抑制され、立派な古木が残っている。

最初は、樹冠の上から桜を見下ろすイメージだった。ところが、施主の吉井さんが高齢もあり、自分が登れる高さということで下げた。しかし、幸いなことに、桜の一部は、窓の下に望むことができる。

欧米はじめ外国人たちの反応はすごくい い。ドイツでやった展覧会のカタログに「茶室 徹」が選ばれた。桜は、「富士山・芸者」につながる、外国人がつくり上げた日本のイメージ。それに乗るのは、気恥ずかしい。

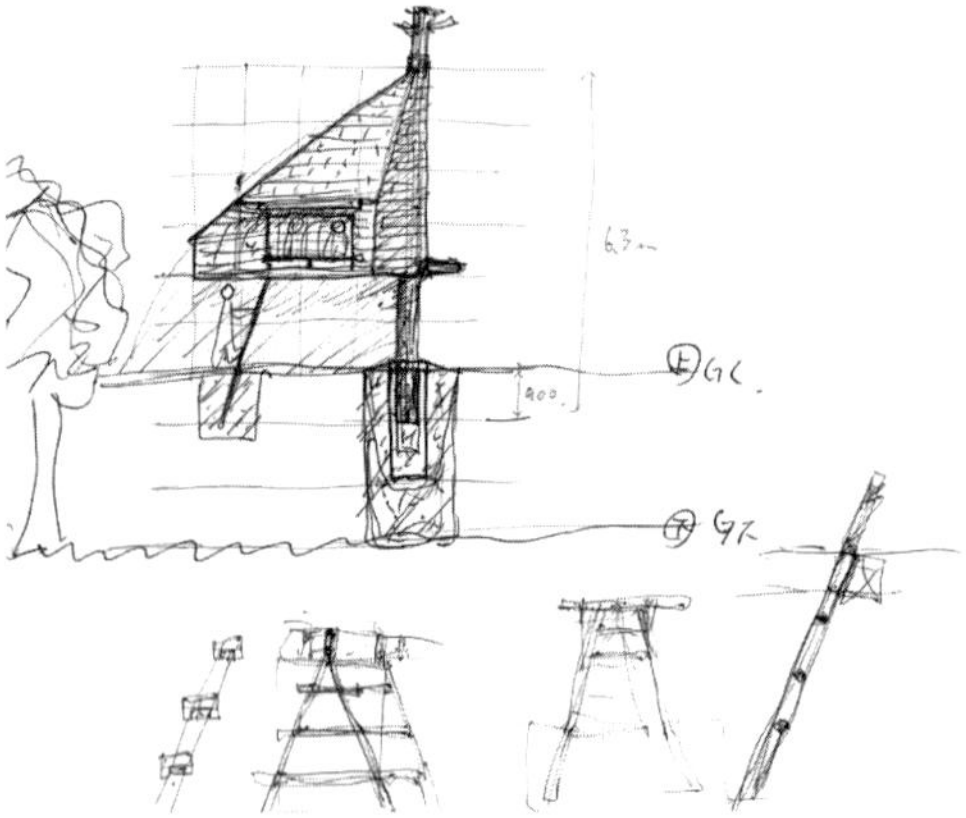

DATA

2006年4月竣工
建築主：吉井画廊（吉井長三）
所在地：山梨県北杜市長坂町中丸2072　清春芸術村内
設計：藤森照信＋大嶋信道（大嶋アトリエ）
施工：縄文建築団＋藤森研究室
床面積：6.07㎡
構造：木造（パネル工法）

⑧ 玄庵 2006

道路拡幅によって増築した洋風の応接間を削らざるをえなくなり、その代わりに設計したのが応接間を兼ねる茶室、「玄庵」である。案をつくってみて、なにか間が抜けている気がして、後で2本の柱を追加している。ちょうど手元にあったクリの木と、道路拡幅で伐ったイチイの木の2本だ。

私の茶室には、必ず柱がある。「薪軒」には壁に寄りかかる小さな柱、「炭軒」には床柱があり、「一夜亭」、「矩庵」、「高過庵」、「茶室 徹」はすべて柱の上に載っている。

柱への関心がもともと強い。床柱、大黒柱という独立柱が心を引きつける。柱の起源は、おそらく信仰から始まっている。日本の縄文時代には、立柱の存在が知られている。私自身、地元の諏訪大社の御柱祭に参加してきたし、最初に手がけた「神長官守矢資料館」の施主は、同社の筆頭神官の家系だ。柱の起源は神様とのかかわりが深く、それが建築の起源とつながる、そう茶室をつくりながら思い当たった。

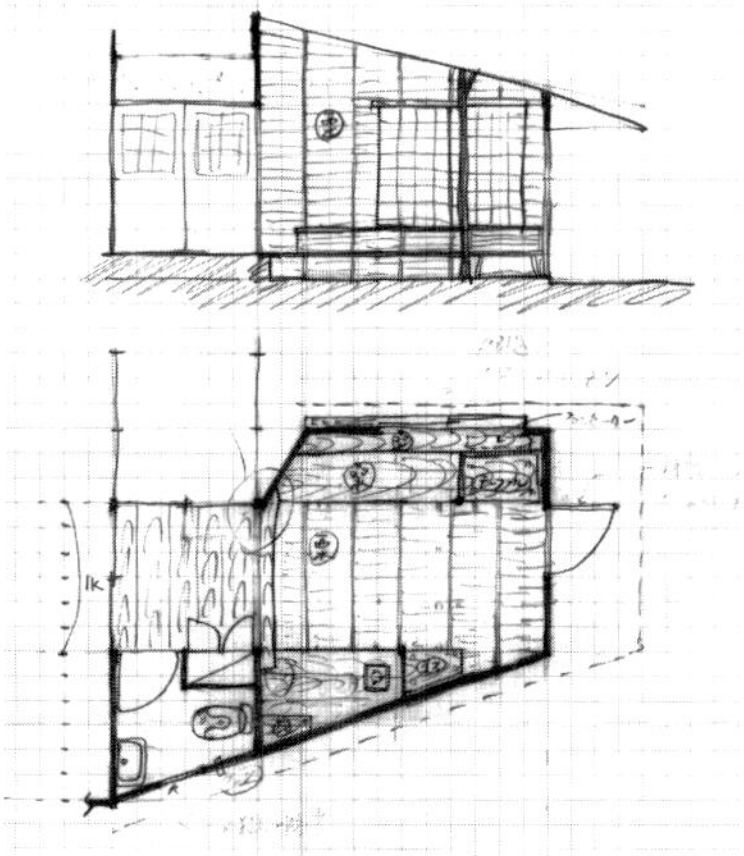

DATA

2006年9月竣工
建築主：藤森照信
所在地：長野県茅野市宮川高部
設計：藤森照信
施工：藤森由一（一工）
床面積：13.2㎡
構造：木造（パネル工法）

⑨松軒（焼杉ハウス）2006

プランは早くに決まった。横長の外観でいこうと思ったが、いまひとつ納得できない。1階の茶室をひょいと2階に上げたその瞬間、いけると思った。そういうことが、よくある。

それまで、私の茶室は室内か、独立したものが主だったから、茶室自体が建築の外観に影響を与えることはなかった。茶室が外観に影響を与えた初めての例で、茶室が外観デザインの決め手となっている。

また、茶室を新築工事に併せてつくることでコストを抑えられることを知った。茶室単体でつくると、小さいにもかかわらず、通常の建築同様、さまざまな職種の職人が必要となる。そのうえ、そこに材料にはじまる人手が加わると、1500万から2000万もかかってしまうこともある。それを、新築工事に含めると、大幅な節約が可能となる。

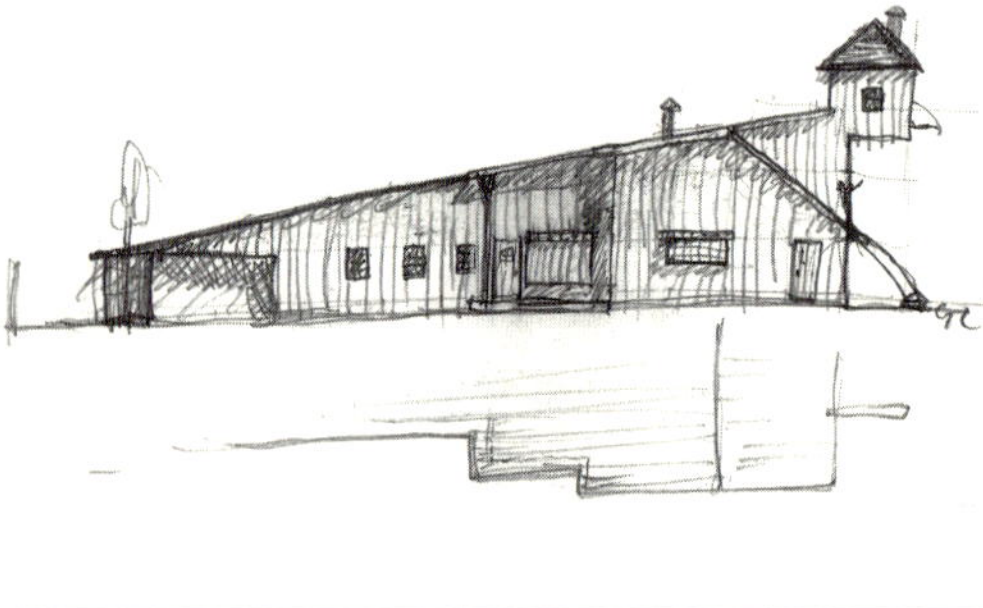

DATA

2007年4月竣工
建築主：小林敬二
所在地：長野県長野市
設計：藤森照信＋川上恵一（かわかみ建築設計室）
施工：花岡工業
床面積：5.78㎡
構造：木造（パネル工法）

⑩ 茶室 源（コールハウス）2008

東京ガスがガス利用促進のために計画した住宅で、伊東豊雄のプロデュースにより、西沢平良、藤本壮介とともに参加。

茶室を経済的にも実現することを見せたいという意気込みで設計した。計画案がほぼ固まった後、壁から突き出して寝室につく極小空間としての茶室を提案している。突き出した床の下ににじり口があり、登るためのはしごがある。「矩庵」以来のにじり上がる茶室である。広さは2畳程度の本当の極小空間である。それが、建物の軒下にくっついている。

「源」という名前は、現場のある宇都宮名物の餃子屋にあった壺に由来する。壺が気に入り、茶室の炉に転用している。

DATA

2008年10月竣工
建築主：東京ガス
所在地：栃木県宇都宮市
設計：藤森照信＋速水清孝
施工：トヨタウッドユーホーム
床面積：4.97㎡
構造：木造

⑪ 妙観（チョコレートハウス）2009

新築と併せて茶室をつくる挑戦の続き。構造的には、Ｊパネルという優れた性能をもつ安価な材料を使って、４畳半の茶室を建物の外に突き出している（カンチレバー）。

テーマは炭を内装に使うこと。炭はずっと重要だった。最初に手がけた「神長官守矢資料館」でも焼き杉を検討し、「秋野不矩美術館」では、柱の杉の表面をバーナーで焼いている。その炭を内装で使おうと、ここでは杉の代わりに桧を使い、焼いて割ってみると、当然ながら、桧の側面が焼けていないことに気がつく。そこで、桧の木を細かく割ってからバーナーであぶると、側面まで焼けた。それをフィニシュ釘で打ち付けていった。一連の作業は、縄文建築団で担当している。

無機系の究極の材料は土だとすると、有機系の究極は炭ではないか。土は、岩や鉱物などの無機物が自然の中で風化を重ね、その果てにたどり着いたもの。有機物の代表が炭だと考えている。だから炭で包まれた茶室をつくりたかった。「妙観」の由来は、施主の兒嶋《こじま》俊郎さんが茶室内に飾る古い書から。

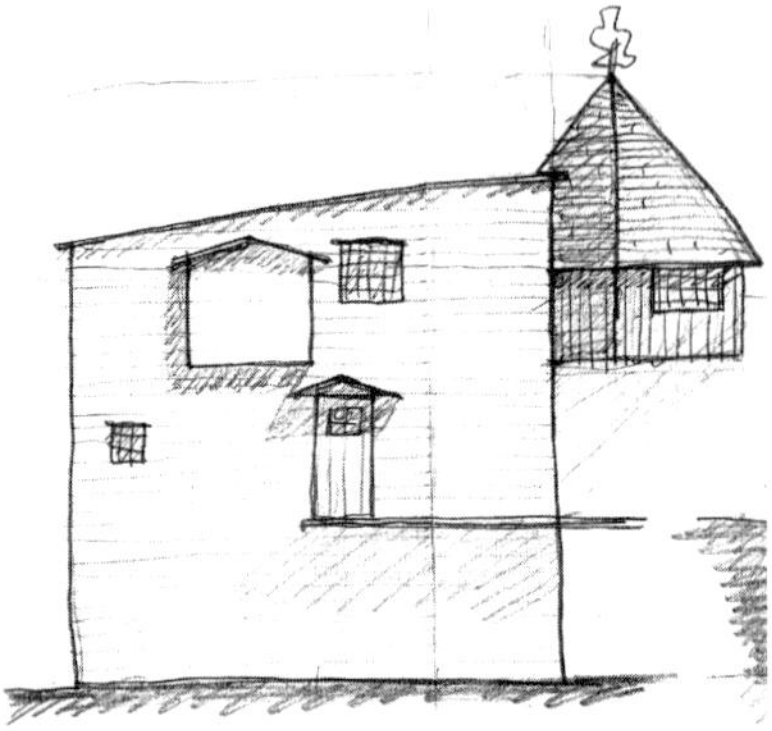

DATA

2009年５月竣工
建築主：兒嶋俊郎
所在地：東京都国分寺市
設計：藤森照信＋大嶋信道（大嶋アトリエ）
施工：縄文建築団＋宮嶋工務店
床面積：7.81㎡
構造：木造（パネル工法）

⑫ ブラックティーハウス 2009

オーストラリアの王立メルボルン工科大学（RMIT）の美術館から、「隠れ家展」への出品を依頼されて、シドニー在住の建築家坂口潤さんと共同で設計。

本展覧会の少し前、メルボルンは史上最大とも言われる山火事に襲われ、周辺の農村地帯は壊滅的な痛手を受けた。中でも被害の大きかった村に連れて行ってもらい、その惨状を見た。そのとき燃えたユーカリの残骸を、「薪軒」のヴォールト天井のように細い鉄筋に取り付けている。

展覧会が終わったら壊す予定だった。ところが、山火事で大打撃を受けた町の町長さんが、自分たちの小学校で保存したいとの話が届く。史上最大の山火事の記憶をとどめるモニュメントとして評価されたのか。展示室の出入口より大きな物を、どのように移動したのかはわからない。今はどうなっているんだろう。

DATA

2009年9月竣工
建築主：RMIT University
展覧会名：Shelter:On Kindness 2009年9月25日〜10月25日
展覧会場：RMIT Gallery メルボルン（オーストラリア）
設計：藤森照信＋坂口潤
施工：藤森照信＋現地職人
床面積：6.84㎡
構造：木造

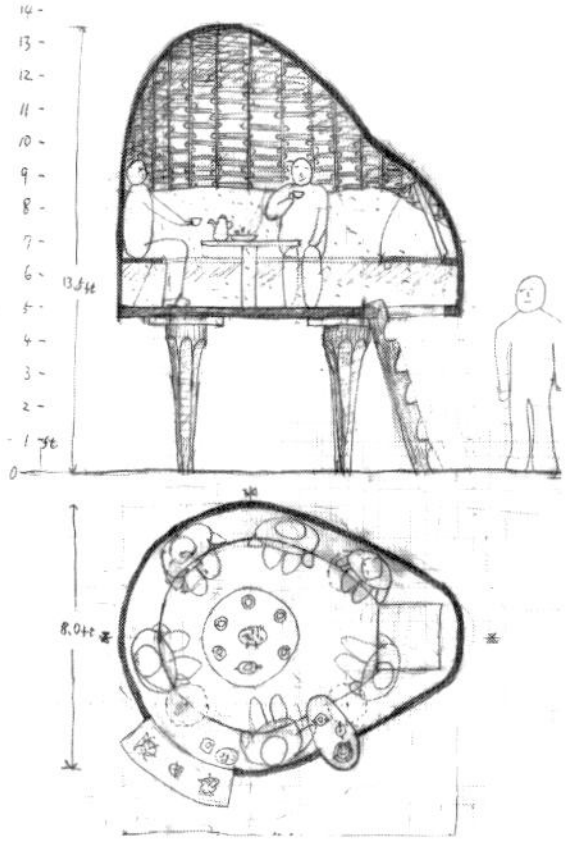

⑬ ビートルズハウス 2010

海外でつくった最初の本格的な茶室。イギリスのヴィクトリアン・アルバート博物館のキューレーターから「隠れ家」を依頼される。彫刻室の内部に吊り下げようと思ったが、建物は文化財ゆえ手をつけられず、一転して、４つの柱に乗せる案へ変更。施工したのは、大型の彫刻などの美術作品をつくるトップラスの会社。

考えてみると、美術館から「小さな空間」を頼まれることが多い。建築をつくっているつもりの本人の意識との間にギャップがある。建築とアートの違いは、①可動性、②原価の有無、③手仕事性、④作家性などがあげられるが、茶室はちょうどアートと建築の間にある。「ビートルズハウス」は、初めてそのように扱われ、展覧会終了後にオークションにかけられ、いまアメリカの地にある。

DATA

2010年6月竣工
建築主：Victoria and Albert Museum
展覧会名：1:1-Architects Build Small Spaces 2010年6月15日～8月30日
展覧会場：Victoria and Albert Museum ロンドン（イギリス）
設計：藤森照信＋速水清孝
施工：MDM Props Limited ＋藤森照信＋速水清孝＋現地ボランティア
床面積：4.13㎡
構造：木造（モノコック構造）

⑭ 亜美庵杜 2010

細川護煕さんが、銀座のメゾンエルメスで油絵の個展を開くことになり、そこにつくった仮説の茶室。

「一夜亭」をつくるときは、窓から外を見たときのこと第一に考えたが、今度は外から見るための茶室を考えてみた。矩形のプランを斜めに切り、完全に外に対して開いている。

念頭にあったのは、秀吉が開催した北野大茶の湯でノ貫がつくった仮説の茶室。ある赤い大きな傘を屋根に、下にゴザを敷いただけと伝える。

個展のテーマは「市井の山居」であったが、それを受け、ガラスブロックと鉄骨の展示室の中に本当のコケを生やして山居を生み出すことに挑戦。ヴェネチア帰国展の土塔に使ったコケを用いた。

亜美庵杜（アビアント）は「じゃまたね」の意のフランス語で、細川さんの命名。

DATA

2010年4月竣工
建築主：エルメス財団
展覧会名：細川護煕展「市井の山居」2010年4月22日～7月19日
展覧会場：メゾンエルメス 東京都中央区
施工：藤森照信
床面積：4.58㎡
構造：木造（パネル工法）

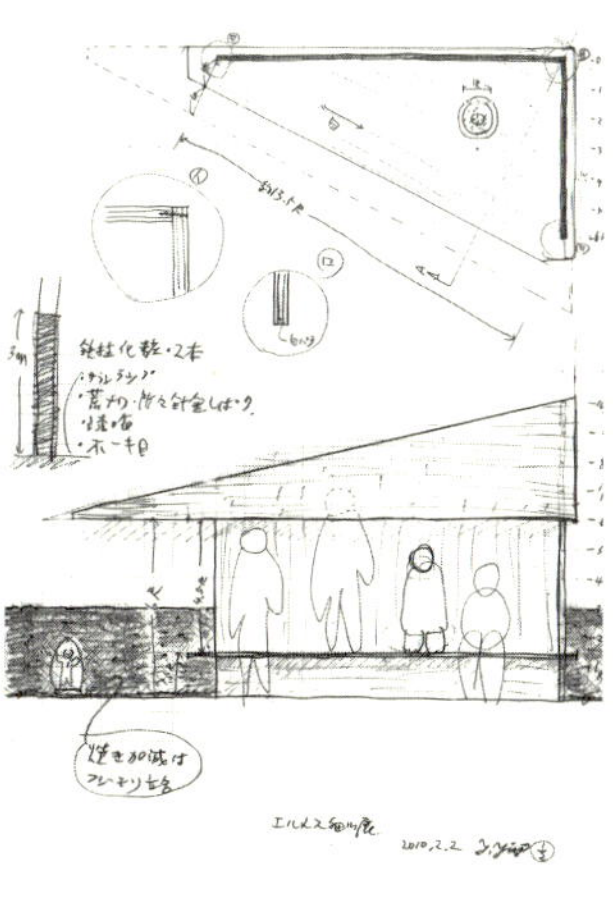

⑮ 入川亭 2010

テーマは竹。利休を含め、竹は茶室に多用されてきた部材。美と自然さを持つ材であり、茶室の仮設性にフィットする。ところが、畳・障子そして竹には、日本という記号性がつきまとう。だから、私は避けてきたが、「高過庵」では、例外的に竹簀の子をつけた。竹簀の子に月が映るか否かを実験したかったからだ。月はおぼろに映った。

ただ、台湾の竹は、日本人の常識を超える巨大さを誇り、直径25～30センチ、高さは20メートル。ここまで巨大化すると、日本における竹の記号性はない。しかも、台湾で巨竹を建築に使った人がいないという。だったら、やろう。お茶好きの台湾人の施主は、「高過庵」より高くしてくれという、そこで高さは床レベルで7.2メートル。

考えてみると、土、石、木という建築の基本材料には国籍・国境はない。日本文化が成立する以前、竹は日本以外にも分布しているのは当然のこと。竹を国籍を感じさせないかたちで使ってみたい。

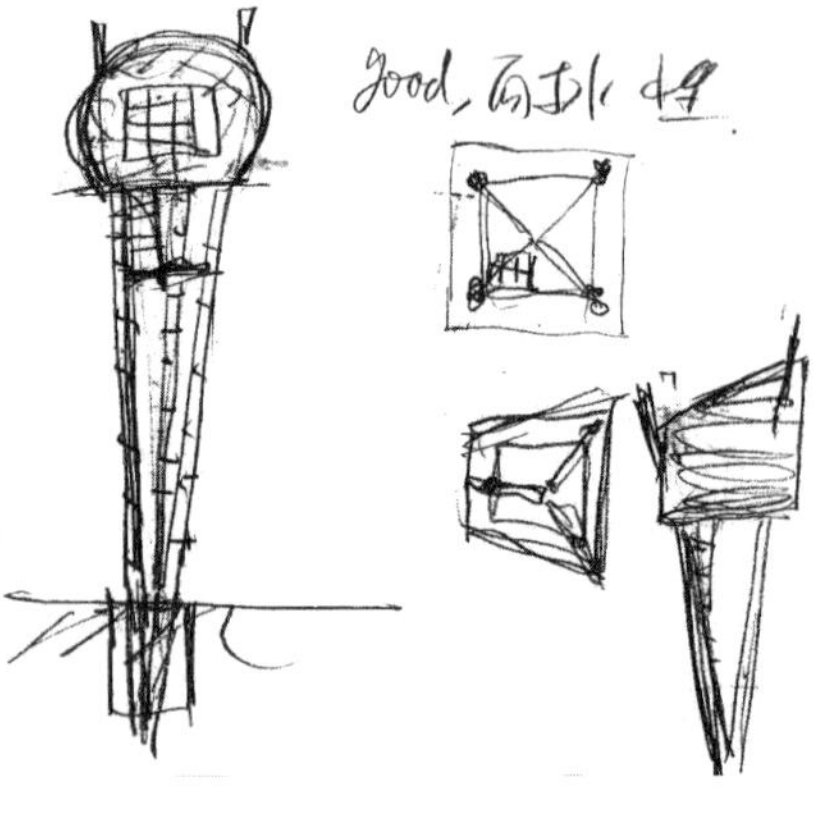

DATA

2010年1月竣工
建築主：ACC
所在地：新竹縣（台湾）
設計：藤森照信
施工：藤森照信＋現地職人
床面積：3.51㎡
構造：木造（モノコック構造）＋竹柱

⑯ 忘茶舟 2010

技術への関心から始まった。コンクリートのモノコック構造のコンクリート船をつくりたかった。いままでのコンクリート船は、中に鉄筋を入れて無垢のコンクリートを打ち固める。それに対し、スタイロフォームを芯にして、そのまわりをステンレスメッシュと下地材のエクセルジョイントで固め、その上にモルタルを塗っていく。

熊本のエクセルジョイント開発者の渋谷宗一さんと、モノコック構造の強度実験を行う。1×2メートルの試験体をつくり、その上に2人で載る。最初はおっかなびっくりだったが、びくともしない。エクセルジョイントの入った袋を載せていき、結局、真ん中の点荷重は400キロまで達した。

エクセルジョイント、恐るべし。石山修武は「技術は表現を刺戟する」といったが、エクセルジョイントという技術が私の表現を刺戟してくれた。

DATA

2010年1月竣工
建築主：ACC
所在地：新竹縣（台湾）
設計：藤森照信
施工：藤森照信＋現地職人
床面積：4.70㎡
構造：木造（モノコック構造）＋竹柱

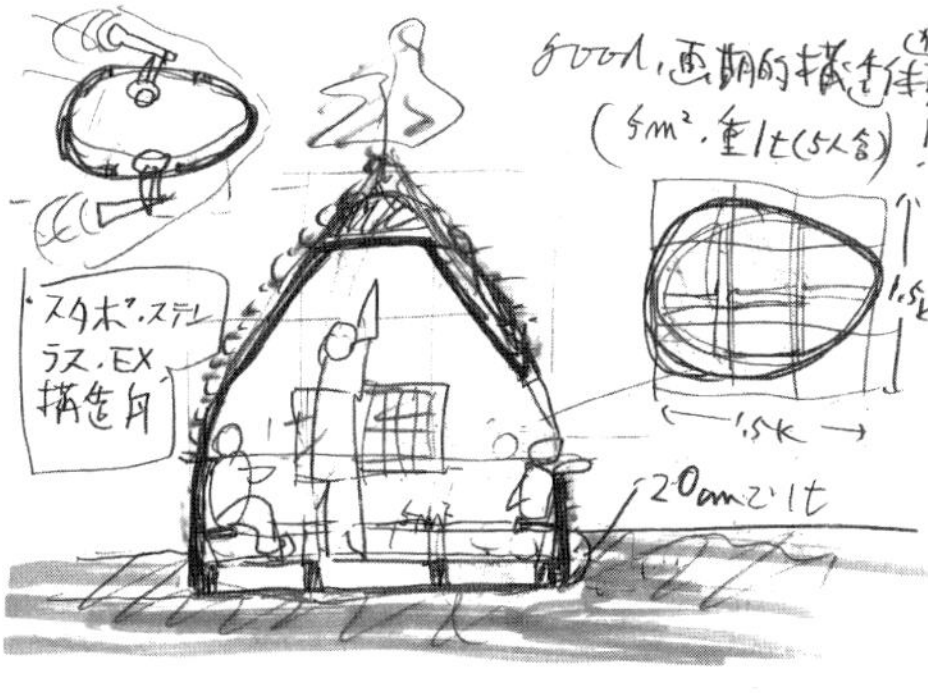

⑰ 空飛ぶ泥舟 2010

大学の卒業制作以来、実現したかったのが建築を吊ること。ふつう「吊る」イメージは、膜で出来た軽い屋根を吊る程度。すべての吊り構造は吊り橋からきているが、私としては下から建築をハンモックのように吊り揚げたかった。このアイデアを実地で試してみようとはじめたのが「空飛ぶ泥舟」。断面でいうと、1つの円を1点で支えても安定しないので、2つの円をつなげて2点で支えることで安定させている。

初めて燃える炉をつくる。いままでの炉は炭用で、断熱をしておけばよかった。ただし、今度は難度が高い。タマゴ型の炉をつくろうとしたが、これが難しい。

左官の久住章が斜めに張ったラスにモルタルを塗って不定形なかたちをつくったのを思い出し、ステンレスの亀甲状の網を張り、その上に耐火性モルタルを塗った。参加した市民に塗ってもらったが、塗ると落ちるの繰り返しだったが、ついに完成。自由なかたちの炉をつくる技術を得た。

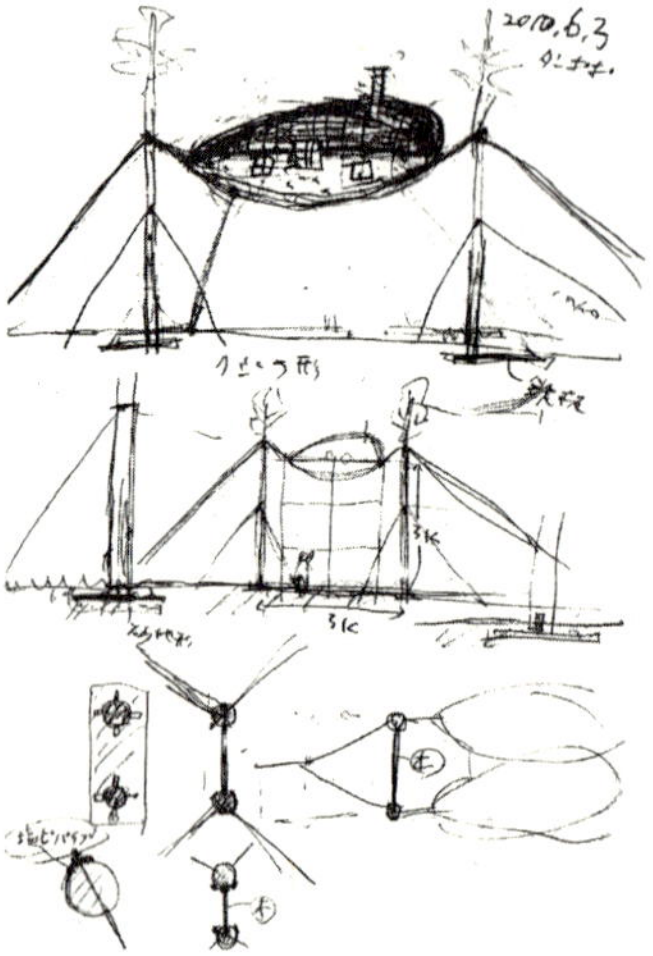

DATA

2010年7月竣工
建築主：茅野市美術館
展覧会名：藤森照信展 諏訪の記憶とフジモリ建築 2010年7月24日～8月29日
展覧会場：茅野市美術館　長野県茅野市塚原／展覧会終了後長野県茅野市宮川高部に移設
設計：藤森照信＋速水清孝施工：藤森照信＋立石公男＋藤森三雄＋中村孝＋市民ボランティア
床面積：5.50㎡
構造：木造

⑱ウォーキングカフェ 2012

ミュンヘンで開かれた私の建築展に合わせて制作した。コーヒーのための茶室で、足にタイヤが付いていて移動可能なので、「ウォーキングカフェ」と名付けた。初めて美術館を訪ねたときの駐車場のサインがアイデアを生んだ。それは、タイヤの上に羽を生やした女性が立っていた。それから発想してタイヤ付きカフェをつくることにした。

制作したのは、ドイツのマイスターたちと、そのタマゴの学生たち。はじめてドイツのマイスター制度に直に触れる機会だった。ドイツでは、ものづくりの職種ごとにマイスター制度があった。私の接した範囲でも、石工、大工、板金工、鍛冶屋、縄を編む人など、さらには工場で自動車を組み立てる人もマイスター制度に従っていた。マイスター資格がないと、部下を持てない。

腕は確か。日本にも通じる職人技がマイスター制度によって守られていた。しかし、EUの域内統合の進展、さらには大量の難民の流入などにより、閉鎖的なシステムとしてのマイスター制度は曲がり角に立たされている。

DATA

2010年7月竣工
建築主：Museum Villa Stuck
展覧会名：Terunobu Fujimori. Architekt Werkschau 1986–2012 2010年6月21日～9月23日
展覧会場：Museum Villa Stuc ミュンヘン（ドイツ）
設計：藤森照信＋Hannes Rössler
施工：Büro Huber & Rössler, Holzbau Schmid
床面積：3.10㎡
構造：木造

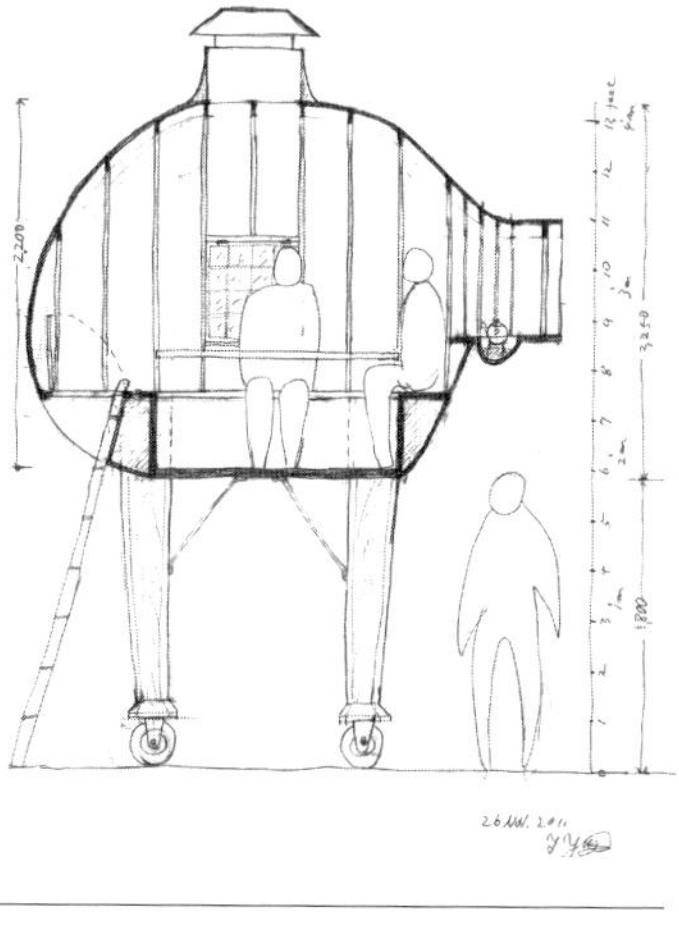

⑲ 森文茶庵 2013

台北市内の中心部にあるアートセンター「華山１９１４文創園区」の中にある茶室。運営をまかされている出版社社長から直々に頼まれた。建物は、日本統治時代の専売局工場に端を発する。建物は文化遺産ということで手がつけられず、屋上に入念に鉄骨を組んだ上に、地上からクレーンで持ち上げて茶室を置いた。

テーマはイス式茶室の設計。タタミ座とイス座の中間のようなものが、日本の立礼式。狭い空間の中に、寺社でも目にするようなイスとテーブルが置かれる中途半端なかたちが好きになれない。そこで、テーブルを可能な限り広げ、テーブルの下は視界から切った。４畳半のほとんどがテーブルで人が入る程度のイスのスペースをつくった。

テーブルに、炉と水盤を一体化している。「火と水」の組合せ。開口部の両端の出っ張りには太陽と月のマーク。ここが、開口部を全開したときの建具の納まりとなる。

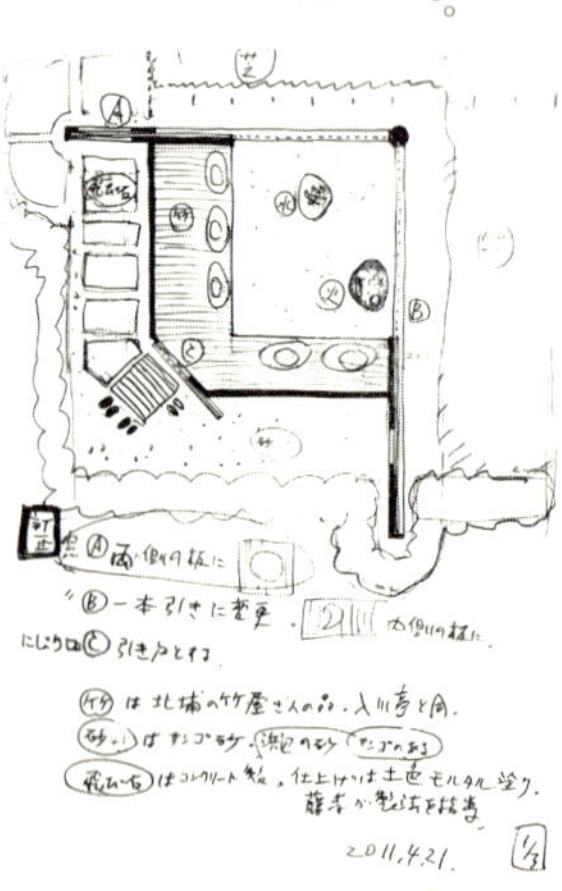

DATA

2013年7月竣工
建築主：華山文創園區
所在地：台北市中正區八德路一段1號　華山1914文創園區
設計：藤森照信
施工：李國玄（木本設計有限公司）
床面積：7.30㎡
構造：木造

⑳ 老懂軒 2013

先住民の言葉で老いたサルの意をあらわす「ラオトー」に漢字を当てたのが名前の由来。台湾北部の宜蘭県羅東にあるアートスペース「羅東文化工場」にある。

同アートスペースより、案を2案出してくれと言われ、ダメ元で出した吊る案が採用された。高さ18メートルの大屋根の上から吊り下げられている。吊るので、円形に近いほど安定する。そのため、プランは円形に近づけたタマゴ型をしている。

炉の煙突は薬缶かカメの首のように見えなくもない。底部は合板フレームによる船形に左官仕上げを施した。それを天井からワイヤーで吊り下げている。ワイヤーに台湾での仕事のパートナーの李國玄さんが持つ台湾桧の古材の薄板を編んでいる。現在、台湾では自然保護のために桧の伐採は禁じられている。李さんは、木造建築に興味を持ち、日本統治時代の建物が壊される際に部材を買い集めている。今から見ると、当時の桧はとても品質が高い。それを薄く挽いた。

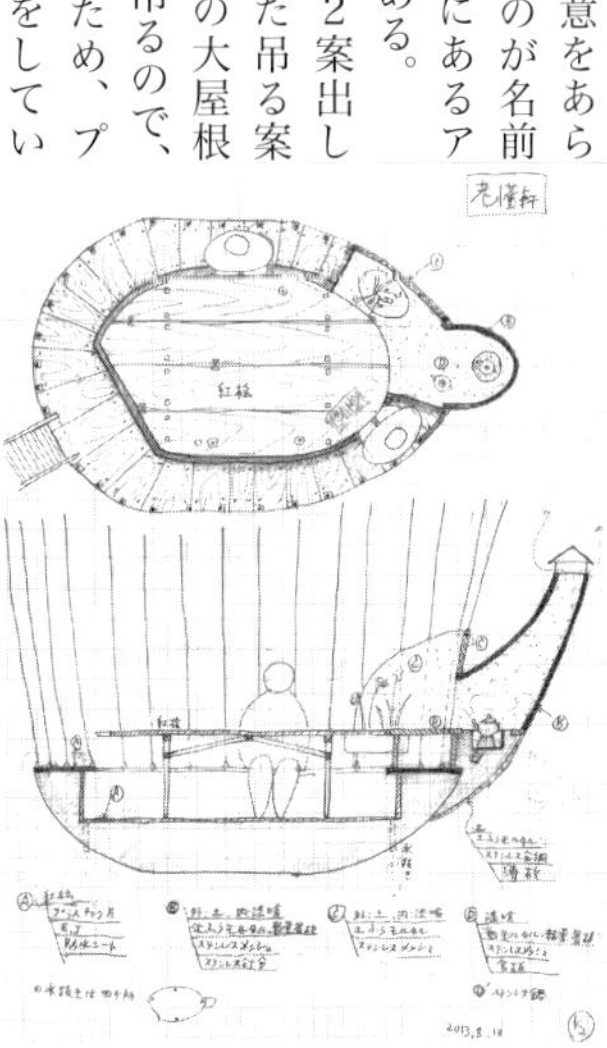

DATA

2013年11月竣工
建築主：宜蘭縣
所在地：宜蘭縣羅東鎮純精路一段96號　羅東文化工場
設計：藤森照信
施工：李國玄（木本設計有限公司）
床面積：6.0㎡
構造：木造

㉑ 望北茶亭 2014

当初、吊ることを考えたが、願い叶わず、巨竹8本の上に乗せた。文化遺産なので、既存の土地建物には、手を付けられなかった。この茶室も、「森文茶庵」と同様、アートセンター「華山1914文創園区」の煉瓦倉庫が並ぶエリアにある。

長さは2間。「空飛ぶ泥舟」が、当初2間を1.5間に縮めた忸怩たる思いがあり、2間の家型のものを吊りたかった。

内部では、花入れ(水盤)と炉の両方を吊っているが、初めての試み。

内装は竹を編んだもの。開口部には、漆喰を塗っている。植物系材料のものと漆喰の相性の良さは、「チョコレートハウス」の階段室で確認している。細かいディテールの開発はさまざまに展開してきており、こうした蓄積が、いろいろな場面で役に立つ。

名前は、北側の窓から公園越しに町が望まれることから来ている。

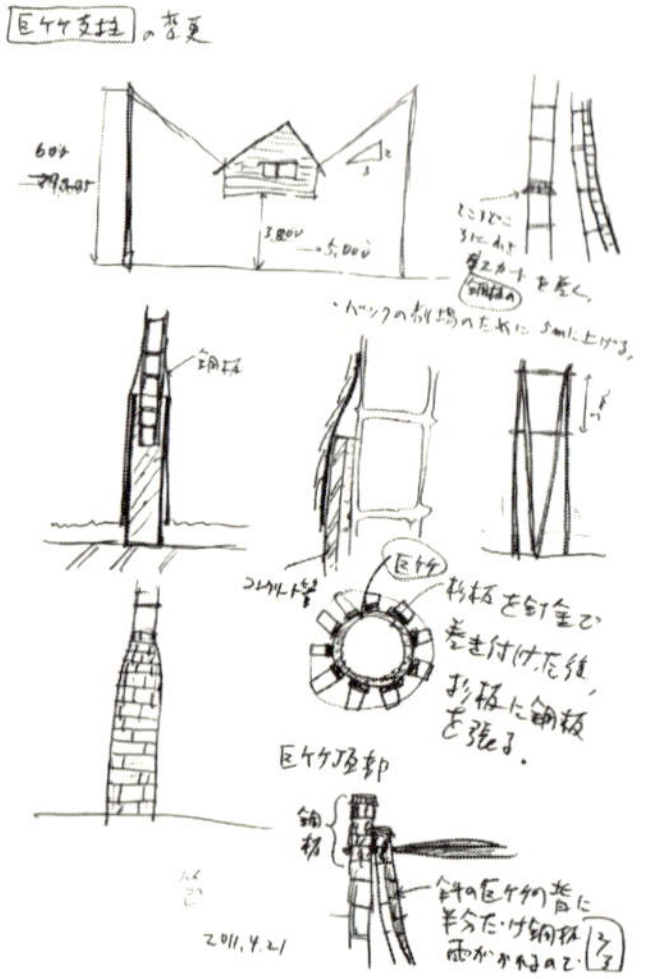

DATA

2014年12月竣工
建築主：華山文創園區
所在地：台北市中正區八德路一段1號　華山1914文創園區
設計：藤森照信
施工：李國玄（木本設計）
床面積：8.10㎡
構造：木造

◎写真撮影・提供クレジット

大橋富夫　164
小川泰佑　2（下）
さとうつねお　28
彰国社 写真部　27（左）
恒成一訓　41
畑拓（彰国社）　3（上）、4（下）、5、6、7、26、69、107、113、139、145、181、186、187、211、215、221、223、231、233、234、236、240、244、245、246、248、249、250
増田彰久　2（上）、p.3（下）、4（上）、59、119、131（上）、135、225
村沢文雄　36、51
渡辺義雄　19、23、27（右）、29

大嶋信道　122、128、129、228、230、232、234、238、247
小川後楽　76、93、105
隈研吾建築都市設計事務所　205
桑原裕彰　71
中村昌生　39
速水清孝　173 ～ 177（173（左）を除く）、242
藤森照信　1、63、64、65、120、131（下 2 枚）、237、239、241、243、247
Victoria & Albert Museum　169、172

◎参考図書

日本建築学会編『日本建築史図集　新訂第三版』彰国社、2011
彰国社編『堀口捨己の「日本」　空間構成による美の世界』彰国社、1997
竹中工務店設計部編『「聴竹居」実測図集』彰国社、2001
『建築大辞典　第 2 版』彰国社、1993
北尾春道『数寄屋図解事典』彰国社、1959
北尾春道『茶室の材料と構法』彰国社、1969

あとがき

この本の企画は10年前に遡り、彰国社の中神和彦さんから話があり始まった。私の初の茶室本となる『藤森照信の茶室学』（六耀社刊、２０１２年）はまだ出ておらず、正確には企画もまだのころで、順調に進めばこの本こそ最初になる予定だった。

まず、しかるべき方との対談を始め、原広司、隈研吾、中村昌生の各先生まで進んだところで中神さんが病に倒れ、中断。再起し、小川後楽先生との対談を、中神直子夫人の同席のもとタンポポハウスで行うも、また中断。

中神さんの優れた編集感覚と真面目な人柄への私の信頼は厚く、他の編集者に代わってもらうことは考えなかったし、彼もこの本には強い執着を持っているとのことだった。しかし、難病からの復帰は難しいことがわかった時点で、中神さんは意を決せられ、後輩の鈴木洋美さんが編集を引き継ぎ、出版することができた。良い本になった。

なお、装丁は南伸坊が引き受けてくれ、一緒に縄文建築団として手掛けた〈妙観〉の炭付の壁の写真を一部に使っている。その部分は、赤瀬川原平が貼り付け、「どうも整い過ぎて、藤森好みじゃないナァ」と言って途中で止めた部分である。故・赤瀬川さんの縄文建築団参加はこれが最後となった。

２０１６年１月

藤森照信

◆編著者プロフィール

藤森照信（ふじもり・てるのぶ）／建築史家であるが、近年、独自の茶室を手がけている。

1946年長野県生まれ。1978年東京大学大学院博士課程修了。東京大学生産技術研究所教授、工学院大学教授を経て、現在、東京大学名誉教授。

茶室に関する著書に、『The contemporary tea house（英文版　現代の茶室）』（共著、講談社インターナショナル）、『藤森照信の茶室学―日本の極小空間の謎』（六曜社）、『磯崎新と藤森照信の茶席建築談議』（六曜社）など。


大嶋信道（おおしま・のぶみち）／建築家。藤森の手になる茶室の4つを協働し実現している。

1960年鳥取県に生まれる。1984年武蔵野美術大学造形学部建築学科卒業。建設会社勤務を経て、1991年大嶋アトリエ設立、現在に至る。武蔵野美術大学非常勤講師。

著書に、『建築“虎の穴”見聞録』（新建築）、『藤森流　自然素材の使い方（共著）』（彰国社）。


中村昌生（なかむら・まさお）／茶室の研究と実作の第一人者として知られる。

1927年愛知県生まれ。1949年彦根工業専門学校建築科（現滋賀大学）卒業。京都大学工学部研修員、京都大学助手を経て、京都工芸繊維大、福井工業大学教授を歴任。現在、京都工芸繊維大名誉教授、福井工業大学名誉教授、（一財）京都伝統建築技術協会理事長。

著書に、『茶匠と建築』（鹿島出版会）、『茶室の研究』（墨水書房）、『数寄の空間』（淡交社）など。


小川後楽（おがわ・こうらく）／小川流煎茶の6代家元であり、煎茶史の研究者でもある。

1940年　京都市生まれ。1965年立命館大学文学部大学院史学科中退。奈良本辰也に師事。日本近世思想史を研究。現在、小川流煎茶六世家元、京都造形芸術大学教授。

著書に、『茶の文化史』（文一総合出版）、『煎茶への招待』（ＮＨＫ出版）、『茶の精神を尋ねて』（平凡社）、『碧山への夢』（講談社）など。


原広司（はら・ひろし）／現代日本を代表する建築家であり、茶室も手がける。

1936年川崎市生まれ。1964年東京大学大学院建築学専攻博士課程修了。東京大学生産技術研究所教授を経て、現在、東京大学名誉教授。原広司＋アトリエファイ建築研究所にて設計活動を行う。

著書に、『建築に何が可能か』（学芸書林）、『集落の教え100』（彰国社）、『HIROSHI HARA:WALLPAPERS』（現代企画室）など。


速水清孝（はやみ・きよたか）／建築史家。藤森の手になる茶室の2つを協働し実現している。

1967年栃木県生まれ。2007年東京大学大学院工学系研究科博士課程修了。東京大学生産技術研究所博士研究員を経て、現在、日本大学工学部教授。

著書に『建築家と建築士　法と住宅をめぐる百年』（東京大学出版会）。


隈研吾（くま・けんご）／現代日本リードする建築家であり、珍しい素材による茶室をいくつも手がける。

1954年神奈川県生まれ。1979年東京大学大学院工学部建築学科修了。慶應義塾大学教授を経て、現在、東京大学教授。隈研吾建築都市設計事務所にて設計活動を行う。

著書に、『新・建築入門　思想と歴史』（筑摩書房）、『負ける建築』（岩波書店）、『隈研吾／極小・小・中・大のディテール』（彰国社）など。

藤森先生 茶室指南

2016 年 3 月10日　第 1 版 発　行

著作権者との協定により検印省略

編　者　藤 森 照 信・ 大 嶋 信 道

著　者　藤森照信・中村昌生・大嶋信道・小川後楽・原　広司・速水清孝・隈　研吾

発行者　下　出　雅　徳

発行所　株式会社　**彰　国　社**

162-0067 東京都新宿区富久町 8-21

電話　03-3359-3231（大代表）

振替口座　00160-2-173401

自然科学書協会会員

工 学 書 協 会 会 員

Printed in Japan

印刷：三美印刷　製本：プロケード

ISBN 978-4-395-32050-9　C3052　http://www.shokokusha.co.jp